ALLES GUTE!

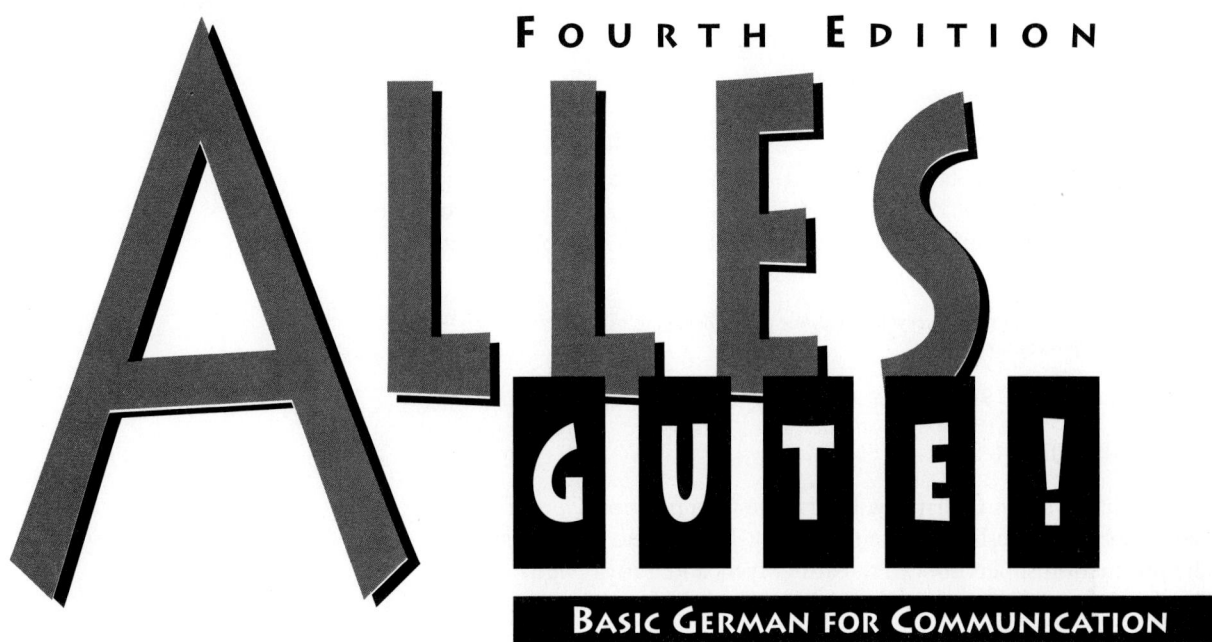

FOURTH EDITION

ALLES GUTE!

BASIC GERMAN FOR COMMUNICATION

Jeanine Briggs

John E. Crean, Jr.
University of Hawaii

Gerhard F. Strasser
The Pennsylvania State University

McGraw-Hill, Inc.
New York St. Louis San Francisco Auckland
Bogotá Caracas Lisbon London Madrid Mexico City
Milan Montreal New Delhi San Juan Singapore
Sydney Tokyo Toronto

This is an ⫿⧄⫿ book

Alles Gute!
Basic German for Communication

 This book is printed on recycled, acid-free paper containing 10% postconsumer waste.

3 4 5 6 7 DOC/DOC 99

ISBN: 0-07-007864-5

This book was set in Galliard by Interactive Composition Corporation.
The editors were Leslie Berriman, Gregory Trauth, and Jane Parkinson.
The production supervisors were Pattie Myers and Tanya Nigh.
The interior was designed by Donna Davis and the cover by Juan Vargas, Vargas/Williams design.
The photo researcher was Judy Mason.
The project supervisor was Phyllis Larimore.
Permissions research was provided by David Sweet.
R. R. Donnelley & Sons Company, Harrisonburg, was printer and binder.

Cover illustration: Gustav Klimt, *Unterach on Lake Attersee, Austria,* 1915, oil on canvas, 110 × 110 cm., Collection, Residenzgalerie, Salzburg, Austria; photograph © Erich Lessing/Art Resource.

Library of Congress Cataloging-in-Publication Data

    Alles Gute! : basic German for communication / Jeanine Briggs.
John E. Crean, Jr., Gerhard F. Strasser.—4th ed.
       p.   cm.
    Includes index.
    ISBN 0-07-007864-5
    1. German language—Grammar—1950–   2. German language—Textbooks for foreign speakers—English.   I. Crean, John E.   II. Strasser, Gerhard F.   III. Title.
PF3112.B7 1994
438.2'421—dc20   93-36233
                                           CIP

Grateful acknowledgment is made for use of the following.

Realia

Page 9: Allgemeiner Deutscher Automobil-Club; **19:** (right, bottom & top) © PaperArt Holland; **23:** *Frankfurter Allgemeine;* **26:** © *die tageszeitung;* **47:** *Profil,* Schülerzeitung am Werner-von-Siemens-Gymnasium; **48:** © *Bunte;*

(Continued after the index)

CONTENTS

COMMUNICATION

- exchanging simple greetings
- introducing yourself and others
- pronouncing names of cities in German-speaking countries
- learning the alphabet and how to spell aloud in German
- naming days, months, and seasons
- counting and using numbers
- describing people
- offering simple compliments
- understanding instructor's directions
- asking for assistance

2 WAS GIBT'S NEUES? 21

Wörter **leben/wohnen** 24; **gehen/reisen** 24; **studieren/lernen/arbeiten** 24; Time Adverbs 26; Time, Place 26; Verb Complements 26; **aber, oder, und, denn** 27

Sprache
Informationen 1: Infinitive 29; Formation of Present Tense 30; Usage of Present Tense 30; Adverbs 31; Indefinite Pronoun **man** 32

Informationen 2: Nouns 35; Definite Article 35; Indefinite Article and **kein** 36; Nouns of Nationality or Occupation 36

Erweiterung **Frühstück** 39; **Die Schule, die Universität** 40: „ein schulmädchen" by Ernst Jandl 40

COMMUNICATION

- relating basic information about yourself and others

- talking about actions

- describing common classroom objects with adjectives, including colors

- talking about everyday routines and plans

- ordering breakfast and asking for a newspaper

- writing a simple poem

3 VERSTEHEN SIE DEUTSCH? 43

Wörter **gern** 44; **nicht** 44; **sondern** 47

Sprache
Informationen 1: Statement Word Order 48; Inverted Word Order 49

Informationen 2: **haben** 55; Plurals of Nouns 55; **der Deutsche, -n / die Deutsche, -n** 57

Erweiterung **Ähnliche Sprachen** 60: „Deutsch und Englisch sind ähnlich" 60; **Konkrete Poesie** 61

COMMUNICATION

- expressing likes, dislikes, and preferences

- asking all types of questions

- giving and getting information

- writing brief travel scripts

- dramatizing stories

- recognizing and using cognates

- creating concrete poetry

4 ALLES IN ORDNUNG? 63

COMMUNICATION

- counting and using numbers above twenty
- talking about ordinary personal belongings
- asking and answering questions about personal habits
- exchanging currency
- going through customs inspection
- talking about common interests
- asking and offering facts about German-speaking countries

5 GUTE REISE! 85

COMMUNICATION

- asking and giving the time
- requesting and offering information about train travel and schedules
- buying a train ticket
- ordering a snack from a vendor
- giving simple directions and instructions
- making requests and suggestions
- issuing commands
- developing and acting out scenes regarding travel
- making up simple advertisements

6   FAMILIE UND FREUNDE   105

COMMUNICATION

- talking about yourself, your family, and your friends
- identifying personal possessions
- using names for nationalities and exchanging information about national origins
- expressing permission, ability, preference, necessity, obligation, and desire
- ordering coffee and cake at a restaurant
- writing interview questions

7   WIR FAHREN INS BLAUE!   125

COMMUNICATION

- talking about landscapes, buildings, and other landmarks
- making travel plans
- talking about consumer products
- relating yesterday's events
- talking about past vacations and travel experiences
- describing a dreamworld

8 KLEIDER MACHEN LEUTE   145

Wörter   **kennen/können/wissen**   149

Sprache

Informationen 1:   Present Perfect Tense:
Strong Verbs   151;   Past Tense: **haben** and
sein   153

Informationen 2:   Subordinating Conjunctions
and Word Order   159

Erweiterung   **Namen machen Leute**   164:
„**Namen**" by Maria Neef-Uthoff   164;
Karneval in Köln   166:   „**Als ich das ‚Tanz-
mariechen' war**"   166

COMMUNICATION

- talking about clothes and sizes
- shopping for and purchasing clothes
- describing the human body
- talking about past events
- giving reasons
- explaining conditions
- talking about holidays and traditions
- explaining the meaning of names
- writing a poem about your own name

9 JEDERZEIT BEREIT!   169

Wörter   Impersonal Verbs   172;
sollte/wollte   173

Sprache

Informationen 1:   Dative Case   176;   Dative
Case: Nouns with **der-** and **ein**-Words   176

Informationen 2:   Dative Case: Personal Pronouns   181;   Word Order: Direct and Indirect
Objects   181

Erweiterung   **Notfall**   185;   **Fehlanzeige**
186:    „**Kräftig essen**" by Helga M. Novak
186;   **Entschuldigungen**   188

COMMUNICATION

- discussing the weather
- getting a hotel room
- asking and answering more complex questions about people and things
- communicating with a doctor or dentist
- making and receiving phone calls
- talking about parties and exchanging presents
- making recommendations
- calling for help and making emergency arrangements
- extending invitations and making excuses

10 KAUFEN SIE GERN EIN? 189

COMMUNICATION

■ talking about stores and shopping

■ making purchases

■ inquiring about what is and is not permitted

■ describing and defining things

■ expressing personal opinions

■ acting out shopping situations

11 WO ICH WOHNE 209

COMMUNICATION

■ describing buildings, rooms, and furniture

■ describing your own living quarters

■ explaining where things are and where they
go

■ mentioning when things did or will happen

■ discussing family situations

■ discussing the pros and cons of city versus
country living

12   ANDERE LÄNDER, ANDERE STÄDTE   229

COMMUNICATION

- asking and answering questions about the sixteen **Bundesländer**
- describing various landscapes
- talking about the future
- explaining relationships
- identifying possessions
- describing hotel facilities, food, and restaurants
- giving descriptions of people and clothes
- planning a future dream trip

13   MAHLZEIT!   249

COMMUNICATION

- expressing likes and dislikes with regard to food and restaurants
- discussing items on a menu
- ordering and paying for a meal
- using descriptive adjectives in various conversational contexts
- making shopping lists
- responding to problems that occur in restaurants
- discussing a family meal
- writing a sequel to a story

14 TREIBEN SIE SPORT? 271

COMMUNICATION

- talking about sports and leisure-time activities

- using ordinal numbers to explain sequence

- giving exact dates

- making comparisons between people, places, and things

- speculating about the future

- writing personal letters

15 GESCHICHTE UND GESCHICHTEN 293

COMMUNICATION

- talking about personal interests

- discussing art, literature, film, theater, and music

- exchanging information about German money

- giving narrative accounts of past events

- relating biographical facts about famous people

- giving autobiographical information

- asking and answering trivia questions

- writing about family

- comparing the world of yesterday with the world of today

- convincing others to buy something you want to sell

16   WAS SIND SIE VON BERUF?   315

Wörter   Adjectives as Nouns   319

Sprache
Informationen 1:   Relative Pronouns   322

Informationen 2:   Past Perfect Tense   327;
Past Perfect Tense: Formation   328;   Past Perfect Tense: Usage   328

Erweiterung   **Beruf und Kinder**   331:
„Sein Vater ist Direktor" by Barbara Noack
332

COMMUNICATION

- relating personal preferences and expecta-
tions regarding professions

- discussing the advantages and disadvantages
of various jobs

- expressing opinions on roles

- expressing values and wishes

- talking about people and relationships

- telling about past events as they relate in
time to other past events

- making excuses and apologies

- commenting on and reacting to other
people's behavior

17   WIE IST DAS STUDENTENLEBEN?   337

Wörter   Demonstrative Pronouns   340

Sprache
Informationen 1:   Reflexive Pronouns:
Accusative and Dative   343;   Word Order
344;   Reflexive Verbs   345

Informationen 2:   **zu** Plus Infinitive   349;
Separable Prefix Verbs   350;   **um . . . zu** Plus
Infinitive   350;   Verbs Plus Infinitive Without
zu   350

Erweiterung   **Lernen und Wissen**   353:
„Der Mann, der nichts mehr wissen wollte"
by Peter Bichsel   354

COMMUNICATION

- telling about your daily routine and habits

- talking about your studies and about various
aspects of student life

- giving instructions

- discussing plans and revealing decisions

- expressing opinions and personal preferences

18 WAS SAGT MAN DAZU? 359

COMMUNICATION

- considering the reliability of various sources of information
- speculating about hypothetical situations
- making polite requests and suggestions
- expressing wishes
- talking about "what if" or "if only" situations
- responding to opinions
- describing seasonal changes
- describing places
- reporting what others say

PREFACE

Alles Gute! Basic German for Communication offers a brief yet complete and fully integrated first-year course. Praised by both students and instructors for its manageability and affordability, *Alles Gute!* presents a lively, user-friendly package that adapts to virtually any learning program or classroom situation.

FEATURES AND IMPROVEMENTS IN THE FOURTH EDITION

■ Eighteen chapters, with only slight variations in the format of Chapters 1 and 18, make *Alles Gute!* particularly suitable for either quarter or semester systems.

■ **Einstimmung,** a brief text on the chapter-opening page, focuses on the content of the photo and sets the stage for each new chapter.

■ Effective vocabulary practice in the **Wörter** section ensures a successful learning experience for students through the rest of each chapter.

■ Conscientious recycling of the high-frequency, practical vocabulary items listed in the **Wortschatz** sections provides students with an active, integral vocabulary bank.

■ Lengthier texts in **Kontext 1** and **2** and in **Erweiterung,** accompanied by a wide variety of pre-reading and postreading activities, develop strong reading skills.

■ Authentic literary selections, along with accompanying activities, give students the opportunity to apply and strengthen newly acquired skills. Selections include the following.

Ernst Jandl: „ein schulmädchen" 40
Reinhard Döhl: [untitled] 61
Eugen Gomringer: [untitled] 62
Ernst Jandl: „familienfoto" 110
Bertolt Brecht: „Der Pauper" 115
Birgit Feldman: „Und trotzdem waren wir dabei" 123
Kerstin Mertens: „Kommunikation" 142
Maria Neef-Uthoff: „Namen" 164
Helga M. Novak: „Kräftig essen" 186
H. C. Artmann: „ein iblis" 194
Helga M. Novak: „Schlittenfahren" 225
Karen Lasch: „War alles nur ein Traum?" 246
Gerd Künzel: „Verständnis" 266
Monika Seck-Aghte: „Felix, der glückliche Stubenhocker" 288
Hans Jacobus: „Familiennachrichten" 310
Werner Schmidli: „Als ich noch jung war" 312
Franz Hohler: „Der Verkäufer und der Elch" 313
Barbara Noack „Sein Vater ist Direktor" 332
Peter Bichsel: „Der Mann, der nichts mehr wissen wollte" 354
Nicolas Born: „Marktlage" 376
Franz Hohler: „Die runde Insel" 379

■ Carefully designed exercises provide ample opportunities for students to practice forms and structures in a practical, meaningful way and to acquire basic German vocabulary and grammar.

■ Flexibility of the communicative activities makes them equally suitable for developing speaking or writing skills in a supportive environment.

■ Writing activities in the main text, as well as in the workbook, engage students in the process of writing, from the prewriting stage of gathering ideas, through development and revision stages, to postwriting sharing and learning activities.

■ **Fototext** sections with dialogues serve as additional models for conversation, and those with narrative texts provide cultural information and additional reading practice.

■ **Alles klar!** sections, which are often based on realia, and which occasionally include activities, offer additional cultural information in German whenever possible, or in English when necessary.

■ Fully updated visual and textual materials present insights into the unification of Germany and the most recent developments in its aftermath.

■ Historical and cultural information abounds in each chapter through carefully integrated realia, authentic texts, photos, photo texts, and additional commentary.

■ Clear and cohesive text design allows easy access to and optimum use of all chapter materials.

■ Vivid use of color highlights important features within the chapter for quick reference and overview.

CHAPTER ORGANIZATION

Each chapter, with the exception of Chapter 1, which has no **Erweiterung** section, is organized as follows.

> Einstimmung
> Wörter
>   Wortschatz
> Sprache
>   Kontext 1
>   Informationen 1
>   Übungen 1
>   Kommunikation 1
>   Kontext 2
>   Informationen 2
>   Übungen 2
>   Kommunikation 2
> Erweiterung

The **Einstimmung** section begins each chapter and sets the tone with a thought-provoking photo and brief text.

The **Wörter** section offers a variety of visuals and exercises for practicing the chapter vocabulary and various aspects of language. The **Wortschatz** is a list that includes high-frequency vocabulary items needed for the vocabulary exercises and for the successful completion of the chapter. The list is always located on the second right page of the chapter for easy reference.

The **Sprache** section forms the heart of the chapter and consists of two parts, 1 and 2, each containing **Kontext, Informationen, Übungen,** and **Kommunikation** sections. **Kontext** presents a text—dialogue, narrative, poem, postcard, ad, realia, cartoon, or photo with caption—with follow-up activities, which together introduce students to the grammar concepts within a realistic and interactive context. **Informationen** offers the basics of German grammar through clear, straightforward explanations, charts, and examples. **Übungen** includes a progression of thematic, situational exercises for meaningful grammar practice. Vocabulary and structures are constantly recycled for an ongoing review of material from previous chapters. **Kommunikation** gives students an opportunity to practice language in a non-threatening atmosphere through a wide variety of interactive activities: role plays, dramatizations, interviews, discussions, follow-up reports, and so forth.

The **Erweiterung** section features longer readings, including a number of literary selections, with a wide variety of activities that provide opportunities for integrating skills, expanding comprehension, and strengthening communication abilities.

SUPPLEMENTARY MATERIALS

The fourth edition package includes the following new and revised items to enrich the *Alles Gute!* language program. Please contact your local McGraw-Hill sales representative for information on ordering.

■ The Workbook, by Jeanine Briggs, provides additional practice in vocabulary and grammar and offers special opportunities for practicing and developing writing skills through many different types of writing activities. The Workbook also helps students establish correct grammatical forms and patterns in written work through featured editing checklists at the end of each chapter and additional grammar reviews after every third chapter.

■ The Audiocassette Program by Jeanine Briggs includes the Laboratory Manual for students and the Tapescript for instructors. With a broad array of listening and speaking opportunities, which are often based on visuals, the Audiocassette Program also features readings from the **Kontext 1/2** and **Erweiterung** sections of the main text accompanied by special listening comprehension activities.

■ Student Cassettes, identical to the laboratory audiocassettes but available for student purchase without the tapescript, offer opportunities for individual listening and speaking practice.

■ The Instructor's Manual, by Jeanine Briggs, Gerhard F. Strasser, and Beate T. Engel-Doyle, provides a section on teaching with *Alles Gute!* in a proficiency-oriented classroom and information on course planning and testing. It offers chapter-by-chapter notes and suggestions for coordinating the main text with the supplementary materials, tips for developing writing skills, options for teaching with an all-German approach, and a list of sources for obtaining further information and enrichment materials. A complete subject index to the student text and all supplementary material concludes this manual.

■ The Instructor's Resource Kit features additional realia and enrichment activities; further readings with follow-up activities; art, realia, and charts from the student text for use as transparency masters; and many suggestions for using the various materials in the kit.

■ MHELT 2.0 (McGraw-Hill Electronic Language Tutor), available for IBM and Macintosh computer systems, offers computerized single-response exercises from the student text. The MHELT software program has been completely revised and updated to accompany the fourth edition of *Alles Gute!*

■ Video, accompanied by a User's Guide, enhances the enjoyment and authenticity of the language-learning experience.

■ Color slides, accompanied by a pamphlet with commentary and questions, provide views of the German-speaking world.

■ *A Practical Guide to Language Learning*, by H. Douglas Brown (San Francisco State University), provides beginning foreign language students with a general guide to the language learning process. The manual is available free to adopting institutions or for purchase by individual students.

■ A Training/Orientation Manual for use with teaching assistants, by James F. Lee (University of Illinois, Urbana-Champaign), offers practical advice for beginning language instructors and language coordinators.

ACKNOWLEDGMENTS

The authors extend sincere thanks to the many people who contributed their time and talent to the development of this language program: Ilse-Rose Warg, who wrote the engaging **Fototext** dialogues and narratives; Heidi Madden, who read the manuscript in its early stages, editing for style and authenticity and offering many creative suggestions along the way; Beate Engel-Doyle, Franciscan University, who shared many valuable ideas based on her classroom experiences with *Alles Gute!*; the **Deutsche Bundesbahn** officials at the Landshut and Braunschweig train stations, who graciously gave of their time to answer numerous queries regarding the very latest schedules and prices; Gregory Trauth, who edited the entire manuscript, followed the project through all its phases, and handled the myriad in-house details connected with the project; Bob Di Donato, who followed the manuscript through its editorial and production processes and whose creative ideas inspired a number of changes in the presentation; Yvette Briggs, for her invaluable help with manuscript preparation; David Sweet, who cheerfully and efficiently secured the permissions for the literary texts and authentic materials that appear in this edition; Ellen Sasaki and Axelle Fortier, whose lively illustrations brighten the pages and clarify the concepts; Judy Mason, whose photo research produced visual insights into the German-speaking world; Donna Davis, whose bright, new text design gives a smooth flow and visual appeal to each chapter; Juan Vargas, whose striking cover design makes the fourth edition of this text very special; Phyllis Larimore, Pattie Myers, and Tanya Nigh, who conscientiously guided the project through the production process; Karen Judd, Phyllis Snyder, Francis Owens, and Lorna Lo, whose expertise produced an engaging new book from a manuscript; Lesley Walsh, Leslie Berriman, and Thalia Dorwick, whose continuing support and guidance are responsible for bringing this project to its fourth edition; and, finally, to Eirik Børve, whose vision and inspiration first produced *Alles Gute! Basic German for Communication*.

The following instructors offered many helpful suggestions, criticisms, and opinions toward the development of this fourth edition program. The appearance of their names does not necessarily constitute an endorsement of the text or its methodology.

Eva Adams, East Central College
Maria P. Alter, Villanova University
Brigitte E. Archibald, North Carolina Agricultural & Technical State University
Katharina Barbe, Northern Illinois University
Benjamin Blaney, Mississippi State University
Peter Brown, State University of New York College, New Paltz
William Crisman, Pennsylvania State University, Altoona Campus
Brigitte DeLay, Riverside Community College
Ute DeVicque, University of Alberta
Eveline Durham, Illinois Central College
Nils Ekfelt, St. Lawrence University
Thomas Freeman, Beloit College
Helen Frink, Keene State College

Jeffrey B. Gardiner, Western Michigan University
Alessandra Graves, Pennsylvania State University, Delaware County Campus
J. Richard Guthrie, Jr., Christopher Newport University
Alice Hayre, Westark Community College
H.L. Hintner, San Antonio College
Franz R. Kempf, Bard College
Alfred Kolb, Quinsigamond Community College
Esther W. Kotchek, Montgomery College, Rockville Campus
Judy Laing, Anoka-Ramsey Community College
Don Lieberknecht, Pennsylvania State University, York Campus
Johannes Maczewski, University of Victoria
Eva R. Mader, North Seattle Community College
Christine M. Manteghi, Pennsylvania State University
Martha Gustavson Marks, Simmons College
Susan Marshall, University of California, Riverside
John McManus, University of Saint Thomas
Arthur D. Mosher, University of South Carolina, Columbia
Barbara Mueller, University of Missouri, Columbia
Brigitte Nix, Western Nevada Community College
Mary-Elizabeth O'Brien, Skidmore College
Sylvia Ochs, University of California, Riverside
Vida Jean O'Neil, Pennsylvania State University, McKeesport Campus
John K. Primeau, Providence College
Anni Prohaska, Illinois Central College
Bettina Rosenbladt, Santa Clara University
David E. Sachen, Maple Woods Community College
Gunter Seefeldt, West Valley College
Hermie Shores, Westark Community College
Jody Stoltz, California State University, Fullerton
Greta Sturm, San Jose City College
Eva Suhr, Phoenix College
William Van Grit, Pacific Union College
Frauke von der Horst, Whittier College
R. Johnson Watts, Centenary College of Louisiana
Sigrid Weinmann, Michigan Technological University
Ulrike Wheeling, University of Nevada, Reno
Dorothy Wiswall, Canisius College
Reinhard K. Zachan, University of the South

1
GUTEN TAG! WIE GEHT'S?*

* Hello. How are you?

EINSTIMMUNG

Willkommen in
Deutschland!

BILL: Guten Tag!

THOMAS: Willkommen in Nürnberg.

CAROL: Hallo!

JIM: Guten Tag! Nürnberg ist alt und interessant.

THOMAS: Ja, und es ist auch (*also*) romantisch.

WÖRTER

Greetings

In German-speaking countries the standard greeting is **guten Tag** (*good day*), although in the morning one would generally say **guten Morgen** and in the evening, **guten Abend**. The words **Tag, Morgen,** and **Abend** are sometimes used by themselves as greetings in casual conversation, especially in northern Germany. Notice that these words are nouns and that all German nouns begin with a capital letter.

A common greeting in southern Germany and Austria is **grüß Gott**, which is short for **grüß Sie Gott**. Close friends or students say **grüß dich** to

TAG!

Guten Morgen

Grüß Gott

FOTOTEXT

ALEX: Tag, Petra! Wie geht's?
PETRA: Es geht mir gut, danke. Und dir?
ALEX: Auch gut.
PETRA: Alex, das ist Josef.
ALEX: Hallo, Josef!
JOSEF: Guten Tag!

FRAU PROFESSOR STEIN: Guten Morgen!
CHRISTA: Guten Morgen, Frau Professor!

VATER: Auf Wiedersehen.
SOHN: Auf Wiedersehen.

WORTSCHATZ

PERSONAL PRONOUNS / THE VERB *sein*

		sein	*to be*			
ich	bin	*I am*		wir	sind	*we are*
du	bist	*you (infor. sg.) are*		ihr	seid	*you (infor. pl.) are*
er		*he*				
sie	ist	*she*	*is*	sie	sind	*they are*
es		*it*				
		Sie sind	*you (for. sg. and pl.) are*			

ADJECTIVES AND ADVERBS

alt	old
auch	also, too
böse	bad, naughty; angry
brav	good, well-behaved
faul	lazy
(un)freundlich	(un)friendly
froh	happy, glad
groß	big, large; tall
gut	good; well
intelligent	intelligent
(un)interessant	(un)interesting
jung	young
klein	little, small
nett	nice(ly)
neugierig	curious(ly)
romantisch	romantic
scheu	shy(ly)
schlecht	bad(ly), poor(ly)
schön	beautiful(ly)
sehr	very
(un)sympathisch	(un)congenial, (un)likable

USEFUL WORDS AND PHRASES

alles Gute!	best wishes, all the best
auf Wiedersehen	good-bye
bitte	please; you're welcome; here you are; that's all right
bitte schön } bitte sehr }	you're very welcome
danke	thank you, thanks
danke schön } danke sehr }	thank you very much
das ist . . .	this/that is . . .
das sind . . .*	these/those are . . . ; this/that is . . .

Entschuldigung	excuse me
es geht mir gut	I'm fine
es geht mir nicht gut	I'm not doing well; I don't feel well
gut, danke	fine, thanks
gute Nacht	good night
guten Abend	good evening
guten Morgen	good morning
guten Tag	good day, hello
hallo	hi, hello
ich heiße . . .	my name is . . .
nicht schlecht	not bad
Tag!	hi (*northern German; lit.,* day)
und	and
und dir? (*infor. sg.*) } und euch? (*infor. pl.*) } und Ihnen? (*for. sg. and pl.*) }	and you? (*used to inquire about someone's well-being after having stated one's own*)
Verzeihung	pardon me
viel Glück!	good luck
wie, bitte?	what's that? what did you say?
wie geht es dir? (*infor. sg.*) } wie geht es euch? (*infor. pl.*) } wie geht es Ihnen? (*for. sg. and pl.*) }	how are you?
wie geht's? *informal*	how's it going?
wie heißen Sie? (*for. sg. and pl.*) } wie heißt du? (*infor. sg.*) } wie heißt ihr? (*infor. pl.*) }	what's your name?

WORDS OF ADDRESS

Frau *— any woman over 16*	Mrs., Ms.; woman
Fräulein	Miss
Herr	Mr.; sir; gentleman

DAYS

Montag	Monday
Dienstag	Tuesday
Mittwoch	Wednesday
Donnerstag	Thursday
Freitag	Friday
Samstag[†]	Saturday
Sonntag	Sunday

MONTHS

Januar	January
Februar	February
März	March
April	April
Mai	May
Juni	June
Juli	July
August	August
September	September
Oktober	October
November	November
Dezember	December

SEASONS

Frühling	spring
Sommer	summer
Herbst	fall, autumn
Winter	winter

NUMBERS

null	zero
eins	one
zwei	two
drei	three
vier	four
fünf	five
sechs	six
sieben	seven
acht	eight
neun	nine
zehn	ten
elf	eleven
zwölf	twelve
dreizehn	thirteen
vierzehn	fourteen
fünfzehn	fifteen
sechzehn	sixteen
siebzehn	seventeen
achtzehn	eighteen
neunzehn	nineteen
zwanzig	twenty

*In German, the plural verb form must be used when the name of more than one person or thing follows.

Das **ist** Fräulein Schröder.   *This/That is Miss Schröder.*
Das **sind** Herr und Frau Schröder.   *This/That is Mr. and Mrs. Schröder.*

[†] Another word for *Saturday* is **Sonnabend,** which is heard more frequently in northern Germany. **Samstag** is more common in southern Germany, Austria, and Switzerland.

each other or **grüß euch** when talking to two or more students at the same time. The equivalent greeting in Switzerland is **grüezi. Hallo** is a casual greeting that is heard in all German-speaking countries.

A handshake, usually accompanied by a slight nod of the head, is part of the everyday greeting, whether formal or casual. Both men and women routinely shake hands.

Words of Address

The German words of address are **Frau** (*Mrs., Ms.*), **Fräulein** (*Miss*), and **Herr** (*Mr.*). Sometimes these words are followed by a professional title: **Frau Direktor, Frau Professor, Herr General, Herr Präsident.** In earlier times, a married woman carried her husband's professional title. The term **Frau Doktor,** for example, most frequently referred to the wife of a doctor. Today, however, this title implies that the woman herself is a doctor.

Words of Parting

The standard expression for good-bye is **auf Wiedersehen,** which literally means "until we see each other again" (**wieder** = *again*, **sehen** = *to see*); a shortened version is **Wiedersehen.** In Germany one often hears **tschüs** as a friendly expression of farewell. In Austria, particularly in Vienna, friends frequently part with **Servus,** a word that can be used as a greeting as well.

Regardless of which expression people use, they normally shake hands when they say good-bye, as well as when they greet each other.

The expression **gute Nacht** (*good night*) is said only at bedtime, regardless of how late it is. For example, someone leaving a party at midnight or even later would still say **auf Wiedersehen,** not **gute Nacht.**

A. Guten . . . ! *Greet your instructor and other students. Use the appropriate greeting for the time of day and follow it with the person's name. Then shake hands.*

B. Auf Wiedersehen, . . . ! *Give a personal good-bye, along with a handshake, to your instructor and to at least two members of your class.*

C. Situationen. *What would you say in the following situations? Act them out with a partner.*

1. You attend an evening concert and just happen to see your family doctor there. How do you greet him/her? What does he/she say to you?
2. It is nearly one o'clock in the morning. You are leaving a party. What do you say to your host? What does he/she say to you?
3. You are a weekend guest at someone's house. You are going upstairs to your room to retire for the evening. What do you say? What do your hosts say?

FOTOTEXT

FRAU GINAR: Guten Abend, Frau
Konrad. Wie geht es
Ihnen?

FRAU KONRAD: Es geht mir gut. Und
Ihnen?

FRAU GINAR: Sehr gut, danke.

STEFAN: Guten Tag! Ich heiße Stefan.

CHRISTA: Ich heiße Christa, und das sind
Hanna und Peter.

Idioms

Effective communication in any language involves the use of idiomatic expressions. An idiom is an expression that is unique to a particular language. The phrases **ich heiße . . .** and *my name is . . .* are examples of idioms; they are equivalent expressions, but a word-for-word translation of the German phrase would sound awkward in English. Likewise, the questions **wie geht es Ihnen?** and *how are you?* are idiomatic expressions; a direct translation of either one would have a different meaning in the other language.

GERMAN IDIOM	EQUIVALENT ENGLISH IDIOM
Ich heiße Sigrid.	*My name is Sigrid.*
Wie heißen Sie?* (*for.*)	
Wie heißt du?* (*infor. sg.*)	*What's your name?*
Wie heißt ihr?* (*infor. pl.*)	
Wie geht es Ihnen?† (*for.*)	
Wie geht es dir?† (*infor. sg.*)	*How are you?*
Wie geht es euch?† (*infor. pl.*)	
Wie geht's?	*How's it going?*
Es geht mir‡ gut.	*I'm fine.*
Es geht mir nicht gut.	*I'm not doing well. I don't feel well.*
Es geht mir schlecht.	*I'm doing poorly. I feel awful.*

---

*In this expression, **Sie** is the formal, **du** is the informal singular, and **ihr** the informal plural form for *you.*

† **Ihnen** is the formal, **dir** the informal singular, and **euch** the informal plural form for *you* in this expression.

‡ **Mir** is the form for *me* in this expression.

As shown in the illustrations, **bitte** is a multipurpose word that has several different meanings, depending on the situation.

Danke schön. *Thank you very much.*
Bitte schön. *You're very welcome.*

Cola, bitte. *Cola, please.*

Bitte. *Here you are.*
Danke. *Thank you.*

Entschuldigung, bitte! *Excuse me, please.*
Bitte. *That's all right.*

Verzeihung! *Excuse me.*
Bitte. *That's all right.*

Guten Abend, *Good evening,*
Herr Meyer. *Mr. Meyer.*
Wie geht es *How are you?*
Ihnen?
Wie, bitte? *What did you say, please?*

D. Ich heiße . . . Wie heißt du? Wie heißt ihr? *Introduce yourself to your neighbor; then introduce yourself to at least two other students.*

E. Rollenspiel (*Role play*): **Wie heißen Sie, bitte?** *Write the name of a famous person or a name from the following list on a piece of paper that you can place on your desk or hold in front of yourself. Include a title if you wish. Introduce yourself to others, using formal address.*

BEISPIEL: S1:* Ich heiße Rolf Schiller. Wie heißen Sie, bitte?
          S2: Ich bin Professor Becker.
          S1: Guten Tag, Frau Professor.
          S2: Guten Tag, Herr Schiller.

---

*S1 = Student (*male*) / Studentin (*female*) Nummer eins

TITLES	FEMALES	MALES	LAST NAMES
Direktor	Dagmar	Dieter	Becker
Doktor	Monika	Heiko	Grimm
General	Renate	Max	Schiller
Professor	Sofie	Rolf	Ullmann
___?___	___?___	___?___	___?___

F. Hallo! *Practice casual greetings and conversational exchanges with at least four other members of your class. Choose your opening line and responses from the following lists.*

S1: Tag! Wie geht's?
    Guten Tag! Wie geht es dir?
    Hallo, (Randy), wie geht's?

S2: Gut, danke. Und dir?
    Es geht mir gut, danke.
        Und dir?
    Nicht schlecht. Und dir?
    Es geht mir schlecht.
        Und dir?

S1: Gut, danke.
    Auch gut, danke.
    Nicht schlecht.
    Auch schlecht.
    Nicht so schlecht.

G. Rollenspiel. *Mrs. Hellmann and Mr. Schmidt meet before the entrance to the bank. Act out the following dialogue in German with a member of your class.*

(*Mrs. Hellmann extends her hand.*)

MRS. HELLMANN: Good morning, Mr. Schmidt. How are you?
MR. SCHMIDT: I'm fine, thanks. And you, Mrs. Hellman?
MRS. HELLMANN: Fine, thanks.

(*Mr. Schmidt holds the door open for Mrs. Hellmann and motions for her to pass through.*)

MR. SCHMIDT: Please.
MRS. HELLMANN: Thank you.

H. Sie und andere (*You and others*). *Work with other students to act out the following situations.*

1. Rudi, a new student at the university, is walking with you to the cafeteria. You run into your friend Hans. How do you greet Hans and ask how he is? What does Hans say? How do you introduce Rudi? What does Hans say? What does Rudi say?
2. Someone greets you and asks how you are, but you don't hear or understand exactly what is said. What do you say? The person repeats what he/she said.
3. You are waiting in line to buy theater tickets and accidentally bump into the person ahead of you. What do you say? What does the other person say?

SPRACHE*

KONTEXT 1

a [aː]	h [haː]	ö [øː] ([oː]-umlaut)	u [uː]
ä [ɛː] ([aː]-umlaut)	i [iː]	p [peː]	ü [yː] ([uː]-umlaut)
b [beː]	j [jɔt]	q [kuː]	v [fau]
c [tseː]	k [kaː]	r [ɛr]	w [veː]
d [deː]	l [ɛl]	s [ɛs]	x [lks]
e [eː]	m [ɛm]	ß [ɛstsɛt]	y [Ypsilɔn]
f [ɛf]	n [ɛn]	t [teː]	z [tsɛt]
g [geː]	o [oː]		

... s ß t ...

The name of each letter is printed in a linguistic code called the International Phonetic Alphabet (IPA).

A. Das Abc dreimal (*three times*)

1. Repeat the name of each letter of the alphabet after your instructor.
2. Your instructor will now say every other letter and you will say the letters in between: Your instructor says **a,** you say **ä,** your instructor says **b,** you say **c,** and so on. Remember the umlauted vowels and **ß.**
3. Say the alphabet once more, but this time you begin with **a,** your instructor says **ä,** you say **b,** and so on.

B. A D A C . . . *The following abbreviations are explained on page 9. Listen to your instructor read each one aloud, and repeat what you hear.*

1. ADAC
2. ACS
3. ÖAMTC
4. PKW
5. GmbH
6. CDU / CSU
7. SPD
8. FDP
9. z.B.
10. MEZ

C. Name, bitte. *Work in a small group. Each student says his/her name and then spells it in German, as the others write it down letter by letter. Check that all names are spelled and written correctly.*

BEISPIEL: Ich heiße David Meyer. David: D a v i d, Meyer: M e y e r.

---

*Language

ALLES KLAR!

ADAC . . . The letters **ADAC** stand for **Allgemeiner Deutscher Automobil-Club** (*General Automobile Association of Germany*), an organization that offers motorists a wide variety of services, including emergency assistance on the highway. Automobile associations in Switzerland and Austria are, respectively, **ACS (Automobil-Club der Schweiz)** and **ÖAMTC (Österreichischer Automobil-, Motorrad- und Touring-Club).** The abbreviation **PKW** stands for **Personenkraftwagen** (*passenger car*).

The names of many companies and businesses in German-speaking countries are followed by GmbH, which stands for **Gesellschaft mit beschränkter Haftung** (*limited company* [*Ltd.*]).

Wir . . . *We print T-shirts with your motifs.*

The major political parties in Germany are: **CDU/CSU (Christlich-DemokratischeUnion / Christlich-Soziale Union)** **FDP (Freie Demokratische Partei)** **SPD (Sozialdemokratische Partei Deutschlands)** **die Grünen** (*the Greens*)

CDU/CSU

The abbreviation **z.B. (zum Beispiel)** appears frequently in printed material and is equivalent to *e.g.* (*exempli gratia* [*for example*]).

The German-speaking countries are situated within the Central European Time zone, known as **MEZ (mitteleuropäische Zeit).**

D. Namen. *Work with a partner. One of you chooses the name of a well-known German-speaking person from the list and spells it. The other identifies the name by saying it aloud, then spells another name.*

Boris Becker (Tennisspieler)
Doris Dörrie (Filmemacherin)
Peter Handke (Autor)
Marianne Sägebrecht (Filmstar)
Anne-Sophie Mutter (Violinistin)
Andreas Vollenweider (Harfenist)

Marianne Sägebrecht was born in Starnberg in 1945. She created and managed the touring revue *Opera Curiosa* and later appeared in the movie *Sea of Errors* (***Irrsee***). She was cast as Marianne in *Sugarbaby* (***Zuckerbaby,*** 1985), Fräulein Hermann in *Crazy Boys* (1987), Jasmin Münchgstettner in *Bagdad Café* (1988), Magda in *Moon Over Parador* (1988), Rosalie Greenspace in *Rosalie Goes Shopping,* Susan in *The War of the Roses* (both 1989), and Martha in *Martha and I* (***Martha und ich,*** 1990).

INFORMATIONEN 1

Alphabet

Both English and German use the same 26-letter alphabet, although German has one additional letter, the ess-tset (**ß**), which is similar to **ss.** German also has an umlaut (¨), which is used with the vowels **a, o,** and **u** and with the diphthong **au** to create the mutated or altered sounds represented by **ä, ö, ü,** and **äu.**

Wolfenbüttel is a city in northern Germany.

Pronunciation and Spelling

German pronunciation is more closely linked with spelling than is English; that is, German words are generally pronounced as they are spelled. Silent letters occur much less frequently in German than in English; each letter or letter combination in a German word is usually pronounced. Compare the English word *gnome,* in which the *g* and the *e* are silent, with the German word **Gnom,** in which each letter is pronounced.

Glottal Stop

Syllables and words beginning with vowels are not slurred or run together in German, as they frequently are in English. Although both languages employ the *glottal stop* (a breathing sound made by rapidly closing and reopening the glottis [an opening between the vocal cords] in order to separate sounds), English uses it much less often than German. For example, the English question *how are you?* often sounds like one word (*howareyou?*), whereas the equivalent sentence in German is spoken with a clear break between each word (**wie / geht / es / Ihnen?**), giving the language a crisper, more forceful sound.

Accent

Most German words are stressed on the first syllable: **Frühling** (*spring*), **Sómmer, Wínter, Dónnerstag** (*Thursday*), **Freítag** (*Friday*), **síeben** (*seven*), **dreízehn** (*thirteen*). There are exceptions to this pattern, however (**zusámmen** [*together*]). Some prefixes, such as **ent** and **ver,** among others, are not stressed (**Entschúldigung** [*excuse me*], **Verzeíhung** [*pardon me*]), nor is the first syllable of many German words of foreign origin (**Studént, Apríl, Dialóg**). You will learn to recognize these exceptions as you proceed through the course.

Intonation

German and English intonation patterns are similar. In both languages, the voice usually falls at the end of a statement, command, or interrogative-word question and rises at the end of a simple yes/no or reconfirmation question.

Entschuldigung!   *Excuse me.*

Wie spät ist es?   *What time is it?*

Es ist sieben Uhr.   *It's seven o'clock.*

Wie, bitte?   *How is that?*

Ist es schon sieben?   *Is it seven already?*

German Sounds

The following is a sample of German words for each letter of the alphabet. Notice that it is possible to pronounce some letters in more than one way, and that each individual sound is represented by a different International Phonetic Alphabet (IPA) symbol. Every German vowel, for example, has a long, closed sound, which is sustained, and a short sound, which is said with the mouth more open; long vowels are indicated by the symbol :. Imitate the sounds as closely as possible as you repeat each word after your instructor.

LETTER	SOUND	WORDS(S)	LETTER	SOUND	WORDS(S)
a	[a:]	ah!, Aachen, ja	o	[o:]	Oper, froh, hallo
	[a]	alt, danke		[ɔ]	Onkel, Sommer
ä	[ɛ:]	Dänemark	ö	[ø:]	Österreich, schön
	[ɛ]	März		[œ]	östlich, zwölf
b	[b]	Bonn, Hamburg	p	[p]	populär, knapp
	[p]	halb, (du) lebst	q(u)	[k(v)]	Quiz, Sequenz
c	[k]	Café	r	[r]	Rostock, drei, Herr
d	[d]	du, Ende	s	[s]	es, interessant
	[t]	endlich, Land		[z]	Sonntag
e	[e:]	Meter, zehn, Tee	ß	[s]	heißen, groß
	[ɛ]	es, Tennis	t	[t]	Tag, Theater, nett
	[ə]	bitte	u	[u:]	Uhr, Juni, du
f	[f]	Fisch, offen, fünf		[ʊ]	und, jung, null
g	[g]	gut, Tiger	ü	[y:]	Düne, Frühling
	[k]	(er) sagt, Tag!		[Y]	fünf
h	[h]	Hamburg	v	[v]	privat
i	[i:]	Stil, Ihnen, hier		[f]	vier, naiv
	[ɪ]	ist, Winter	w	[v]	wie, Juwel
j	[j]	Januar, Injektion	x	[ks]	Xerokopie, Axt
k	[k]	Kiel, Kafka, Bank	y	[y:]	typisch
l	[l]	Linz, elf, null		[Y]	sympathisch
m	[m]	Montag, Name, Gramm	z	[ts]	zehn, Katze, Linz
n	[n]	neun, Nürnberg			

A diphthong is a combination of two vowels within the same syllable. Repeat the following examples after your instructor.

LETTERS	SOUND	WORD	LETTERS	SOUND	WORD
au	[a^U]	Augsburg	ai		Mai
äu		Fräulein	ay		Haydn
eu	[ɔ^I]	neun	ei	[a^I]	eins
			ey		Meyer

The following words illustrate the sounds of some common consonant combinations. Carefully repeat each word after your instructor.

LETTERS	SOUND	WORD	LETTERS	SOUND	WORD
ch	[ç]	ich	schn	[ʃn]	Schnorchel
	[x]	acht	schw	[ʃv]	Schwein
	[k]	Chemnitz	sp	[ʃp]	Spanisch
chs	[ks]	sechs	spr	[ʃpr]	Sprache
chts	[çts]	nichts	st	[ʃt]	Stuttgart
gn	[gn]	Gnu		[st]	fast, Liste
kn	[kn]	Knie	str	[ʃtr]	strikt
pf	[pf]	Pfennig	sz	[sts]	Szene
ps	[ps]	Psychologie	tsch	[tʃ]	deutsch
schl	[ʃl]	schlecht	zw	[tsv]	zwei
schm	[ʃm]	Schmuggler			

ÜBUNGEN 1
■ ■ ■ ■ ■ ■ ■ ■

A. Kiel, Rostock . . .   *Listen as your instructor pronounces the names of the cities on the map on page 13. Starting at the top and reading from west to east, practice saying the names aloud.*

B. Wie schreibt man . . . ?   *Work with a partner. Take turns choosing a city on the map and asking how one spells it. Your instructor will model the pronunciation of the question.*

BEISPIEL: S1: Wie schreibt man „Bremen"?
S2: B r e m e n. Wie schreibt man . . . ?

St. = Sankt

C. Montag, . . . *German calendars begin with Monday and end on Sunday. Say the names of the days of the week after your instructor; accent the first syllable of each word.*

Montag	Dienstag	Mittwoch	Donnerstag	Freitag	Samstag*	Sonntag

***Sonnabend** in northern Germany

D. Januar, . . . Frühling, . . .
*Listen as your instructor models
the names of the months and seasons. Notice which syllable is
accented in each word. Practice
saying the words aloud.*

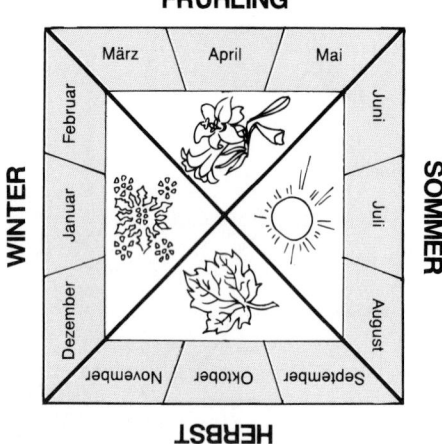

E. Null, eins, zwei, . . . *Listen as your instructor models the numbers. Practice
saying each aloud, then count from zero to twenty.*

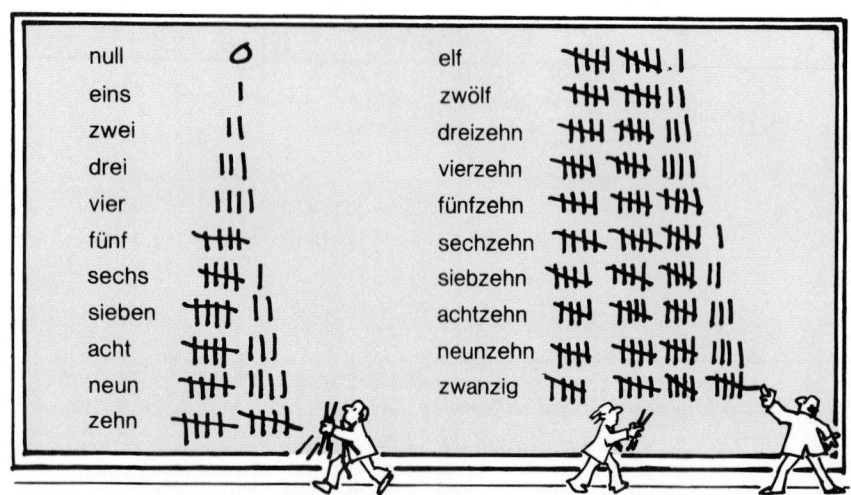

F. Zwei, vier, . . . *Count aloud to twenty in even numbers.*

G. Drei, fünf, . . . *Count aloud to nineteen in odd numbers.*

H. Telefonnummer. *Say aloud each digit in the information number shown at the
right.*

Angebote	*offers*	Banddurchsagen	*recorded messages*
Sonderangebote	*special offers*	Tag + Nacht	*day and night*
freie Ferienplätze	*available*		
	vacation spots		

ALLES KLAR!

Telefon. To place a telephone call to Germany from various European countries, the caller first dials a prefix. To place a station-to-station call to a German-speaking country from the United States or Canada via the International Direct Distance Dialing system, a caller dials (1) the international access code 011, (2) the country code, (3) the city code, and (4) the local telephone number. To obtain a code, telephone number, or other information, the caller can dial 00 to reach the international operator.

LAND	STADT
Österreich	Innsbruck 5222
(*Austria*) 43	Salzburg 662
	Wien 1 oder 222
Deutschland 49	Berlin 30
	Bonn 228
	München 89
die Schweiz 41	Basel 61
	Bern 31
	Zürich 1

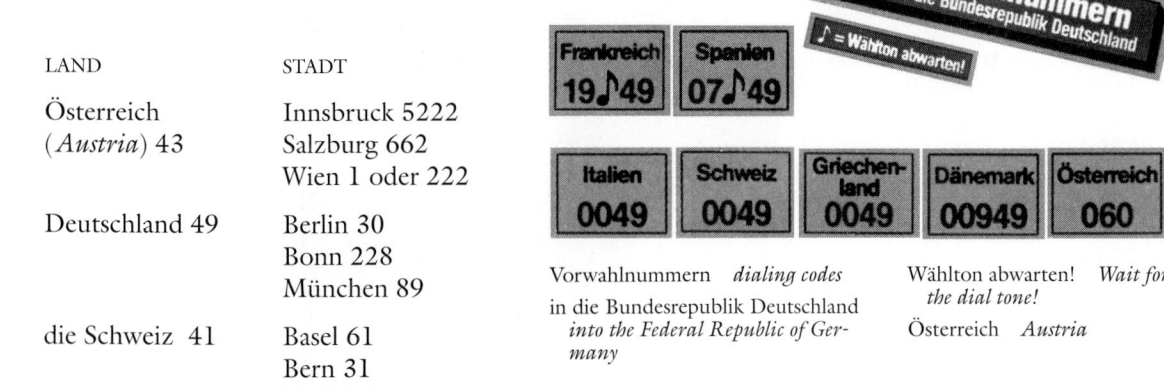

Vorwahlnummern *dialing codes* in die Bundesrepublik Deutschland *into the Federal Republic of Germany*

Wählton abwarten! *Wait for the dial tone!*

Österreich *Austria*

KOMMUNIKATION 1

Rollenspiel. *Read the information in* Alles klar! *Listen as your instructor models the names of the cities and countries. Then work in pairs to ask for and receive information.*

1. **Aus Europa.** One person indicates a country, the other person indicates the code for dialing from that country to Germany. At any time, one partner may ask the other to repeat the information.

   BEISPIEL: S1: Dänemark?
   S2: Dänemark: null null neun vier neun.
   S1: Wie, bitte?
   S2: Null null neun vier neun.
   S1: Danke sehr.

2. **Aus USA.** Continue the role play. This time ask about codes for calling various cities where German is spoken from the United States.

BEISPIEL: S1: Bern, die Schweiz?
S2: null eins eins; dann die Schweiz: vier eins; dann Bern: drei eins.
S1: Danke schön.

KONTEXT 2
■ ■ ■ ■ ■ ■ ■ ■ ■ ■

Das sind Paula und Otto. Sie sind Freunde.
Sie ist jung und scheu.
Er ist alt und faul.

PAULA: Du bist sehr brav, Otto, und gut . . . und
schön . . . und so intelligent.
OTTO: Prrrrrr . . .
PAULA: O, du bist so faul!
OTTO: Miau!

INFORMATIONEN 2
■ ■ ■ ■ ■ ■ ■ ■ ■ ■ ■ ■ ■ ■ ■ ■ ■

Personal Pronouns

The German word for *I* is **ich** (this word is not capitalized unless it begins a sentence); the German word for *we* is **wir.**

German has three words for *you:* **Sie** (always capitalized), **du,** and **ihr. Sie** is the formal pronoun used to address one or more adults who are not family members or close friends. In other words, **Sie** is appropriate for strangers or casual acquaintances.

Du (used to address one person) and **ihr** (used to address more than one person) are the informal pronouns. Generally, these words are appropriate for family members, close friends or persons with whom one is on a first-name basis, and children. Students usually address each other with **du.**

The German words for *he, she,* and *it* are **er, sie,** and **es.** The word for *they* is **sie.** Note that the plural pronoun **sie** (*they*) looks the same as the singular pronoun **sie** (*she*) and also the capitalized formal pronoun **Sie** (*you*). These words do not function in the same way, however, and they can be distinguished in a sentence by context and/or verb form.

	SINGULAR	PLURAL
FIRST PERSON	ich	wir
SECOND PERSON INFORMAL	du	ihr
THIRD PERSON	er sie es	sie
SECOND PERSON FORMAL	Sie	

sein

Sein is one of the most important and most frequently used verbs in German. Like its English counterpart *to be,* **sein** has present-tense forms that differ considerably from one another.

sein *to be*			
ich bin	*I am*	wir sind	*we are*
du bist	*you are*	ihr seid	*you are*
er sie ist es	he she is it	sie sind	*they are*
Sie sind	*you are*		

Predicate Adjectives

In German, as in English, so-called predicate adjectives frequently follow the verb **sein: Alexander ist intelligent**. The predicate adjective is the basic form listed in the **Wortschatz**.*

---

*In English, an adjective generally has the same form whether it appears directly before a noun (the *intelligent* person) or in the predicate (the person is *intelligent*). In German, adjectives that appear directly before a noun require special endings. Look for adjectives with endings in the readings. You will learn to use them in Chapters 12 and 13.

ÜBUNGEN 2

A. Sie? du? ihr? *Look at the characters in the drawing. Whom would you address with* **Sie**? *Why? Whom would you address with* **du**? *Why? Whom would you address with* **ihr**? *Why?*

Kurt Gerhardt

Georg Wald   Ute Lenz

Anja

Max

Anna Schmidt

Susi   Jürgen   Frau
Schmidt   Koch   Frau Schmidt   Walther   Herr Schmidt

B. Wie ist/sind . . . ? (*What is/are . . . like?*) *Work with one or two other students. Ask about the persons and animals in the drawing.*

> BEISPIEL: S1: Wie sind Susi und Jürgen?
> S2: Sie sind sehr jung.
> S3: Susi ist brav. Jürgen ist böse. Er ist auch . . .

aggressiv	groß	nett
alt	gut	neugierig
böse	intelligent	romantisch
brav	(un)interessant	scheu
faul	jung	schön
(un)freundlich	klein	(un)sympathisch
froh		

C. Adjektive. *Say or write sentences with the appropriate form of* sein.

> BEISPIELE: Marianne und Ute, ihr / unfreundlich →
> Marianne und Ute, ihr seid unfreundlich.
>
> Jürgen / böse; er / auch faul →
> Jürgen ist böse; er ist auch faul.

1. Käthe, du / sehr nett
2. Michael und Robert, ihr / brav
3. Herr Müller, Sie / sympathisch
4. ich / neugierig
5. Christoph / scheu; er / intelligent
6. wir / faul; wir / auch froh
7. Susi / jung; sie / auch sehr freundlich
8. Herr und Frau Lorenz / intelligent; sie / interessant

D. Wer auch? *Use the pronouns or names in parentheses to tell who else is that way.*

BEISPIEL: Herr Schmidt ist unfreundlich. (Herr und Frau Köhler) →
Herr und Frau Köhler sind auch unfreundlich.

1. Ich bin faul. (du)
2. Wir sind neugierig. (ihr)
3. Erika ist froh. (Sie)
4. Monika und ich sind böse. (du und Peter)

KOMMUNIKATION 2

A. Komplimente. *Write simple one-line compliments addressed to your instructor, to another student, and to two or more students in your class.*

BEISPIEL: Herr Professor, Sie sind sehr interessant.

charmant	intelligent	nett
enthusiastisch	interessant	sehr ___?___
freundlich		

B. Alles Gute! *Seek out at least two other students and express a positive wish, verbally or in a brief note. Use any of the following expressions.*

Alles Gute!
Alles Gute bei der Prüfung!
    (*Good luck on the test.*)
Schönes Wochenende!
    (*Have a nice weekend.*)
Viel Glück!
Viel Glück zum Semesteranfang
    (Semesterbeginn)!
Hals- und Beinbruch!
    (*Break a leg! lit., neck and leg
    break*)

Classroom Expressions

The following are some directions and expressions you might hear your instructor say from the beginning of the course. They are listed here for your reference.

Antworten Sie, bitte!	*Please answer.*
Auf deutsch, bitte!	*In German, please.*
Auf Seite . . . , Zeile . . . !	*On page . . . , line . . .*
Bitte, beantworten Sie alle Fragen auf deutsch!	*Please answer all the questions in German.*
Bitte, fangen Sie an!	*Please begin.*
Bitte, gehen Sie an die Tafel!	*Please go to the board.*
Bitte, kommen Sie nach vorn!	*Please come up front.*
Bitte, machen Sie Ihr Buch (auf Seite . . .) auf!	*Please open your book (to page . . .).*
Bitte, machen Sie Ihr Buch zu!	*Please close your book.*
Bitte, machen Sie die Tür(en) zu!	*Please close the door(s).*
Bitte, (zählen Sie bis drei [vier, fünf] durch, und) bilden Sie Kleingruppen!	*Please (count off by threes [fours, fives] and) form small groups.*
Das ist richtig/falsch.	*That's right/wrong.*
Die Hausaufgabe für . . . ist . . .	*The homework for . . . is . . .*
Fragen Sie Ihren Nachbarn / Ihre Nachbarin!	*Ask your neighbor.*
Haben Sie (noch) Fragen?	*Do you have any (more) questions?*
Heute sprechen wir nur Deutsch.	*Today we're speaking only German.*
Hören Sie bitte zu!	*Please listen.*
Lesen Sie, bitte!	*Please read.*
Noch einmal, bitte!	*Once again, please.*
Ruhe bitte!	*Please be quiet.*
Schreiben Sie, bitte!	*Please write.*
Schreiben Sie bitte . . . an die Tafel / auf ein Blatt Papier!	*Please write . . . on the board / on a sheet of paper.*
Sprechen Sie langsamer/lauter, bitte!	*Speak slower/louder, please.*
Wer weiß die Antwort?	*Who knows the answer?*
Wiederholen Sie, bitte!	*Please repeat.*

The following are a few expressions you will want to use in class.

Geben Sie mir bitte ein Beispiel!	*Please give me an example.*
Ich habe eine Frage.	*I have a question.*
Ich verstehe das nicht.	*I don't understand that.*
Ich weiß es nicht.	*I don't know.*
Können Sie mir bitte helfen?	*Can you please help me?*
Können wir das in Gruppen machen?	*Can we do that in groups?*
Langsamer bitte!	*Slower please.*
Wie sagt man . . . auf deutsch?	*How does one say . . . in German?*
Wie schreibt man . . . ?	*How does one spell . . . ?*

2

WAS GIBT'S NEUES?*

What's new?

EINSTIMMUNG

Herr Braun liest (*reads*)
hier Zeitung.

HERR WEISS: Herr Braun, was gibt's Neues?

HERR BRAUN: Politik, abends und morgens und nachts, immer nur (immer . . . *always only*) Politik.

HERR WEISS: Jetzt übertreiben (*exaggerate*) Sie aber! Montags findet man Sport, dienstags Annoncen

(*advertisements*) für Reisen, mittwochs für Musik und Konzerte . . .

WÖRTER

A. Wer? Was? (*Who? What?*) *Identify the numbered items in the picture.* (*Hint:* ein, eine = *a.*)

BEISPIEL: Nummer eins: Das ist ein Stuhl.

ein Bleistift
ein Buch
ein Computer
eine Frau
ein Heft
ein Kind
ein Kugelschreiber
ein Mann
ein Stuhl
eine Tafel
ein Tisch
eine Zeitung

B. Beschreibungen. *Describe various objects in your classroom.* (*Hint:* der, die, das = *the.*)

BEISPIEL: Die Kreide ist gelb.
             Der Tisch ist sehr alt und groß.

der Bleistift	blau	schwarz	(un)interessant
das Buch	braun	violett	klein
das Heft	gelb	weiß	neu
die Kreide	grün	(sehr) alt	schlecht
der Kugelschreiber	orange	groß	schön
das Papier	rosarot	gut	
der Stuhl	rot		
die Zeitung			

WORTSCHATZ

der Kanadier ⟩ *Canadian*
die Kanadierin

ADJECTIVES AND ADVERBS

Colors

blau	blue
braun	brown
gelb	yellow
grau	gray
grün	green
orange	orange
rosarot	pink · reddish-pink
rot	red
schwarz	black
violett	purple
weiß	white
rosa	pink

Time Adverbs

heute	today
heute abend	this evening, tonight
jetzt	now
morgen	tomorrow
morgen früh	tomorrow morning

(*The following are adverbial forms of nouns you learned in the previous chapter.*)

abends	(in the) evenings
morgens	(in the) mornings
nachts	nights
sonntags	(on) Sundays
montags	(on) Mondays
dienstags	(on) Tuesdays
mittwochs	(on) Wednesdays
donnerstags	(on) Thursdays
freitags	(on) Fridays
samstags	(on) Saturdays

Other Adjectives and Adverbs

da	there
da drüben	over there
dort	there
hier	here
langweilig	boring
neu	new

COORDINATING CONJUNCTIONS

aber	but, however
denn*	for, because
oder	or
und	and

NOUNS

der Amerikaner / die Amerikanerin	American (*male/female*)
der Bleistift	pencil
das Buch	book
der Computer	computer
das Foto	photo
die Frau	woman; wife
das Heft	notebook
der Kaffee	coffee
das Kind	child
die Kreide	chalk
der Kugelschreiber	ballpoint pen
der Mann	man; husband
die Musik	music
das Papier	paper
der Professor / die Professorin	professor (*male/female*)
der Schreibtisch	desk
der Student / die Studentin	student (*male/female*)
der Stuhl	chair
die Tafel	blackboard
der Tee	tea
der Tisch	table
die Zeitung	newspaper

USEFUL WORDS AND PHRASES

aus: er kommt aus Berlin	from: he comes from Berlin
eine Tasse (Kaffee)	a cup of (coffee)
in: er wohnt in Innsbruck	in: he lives in Innsbruck
(Musik) studieren	to study, major in (music)
nach: er reist nach Berlin	to: he's traveling to Berlin
Radio hören	to listen to the radio
Tennis spielen	to play tennis
zu Fuß gehen	to go on foot, walk

INDEFINITE PRONOUN

man	one, you, they, people

VERBS

arbeiten	to work; to study
fragen	to ask; to question
gehen	to go; to walk
heißen	to be called
hören	to hear
kommen	to come
lachen	to laugh
leben	to live
lernen	to learn, study
reisen	to travel
sagen	to say
singen	to sing
spielen	to play
studieren	to study (*at a university*)
tanzen	to dance
trinken	to drink
wohnen	to live (*somewhere*), reside

---

*The word **denn** is also used as an often untranslated particle or as a fill word for emphasis: **Ist das denn Dieter Götz?** *Is that Dieter Götz (then)?*

leben / wohnen

Both **leben** and **wohnen** mean *to live*, although **wohnen** implies *to reside* somewhere, such as in a specific city, on a specific street, or in a specific building or place of residence. **Leben** refers to the general state of being alive; it can refer to quality of life and may sometimes be used to refer to the general area in which one lives, such as the country, the state, or even the city.

Herr und Frau Lang **leben** sehr gut. Sie leben jetzt in Mainz (in Hessen, in Deutschland), aber sie reisen oft in die Karibik. Sie sind sehr froh.

Herr und Frau Kuhn **wohnen** hier in Mainz. Die Adresse ist Josefstraße 63.

gehen / reisen

Both **gehen** and **reisen** can mean *to go*, but **gehen** generally refers to walking or going by foot (**zu Fuß**). **Reisen** refers to travel by some other means of transportation or to the act of taking a trip.

C. Freunde und Bekannte (*Friends and acquaintances*). *Annette is telling about herself and the people she knows. Choose the more appropriate verb to complete each sentence.*

1. Thomas und ich _____ heute zu Fuß. (gehen / reisen)
2. Herr und Frau Keller _____ noch (*still*). (wohnen / leben)
3. Niklaus und Jürgen _____ nach (*to*) England. (reisen / wohnen)
4. Hans-Georg und Günther _____ in Bern. (wohnen / reisen)
5. Herr Stock und Herr Kern _____ nicht mehr (*no longer*). (leben / wohnen)
6. Elke und Karl _____ hier. (wohnen / reisen)

Josef und Peter **gehen** zu Fuß.

studieren / lernen / arbeiten

Three German verbs with somewhat similar meanings are **studieren, lernen,** and **arbeiten. Studieren** refers to long-term study of a particular discipline (usually one's major) or to someone's status as a student. **Lernen** refers to the act of learning, studying, or memorizing material, as well as to one's initial study of a subject.

Christa und Elke **reisen** nach Berlin.

Ich studiere Biologie, aber ich lerne auch Deutsch.	*I'm majoring in biology, but I'm also studying (i.e., learning) German.*

Arbeiten may refer to the act of studying, earning money, or performing some task.

Ich lerne heute abend. *I'm studying tonight.*
Ich arbeite heute abend. *I'm studying tonight. / I'm working tonight.*

Nora und Rolf **lernen** Englisch.   Axel **arbeitet** heute.   Paul und Ursula **arbeiten** samstags.   Martina **studiert** Biologie.

D. Was machen sie? *Express these sentences in German using the appropriate word:* studieren, lernen, *or* arbeiten.

1. Mr. and Mrs. Weber work in Hannover.
2. Sabine and Erich are studying in Tübingen.
3. Michael and Richard are majoring in biology.
4. Petra and Marianne are studying today.
5. They're majoring in music, but they're also studying English.
6. We're learning German.

ALLES KLAR!

Studieren/lernen. The German word **Student/ Studentin** refers to someone who attends a university, whereas the word **Schüler/Schülerin** applies to anyone who attends any type of school at a lower level. Likewise, the verb **studieren** implies work toward an academic degree at a college or university, whereas the verb **lernen** applies to general learning or to study at other educational or professional institutions.

   Which word in the ad is the common nickname for **Universität?** What kinds of things do you think might be included in this pamphlet? (1) articles of interest for and about students? (2) a schedule of events at the university? (3) a directory of places to go and things to do? (4) none of the preceding? If you chose 4, what do you imagine the pamphlet contains?

Wir studieren

Uni-Szene von A–Z

Time Adverbs

You already know the names of the days of the week in German: **Sonntag, Montag, Dienstag, Mittwoch, Donnerstag, Freitag,** and **Samstag** (**Sonnabend**). These words are capitalized because they are nouns. If they are used as adverbs to indicate habitual activity, however, they are not capitalized and they have an **s** ending.

Wir arbeiten **samstags**. *We work Saturdays.*

Other nouns can be used as time adverbs in the same way: **abends, morgens, nachts,** and so on.

Josef und ich arbeiten **nachts**. *Josef and I work nights.*

E. Wann? (*When?*) *Tell who does which activity when. Choose appropriate words from each column to construct sentences.*

BEISPIEL: Ursula und Karin singen sonntags.

wir	arbeiten	abends
sie (*pl.*)	lernen	morgens
Erika und ich	singen	sonntags
Peter und Erich	tanzen	montags
der Mann und die Frau		dienstags
Ursula und Karin		mittwochs
		donnerstags
		freitags
		samstags

Time, Place

In German sentences, a word or phrase that indicates time generally precedes one that indicates place. This is frequently just the opposite of the word order in an English sentence.

TIME   PLACE
Wir reisen morgen nach Kiel. *We are traveling to Kiel tomorrow.*

TIME   PLACE
Sie arbeiten morgens hier. *They work here in the mornings.*

Verb Complements

German has a number of noun/verb combinations such as **Radio hören** or **Tennis** (**Basketball, Baseball, Golf,** or some other game) **spielen** in which the noun, or verb complement, usually goes at the end of the sentence. Again, this word order is frequently different from that in equivalent English sentences.

MONTAZ
DIENSTAZ
MITTAZ
DONNERSTAZ
FREITAZ
SAMSTAZ

BERLIN AUF
FRISCHER SPUR
die tageszeitung

This advertisement replaces the ending **tags** (**montags, dienstags, . . .**) with **taz,** which is the abbreviation for (*die*) *Tageszeitung* (*daily newspaper*), the major left-wing Berlin daily. The logo of **taz,** the imprint of a paw (**die Tatze**), cleverly suggests that this paper is the first to track down news.

Wir spielen Tennis. *We play tennis.*

Wir spielen samstags Tennis. *We play tennis on Saturdays.*

Wir spielen samstags dort Tennis. *We play tennis there on Saturdays.*

F. Pläne (*Plans*). *Mr. and Mrs. Werner tell something about their routine and their plans. Begin each sentence with* **wir,** *but unscramble the remaining words and phrases to place them in the appropriate order.*

1. wir (wohnen / in Mainz / jetzt)
2. wir (montags bis [*until*] freitags / arbeiten / in Wiesbaden)
3. wir (Tennis / samstags / spielen / hier in Mainz)
4. wir (heute / in Heidelberg / singen)
5. wir (nach Berlin / reisen / heute abend)
6. wir (dort / sind / morgen)

G. Wann, wo, was? *Add the additional information to the sentences to explain when, where, and what the people are doing.* (*Hint: Treat* zu Fuß *as a verb complement.*)

BEISPIEL: Ich spiele dort. (Volleyball / mittwochs) →
          Ich spiele mittwochs dort Volleyball.

1. Peter und Max hören Radio. (abends)
2. Herr und Frau Schuster gehen dienstags. (zu Fuß)
3. Sie kommen zu Fuß. (montags)
4. Wir spielen sonntags. (Baseball / dort)
5. Sie hören Musik. (sonntags / hier)
6. Axel und Richard spielen. (Tennis / samstags)

aber, oder, und, denn

Like their English counterparts, the words **aber, oder,** and **und** are used to connect words and phrases. These words and **denn** are also used as coordinating conjunctions to join two sentences: **Thomas ist jung. Susi ist auch jung.** → **Thomas ist jung, und Susi ist auch jung.**

H. Leute (*People*). *Tell about the following people by joining each pair of sentences with the word in parentheses.*

1. Rolf ist intelligent. Christine ist auch intelligent. (und)
2. Erich ist groß. Karl ist klein. (und)
3. Hans ist freundlich. Kurt ist unfreundlich. (aber)
4. Frau Schmidt ist sympathisch. Frau Ziegler ist unsympathisch. (aber)
5. Herr Müller ist froh. Frau Müller ist froh. (denn)
6. Eva ist freundlich. Brigitte ist freundlich. (denn)

I. Wir machen Pläne (*plans*). *Combine each pair of sentences with* oder.

1. Wir spielen Volleyball. Wir spielen Tennis.
2. Wir trinken Kaffee. Wir trinken Tee.
3. Wir arbeiten hier. Wir arbeiten dort.
4. Wir gehen heute abend. Wir gehen morgen früh.

J. Wer sind sie? *Tell about the two mystery people. Choose the appropriate words from the box to complete the paragraph.*

Sie heißen Herr und Frau Jahn, und sie kommen aus Leipzig. Sie _____ jetzt in Bremen, aber sie _____ morgen nach Basel. Heute _____ sind sie im Lucas. Sie _____ dort Wein und _____ Musik. Sie sind froh, _____ sie leben sehr gut. Sie _____ für „Restaurant-Magazin", und _____ sind Gäste (*guests*) bei (*at*) Lucas. Was _____ sie morgen über (*about*) das Restaurant?

LUCAS
WEIN & BIERLOKAL
Cranachstr. 39/40 Ecke Peter-Vischer-Str.
Tel.: 855 10 26
tgl. ab 18.00, Sommergarten ab 16.00
SCHWÄBISCH-ALEMANNISCHE KÜCHE · ÜBER 40 WEINE

abend	hören	trinken		sagen
arbeiten	jetzt		sie	
denn	gut	wohnen		reisen

SPRACHE

KONTEXT 1

Hallo! Ich heiße Thomas, Thomas Eckhardt. Ich komme aus Stuttgart und studiere Literatur in Göttingen. Ich lerne auch Spanisch, denn ich reise bald nach Spanien.

Wer ist das? Das ist Thomas Eckhardt. Er ist neu hier. Er kommt aus Stuttgart und studiert hier Literatur. Er lernt auch Spanisch, denn er reist bald nach Spanien.

A. Und Sie? *Offer information about yourself to the class.*

Hallo! Ich heiße _____. Ich komme aus _____, aber ich wohne jetzt in _____. Ich studiere hier und lerne auch Deutsch.

B. Was machen Sie? (*What do you do?*) *Choose appropriate words to tell a little about yourself.*

abends	(sehr) gut	Basketball
morgens	nicht schlecht	Tennis
samstags	(sehr) schlecht	Volleyball
__?__	__?__	__?__

Ich arbeite _____. Ich spiele _____ und höre _____ Radio. Ich singe _____ und tanze _____.

C. Er/Sie . . . *Repeat the information you heard about someone else in Exercises A and B.*

Er/Sie heißt _____. Er/Sie kommt aus _____ aber wohnt jetzt in _____. Er/Sie arbeitet _____. Er/Sie spielt _____ und hört _____Radio. Er/Sie singt _____ und tanzt _____.

INFORMATIONEN 1

▪ ▪ ▪ ▪ ▪ ▪ ▪ ▪ ▪ ▪ ▪ ▪ ▪ ▪ ▪ ▪ ▪ ▪ ▪

Infinitive

In English, the infinitive is used with the word *to* (to travel). In German, the infinitive consists of the verb stem plus the ending **en** (**reisen**).

INFINITIVE	STEM +	**en**	*to* +	INFINITIVE
arbeiten	arbeit	en	to	*work*
fragen	frag	en	to	*ask*
gehen	geh	en	to	*go*
heißen	heiß	en	to	*be called*
hören	hör	en	to	*hear*
kommen	komm	en	to	*come*
lachen	lach	en	to	*laugh*
leben	leb	en	to	*live*
lernen	lern	en	to	*learn*
reisen	reis	en	to	*travel*
sagen	sag	en	to	*say*
singen	sing	en	to	*sing*
spielen	spiel	en	to	*play*
studieren	studier	en	to	*study*
tanzen	tanz	en	to	*dance*
trinken	trink	en	to	*drink*
wohnen	wohn	en	to	*live (somewhere), reside*

What five infinitives are included in the three ads?

- **Jetzt hört er besser.** Why? What type of product is advertised?
- **Man lernt und erlebt** (*experiences*) **die Kultur.** Do you agree that learning languages (**Sprachen**) enables one to experience different cultures and ideas?
- **Erst gurten, dann starten.** Similar slogans are heard in both the German-speaking and English-speaking worlds. What is the message?

Formation of Present Tense

The present tense of regular German verbs is formed by attaching the present-tense endings to the verb stem. There are four different present-tense verb endings: **e, st, t, en.**

If the verb stem ends in **s, ss, ß, tz, x,** or **z,** only a **t** is added as an ending for **du.**

> heißen: du heißt
> reisen: du reist

singen			
ich	singe	wir	singen
du	singst	ihr	singt
er sie es	singt	sie	singen
Sie singen			

An **e** is sometimes inserted between the stem and the endings **st** and **t** to aid pronunciation. This usually occurs when a verb stem ends in a consonant (such as **d, n,** * or **t**) or a consonant combination that would make pronunciation very difficult with the endings **st** and **t.**

> arbeiten: du arbeitest er arbeitet ihr arbeitet

Usage of Present Tense

German has only one present-tense form for each person, whereas English has three. Remember that this one German form is equivalent to all three forms in English.

---

*Stem ending in **d: du findest, er findet, ihr findet.** Stem ending in **n: du öffnest** (*you open*), **er öffnet, ihr öffnet.** But, because pronunciation is not a problem: **du wohnst, er wohnt, ihr wohnt.**

PRESENT TENSE						
reisen				*to travel*		
ich	reise	wir reisen	I { *travel* / *am traveling* / *do travel* }		we { *travel* / *are traveling* / *do travel* }	
du	reist	ihr reist	you { *travel* / *are traveling* / *do travel* }		you { *travel* / *are traveling* / *do travel* }	
er / sie / es	reist	sie reisen	he / she / it { *travels* / *is traveling* / *does travel* }		they { *travel* / *are traveling* / *do travel* }	
Sie reisen			you { *travel* / *are traveling* / *do travel* }			

The German present tense can also be used to express immediate future events. It corresponds to the following ways of expressing future events in English.

Ich arbeite morgen früh. =

PRESENT TENSE

I { *work* / *am working* / *do work* } *tomorrow morning.*

FUTURE TENSE

I { *will work* / *will be working* / *am going to work* } *tomorrow morning.*

The future may be indicated simply by context, or it may be suggested by a time word, such as **jetzt, heute, heute abend, morgen früh,** or **morgen.**

Adverbs

In German, an adverb derived from an adjective has the same form as the corresponding predicate adjective. In English, the adverb and adjective forms are different.

Sie sind **gut.**	*They're good. (predicate adjective)*
Sie spielen **gut** Tennis.	*They play tennis well. (adverb)*
Sie sind **schön.**	*They're beautiful. (predicate adjective)*
Sie singen **schön.**	*They sing beautifully. (adverb)*

Indefinite Pronoun *man*

Like the pronouns **er, sie,** and **es,** the indefinite pronoun **man** (*one, you, they, people*) is also used exclusively with a third-person singular verb.

> **Man trinkt** hier Kaffee.   *One drinks coffee here. (You, they, people drink coffee here.)*

ÜBUNGEN 1

A. Freitagabend ist Tanzabend. *Look at the ad. Which infinitive does it illustrate? Complete the paragraph with the correct forms of the verb.*

Infinitiv: _____

Der Mann und die Frau _____. Sie (*pl.*) _____ immer (*always*) Freitag abends bis (*until*) Samstag morgens. Er _____ gut, und sie _____ auch gut. Er sagt: „Du _____ sehr schön." Sie sagt: „Du _____ auch schön." Freunde sagen: „Ihr _____ wunderschön."

B. Was machen sie? (*What do they do?*) *Change the meaning of each sentence by changing the verb.*

BEISPIEL: Petra arbeitet heute abend. (lernen) →
Petra lernt heute abend.

1. Susanne und Erich kommen heute nach Freiburg. (reisen)
2. Alex Zimmermann arbeitet dort. (studieren)
3. Frau Dietrich singt schön. (tanzen)
4. Ihr lacht. (arbeiten)
5. Du wohnst in Hannover? (arbeiten)
6. Ich reise nach Berlin. (kommen)
7. Er singt jetzt. (lachen)
8. Sie sagt etwas (*something*). (fragen)

C. Was ist los? (*What's happening?*) *Complete the sentences with the correct form of each verb.*

1. Er _____ (heißen) Franz Fischer, und er _____ (arbeiten) hier.
2. Ich _____ (sagen): „Danke." Und du _____ (sagen): „Bitte."
3. Ihr _____ (kommen) heute nach Graz, und wir _____ (reisen) morgen nach Salzburg.
4. Wir _____ (sagen) „auf Wiedersehen", denn Frau Winkler _____ (gehen) jetzt.
5. Herr Wolf, Sie _____ (singen) sehr gut, und Sie _____ (tanzen) auch gut.
6. Du _____ (lachen), und ich _____ (lachen) auch.
7. Ilse _____ (wohnen) in Hannover, aber sie _____ (reisen) morgen nach Bremen.
8. Ihr _____ (spielen) Tennis, und wir _____ (hören) Radio.

D. Heute und morgen. *Tell what's going on. Express each sentence in German.*

1. I am going to work today, and Dieter will work tomorrow.
2. Fritz will sing tonight, and Elke will dance.
3. You, Paula, are traveling today, but Peter is traveling tomorrow.
4. We're coming tonight, and they're coming tomorrow morning.

E. Was sagt Bernd? *In German, please.*

My name is Bernd Schröder. I come from Hamburg, but I live in Mannheim. I'm working tonight, because Maria is coming tomorrow. Maria and I are going to travel to Essen.

KOMMUNIKATION 1

A. Was machen sie? *Describe the drawing as completely as possible. Tell what each person or group is doing or saying.*

arbeiten	„Wie geht's?"
fragen	„Gut. Und dir?"
lachen	_____?_____
lernen	
Radio hören	
sagen	
singen	
spielen	
tanzen	

B. Routine und Pläne. *Tell the class a little about your everyday routine as well as your plans for the very near future. The following words will help.*

arbeiten	abends
Kaffee trinken	heute
lernen	heute abend
Radio hören	morgen
singen	morgen früh
tanzen	morgens
Tennis spielen	nachts
	sonntags
	___?___

KONTEXT 2

■ ■ ■ ■ ■ ■ ■ ■ ■ ■

Die Universität, das Redaktionsbüro (*editorial office*): Karla und Erich arbeiten heute.

KARLA: Hier ist das Foto. Der Mann heißt Thomas Eckhardt. Er ist Student hier in Göttingen, und er ist sehr intelligent.

ERICH: Und die Frau? Studiert sie auch in Göttingen?

KARLA: Die Frau ist keine Studentin. Sie ist Professorin, und sie heißt Elke Baum.

A. Informationen. *Complete the missing information about each person.*

Name: Eckhardt   Name: _____
Vorname: _____   Vorname: Elke
Beruf: _____   Beruf: Professorin
Wohnort: Göttingen   Wohnort: _____

      Und Sie? Name: _____
      Vorname: _____
      Beruf: _____
      Wohnort: _____

B. Was sagen Sie? *Now make up your own information about the man and the woman mentioned in the dialogue. See the lists on page 35.*

_____ heißt _____. Sie ist keine _____; sie ist _____ .
_____ heißt _____. Er ist kein _____; er ist _____.

NAME	VORNAME	BERUF
Hartung	Bernd/Beate	Ingenieur/Ingenieurin
Linke	Dieter/Dagmar	Mechaniker/Mechanikerin
Schuhmann	Hans/Helga	Pilot/Pilotin
Wildner	Stefan/Sylvia	Politiker/Politikerin
___?___	___?___	___?___

INFORMATIONEN 2

Nouns

All German nouns are capitalized: **der Tisch, die Tafel, das Buch.** They are also designated by gender: **der** (masculine), **die** (feminine), and **das** (neuter). Gender is a grammatical feature of every German noun and has little to do with natural gender.

In a sentence, German nouns are also designated by number (singular or plural) as in English, and case (nominative, accusative, dative, or genitive). Case depends on how a noun functions grammatically in a sentence. For example, the *nominative* case indicates the subject of a sentence. It is also the form in which nouns and pronouns appear in vocabulary lists and dictionaries. This chapter presents the nominative case; the other three cases will be discussed in later chapters.

Definite Article

Der (masculine), **die** (feminine), and **das** (neuter) all correspond to the English definite article *the*. In German, the definite article takes different forms depending on the gender, number, and case of the noun. **Der, die,** and **das** are the nominative singular forms of the definite article; it is important that you learn each noun with the corresponding definite article.

	MASCULINE	FEMININE	NEUTER
NOMINATIVE	der Tisch	die Tafel	das Buch
	der Mann	die Frau	das Kind

The pronouns you learned in the first chapter are also nominative forms. Pronouns must correspond in gender, number, and case with the nouns they replace.

	NOMINATIVE SINGULAR (SUBJECT)	
MASCULINE	Der Tisch/Er	
FEMININE	Die Tafel/Sie	ist neu.
NEUTER	Das Buch/Es	

Er, sie, and **es** all correspond to English *it* when they replace nouns that do not refer to people: **Er/Sie/Es ist neu.** (*It's new.*)

Indefinite Article and *kein*

English has two forms for the indefinite article: *a* and *an*. In German, the indefinite article—like the definite article—has different forms to indicate the gender and function of a noun in a sentence. The nominative singular forms are **ein** (masculine and neuter) and **eine** (feminine). **Kein** (*no, not a, not any*) is the negative form of **ein** and is used to negate nouns. Its forms are the same as those for **ein.**

MASCULINE		FEMININE		NEUTER	
ein kein }	Bleistift	eine keine }	Zeitung	ein kein }	Heft

Kein negates nouns that would be preceded by **ein** in a positive statement.

Das ist **ein** Bleistift.   Das ist **kein** Bleistift.
Das ist **eine** Zeitung.   Das ist **keine** Zeitung.

Nouns of Nationality or Occupation

Nouns that denote nationality, occupation, or membership in a particular group have distinct forms to indicate males and females. The feminine form of many such words is indicated by the ending **in,** which is attached to the masculine form.

	MASCULINE	FEMININE
OCCUPATION	der Professor	die Professorin
	der Student	die Studentin
NATIONALITY	der Amerikaner	die Amerikanerin
GROUP	der Tourist	die Touristin

Unlike in English, in German the indefinite article is not used in sentences that state someone's occupation or nationality, but **kein** is used in negative sentences of this type.

Er ist Amerikaner.	*He is an American.*
Sie ist Studentin.	*She is a student.*
Er ist **kein** Amerikaner.	*He is not an American.*
Sie ist **keine** Studentin.	*She is not a student.*

FOTOTEXT

Er denkt (*thinks*): Ich brauche (*need*) Informationen über (*about*) Computer. Wo ist ein Heft für Neues über Computer, Programme oder Chips?

Sie denkt: Diese (*this*) Frau ist Autorin. Sie ist sehr sympathisch, und man sagt, sie ist auch intelligent. Sie wohnt in München, arbeitet oft in Berlin und reist jetzt nach Amerika.

This newsstand is located in a Woolworth store, which can be found in almost every major city in Germany. The management makes sure that the stores do not differ much from their American counterparts.

ÜBUNGEN 2

A. Was ist das? *Correct the statement about each picture.*

BEISPIEL: Das ist ein Buch. → Das ist kein Buch. Das ist ein Heft.

1. Das ist ein Computer.   2. Das ist ein Tisch.   3. Das ist ein Bleistift.

4. Das ist eine Frau.   5. Das ist eine Professorin.   6. Das ist ein Mann.

B. Was ist neu? *Add the forms of the definite article to complete the sentence.*

_____ Tisch, _____ Stuhl, _____ Computer, _____ Schreibtisch, _____ Tafel
und _____ Buch sind neu.

C. Das Klassenzimmer (*classroom*). *Describe the objects by using the correct pronoun with the given adjective.*

BEISPIEL: Da ist die Kreide. (blau) → Sie ist blau.

1. Hier ist das Buch. (langweilig)   4. Da ist die Tafel. (grün)
2. Da ist das Papier. (weiß)   5. Hier ist ein Bleistift. (gelb)
3. Hier ist ein Foto. (schön)   6. Da ist der Computer. (neu)

KOMMUNIKATION 2

A. Situationen. *Act out the following situations with other members of your class.*

1. You and another student are tutoring one another. Point out as many
    items in the classroom as you can. Correct any intentional or unintentional
    errors.

BEISPIEL: S1: Das ist ein Buch.
            S2: Ja, und das ist ein Heft.
            S1: Nein, das ist kein Heft. Das ist . . .

2. You are pointing out items in the classroom to a child. He/She will comment each time you point out something.

BEISPIEL: S1: Hier ist der Tisch.
            S2: Ja, er ist groß.
            S1: Und da ist . . .

B. Wer ist wer? *Work in pairs and then small groups to get acquainted with some of the members of your class.*

1. Tell your name and volunteer information about yourself.

   Ich heiße _____.
   Ich komme aus _____, aber ich wohne jetzt hier in _____.
   Ich bin (Student/Studentin, Amerikaner/Amerikanerin, Sänger/
      Sängerin, Mathematiker/Mathematikerin, Tänzer/Tänzerin,
      Musiker/Musikerin, __?__).
   Ich studiere (Musik, Tanz, Mathematik, Literatur) hier in __?__.
   Ich arbeite (montags, samstags und sonntags, heute, morgen, __?__).

2. Introduce others or tell about them.

   Das ist _____. Er/Sie . . .
   Die Studentin da drüben heißt _____. Sie . . .

3. Draw on information you have heard about certain students to talk with them directly.

   (John) sagt, du bist neu hier und kommst aus (Chicago).
   (Lisa) sagt, du studierst Literatur.
   (Michael) sagt, du heißt (Mary), und du tanzt sehr gut.

4. Don't forget to use polite expressions.

Entschuldigung.	Danke (sehr, schön).
Verzeihung.	Bitte (sehr, schön).
(Guten) Tag.	(Auf) Wiedersehen.

C. Was sind Sie? *Look at the two ads. The first one states, "I am a blood donor for the Bavarian Red Cross." It then asks, "You too?" The second ad replies, "Thanks. Your blood donation saves lives."*

1. Use the **du**- form and/or **ihr**-form to ask who in your class is a blood donor.
2. Now write a brief paragraph stating things you are and are not. Use the appropriate form of each noun listed.

BEISPIEL: Ich bin Student/Studentin. Ich bin auch . . . und . . . Ich bin aber keine . . . und keine . . .

Sind Sie:

Amerikaner/Amerikanerin?	Mathematiker/Mathematikerin?	Sänger/Sängerin?
Bäcker/Bäckerin?	Musiker/Musikerin?	Student/Studentin?
Journalist/Journalistin?	Pilot/Pilotin?	Tänzer/Tänzerin?
Kanadier/Kanadierin?	Professor/Professorin?	Tennisspieler/Tennispielerin?

ERWEITERUNG

Frühstück*

Das „Guten Morgen–Frühstück":
eine Tasse Kaffee, zwei Semmeln,°   *roll (in Southern Germany / Austria)*
eine Portion Butter und eine Portion
Marmelade. Morgens bis zehn Uhr.°   *bis . . . until ten o'clock*

Neu

Guten Morgen–Frühstück
bis 10.00 Uhr
1 Tasse Kaffee, 2 Semmeln, 1 Butter, 1 Marmelade

Rollenspiel: Kellner/Kellnerin (*server*) **und**
Kunde/Kundin (*customer*). *Work with another student to act out a breakfast scene in a café or hotel. Choose your lines from the following possibilities.*

KELLNER/KELLNERIN: Was wünschen Sie° bitte?   *wünschen . . . do you wish*
Was möchten Sie° bitte?   *möchten . . . would you like*
Das „Guten Morgen–Frühstück"?
KUNDE/KUNDIN: Ja, bitte.
Das „Guten Morgen–Frühstück", bitte.
Das Frühstück bitte, aber Tee statt° Kaffee.   *instead of*
Das Frühstück bitte, aber nur eine Semmel.
Das Frühstück bitte, aber keine Butter und keine Marmelade.
Das Frühstück mit Ei,° bitte.   *egg (boiled)*
Nur eine Tasse Kaffee/Tee/Kakao, bitte.   (*continued on page 40*)

___
* *Breakfast*

KELLNER / KELLNERIN: Bitte. Und auch „Die Zeit"?
KUNDE / KUNDIN: Ja, bitte.
Die „Frankfurter Allgemeine", bitte.
Die „Süddeutsche Zeitung", bitte.
Die „Neue Zürcher Zeitung", bitte.
„Die Presse", bitte.
Die Tageszeitung, bitte.
KELLNER / KELLNERIN: Bitte.
Bitte sehr.
KUNDE / KUNDIN: Danke.
Danke schön.
Vielen Dank.

Der Mann denkt (*thinks*): Etwas (*something*) ist neu und auch interessant hier.

Und Sie? Frage (*question*): Suchen (*Look for*) Sie oft (*often*) eine Zeitschrift (ein Magazin) über (*about*) Sport? über Computer? über Film? über Politik? über Musik? über Tanz? über Gartenarbeit? **Antwort** (*answer*): Ich suche etwas über . . .

Alles klar!

Zeitung. The *Frankfurter Allgemeine* is published in Frankfurt am Main, as opposed to Frankfurt an der Oder, which is a German city in the east; the Main and the Oder are rivers. The *Süddeutsche Zeitung* is published in Munich; another major newspaper is the weekly *Die Zeit* from Hamburg. A great many newspapers, including weeklies and dailies, are published throughout Germany, and a good number of them in Berlin alone. The *Neue Zürcher Zeitung* is published in Zurich, Switzerland, and *Die Presse* in Vienna, Austria.

Where are the following newspapers published: *Braunschweiger Zeitung? Regensburger Wochenzeitung? Berliner Morgenpost? Münchner Merkur?*

Die Schule, die Universität

A. Zum Text. *Quickly scan the following poem and, without looking at the glosses, see if you can identify all the nouns. Although German nouns are capitalized, this poem has no capitalization. (Use articles to help you locate the nouns.) Which verb forms do you recognize in the poem? Read the poem two or three times, and try to get the meaning of the whole before you look at the glosses to understand individual words.*

TEXT *ein schulmädchen**

von Ernst Jandl

die ferien° sind alle°	*holidays / over*
die schule ist die falle°	*trap*
ich bin die kleine maus	
der lehrer° sieht wie käse° aus°	*teacher / cheese / sieht . . . aus looks like*

B. Ein Schulmädchen. *Rewrite the poem. Capitalize the first word of each sentence as well as each noun. Add appropriate punctuation. Combine thoughts with* **und.** *Compare your version of the poem with the original. How does the original style, with no capitalization or punctuation, contribute to the feeling and the meaning of the poem?*

C. Kommentieren Sie! *Express your personal opinion of the poem.*

Es ist ___?___ . (charmant, dumm, gut, fantastisch, kindisch, kreativ, langweilig, lustig [*funny*], interessant, uninteressant)

Briefly give your interpretation of the poem—in English, verbally or in writing. What does the poem mean? In your opinion, does the girl like or dislike school? Why (not)? Is she attracted to learning or forced into the educational system against her will? Explain.

D. Die neue Version. *Write your own version of the four-line poem. Make up one sentence from the possibilities listed for each line. Make sure that the four lines you choose go together logically.*

LINE 1:
die Ferien   sind alle
die Semesterferien
die Sommerferien
die Winterferien

oder:
das Schuljahr   ist hier
das Semester   schon (*already*) hier
das Herbstsemester   kommt jetzt
das Frühjahrssemester   heute
das Quartal   morgen
das Herbstquartal   morgen früh
das Winterquartal   bald (*soon*)
das Frühjahrsquartal   schon
das Sommerquartal

LINE 2:
die Schule   ist die Falle
die Universität   die Attraktion
die Uni (*short for* Universität)   der Magnet

Der erste Schultag (first day of school). Traditionally, German children walk to school with a long cone-shaped cardboard container (die Schultüte), which is colorfully decorated and filled with candy, snacks, and other small goodies. The Schultüte is provided by the family to sweeten the first-grader's entrance to school.

---

* schoolgirl

LINE 3: ich bin

die kleine Maus

die $\begin{cases} \text{fleißige } (\textit{diligent}) \\ \text{faule} \end{cases}$ Studentin

der $\begin{cases} \text{fleißige} \\ \text{faule} \end{cases}$ Student

das $\begin{cases} \text{brave} \\ \text{böse} \end{cases}$ Kind

LINE 4: der Lehrer
der Assistent
der Professor
die Lehrerin
die Assistentin
die Professorin

sieht wie Käse aus

sieht $\begin{cases} \text{intelligent} \\ \text{langweilig} \\ \text{nett} \\ \text{neugierig} \\ \text{(un)interessant} \\ \text{(un)sympathisch} \end{cases}$ aus

3

VERSTEHEN SIE DEUTSCH?*

Do you understand German?

München. Die Leute hören heute Cellomusik. Die Musiker und Musikerinnen spielen sehr gut. Es ist sonnig und warm, aber nicht zu warm. Man sieht (sees) Pullover und Jacken. Es ist Frühling oder Sommer. Man sieht Blumen und Grünpflanzen. Ist man hungrig oder durstig? Da ist ein Restaurant. Verstehen Sie Deutsch? Ja, Sie verstehen schon gut Deutsch.

E INSTIMMUNG

Verstehen Sie Deutsch? Ja, natürlich. Hier ist ein Foto aus

WÖRTER

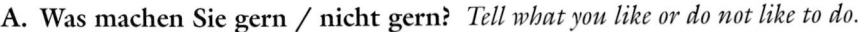

gern

The word **gern** means *gladly,* and when added to a sentence it means that someone *likes* or *enjoys* doing whatever activity is described. Note that **gern** follows the verb.

Anna reist **gern.**

{ *Anna likes to travel.*
{ *Anna enjoys traveling.*

The phrase **nicht gern** in a sentence means that someone *does not like* or *does not enjoy* whatever activity is described.

Karl schreibt **nicht gern.**

{ *Karl doesn't like to write.*
{ *Karl doesn't enjoy writing.*

A. Was machen Sie gern / nicht gern? *Tell what you like or do not like to do.*

BEISPIEL: Tennis spielen →
Ich spiele gern Tennis.   *oder:*   Ich spiele nicht gern Tennis.

1. arbeiten
2. schreiben
3. Musik hören
4. Deutsch lernen
5. in Amerika leben
6. in Amerika studieren
7. „auf Wiedersehen" sagen
8. singen
9. tanzen
10. lachen
11. nach (*name of city*) reisen
12. in (*name of city*) sein

nicht

Depending on its position, **nicht** is used to negate part or all of a sentence. Generally, **nicht** comes at the end of a clause or sentence in the present tense if it negates the complete statement.

Er arbeitet bestimmt **nicht.**   *He definitely does not work.*

Nicht usually follows time adverbs, such as **heute** and **morgen,** unless there is specific emphasis on or limitation of the time word or expression.

Wir arbeiten heute **nicht.**
but: Wir arbeiten **nicht** *heute,*
   sondern *morgen.*

We're not working today.
We're not working today, but
   (rather) tomorrow.

Wortschatz

(das) Kanada

ADJECTIVES AND ADVERBS

bald	soon
fast	almost
genug	enough
ja	yes
lang	long; tall
leider	unfortunately
manchmal	sometimes
nein	no
nicht	not
nur	only
schon	already
sonst	otherwise
teuer	expensive

COORDINATING CONJUNCTION

sondern	but (on the contrary)

INTERROGATIVE WORDS

wann	when
warum	why
was	what
wer	who
wie	how
wo	where
woher	from where
wohin	to where

Wann, was, wo?

NOUNS

Leute von heute

(das)* Amerika	America
das Auto, -s†	car
der Bus, -se	bus
(das)* Deutsch	German (*language*)
der Deutsche, -n (ein Deutscher) / die Deutsche, -n‡	German (*person*)
(das) Deutschland	Germany§
(das) Englisch	English (*language*)
der Garten, ⸚	garden
das Land, ⸚er	country, land
die Leute (*pl.*)	people
(das) Österreich	Austria
der Österreicher, - / die Österreicherin, -nen	Austrian (*person*)
die Reise, -n	trip
der Schweizer, - / die Schweizerin, -nen	Swiss (*person*)
die Sprache, -n	language
die Stadt, ⸚e	city
die Stunde, -n	hour

REISE

PRONOUNS

etwas	something
nichts	nothing; *in neg. sentence:* anything

VERBS

besuchen	to visit
dauern	to last, take (*time*)
haben	to have
kaufen	to buy
machen	to do; to make
schreiben	to write
verstehen	to understand, comprehend

USEFUL WORDS AND PHRASES

auf deutsch/englisch	in German/English
ein paar	a few
etwas gern haben	to like something
gern: Ute reist gern	gladly, like to: Ute likes to travel
lieber: Hans arbeitet gern, aber er spielt lieber Tennis	rather, prefer to: Hans likes to work, but he prefers to play tennis

---

***Das** is not normally used with the names of countries or languages.
† Beginning with this chapter, the plural pattern will follow each noun.
‡ When no article is present, the plural for males *and* females is **Deutsche: Vier Deutsche . . .**
§ The official name for Germany is the same as it was for former West Germany: **die Bundesrepublik Deutschland** (*the Federal Republic of Germany*); former East Germany was officially known as **die Deutsche Demokratische Republik** (*the German Democratic Republic*).

In other cases, **nicht** comes directly before the word or phrase it negates.

Er arbeitet **nicht gern.**	*He doesn't like to work. (He does work, but he doesn't enjoy it.)*
Ich heiße **nicht** Schmidt.	*My name isn't Schmidt.*

Nicht usually comes before predicate adjectives and expressions of place.

Das ist **nicht** schlecht.	*That isn't bad.*
Wir wohnen **nicht** in Bonn.	*We don't live in Bonn.*
Sie kommt **nicht** aus Bern.	*She doesn't come from Bern.*

In a German sentence, expressions of time precede those of place. **Nicht** usually comes between the time expression and the place expression, unless of course the emphasis is on time.

Ist das ein Fuchs? Nein, das ist kein Fuchs. Das ist ein Wolf.

	TIME	PLACE	
	Wir reisen heute **nicht** nach Wien.		*We're not going to Vienna today.*
but:	Wir reisen **nicht** heute nach Wien, sondern morgen.		*We're not going to Vienna today, but (rather) tomorrow.*

Nicht generally comes before verb complements.

Wir spielen **nicht Tennis.**	*We don't play tennis.*

Nicht/kein: As you recall, **kein** negates nouns that would be preceded either by **ein** or by no article in a positive statement. **Nicht** is used to negate nouns expressed with the definite article.

Das ist **ein** Bus.	Das ist **kein** Bus.
Das sind Busse. (*pl.*)	Das sind **keine** Busse.
but: Das ist **der** Bus nach Ulm.	Das ist **nicht der** Bus nach Ulm.

In some situations, both **kein** and **nicht** are appropriate, although the meaning differs slightly.

Er ist **kein Amerikaner.**	*He is no American.*
Er ist **nicht Amerikaner.**	*He is not an American.*
Ich verstehe **kein Deutsch.**	*I don't understand any (not a word of) German.*
Ich verstehe **Deutsch nicht.**	*I don't understand German.*
Ich verstehe **nicht Deutsch, sondern Spanisch.**	*I don't understand German, but rather Spanish.*
Wir spielen **kein Tennis.**	*We don't play any tennis.*
Wir spielen **nicht Tennis.**	*We don't play tennis.*

B. Nein, das ist nicht so. *All the facts about the person are wrong. Add* nicht *or* kein *to negate each sentence.*

Der Mann heißt Hans Schulz. Er kommt aus Flensburg und wohnt jetzt in Köln. Er ist Autor und auch der Intendant (Theaterdirektor). Er arbeitet heute abend und reist morgen nach Berlin. Er versteht Englisch und schreibt gut Französisch. Er singt gern und spielt auch gern Poker.

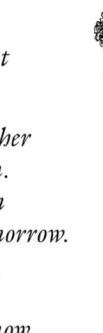

sondern

Whereas **aber** means *but* or *however*, **sondern** means *but* in the sense of *but rather* or *on the contrary*. **Sondern** follows a *negative* clause.

Ich arbeite heute nicht, **sondern** ich reise nach Dresden.	*I'm not working today, rather I'm traveling to Dresden.*
Ich arbeite heute, **aber** ich reise morgen nach Dresden.	*I'm working today, but I'm traveling to Dresden tomorrow.*
Ich komme nicht aus Köln, **sondern** aus Nürnberg.	*I don't come from Cologne, but from Nuremberg.*
Ich komme aus Köln, **aber** ich wohne jetzt in Nürnberg.	*I come from Cologne, but now I'm living in Nuremberg.*

When there is a *change of subject* in the second clause and the *verb is repeated*, however, **aber** is required, even following a negative clause.

Karin arbeitet nicht gern, **aber** Luise arbeitet gern.

C. Nein. *Negate each sentence and offer the correct information about yourself.*

BEISPIEL: Sie sind in Bern. → Nein. Ich bin nicht in Bern, sondern in Miami.

1. Sie wohnen in Deutschland.
2. Sie kommen aus Österreich.
3. Sie studieren in Heidelberg.
4. Sie arbeiten in Hannover.
5. Sie reisen nach Berlin.
6. Sie heißen Wilhelm Krieger.

D. Aber/sondern. *Use the cue to expand each sentence. You will need to determine whether the new clause begins with* sondern *or* aber.

BEISPIELE: Ich komme nicht aus Deutschland. (aus Österreich) →
Ich komme nicht aus Deutschland, sondern (ich komme) aus Österreich.

Ute schreibt nicht gern. (Margit) →
Ute schreibt nicht gern, aber Margit schreibt gern.

1. Frau Kandel ist keine Schweizerin. (Österreicherin)
2. Wir reisen nicht nach Salzburg. (nach Innsbruck)
3. Das ist kein Mercedes. (ein Volkswagen)
4. Der Bus ist nicht alt. (neu)
5. Anna versteht nicht Deutsch. (Maria versteht es)
6. Richard spielt nicht Tennis. (Paul spielt)
7. Stefan wohnt nicht in Freiburg. (in Marburg)
8. Die Leute sagen nicht „guten Morgen". („guten Tag")

SPRACHE

KONTEXT 1

The ad on the right appeared in *Bunte,* a popular German magazine.

A. Was ist das? *Read the ad one more time. Is it primarily (1) an ad for the book? (2) a publicity spot for the author? (3) an ad for the magazine? (4) an enticement to read a particular article in the magazine? (5) some of the preceding options? If so, which ones?*

B. Richtig, falsch oder nicht genug Information? *Based on the picture and text, indicate whether each question is true* (richtig) *or false* (falsch) *or whether you don't have enough information* (nicht genug Information) *to answer.*

1. Das sind Herr und Frau Wieck.
2. Herr Wieck ist Autor.
3. Die Frau ist Autorin.
4. Der Mann ist Deutscher.
5. Die Frau ist Deutsche.
6. Sie sind jetzt in Norddeutschland.

C. Fragen. *Answer each question according to the ad.*

1. Gehen die Frau und der Mann zu Fuß?
2. Lacht die Frau?
3. Ist der Mann groß?
4. Wie heißt der Mann?
5. Wie heißt das Buch?
6. Was fragt man?

Er heißt Wieck. Sein Buch „Männer lassen lieben". Wie liebt er selbst? Die Antwort in BUNTE.

sein   *his*

„Männer lassen lieben"   *men allow themselves to be loved*

selbst   *himself*

die Antwort   *answer*

INFORMATIONEN 1

Statement Word Order

The placement of the subject and verb are of key importance in the German sentence. As in English, common word order in a simple statement is subject-verb.

1 SUBJECT	2 VERB	3 OTHER ELEMENTS
Er	versteht	Deutsch.
Ich	schreibe	nicht gern.

A statement can be turned into a question to which the answer *yes* is expected by adding **nicht wahr** (or simply **nicht**) to the end of the sentence. As in English, there is a difference in intonation between statements and questions.

1 SUBJECT	2 VERB	3 OTHER ELEMENTS	
Er	versteht	Deutsch.	*He understands German.*
Er	versteht	Deutsch, **nicht wahr?**	*He understands German, doesn't he?*
Er	versteht	Deutsch, **nicht?**	*He understands German, right?*

A question beginning with **wer** (*who*) also follows the statement word order. **Wer** refers to people and is the subject of the question.

1 SUBJECT	2 VERB	3 OTHER ELEMENTS	
Wer	reist	morgen nach Berlin?	*Who's traveling to Berlin tomorrow?*

Inverted Word Order

In a simple yes/no question, the word order is verb-subject. This arrangement is called inverted word order.

1 VERB	2 SUBJECT	3 OTHER ELEMENTS	
Lernen	Sie	Deutsch?	*Do you study German?* *Are you studying German?*
Schreibt	sie	gern?	*Does she like to write?*

Note the different ways of expressing a question in English: *Do you study? Are you studying?* The German **lernen Sie?** is equivalent to both these English expressions.

A yes/no question is answered by **ja** or **nein.** These words do not affect the word order of the statement that follows.

	1 SUBJECT	2 VERB
Ja,	sie	schreibt gern.
Nein,	sie	schreibt nicht gern.

A question may also begin with an interrogative word such as **wie, wo, wohin, woher, wann, warum,** or **was.** The verb follows in second position, followed by the subject, then all other elements.

1 INTERROGATIVE WORD	2 VERB	3 SUBJECT	4 OTHER ELEMENTS
Wie	spielt	man	Tennis?
Wo	wohnt	er	jetzt?
Wohin	gehen	wir	heute?
Woher	kommst	du	denn?*
Wann	reist	Dieter	nach Zürich?
Warum	arbeiten	Sie	nicht gern?
Was	lernt	er	heute abend?

Pssst...

Wer? Wie? Was nun?

A German sentence often begins with an element (a word or phrase) other than the subject, especially in answer to a specific question or for emphasis. In this type of sentence, as in the interrogative word question, the verb follows in second position, then comes the subject, then all other elements.

1 ELEMENT	2 VERB	3 SUBJECT	4 OTHER ELEMENTS
Jetzt	wohnt	er	in Bonn.
Morgen	reist	Dieter	nach Zürich.

Whether a sentence has statement word order (subject immediately preceding the verb) or inverted word order (subject immediately following the verb), *the verb occupies the second position.* This is a very important point to remember in order to speak and write German correctly.

1 SUBJECT	2 VERB	3 OTHER ELEMENTS	4
Er	wohnt	jetzt in Bonn.	
ELEMENT	**VERB**	**SUBJECT**	**OTHER ELEMENTS**
Jetzt	wohnt	er	in Bonn.

*****Denn** is used here to signal curiosity on the part of the speaker and should not be confused with **denn** as a coordinating conjunction meaning *for, because.*

ÜBUNGEN 1

A. Monika und Christian. *Work with another student. Read about Monika and Christian, then ask a yes/no question about each statement.*

> BEISPIELE: S1: Kommen Monika und Christian Müller aus Kiel?
> S2: Ja, sie kommen aus Kiel.
>
> S1: Wohnen sie jetzt in Kiel?
> S2: Nein, sie wohnen jetzt in Oldenburg.

Monika und Christian Müller kommen aus Kiel. Sie wohnen jetzt in Oldenburg. Monika arbeitet jetzt aber in Bremen. Monika versteht schon Englisch. Christian lernt Englisch. Bald reisen sie nach Amerika. Dort studieren sie in New York.

B. „Freitag". *Look at the information in the ad, then pose two oral or written questions for each statement.*

> BEISPIEL: Die Zeitung ist neu. (wie, was) →
> Wie ist die Zeitung?
> Was ist neu?

1. Die Zeitung kommt heute. (was, wann)
2. Die Zeitung heißt „Freitag". (wie, was)
3. „Freitag" ist die Ost-West-Wochenzeitung (*weekly newspaper*). (was, wie heißt)
4. „Freitag" ist am (*at the*) Kiosk. (was, wo)

C. Wie, bitte? Was sagen Sie, Herr Schröder? *Work with a partner. One of you takes the part of Mr. Schröder, and one of you asks a question about each statement.*

> BEISPIEL: S1: Ich heiße Klaus Schröder.
> S2: Wie, bitte? Wie heißen Sie?

Ich komme aus Berlin. Jetzt wohne ich in Augsburg. Morgen reise ich nach Wiesbaden. Ich reise sehr gern. Ich lerne Spanisch, denn bald reise ich nach Madrid.

D. Wann macht Claudia was? *Tell about Claudia's busy schedule.*

> BEISPIEL: sonntags / Stefan besuchen →
> Sonntags besucht sie Stefan.

1. montags und mittwochs / Englisch lernen
2. abends / arbeiten
3. manchmal / Musik hören
4. morgen / nach Frankfurt reisen
5. heute / hierher kommen
6. heute abend / nichts machen

E. Fragen. *Ask as many questions as you can about each statement.*

BEISPIEL: Ursula reist morgen nach Österreich. →
Wer reist morgen nach Österreich?
Wann reist Ursula nach Österreich?
Wohin reist Ursula morgen?
Was macht Ursula morgen?

1. Peter arbeitet bald in Zürich.
2. Alex reist heute abend nach Bonn.
3. Marianne wohnt jetzt in Jena.
4. Ute studiert in London Englisch.
5. Thomas kommt aus Deutschland.
6. Brigitte singt heute abend in München.

F. Leute im Gespräch (*conversation*). *Form at least eight questions, verbally or in writing, about the person in the ad or about the people who call her. Most of the listed words could be used more than once to form different questions.*

wann	arbeiten	die Frau
warum	fragen	die Leute
was	heißen	Rosi Thoma
wer	kommen	Rosis Telefonnummer
wie	reisen	sie
wo	sagen	
woher	sein	
wohin	wohnen	

wer · wann · wo
Leute im Gespräch
von Rosi Thoma
0941/54096

KOMMUNIKATION 1

A. Rollenspiel: Was sagt er auf deutsch? Was sagt sie auf englisch? *Choose parts and dramatize the following situation with two other students.*

JASON DAVIS (American who doesn't speak German)
JUTTA WERNER (German who doesn't speak English)
THIRD PERSON (translator who expresses Jason's words in German [using the **Sie**-form] and Jutta's in English, so that the two can become acquainted)

JASON DAVIS: Hello. My name's Jason Davis. What's your name, please?
JUTTA WERNER: Ich heiße Jutta Werner. Verstehen Sie Deutsch?
JASON DAVIS: No, but soon I'm going to learn German, because I'm working in Germany.

JUTTA WERNER:	Kommen Sie aus England?
JASON DAVIS:	No, I'm not (I don't come) from England, but from America. Do you live here in Bremen?
JUTTA WERNER:	Ja, jetzt wohne ich in Bremen.
JASON DAVIS:	Where are you from?
JUTTA WERNER:	Ich komme aus Berlin. Reisen Sie nach Berlin?
JASON DAVIS:	Yes, tomorrow I'm traveling to Berlin.
JUTTA WERNER:	Reisen Sie gern?
JASON DAVIS:	Yes, I enjoy traveling very much.

B. Interview. *Interview another member of your class. Use the* **du***-form and ask:*

1. his/her name
2. where he/she is from
3. where he/she lives now
4. if he/she enjoys learning German
5. if he/she already understands German
6. if he/she likes to work
7. what he/she likes to do; if he/she likes to play tennis, sing, dance
8. if he/she is friendly, likable, curious

C. Wer ist . . . ? *Organize your notes from Exercise B and write an interesting paragraph about the person you interviewed.*

D. Wann mache ich was? *Tell or write about what you do when.*

Abends . . .	arbeiten
Bald . . .	lernen
Heute . . .	machen
Heute abend . . .	reisen
Jetzt . . .	schreiben
Manchmal . . .	singen
Morgen früh . . .	studieren
Samstags . . .	tanzen
___?___	(Tennis) spielen
	verstehen
	wohnen
	___?___

E. Neue Freunde und Freundinnen (*friends*). *Find out at least two facts about each member of your German class* (*his/her name, where he/she comes from, what he/she studies, what he/she likes to do, his/her travel plans, and so on*). *Share these facts with the whole class.*

BEISPIELE: Der Student da heißt . . .
Die Studentin da ist . . .
Das ist James, und er spielt . . .
Jennifer reist . . .

KONTEXT 2

Liebe Familie,

herzliche Grüße aus Berlin. Ich bin gern hier. Die Stadt und die Universität sind hochinteressant. Die Professoren und Professorinnen sind nett, und die Studenten und Studentinnen sind sehr freundlich. In Berlin ist alles sehr teuer. Ich habe nicht viel Geld, und heute kaufe ich nicht nur Bücher, sondern auch Hefte, Bleistifte usw. Sonst ist alles prima.

Euer Konrad

herzliche Grüße   *cordial greetings*
hochinteressant   *highly interesting*
usw. = und so weiter   *etc.; and so forth*
sonst   *otherwise*

A. Konrad

1. Wo studiert Konrad?
2. Wie sind die Stadt und die Universität?
3. Wie sind die Professoren und Professorinnen?
4. Wie sind die Studenten und Studentinnen?
5. Hat Konrad viel Geld?
6. Was kauft Konrad?

B. Was haben die Leute? *Tell who has what. Form sentences with the following phrases and plural nouns.*

BEISPIEL: Der Mann hat zwei Tische und acht Stühle.

ich habe	Autos	Kugelschreiber
wir haben	Bücher	Stühle
die Professorin hat	Computer	Tafeln
Andreas hat	Fotos	Tische
____?____	Hefte	

C. Wer hat was gern? *Ask others about their likes and dislikes.*

> BEISPIEL: S1: Was hast du gern?
> S2: Ich habe Bücher und Literatur gern. Und du? Hast du Literatur gern?

Autos	Fotos	Literatur
Bücher	Gärten	Musik
Computer	Jeans	T-Shirts
Deutsch		

INFORMATIONEN 2

haben

Haben—like **sein**—is an irregular verb. Note that the **b** is omitted from the verb stem in the second- and third-person singular.

haben			
ich	habe	wir	haben
du	hast	ihr	habt
er sie es	hat	sie	haben
Sie haben			

The phrase **gern haben** means *to like.*

> Franz hat Computer gern. *Franz likes computers.*

Plurals of Nouns

The plurals of German nouns are formed in different ways, just as in English (student, students; baby, babies; man, men; mouse, mice; and so on). Certain plural patterns exist for certain types of German nouns, and as you learn more nouns, you will begin to recognize some of these patterns. The plural of many nouns, however, cannot be predicted. It is best to learn the plural form of a noun along with the gender: **der Mann, die Männer; die Frau, die Frauen; das Kind, die Kinder.**

The nominative plural of the definite article is **die** for all genders. As in English, there is no plural of the indefinite article; the nominative plural of **kein** for all genders is **keine.**

	SINGULAR			PLURAL
	MASCULINE	FEMININE	NEUTER	ALL GENDERS
DEFINITE ARTICLE	der ⎱	die ⎱	das ⎱	die ⎱ ⎧Gärten
INDEFINITE ARTICLE	ein ⎰ Garten	eine ⎰ Stadt	ein ⎰ Land	— ⎰ ⎨Städte
kein	kein⎰	keine⎰	kein⎰	keine⎰ ⎩Länder

The following examples illustrate some of the plural patterns of German nouns.

PATTERN	NOUN LISTING	PLURAL
- (plural same)	der Amerikaner, -	die Amerikaner
	der Computer, -	die Computer
	der Kugelschreiber, -	die Kugelschreiber
	der Österreicher, -	die Österreicher
-e	der Bleistift, -e	die Bleistifte
	das Heft, -e	die Hefte
	das Papier, -e	die Papiere
	der Tisch, -e	die Tische
-n	die Reise, -n	die Reisen
	die Sprache, -n	die Sprachen
	die Stunde, -n	die Stunden
	die Tafel, -n	die Tafeln
-en	die Frau, -en	die Frauen
	der Professor, -en	die Professoren*
	der Student, -en	die Studenten
	die Zeitung, -en	die Zeitungen
-nen	die Amerikanerin, -nen	die Amerikanerinnen
	die Österreicherin, -nen	die Österreicherinnen
	die Professorin, -nen	die Professorinnen
	die Schweizerin, -nen	die Schweizerinnen
	die Studentin, -nen	die Studentinnen
¨	der Garten, ¨	die Gärten
¨e	die Stadt, ¨e	die Städte
	der Stuhl, ¨e	die Stühle
-s	das Auto, -s	die Autos
	das Café, -s	die Cafés
	das Foto, -s	die Fotos
-se	der Bus, -se	die Busse
-er	das Kind, -er	die Kinder
¨er	das Buch, ¨er	die Bücher
	das Land, ¨er	die Länder
	der Mann, ¨er	die Männer

Some nouns, such as **die Leute,** have only a plural form.

---

*Note the stress shift from the second to the third syllable in the plural of this word: **der Proféssor, die Professóren.**

der Deutsche, -n / die Deutsche, -n

The forms that indicate a German male and female differ from the other nouns that you have seen for nationalities. These forms are derived from the adjective **deutsch** and have endings. The nominative case ending is **e** for both genders, except when the masculine form is preceded by **ein** or **kein** or when it is used without an article. In those instances, the ending is **er**.

	MASCULINE	FEMININE
	Der Deutsch**e** heißt Markus.	Die Deutsch**e** heißt Karin.
but:	Ein Deutsch**er** versteht das.	Eine Deutsch**e** versteht das.
	Frank ist kein Deutsch**er**.	Helen ist keine Deutsch**e**.
	Markus ist Deutsch**er**.	Karin ist Deutsch**e**.

The plural form is the same for males and females: The ending is **en** if the definite article or **keine** is present; otherwise, the ending is simply **e**.

PLURAL

Die Deutsch**en** reisen gern.

Heute kommen keine Deutsch**en**.

but: Die Männer sind Deutsch**e**.
Zwei Deutsch**e** wohnen hier.

ÜBUNGEN 2

A. So viele Dinge. *Restate the sentences by changing the subject nouns to plural.*

1. Der Bleistift, der Kugelschreiber, das Heft, das Buch, das Bild und das Foto kommen alle aus Deutschland.
2. Der Mann, die Frau, der Student, die Studentin und das Kind haben alle viel Geld.
3. Der Deutsche, die Österreicherin und der Schweizer sprechen alle Deutsch.
4. Dort sind ein Auto und ein Bus.

B. Was haben sie?

BEISPIEL: Student / Heft → Die Studenten haben Hefte.

1. Professor / Buch
2. Mann / Kugelschreiber
3. Studentin / Computer
4. Kind / Bleistift
5. Frau / Foto
6. Professorin / Zeitungen

C. Was macht jede Person? Was macht die Gruppe?

BEISPIEL: Die Studentin kauft Bücher. → Die Studentinnen kaufen Bücher.

1. Der Student spielt Tennis.
2. Die Frau sagt etwas.
3. Der Deutsche hört Radio.
4. Das Kind singt und tanzt.
5. Der Professor schreibt etwas.
6. Die Amerikanerin lernt Deutsch.
7. Der Schweizer arbeitet morgen früh.
8. Der Österreicher reist nach England.

D. Wer hat was? *Compare what each set of persons has.*

BEISPIEL: ich / zwei Bleistifte // ihr / sechs →
Ich habe zwei Bleistifte, aber ihr habt sechs.

1. du / drei Bücher // wir / sieben
2. Susi / vier Hefte // Erich / nur zwei
3. wir / zehn Fotos // Sie / nur fünf
4. die Männer / zwei Tische // die Frauen / drei
5. die Studenten / zwölf Computer // die Professoren / nur drei
6. ich / neun Kugelschreiber // ihr / nur vier

Hagenmarkt 12
Tel. 05 31 / 4 60 81

KOMMUNIKATION 2

A. Eine lange Reise. *Think back to when you were a child and remember a trip that seemed to last forever, even if it was just to the next town or city. What kinds of questions did you ask along the way? What kinds of answers did you hear?*

Write the script for a travel scene with a mother (Mutter) and/or father (Vater) and two or more children (Kind 1, Kind 2, . . .). Use some or all of the following questions and answers in your script. Repeat certain questions or answers whenever you feel it would be effective to do so.

FRAGEN
Besuchen wir dort Freunde und
    Freundinnen?
Sind wir fast (bald, in __?__
    Minuten) schon da?
Wann sind wir endlich da?
Warum machen wir eine
    Reise?
Warum sind wir noch nicht da?
Was singen (spielen, hören)
    wir jetzt?
Wie lange dauert die Reise?
Wo sind wir jetzt?
Wohin reisen wir?
    __?__

ANTWORTEN
Bald.

. . . , denn
{
__?__ [Stadt] ist noch weit weg (*far away*).
die Reise ist sehr lang.
Kinder reisen gern.
neue Städte sind interessant.
wir besuchen Freunde.
wir machen eine Reise.
}

__?__ Minuten (Stunden).
In __?__ [Stadt].
In __?__ Minuten (Stunden).
Ja, . . .
Jetzt hören wir Radio (Jazz, Rockmusik, Opernmusik, __?__).
Jetzt singen wir „O Tannenbaum".
Jetzt spielen wir Karten (Domino, __?__).
Nach __?__ [Stadt].
Nein, . . .
    __?__

B. Dramatisierung. *Work with a group of other students to dramatize the scenes that each of you created in Exercise A.*

C. „Die Geschichte von der langen Reise" (*"The Story of the Long Trip"*). *Read the following children's story aloud to a partner. Your partner should not look at the book or the pictures; rather, you should explain what is happening. Begin:* Mutter Ente und ihre (*her*) zwei Entchen machen zu Fuß eine Reise. Entchen Nummer eins fragt: . . . Die Mutter sagt: . . .

DIE GESCHICHTE VON DER LANGEN REISE

auf *to*
Berge *mountains*
daheim *home*
immer geradeaus *always straight ahead*
Meere *seas*
über *over*
wieder *again*
zuerst *first*

WILHELM SCHLOTE

D. Ein Vergleich (*comparison*). *Compare your and your partner's scripts from Exercise A with Wilhelm Schlote's story in Exercise C. Make a chart, leaving ample space for highlighting information from the story and scripts.*

	WILHELM SCHLOTE	ICH	PARTNER/PARTNERIN
WER/WAS	zwei Entchen Mutter Ente		
FRAGEN	Wohin gehen wir? Wohin kommen wir dann?		
ANTWORTEN	Immer geradeaus. In ein paar Städte, auf . . .		

ERWEITERUNG

Ähnliche* Sprachen

A. Zum Text. *Read through the following text quickly without looking at any of the glosses. How much of the reading do you understand?*

TEXT *Deutsch und Englisch sind ähnlich* ~Similar~

Sie reisen nach Europa. Wo hören Sie Deutsch? Deutschland, Österreich und die Schweiz haben Deutsch als Landessprache.° Die Schweizer sprechen° auch Französisch und Italienisch. In Luxemburg und in Liechtenstein hören Sie auch Deutsch. In Amerika lernen Sie Hochdeutsch,° aber in Europa hören Sie

national language / speak

High German†

---

*Similar
† High German is the standard language taught and spoken on a professional level, including in radio and television broadcasting, throughout the German-speaking world.

5 oft° einen Dialekt. Ist das ein Problem? Nein, kein Problem, denn die Deutschen,   *often*
die Österreicher und die Schweizer lesen,° schreiben und verstehen alle Hoch-   *read*
deutsch.

    Sie besuchen zum Beispiel° Berlin, und ein Mann fragt: „Kommen Sie aus   *zum . . . for example*
England?"

10   Sie sagen: „Nein, ich komme nicht aus England, sondern aus Amerika."
    Der Mann sagt: „Ah, Sie sind Amerikaner/Amerikanerin."
    Sie fragen: „Sind Sie Berliner?"
    Der Mann sagt: „Nein, ich bin Österreicher. Ich komme ursprünglich° aus   *originally*
Wien. Jetzt wohne ich aber in Hamburg, denn ich arbeite dort."

15   In Basel fragt eine Schweizerin vielleicht:° „Sind Sie Student/Studentin?"   *perhaps*
    Sie sagen: „Ja, ich studiere in Amerika."
    Die Schweizerin fragt: „Was studieren Sie?"
    Sie sagen: „Ich studiere Biologie, und ich lerne auch Deutsch."
    Die Schweizerin sagt: „Und ich unterrichte° Englisch. Ich bin Professorin."   *teach*

20   In Wien gehen Sie spazieren,° und Sie sehen° Wörter° wie° Restaurant, Café,   *gehen . . . go for a walk / see / words / such as advertisements*
Park, Garten, Telefon, Bank, Hotel und Supermarkt. Sie lesen Anzeigen,° und Sie
sehen Wörter wie elegant, attraktiv, Aspirin und Streß. Sie hören Radio, und Sie
verstehen sofort° Wörter wie Rockmusik, Sport und Politik. Sie lesen Artikel über   *immediately*
Hunger und Brutalität. Sie kaufen° Jeans, Sweatshirts und Joggingschuhe. Sie   *buy*

25 sehen Filme oder hören Konzerte, und dann° trinken Sie Kaffee, Tee, Mineral-   *then*
wasser, Wein oder Bier.

    Viele Wörter sind heute international. Deutsch und Englisch sind ähnlich,
denn sie sind verwandt.° Beide° sind germanische° Sprachen. Verstehen Sie   *related / both / Germanic*
Deutsch? Ja, Sie verstehen schon viel° Deutsch.   *a lot of*

B. Ähnliche Wörter. *Now scan the reading for cognates—words that look, sound, and mean essentially the same in German and English. Highlight or circle each cognate that you find.*

C. Die Hauptidee. *Look at the text that you marked according to the instructions in the preceding activity. Then express the main idea of the text in a simple English sentence.*

Konkrete Poesie

A. Poesie oder Kunst (*art*)**?** *Look at the poem on the right as a visual whole, then scan it line for line. What title would you give this poem? How would you describe such a poem?*

von Reinhard Döhl

ALLES KLAR!

Konkrete Poesie. Concrete poetry takes a number of different forms, but in the broadest sense, it is poetry that depicts or suggests its meaning visually through letters, words, or patterns of such. Whereas some concrete poems take on special meaning when read aloud, many examples cannot be read at all in the usual sense. Although poets and artists have experimented with the visual effects of written language since ancient times, the origin of concrete poetry in the modern world is associated with the Swiss poet Eugen Gomringer.

```
ping pong
    ping pong ping
    pong ping pong
          ping pong
```
von Eugen Gomringer

```
        w   w
      d       i
    n   n   n
  i   d   i   d
  w           w
```
von Eugen Gomringer

B. Ihr eigenes Werk (*Your own work*). *Look through the words in the* Wortschatz *of this and the two preceding chapters and also the words that you highlighted in the reading. Choose one word or a group of words to create your own example of concrete poetry. Remember, you are presenting your own creative ideas and there is no right or wrong way to go about it.*

BEISPIELE:

```
                    samstags sonntags
              freitags                montags
dienstags        donnerstags            dienstags      donnerstags
    mittwochs                               mittwochs
dienstags        donnerstags            dienstags      donnerstags
              freitags                montags
                samstags sonntags
```

4

ALLES IN ORDNUNG?

EINSTIMMUNG

Der Flughafen in München ist neu. Da ist alles in Ordnung! Anna und Michael warten (*wait*) auf (*for*) Freunde aus New York. Die Maschine aus New York landet jetzt. Schnell zur Ankunft (*arrival gate*)!

ANNA: Pst! Was sagt die Ansagerin (*announcer*)? Hast du die Kamera? Ist Film drin?

MICHAEL: Anna, mach langsam (mach . . . *take it easy*)! Wie du weißt (Wie . . . *As you know*), das Gepäck ist noch nicht da, und dann gehen sie durch (*through*) den Zoll.

WÖRTER

Cardinal Numbers

The cardinal numbers are those used in counting. You already know the numbers from one to twenty. In counting by tens, note the irregular spelling of **dreißig.**

0	null				
1	eins	11	elf		
2	zwei	12	zwölf	20	zwanzig
3	drei	13	dreizehn	30	dreißig
4	vier	14	vierzehn	40	vierzig
5	fünf	15	fünfzehn	50	fünfzig
6	sechs	16	sechzehn	60	sechzig
7	sieben	17	siebzehn	70	siebzig
8	acht	18	achtzehn	80	achtzig
9	neun	19	neunzehn	90	neunzig
10	zehn				

100	(ein)hundert*	1 000 000	eine Million
200	zweihundert	2 000 000	zwei Millionen
1 000	(ein)tausend*	1 000 000 000	eine Milliarde†
2 000	zweitausend	2 000 000 000	zwei Milliarden

Similar to older English forms, cardinal numbers between 21 and 99 in German are written as one word connected by **und: vier + und + zwanzig = vierundzwanzig** (24).

21	einundzwanzig	24	vierundzwanzig	27	siebenundzwanzig
22	zweiundzwanzig	25	fünfundzwanzig	28	achtundzwanzig
23	dreiundzwanzig	26	sechsundzwanzig	29	neunundzwanzig

---

*The word **ein** is often omitted before **hundert** and **tausend.**

† Be careful not to confuse German and British English terms with the American English terms for numbers above the millions. The German and British term **Milliarde**/*milliard* is equivalent to American *billion*; the German and British term **Billion**/*billion* is equivalent to American *trillion*.

eine Milliarde = (ein)tausend Millionen (1 000 000 000)   *one billion*
eine Billion = eine Million Millionen (1 000 000 000 000)   *one trillion*

WORTSCHATZ

ADJECTIVES AND ADVERBS

immer	always
krank	sick
nie	never
oft	often
schnell	fast, quick(ly)
selten	seldom, rare(ly)
viel	much, a lot
viele	many
wieviel?	how much?
wie viele?	how many?
zusammen	together
zuviel	too much

NOUNS

der Beamte, -n (ein Beamter)* / die Beamtin, -nen	official, civil servant
der Brief, -e	letter
die Briefmarke, -n	stamp
die Brieftasche, -n	wallet
der Film, -e	film, movie
die Flasche, -n	bottle
der Flughafen, ⸚	airport
das Geld	money
das Gepäck	baggage, luggage
die Haarbürste, -n	hairbrush
die Handtasche, -n	purse, handbag
die Kamera, -s	camera
der Kamm, ⸚e	comb
der Koffer, -	suitcase
der Rasierapparat, -e	razor
der (Reise)paß, *pl.* (Reise)pässe	passport
der Schlüssel, -	key
der Stadtplan, ⸚e	city map
die Tasche, -n	bag; pocket
die Uhr, -en	watch; clock
die Zahnbürste, -n	toothbrush

VERBS

bleiben	to remain, stay
brauchen	to need
essen (ißt)†	to eat
fahren (fährt)	to travel, go; to drive
kennen	to know, be acquainted with
kosten	to cost
laufen (läuft)	to run
lesen (liest)	to read
nehmen (nimmt)	to take
öffnen	to open
schlafen (schläft)	to sleep
sehen (sieht)	to see
sprechen (spricht)	to speak
vergessen (vergißt)	to forget
werden (wird)	to become

USEFUL WORDS AND PHRASES

alles in Ordnung?	everything all right?
Auto fahren	to drive a car
viel Spaß!	have fun!
Zeitung lesen	to read a/the newspaper
Zollbeamter/Zollbeamtin: haben Sie etwas zu verzollen?	customs official: do you have something to declare?

Herzlich willkommen in...

---

*This noun, like **der Deutsche (ein Deutscher)**, has an **r** at the end if it is used with the indefinite article, **kein**, or no article: **ein Beamter, kein Beamter, Beamter.** The plural is **Beamte** unless it is preceded by an article: **drei Beamte,** but **die/keine Beamten.**

† Beginning with this chapter, the irregular form of the third-person singular will be given in parentheses following the infinitive of an irregular verb.

Any cardinal number up to one million is written as a single word, regardless of the length.

601	sechshunderteins (sechs + hundert + eins)
999	neunhundertneunundneunzig (neun + hundert + neun + und + neunzig)
12 031	zwölftausendeinunddreißig (zwölf + tausend + ein + und + dreißig)

Punctuation with numbers differs in German and English. In German, a comma is placed where a decimal point would occur in English, and there is often a space or a period where a comma would be in English.

GERMAN		ENGLISH
6,75	(sechs Komma fünfundsiebzig)	6.75
6 750 ⎱ 6.750 ⎰	(sechstausendsiebenhundertfünfzig)	6,750

The singular **Million** is used for the number *one million;* any number above that requires the plural **Millionen,** even if it is less than two million. The same is true of **Milliarde/Milliarden.**

1,12	Millionen (eins Komma zwölf Millionen)	1.12 *million*
1,4	Milliarden (eins Komma vier Milliarden)	1.4 *billion*

A. Drei, dreizehn, dreißig, dreihundert, dreitausend. *Practice saying each group of numbers aloud.*

1. 6	16	60	600	6 000		4. 9	19	90	900	9 000
2. 2	12	20	200	2 000		5. 8	18	80	800	8 000
3. 7	17	70	700	7 000		6. 5	15	50	500	5 000

B. Telefon, bitte? *Pretend you are an official. Ask for each telephone number in German. Two students will say the number, each in a different way.*

BEISPIEL: S1: Telefon, bitte?
S2: (23 75 46) zwei drei   sieben fünf   vier sechs
S3: dreiundzwanzig   fünfundsiebzig   sechsundvierzig

1. 91	50	71	3. 69	58	25	5. 22	60	55
2. 93	35	48	4. 75	84	13	6. 14	88	37

C. Telefonnummern. *Exchange phone numbers with other members of the class:* Meine Telefonnummer ist . . . Was ist deine?

D. Wieviel Prozent? *Say each percentage aloud in German.*

BEISPIEL: 42,5% →
zweiundvierzig Komma fünf Prozent

1. 66%	3. 100%	5. 92,8%
2. 4,33%	4. 56%	6. 19,75%

E. Wie weit von Frankfurt? *When North Americans travel by air to Germany, they frequently arrive in Frankfurt. Work with another student, and take turns asking and giving the distances between Frankfurt and other cities.*

BEISPIEL: S1: Wie weit ist Heidelberg von Frankfurt?
S2: Heidelberg ist 83 Kilometer von Frankfurt.

F. Adresse, bitte? *Say each address aloud in German.*

1. Eva Sturm
   Schömburgstraße 97
   34117 Kassel
2. Heinz Braun
   Poststraße 22
   69115 Heidelberg
3. Alex Neupert
   Maria-Theresia-Straße 50
   81675 München
4. Anna Ziegler
   Hammer Straße 32
   22041 Hamburg

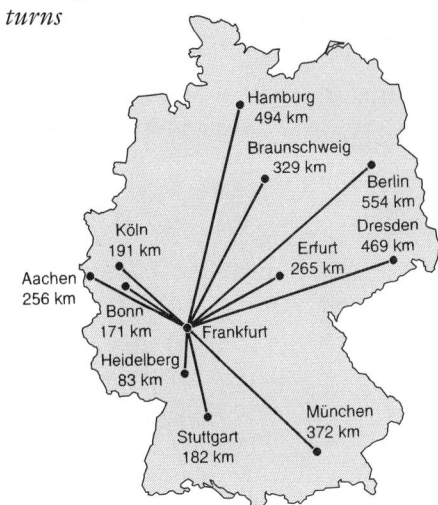

ALLES KLAR!

Postleitzahl. In German-speaking countries, a street address is given with the name of the street first, then the number. Furthermore, the German zip code (**Postleitzahl**) precedes the name of the city. In July, 1993, Germany instituted a new five-digit zip code system: The first two digits refer to the region; the next three refer to the city, the city district, or the street (in the case of long streets that run through several districts). Major customers—those who receive more than 2,000 pieces of mail per day—also have their own zip codes as do post office box centers.

Die neuen Briefregionen ab 1. Juli 1993:

01 Dresden	27/28 Bremen	53 Bonn
02 Oberlausitz	29 Lüneburger Heide	54 Eifel
03 Niederlausitz	30/31 Hannover	55 Rhei
04 Leipzig	32/33 Ostwestfalen	56 Wes
06 Sachsen-Anhalt Süd	34 Eder-Habichtswald	57 Sieg
07 Ostthüringen	35 Lahn	58 Sa
08 Vogtland	36 Rhön	59 L
09 Erzgebirge	37 Südliches Leinetal	60/61 F
10 Berlin-Zentrum	38 Harz	63
12/15 Berlin-Südost	39 Sachsen-Anhalt Nord, Magdeburg	64
13/16 Berlin-Nord	40 Düsseldorf	65
14 Berlin-Südwest, Potsdam	41 Schwalm-Nette	66
17 Vorpommern	42 Bergisches Land Nord	67
18 Mecklenburger Bucht	44 Dortmund	68/69
19 Mecklenburg. Seenplatte, Schwerin	45 Nördliches Ruhrgebiet	70/71 Stuttgar

DER SPIEGEL
Brandstwiete 19/Ost-West-Straße
20 457 Hamburg

Region — Zustellschlüssel für Stadt, Stadtteil, Straße oder Großkunden oder Postfachschränke

G. Adressen. *Exchange addresses with other members of the class. Give the information verbally while the other person writes it down. Use the* Buchstabiertafel *(spelling alphabet) for clarification.*

> BEISPIEL: S1: Was ist deine Adresse, bitte?
> S2: Meine Adresse ist 1267 Muir Street.
> S1: Wie schreibt man das, bitte?
> S2: M wie Martha, U wie Ulrich, . . .
> S1: Aha, 1267 Muir Street. Danke.

Buchstabiertafel Inland

A	= Anton	O	= Otto
Ä	= Ärger	Ö	= Ökonom
B	= Berta	P	= Paula
C	= Cäsar	Q	= Quelle
Ch	= Charlotte	R	= Richard
D	= Dora	S	= Samuel
E	= Emil	Sch	= Schule
F	= Friedrich	T	= Theodor
G	= Gustav	U	= Ulrich
H	= Heinrich	Ü	= Übermut
I	= Ida	V	= Viktor
J	= Julius	W	= Wilhelm
K	= Kaufmann	X	= Xanthippe
L	= Ludwig	Y	= Ypsilon
M	= Martha	Z	= Zacharias
N	= Nordpol		

H. Wie viele Einwohner (*inhabitants*)? *Work with a partner. Ask about the population of each city.*

> BEISPIEL: Wien: 1 531 300 →
> S1: Wie viele Einwohner hat Wien?
> S2: Wien hat eine Million fünfhunderteinunddreißigtausenddreihundert Einwohner.

Köln: 946 300	Graz: 243 200
Basel: 169 600	Dresden: 509 400
Berlin: 3 409 700	Bern: 134 400
Linz: 199 900	Zürich: 342 900

I. Wie, bitte? *Work with a partner. Say any number aloud in German. Your partner may ask you to repeat it once (Wie, bitte?) before he/she writes it down as a figure. Is the figure correct? Try to stump your partner. Continue to give numbers until he/she misses; then reverse roles.*

Compound Nouns

Compound nouns—nouns composed of two or more words—are very common in German. The gender of such nouns is taken from the last noun in the compound.

> der Flug + der Hafen = der Flughafen
> *flight*   *harbor*   *airport*
>
> der Brief + die Tasche = die Brieftasche
> *letter*   *bag*   *wallet*

Knowing the meaning of even one component can help you guess the meaning of a compound noun. Be careful not to translate literally, however; the meaning of a compound noun often differs from the meanings of the individual components.

The plural is the same as that of the last noun in the compound.

> der Plan, ⸚e (die Pläne)   der Stadtplan, ⸚e (die Stadtpläne)
> das Buch, ⸚er (die Bücher)   das Kinderbuch, ⸚er (die Kinderbücher)

J. Wörter und Sätze (*sentences*). *Form a compound from each set of words; then use it in a sentence.*

BEISPIEL: der Brief + die Marke →
Aus Brief und Marke wird (*comes*) Briefmarke.
Die Briefmarke aus Österreich ist sehr schön.

1. die Hand + die Tasche
2. die Reise + die Tasche
3. das Haar + die Bürste
4. der Zahn + die Bürste
5. die Reise + der Paß
6. die Stadt + der Plan

Currency

The monetary unit in Austria is the **Schilling (öS),** which is divided into 100 **Groschen.** The Swiss monetary system is based on the **Franken (sFr),** which is divided into 100 **Rappen.** The monetary unit of the Federal Republic of Germany is the **Deutsche Mark (DM),** which is divided into 100 **Pfennig.**

Note that, in quoting prices, there is no plural ending on the name of the currency: **Das kostet 100 Mark, 70 Pfennig; 324 Schilling, 40 Groschen; 212 Franken, 25 Rappen; 100 Dollar.**

The currency sign can either precede or follow the figure: **DM 50** or **50 DM: $50** or **50$.** *

K. Wieviel kostet das? *Work with a partner and ask the cost of each item.*

BEISPIEL: S1: Wieviel kostet das Buch?
S2: Das Buch kostet 16 Mark.

16 DM

72 DM

2.999 DM

27.650 DM

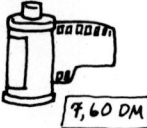
9,60 DM

10,80 DM

154 DM

2,30 DM

9,90 DM

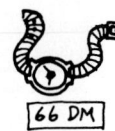
66 DM

460 DM

37 DM

---

*Regardless of whether the currency sign precedes or follows the figure, the amounts are read as **50 Mark** and **50 Dollar,** respectively.

SPRACHE

KONTEXT 1

Steckbriefe*

Laura Foster ist Amerikanerin und wohnt in Portland, Oregon. Dort studiert sie Mathematik. Laura spricht schon gut Deutsch, und jetzt lernt sie auch Spanisch. Sie ißt oft Pizza und trinkt Cola. Sie tanzt gern und fährt auch gern Auto. Diesen° Sommer macht sie mit John Mitchell eine Reise nach Europa.

this

John Mitchell kommt auch aus Portland, Oregon, aber jetzt ist er Student in Bloomington, Indiana. Montags bis samstags arbeitet er, aber sonntags bleibt er gern zu Hause, liest Zeitung, schreibt Briefe und schläft. John kennt Laura Foster seit Jahren.° Diesen Sommer besuchen sie Deutschland und die Schweiz.

seit . . . for years

A. Laura und John

1. Woher kommen Laura und John?
2. Was studieren sie?
3. Sprechen sie Deutsch?
4. Wer spricht auch Spanisch?
5. Was machen sie gern?
6. Wohin reisen sie?

Name: Laura Foster
Nationalität: amerikanisch
Wohnort: Portland, Oregon
Beruf: Studentin (Mathematik)
Sprachen: Englisch, Deutsch, Spanisch
Freizeit: Pizza essen, Cola trinken, tanzen, Radio hören, Auto fahren
Sommerpläne: Reise nach Europa

Name: John Mitchell
Nationalität: amerikanisch
Wohnort: Bloomington, Indiana
Beruf: Student (Musik)
Sprachen: Englisch, Deutsch
Freizeit: Zeitung lesen, Briefe schreiben, schlafen
Sommerpläne: nach Europa reisen

B. Steckbriefe. *Make a poster similar to those of Laura and John. The poster may be of yourself or of a famous or fictitious person. Exchange posters with someone in the class. Tell or write as much as you can about the person on the poster using the information provided.*

der Beruf   *occupation*
die Freizeit   *leisure time*
der Wohnort   *residence*

* *Wanted posters*

INFORMATIONEN 1

Stem-Changing Verbs

The stem of a verb is the infinitive minus the **en** ending: **komm, geh.** Some verbs have an "alternate stem"; that is, the stem vowel—and sometimes a stem consonant as well—changes in the second- and third-person singular of the present tense. Such verbs are called stem-changing verbs. Three stem-changing patterns are **e → i, e → ie, a → ä / au → äu.** Carefully study the following examples of stem-changing verbs.

Stem-Vowel Change: *e → i*

werden			
ich	werde	wir	werden
du	wirst	ihr	werdet
er sie es	wird	sie	werden
Sie werden			

sprechen			
ich	spreche	wir	sprechen
du	sprichst	ihr	sprecht
er sie es	spricht	sie	sprechen
Sie sprechen			

The **d** is omitted from the stem of **werden** in the second-person singular.

nehmen			
ich	nehme	wir	nehmen
du	nimmst	ihr	nehmt
er sie es	nimmt	sie	nehmen
Sie nehmen			

essen			
ich	esse	wir	essen
du	ißt	ihr	eßt
er sie es	ißt	sie	essen
Sie essen			

The stem **nehmen** changes to **nimm;** the stem **ess** changes to **iß.** Another verb conjugated like **essen** is **vergessen: du vergißt, er/sie/es vergißt.**

Stem-Vowel Change: *e → ie*

lesen			
ich	lese	wir	lesen
du	liest	ihr	lest
er sie es	liest	sie	lesen
Sie lesen			

sehen			
ich	sehe	wir	sehen
du	siehst	ihr	seht
er sie es	sieht	sie	sehen
Sie sehen			

Stem-Vowel Change: *a → ä / au → äu*

fahren			
ich	fahre	wir	fahren
du	fährst	ihr	fahrt
er sie es	fährt	sie	fahren
Sie fahren			

laufen			
ich	laufe	wir	laufen
du	läufst	ihr	lauft
er sie es	läuft	sie	laufen
Sie laufen			

Another verb with a stem-vowel change from **a** to **ä** is **schlafen: du schläfst, er/sie/es schläft.**

ÜBUNGEN 1

A. Willkommen in Deutschland. Wer sind die Frauen und was machen sie?
Restate the following paragraph with a singular subject; make all necessary changes.

Die Frauen da sind Touristinnen aus Amerika. Sie sprechen Englisch. Sie essen Apfelstrudel und trinken Kaffee. Sie lesen eine internationale Zeitung. Sie fahren morgen nach Bonn, denn sie haben dort Freunde.

B. Eine Anzeige (*ad*). *The following is an ad for the new Cathedral Bookstore. Using* du *rather than* Sie, *restate the ad to address a friend; then restate it once again to address a group of friends* (ihr).

Die Dombuchhandlung (*Cathedral Bookstore*) ist neu. Lesen Sie gern? Wir haben 30 000 Bücher. Fahren Sie gern? Wir haben Reisebücher. Essen Sie gern? Wir haben Kochbücher. Sehen Sie gern Filme, und lesen Sie dann gern die Bücher? Wir haben alle Bestseller. Sprechen Sie Englisch? Wir haben auch Bücher auf englisch. Wo? Die Dombuchhandlung, Kapitelplatz 6.

C. Wer ist Robert? *Read what Robert says about himself, then relate the information in the third person:* Er heißt Robert, und . . .

Hallo! Ich heiße Robert, und ich bin Student. Ich lese viel und sehe oft Filme. Freitag abends tanze ich gern. Ich esse gern, manchmal zuviel. Ich schlafe fast nie, und ich werde nur selten krank. Ich vergesse aber immer Schlüssel, Bücher oder Hefte. Samstags und sonntags fahre ich gern Auto, besonders nach München.

D. Petra und ich. *Andreas talks about the differences between himself and his girlfriend Petra. Express his statements in German.*

I speak German and English; Petra speaks only German. She likes to drive; I don't like to drive. In the morning she runs; I never run. She rarely gets sick; I often get sick. She sleeps a lot; I rarely sleep. She forgets nothing; I forget a lot. We both (**beide**) eat too much.

E. Taxis und Autos. *Restate each question, verbally or in writing, with the subject in parentheses. Then provide an answer to each restated question.*

1. Wie viele Taxis sehen Sie hier? (man)
2. Was lesen Sie über (*about*) die Mercedes-Benz Taxis? (man)
3. Nehmen Sie oft ein Taxi? (du)
4. Sprechen viele Taxifahrer Englisch? (der Taxifahrer da)
5. Vergessen Taxifahrer manchmal den Stadtplan? (ein Taxifahrer)
6. Haben Sie ein Auto? (du)
7. Fahren Sie gern? (du)
8. Werden Sie Taxifahrer? (du)

**Ein Mercedes-Benz Taxi
ist geräumig, komfortabel und sicher.**

KOMMUNIKATION 1

A. Essen und Getränke (*food and beverages*)

1. Was ist die Frage? Was sind die Preise? *Look at the ad. What kinds of prizes are offered to the persons who can most accurately and specifically answer this question:* Was essen die da bloß? (*Just what are they eating?*)

2. Wie beschreiben Sie die Leute? Was machen die Frauen? Ißt der Mann etwas? Essen die Frauen Joghurt? Eis? Pudding? Salat?   ?

3. *Take a poll of the class. Find out who likes to eat and drink what. Take notes.*

   BEISPIEL: Jane und Dan, was eßt ihr gern?
   Patrick, trinkst du gern Kaffee?

GETRÄNKE		ESSEN	
Bier	Mineralwasser	Bananen	Reis
Cola	Rotwein	Fisch	Sauerkraut
Kaffee	Tee	Hamburger	Schokolade
Limonade	Weißwein	Orangen	Spaghetti
Milch	?	Pizza	?

4. *Report the findings of your poll to the class:* Wie viele Studenten und Studentinnen essen gern (Spaghetti)? Wie viele essen oft (Pizza)? Wie viele essen nie (Sauerkraut)? . . . Wie viele trinken gern (Kaffee)? Wie viele trinken manchmal (Wein)? . . .

B. Interview: Alltagsleben (*everyday life*). *Ask your partner if he/she*:

1. likes to read (the) newspaper; often reads books
2. likes to speak German; also speaks French (**Französisch**), Spanish (**Spanisch**), or Chinese (**Chinesisch**)
3. likes to sleep on Sundays; often gets tired; likes to run
4. often gets sick; often takes aspirin (**Aspirin**)
5. eats a lot; sometimes eats too much; sometimes drinks too much
6. often drives too fast
7. often forgets something; sometimes forgets money or keys

C. Ein Porträt. *Write down the results of your interview from Activity B. Organize your sentences in an interesting way and add comments about the student's personality:* . . . Jeff ist sehr intelligent. Er . . . *Present your report to the class.*

KONTEXT 2

∎ ∎ ∎ ∎ ∎ ∎ ∎ ∎ ∎

Der Flughafen in Frankfurt

DER ZOLLBEAMTE:	Das Gepäck, bitte. Reisen Sie zusammen?
JOHN:	Ja, wir sind zusammen.
DER ZOLLBEAMTE:	Haben Sie etwas zu verzollen? Zigaretten, zum Beispiel? Kaffee? Alkohol?
JOHN:	Wir haben nur eine Flasche Wein.
DER ZOLLBEAMTE:	Nur eine Flasche? Das ist in Ordnung. Haben Sie noch einen Koffer?
LAURA:	Ja, hier. Ich öffne ihn gern.
DER ZOLLBEAMTE:	Nein danke, schon gut. Auf Wiedersehen.
JOHN:	Danke. Auf Wiedersehen.

A. „Hast du alles?" *You and your friend are packed and ready for a trip. Ask one another if you have the following items.*

BEISPIEL: den Koffer / ihn →
    S1: Hast du den Koffer?
    S2: Ja, ich habe ihn.

das Geld / es   den Schlüssel / ihn
die Bücher / sie   die Kamera / sie
den Stadtplan / ihn   alles / alles

B. Rollenspiel: der Zoll. *Work with another member of the class to act out a scene that might take place during a customs inspection. Choose questions and answers from among those provided on the next page.*

DER ZOLLBEAMTE / DIE ZOLLBEAMTIN
Haben Sie etwas zu verzollen?
Haben Sie Zigaretten?
Haben Sie Kaffee?
Haben Sie Alkohol? . . . Ja? Wie viele Flaschen?
Das kostet _____ Mark Zoll. / Das ist alles zollfrei.

DER TOURIST / DIE TOURISTIN
Ja, ich habe etwas zu verzollen. / Nein, ich habe nichts zu verzollen.
Ja, ich habe _____ Päckchen Zigaretten. / Nein, ich habe keine Zigaretten.
Ja, ich habe Kaffee, aber nur ein Pfund. / Nein, ich habe keinen Kaffee.
Nein, ich habe keinen Alkohol. / Ja, ich habe _____ Flaschen Wein
    (Wodka, Whisky).

FOTOTEXT

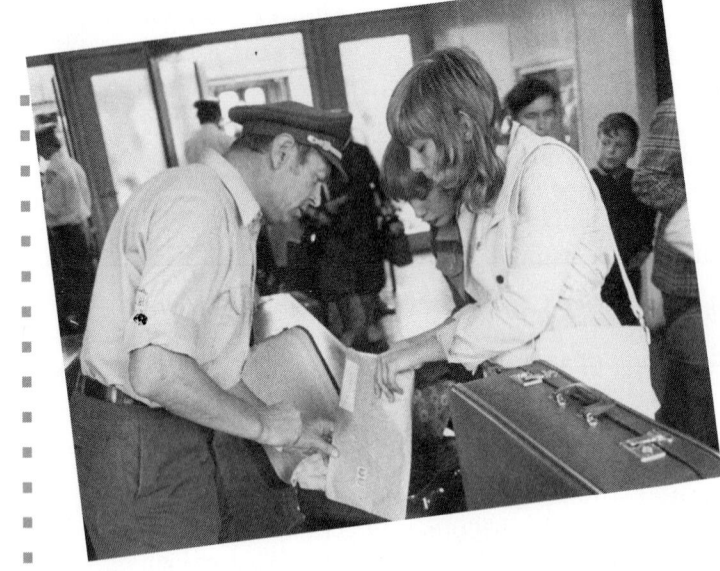

Zollkontrolle. Hat die Frau einen Reisepaß? Hat sie etwas zu verzollen? Woher kommt sie? Ist sie vielleicht Amerikanerin?
The woman in this photo most likely comes from a country that does not belong to the European Union. Called the European Community (**Europäische Gemeinschaft [EG]**) until December 1991, the organization now aims for a United States of Europe modeled after the USA. Even in the days of the European Community, it eliminated border checks of member countries.

INFORMATIONEN 2

Accusative Case

The nominative case designates the subject of a sentence. The accusative case designates the direct object, which answers the question *whom?* or *what?* about the action in a sentence.

SUBJECT (NOMINATIVE)	VERB	DIRECT OBJECT (ACCUSATIVE)
Der Mann	sieht	die Frau (sie).
Ich	habe	das Geld (es).

In German, *whom* is expressed by **wen,** the accusative form of **wer.** *What* is expressed by the interrogative pronoun **was,** which does not change form.

| NOMINATIVE | wer | **Wer** fragt den Mann? |
| ACCUSATIVE | wen | **Wen** fragt der Mann? |

Accusative Case: Nouns with Definite Article, Indefinite Article, *kein*

In the accusative case, the masculine forms of the definite and indefinite articles and **kein** are: **den, einen,** and **keinen.** The feminine, neuter, and plural forms are the same as those in the nominative case.

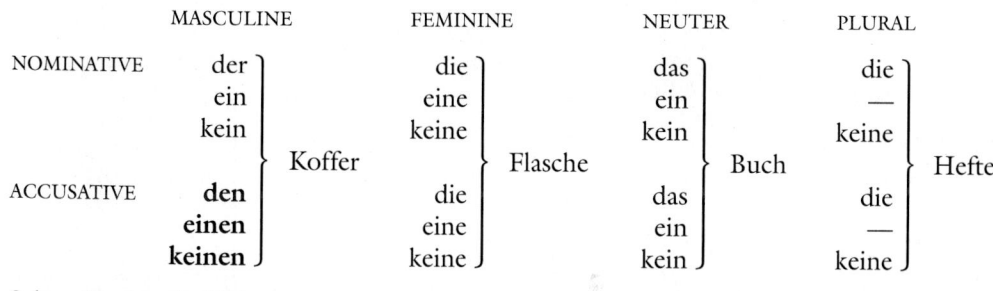

	MASCULINE	FEMININE	NEUTER	PLURAL
NOMINATIVE	der ein kein } Koffer	die eine keine } Flasche	das ein kein } Buch	die — keine } Hefte
ACCUSATIVE	**den** **einen** **keinen** } Koffer	die eine keine } Flasche	das ein kein } Buch	die — keine } Hefte

Sehen Sie den Koffer?
Ich sehe keinen Koffer.

Accusative Case: Personal Pronouns

Five of the personal pronouns have distinct accusative case forms. The other four (**sie** [*sg.*], **es, sie** [*pl.*], **Sie**) have the same forms in both the nominative and accusative cases.

NOMINATIVE		ACCUSATIVE	
ich	wir	**mich** (*me*)	**uns** (*us*)
du	ihr	**dich** (*you*)	**euch** (*you*)
er sie es }	sie	**ihn** (*him; it*) **sie** (*her; it*) **es** (*it*) }	**sie** (*them*)
Sie		**Sie** (*you*)	

Ich frage **ihn.**
Wir sehen **dich.**

Remember, pronouns must agree in gender, number, and case with the nouns they replace.

Sehen Sie
{
den Koffer (ihn)?
die Uhr (sie)?
das Buch (es)?
die Briefmarken (sie)?
}

Predicate Nominative

The verbs **sein, werden, bleiben,** and **heißen** equate the subject of a sentence with a noun in the predicate, that part of the sentence that states something about the subject. Both the subject and the predicate noun (called the predicate nominative) are in the nominative case. Be careful not to confuse the predicate nominative with a direct object, which is in the accusative case and is used with verbs other than **sein, werden, bleiben,** and **heißen.**

PREDICATE NOMINATIVE
Er ist **(der) Professor.**

DIRECT OBJECT
Er sieht **den Professor.**

ÜBUNGEN 2

A. Fragen und Antworten. *Complete the following exchanges with the correct definite article and pronoun.*

BEISPIEL: A: Hast du **das** Buch von Peter Handke?
            B: Ja, ich habe **es.**

C: Verstehst du _den_ Professor?
D: Ja, ich verstehe _ihn_ gut.

E: Kennst du _den_ Mann da?
F: Nein, ich kenne _ihn_ nicht.

G: Besuchst du heute _die_ Studentin aus Hamburg?
H: Ja, ich besuche _sie_ heute.

I: Fragst du _die_ Kinder etwas?
J: Ja, ich frage _sie_ etwas.

K: Brauchst du _das_ Auto?
L: Ja, ich brauche _es_ heute abend.

B. Hast du . . . ? Nein . . . , aber . . . *Use the correct forms of the indefinite article to complete the following exchanges.*

BEISPIEL: A: Hast du **ein** Buch?
            B: Nein, ich habe **kein** Buch, aber ich habe **eine** Zeitung.

wo . . . *where it's happening*

C: Hast du _einen_ Kugelschreiber?

D: Nein, ich habe _keinen_ Kugelschreiber, aber ich habe _einen_ Bleistift.

E: Hast du _einen_ Koffer?

F: Nein, ich habe _keinen_ Koffer, aber ich habe _____ Reisetasche.

G: Hast du _einen_ Kamm?

H: Nein, ich habe _keinen_ Kamm, aber ich habe _eine_ Haarbürste.

I: Hast du _____ Computer?

J: Nein, ich habe _____ Computer, aber ich habe _____ Computertisch.

K: Hast du _____ Handtasche?

L: Nein, ich habe _____ Handtasche, aber ich habe _____ Brieftasche.

C. Das beruht auf Gegenseitigkeit (*That's mutual*). *Complete each sentence according to the cues.*

1. Ich sehe _____, und du siehst _____. (*you* [*infor. sg.*] / *me*)
2. Wir besuchen _____ montags, und ihr besucht _____ freitags. (*you* [*infor. pl.*] / *us*)
3. Wir haben _____ gern, und Sie haben _____ gern. (*you* [*for.*] / *us*)
4. Er kennt _____ nicht, und sie kennt _____ nicht. (*her* / *him*)
5. Du fragst _____, und sie fragen _____. (*them* / *you* [*infor. sg.*])
6. Sie verstehen _____ nicht, und ich verstehe _____ nicht. (*me* / *them*)

D. Wie, bitte? *Ask a question about the italicized portion of each sentence. Use the appropriate interrogative pronoun:* wer, wen, *or* was.

1. *Der Amerikaner* heißt Richard Jackson.
2. Er besucht *Anna Bruhn* in Frankfurt.
3. Er hat *eine Reisetasche und einen Koffer*.
4. *Der Zollbeamte* fragt ihn jetzt etwas.
5. Er öffnet *den Koffer*.
6. Der Zollbeamte sieht *nichts*.
7. Richard sieht *Anna Bruhn*.
8. Anna sieht *den Amerikaner* aber noch nicht.

E. Männer. *Use the correct form of the masculine definite article or pronoun.*

A: Heißt _____ Mann da Josef Winkel?

B: Ja, _____ ist Professor für Mikrobiologie.

C: Kennen Sie _____ Mann da drüben?

D: Ja, ich kenne _____ gut.

E: Ich verstehe _____ Zollbeamten nicht. Was fragt _____ mich?

F: _____ Beamte fragt: „Haben Sie etwas zu verzollen?"

KOMMUNIKATION 2

A. Jochen fährt bald nach Rom. Was hat er? Was braucht er noch? *Look over Jochen's list and discuss with another student which items he has and which he still needs.*

Ich habe:
Kamera   Kamm
Brieftasche Koffer
Haarbürste   Uhr

Ich brauche:
Film   Reisetasche
Buch   Zahnbürste
Heft   Rasierapparat

BEISPIEL: S1: Hat Jochen eine Zahnbürste?
           S2: Nein, er braucht eine Zahnbürste.
           S1: Hat er einen Koffer?
           S2: Ja, er hat einen Koffer.
           S1: Braucht er . . . ?

B. Was haben Sie? Und Ihr Partner / Ihre Partnerin? *Take inventory of your personal items; make note of those items you have, those you need, and those you intend to buy. Compare your lists with someone else's.*

BEISPIEL: Ich habe einen Kamm, . . . Hast du auch einen Kamm? . . .
           Ich brauche . . . Was brauchst du?
           Ich kaufe vielleicht (heute, morgen, bald, __?__) . . . Was kaufst
           du?

C. Interview: das Studentenleben. *Find out as much as you can about another student. Ask the following questions in German.*

1. Are you new here? Whom do you know already? Do you perhaps know . . . ?
2. Do you like to speak German? Do you understand me? Do you under-stand the professor?
3. Whom do you like to visit? Are you going to visit him/her/them today?
4. Do you have a computer? a table? a desk? a chair?
5. Do you need paper? pencils? pens?
6. How many books do you have?
7. Do you like to write letters?
8. Do you like to read (the) newspaper? Do you buy newspapers from Ger-many?

ERWEITERUNG

Ankunft in Europa*

A. Zum Text. *The following reading takes the form of an inner monologue: thoughts and thought fragments that surface from the time Laura and John land at the airport until they arrive by bus in Munich. Quickly skim the first part of the reading; then put the following ideas in order.*

> Laura hat Dollars und braucht jetzt D-Mark.
> Laura nimmt den Bus nach München.
> Das ist der neue Flughafen von München.
> Der Zollbeamte kontrolliert (*checks*) das Gepäck.

Now read the entire text carefully and thoroughly. Use context and logic to guess the meaning of unknown words; check the glosses only as a last resort.

Die bequemste Verbindung
Airport-City Bus
zwischen Flughafen und Hauptbahnhof

TEXT *Laura und John in Deutschland*

Laura denkt:°   *thinks*
    Der neue Flughafen von München, so groß und modern. Wohin gehen
wir? Was machen wir zuerst°? Wer sind die vier Beamten dort? Zoll! Ja,   *first*
natürlich, die Männer sind Zollbeamte! Ein Zollbeamter sagt etwas. Wie, bitte?
5 Das Gepäck? Ja, hier ist es. Reisen wir zusammen? Ja, John und ich sind
zusammen. Was fragt uns† der Zollbeamte? Haben wir etwas zu verzollen? Wir
haben keine Zigaretten, denn wir rauchen° nicht. Alkohol? Nur eine Flasche   *smoke*
Wein, und sie ist ein Geschenk.° Noch einen Koffer? Ja, ich öffne ihn. Nein?   *present*
Nicht nötig°? Gut. Wir haben nichts zu verzollen.   *necessary*
10   Ich habe nur Dollars, und ich brauche D-Mark. Wo wechselt° man Geld? Ah, *exchanges*
dort. Die Frau fragt mich: „Ja, bitte?" Was sage ich? „Hier sind $300. Ich
brauche D-Mark, bitte." Die Frau sagt: „Sie bekommen° 490 Mark." Sie zählt°   *receive, get / counts*
das Geld: 100, 200, 300, 400, 450, 470, 490. Ich zähle auch. Stimmt.° 490   *That's right.*
Mark. Wie ist der Wechselkurs° heute? Ist er gut?   *exchange rate*
15   Ich habe D-Mark. Was machen wir jetzt? Wie kommen wir nach München?
Ich sehe einen Bus. Aber so viele Leute! Ah, hier kommt noch ein Bus. Der Bus-
fahrer° ist freundlich. Fährt er in die Stadt? Ja, gut.   *bus driver*

---
* *Arrival in Europe*
† In inverted word order, an unemphatic object pronoun may come between the verb and the subject.

Laura liest im Bus:

Die Bundesrepublik ist nicht so groß wie° der Staat Montana. Aber Montana hat
20 rund 800 000 Einwohner,° und die Bundesrepublik hat fast 80 Millionen.

so . . . as large as
inhabitants

Österreich ist so groß wie der Staat Maine. Wie viele Leute wohnen in Maine?
1,2 Millionen. Und in Österreich? 7,6 Millionen.

Die Schweiz ist fast so groß wie die Staaten Vermont und New Hampshire
zusammen. Diese° zwei Staaten haben 1,6 Millionen Einwohner, aber die
25 Schweiz hat 6,5 Millionen. Viele Schweizer sprechen mehr als° eine Sprache: 65
Prozent sprechen Deutsch, 18 Prozent Französisch und 12 Prozent haben Italienisch als Hauptsprache. Nur sehr wenige° sprechen noch Rätoromanisch.°

these
mehr . . . more than

few / Rhaeto-Romanic

Das kleine Fürstentum° Liechtenstein ist nur so groß wie die Stadt Washington. Es hat etwa 29 000 Einwohner, Washington über 600 000. In Liechtenstein
30 spricht man Deutsch und einen alemannischen Dialekt.

principality

In Luxemburg hört man Letzeburgisch, Deutsch und Französisch. In Belgien
hört man meistens Flämisch und Französisch, aber auch ein bißchen Deutsch.

Das Industriezentrum in Deutschland heißt das Ruhrgebiet. Große Industrie-
städte wie Düsseldorf, Essen, Bochum und Dortmund liegen alle im Ruhrgebiet.
35 Deutschland produziert und exportiert Eisen,° Stahl,° Chemikalien und
Maschinen. Die Automobilindustrie in Süddeutschland ist weltbekannt° mit
Daimler-Benz in Stuttgart und den Bayerischen Motorenwerken (BMW) in
München. Die Schweiz ist auch für Maschinen, Chemikalien und natürlich Uhren
und Präzisionsinstrumente sehr bekannt.

iron / steel
world-famous

40 **John träumt:°**

Nun bin ich wirklich° in Deutschland. Es ist das Land von Bach, geboren 1714 in
Weimar, gestorben° 1788 in Hamburg. Wir besuchen Bonn, die Geburtsstadt°
von Beethoven, und Leipzig, die Geburtsstadt von Wagner. Später° fahren wir
nach Österreich und besuchen Salzburg, die Mozartstadt. Dann weiter nach
45 Wien. Ach ja, Wien, die Musikstadt der Welt.° Die größten° Werke der klassischen Komponisten kommen aus Wien: Werke von Brahms, Beethoven, Schubert, . . . Aus Wien kommen auch die wunderschönen Walzer von Johann Strauß.
In Deutschland, Österreich und in der Schweiz besuchen wir Opern und Konzerte. Die Opern- und Konzertkarten sind natürlich teuer, aber wir kaufen Steh-
50 plätze.° Und wir besuchen auch kostenlose° Musik- und Theateraufführungen°
in Parks und auf Marktplätzen. Dann erleben° wir so viel wie möglich° als
Kulturtouristen.

dreams
really
died / city of one's birth
Later

world / greatest

standing places / free / performances
experience / wie . . . as possible

B. Lauras Ankunft in Deutschland. Was denkt Laura?

1. Wie ist der neue Flughafen von München?
2. Laura sieht das Zeichen (*sign*) „Zoll". Da arbeiten vier Männer. Wer sind
    diese Männer? Was machen sie?
3. Warum haben John und Laura keine Zigaretten?
4. Wie viele Flaschen Wein haben sie?
5. Was braucht Laura? Warum?
6. Wie viele Dollars hat Laura? Wie viele Mark bekommt sie?

ALLES KLAR!

Präpositionen + Artikel. You are familiar with the nominative case of **der, die,** and **das.** Often, however, you will hear or read an article other than the one you expect before a noun. When this happens, it is because the noun is in a case other than the nominative, namely, the accusative, dative, or genitive. You will learn to identify and use all these cases in German, but for now the different forms of the article should pose no problem to your comprehension of a text.

As in English, you will also encounter contractions in German, the most common of which follow.

am = an dem	*on the; at the*
ans = an das	*to the*
beim = bei dem	*(along) with the; at the*
im = in dem	*in the*
ins = in das	*in the, into the*
zum = zu dem	*to the*
zur = zu der	*to the*

C. Informationen, bitte. *Make a chart like the one shown, leaving ample writing space for each category. Complete the chart with information from the reading. Include a brief note about each city you list:* Essen—Industriestadt im Ruhrgebiet.

	DEUTSCHLAND	ÖSTERREICH	DIE SCHWEIZ
GRÖSSE (*size*)			
EINWOHNER			
SPRACHE(N)			
FLÜSSE			
STÄDTE			
PRODUKTE / EXPORTE			

D. Interessen. Was interessiert Laura (L)? Was interessiert John (J)? Was interessiert Sie (m = mich)? *Write* L, J, m, *or a combination of these letters in front of each item.*

_____ Geographie
_____ Industrie und Technologie
_____ Informationen über die deutschsprachigen Länder
_____ die klassischen Komponisten
_____ Konzerte
_____ Kultur

_____ Musik
_____ die Musikzentren Europas
_____ Opern
_____ Statistik
_____ Theater
_____ Wiener Walzer

**E. Laura ist . . . John ist . . . Ich
bin . . .** *Write a letter or combination of
letters in front of the adjectives that you would
use to describe Laura* (L), *John* (J), *and yourself* (i = ich).

_____ enthusiastisch
_____ idealistisch
_____ nachdenklich (*reflective,
        pensive*)
_____ neugierig
_____ optimistisch
_____ pessimistisch
_____ praktisch
_____ realistisch
_____ romantisch
_____ unpraktisch
_____ unrealistisch
_____ unromantisch
_____ ?

FOTOTEXT

**Vaduz, die Hauptstadt und
Residenz für die Landes-
fürsten** (*rulers*) **von Liechtenstein.** Liechtenstein is one
of the smallest countries in
the world. It borders Austria in
the East, but politically it is
closely linked to Switzerland.
In 1993 it became part of the
**EWR (Europäischer
Wirtschaftsraum)**, a union of
the former **EG (Europäische
Gemeinschaft [***EC***])** and
**EFTA (Staaten der Freihan-
delszone [***states in Europe
not belonging to the EG***]).**

F. Haben Sie mehr mit Laura oder mit John gemeinsam (*in common*)? *Write
a brief paragraph about Laura, John, and yourself, using the following pattern and
adding to it.*

Ich habe mehr mit . . . gemeinsam, denn wir sind beide . . .
. . . interessiert uns. / . . . und . . . interessieren uns.
Ich habe aber auch etwas mit . . . gemeinsam. . . .

G. Die deutschsprachigen Länder. *Work in groups of three. Turn to the color
maps of Germany, Austria, and Switzerland in this book. Each person chooses a
country and asks the other two several questions about it. Use ideas from Activities D
through F.*

MÖGLICHE (*possible*) FRAGEN

Wie viele Länder hat die Bundesrepublik Deutschland? Österreich?
    Wie heißen sie?
Wie viele Kantone hat die Schweiz? Wie heißen sie?
Was ist die Hauptstadt von Deutschland? von Österreich? von der
    Schweiz?
Was ist die Landeshauptstadt von (Hessen)? von (Kärnten)?
Was ist die Kantonshauptstadt von (Sankt Gallen)?
Liegt (Regensburg) in (Bayern) oder in (Thüringen)?
    _____ ?

5

GUTE REISE!

EINSTIMMUNG

In ICE- (*InterCityExpress*-) Zügen reist man gut. Seit (*since*) 1991 laufen die ICE als Alternativen zu Flug- (*airplane*-) oder Autoreisen bis zu 500 km. Sie sind schnell und bequem (*comfortable*). Zum Beispiel fährt man oft müde in Würzburg ab, schläft noch ein wenig, trinkt eine Tasse Kaffee, ißt Frühstück und kommt ausgeruht (*rested*) in Göttingen an. Da sagt man gern: Gute Reise!

WÖRTER

Telling Time

Wieviel Uhr ist es? ⎫
Wie spät ist es? ⎬ *What time is it?*

Conversational time is used in everyday situations.

Es ist zehn Uhr.   *It's ten o'clock.*
Es ist Viertel nach zehn.   *It's quarter after ten.*
Es ist fünfundzwanzig (Minuten)   *It's twenty-five (minutes)*
  nach zehn.*   *after ten.*
Es ist halb elf.   *It's half past ten.*
Es ist zehn (Minuten) vor elf.   *It's ten (minutes) to eleven.*

These time expressions are based on the twelve-hour clock (midnight to noon, noon to midnight). Since there is no A.M. or P.M. in German, an adverb (**heute abend, morgen früh, morgen nachmittag**) is often used for clarification. The word **um** indicates *at* what time.

Um wieviel Uhr kommen sie?   *At what time are they*
                                            coming?
Sie kommen heute abend um acht   *They're coming tonight at*
  Uhr.   *eight o'clock.*

Official time, similar to military time in the United States, is based on the twenty-four-hour clock (0.00 to 24.00). The need for A.M. and P.M. is eliminated with this system: 0.00 to 12.00 are equivalent to A.M. hours, 12.00 to 24.00 to P.M. hours. This system is used throughout Europe in broadcasting, entertainment, business, and transportation. Official time is precise and, unlike conversational time, leaves no question as to which time of day is intended.

Although the word **Uhr** follows the written figures (**19.10** *Uhr*), it is spoken between the hour and the minutes (**neunzehn** *Uhr* **zehn**). Notice also that a period separates the hours and minutes in German.

---

*In conversation you will hear different ways of expressing time. For example, **10.25 Uhr** may also be expressed **fünf (Minuten) vor halb elf**, just as **10.35 Uhr** may be expressed **fünfunddreißig nach zehn** or **fünf (Minuten) nach halb elf**.

WORTSCHATZ

ADJECTIVES AND ADVERBS

also	so; well
dann	then
(un)geduldig	(im)patient(ly)
geradeaus	straight ahead
müde	tired
nachmittag(s)	afternoon(s)
(un)nötig	(un)necessary
sofort	immediately
weiter	further
wieder	again

NOUNS

das Abteil, -e	(train) compartment
der Bahnhof, ⸚e	train station
das Bier, -e	beer
das Brot, -e	bread
die Cola, -s	cola
die Fahrkarte, -n	(travel) ticket
das Jahr, -e	year
der Käse	cheese
das Käsebrot, -e	cheese sandwich
der Platz, ⸚e	seat, place
der Schaffner, - / die Schaffnerin, -nen	(train) conductor
der Verkäufer, - / die Verkäuferin, -nen	vendor, salesperson
der Wagen, -	railway car; automobile, car
die Wurst, ⸚e	sausage
das Wurstbrot, -e	sausage sandwich
der Zug, ⸚e	train

VERBS

ab·fahren (fährt ab)*	to depart, leave
an·kommen	to arrive
aus·sehen (sieht aus)	to appear, look (*some way*)
aus·steigen	to get out, get off, disembark
bekommen	to get, receive
bringen	to bring
ein·steigen	to get in, board
finden	to find
halten (hält)	to hold; to keep; to stop
heraus·kommen	to come out (*toward the speaker*)
hinein·gehen	to go inside (*away from the speaker*)
hin·fahren	to travel away (*from the speaker*); to travel out (*toward a definite destination*)
kontrollieren	to check
mit·nehmen (nimmt mit)	to take along
schauen	to look
suchen	to look for, search for
um·steigen	to transfer, change (*trains*)
vorbei·kommen	to come by
weg·fahren (fährt weg)	to travel away, go away (*from the speaker*)
wieder·kommen	to come (back) again
wieder·sehen (sieht wieder)	to see again
zu·hören	to listen
zurück·kommen	to come back

USEFUL WORDS AND PHRASES

doch: kommen Sie doch vorbei!	*a word used to soften commands:* why don't you come by
der Durst: Durst haben	thirst: to be thirsty
einfach oder hin und zurück?	one way or round trip?
gute Reise!	have a good trip!
halb: es ist halb zwei	half: it's one-thirty (*lit., half of two*)
der Hunger: Hunger haben	hunger: to be hungry
ist dieser Platz (noch) frei?	is this seat (still) free/vacant?
nach links/rechts	to the left/right
Platz nehmen	to take a seat
über (Mainz)	via (Mainz)
Viertel nach/vor	a quarter past, after/to
was für . . . ?	what kind(s) of . . . ?
wie spät ist es?	what time is it? how late is it?
wieviel Uhr ist es?	what time is it?

*To help you recognize separable prefix verbs, they are listed in the **Wortschatz** and in the end vocabulary of this book with a dot between the prefix and the basic verb: **ab·fahren**. In context, however, you will always see and write the infinitive without a dot: **abfahren**.

CONVERSATIONAL		OFFICIAL
Es ist		Es ist
sieben Uhr.		7.00 Uhr (sieben Uhr).
		19.00 Uhr (neunzehn Uhr).

zehn (Minuten) nach sieben.		7.10 Uhr (sieben Uhr zehn).
		19.10 Uhr (neunzehn Uhr zehn).

halb acht.		7.30 Uhr (sieben Uhr dreißig).
		19.30 Uhr (neunzehn Uhr dreißig).

Viertel vor acht.		7.45 Uhr (sieben Uhr fünfundvierzig).
		19.45 Uhr (neunzehn Uhr fünfundvierzig).

fünf (Minuten) vor acht.		7.55 Uhr (sieben Uhr fünfundfünfzig).
		19.55 Uhr (neunzehn Uhr fünfundfünfzig).

The hour of twelve o'clock is expressed in the following ways.

CONVERSATIONAL		OFFICIAL
Es ist		Es ist
zwölf Uhr.		
zwölf Uhr Mittag.		12.00 Uhr (zwölf Uhr).
Mittag.		
zwölf Uhr.		
zwölf Uhr Mitternacht.		24.00 Uhr (vierundzwanzig Uhr).
Mitternacht.		0.00 Uhr (null Uhr).

Note the following expressions for time preceding and following 1:00 A.M.

CONVERSATIONAL		OFFICIAL
Es ist		Es ist
fünf vor **eins.**		0.55 Uhr (null Uhr fünfundfünfzig).

CONVERSATIONAL
Es ist
ein Uhr.

OFFICIAL
Es ist
1.00 Uhr (ein Uhr).

fünf nach **eins**.

1.05 Uhr (ein Uhr fünf).

A. Wieviel Uhr ist es? *Express the time on each clock as you would in casual conversation.*

B. Wie spät ist es? *Express each time in two different ways.*

BEISPIEL: 8.30 → Es ist halb neun.
Es ist acht Uhr dreißig.

1. 4.30	3. 9.30	5. 7.30
2. 6.30	4. 2.30	6. 10.30

C. Wieviel Uhr ist es? *Express each time in three different ways.*

BEISPIEL: 2.15 → Es ist Viertel nach zwei.
Es ist fünfzehn Minuten nach zwei.
Es ist zwei Uhr fünfzehn.

1. 5.15   2. 11.45   3. 8.15   4. 12.15   5. 3.45   6. 4.45

D. Um wieviel Uhr kommt . . . ? *Work with two students to ask and tell the time that each program comes on television. Express the time first as it is printed, then as you would express it in casual conversation.*

BEISPIEL: 18.30 „Berlin heute abend" →
S1: Um wieviel Uhr kommt „Berlin heute abend"?
S2: Um achtzehn Uhr dreißig.
S3: Um halb sieben.

16.00 „Hallo, wie geht's?"   19.30 die „Aktuelle Kamera"
17.50 „Medizin nach Noten"   21.10 „Sport spezial"
19.22 die „Berliner Abendschau"   21.45 das „heute-journal"

E. Was sagt man? Was fragt man? *Complete each question with an appropriate word from the list.*

DER ZUG

1. der Wagen, -
2. das Abteil, -e
3. der Schaffner, -
4. der Platz, ⸚e
5. der Verkäufer, -
6. die Minibar, -s

1. Ein Kind fragt: „Wie viele _____ hat der Wagen?"
2. Ein Student fragt: „Wie viele _____ hat der Zug?"
3. Man fragt: „Ist dieser _____ frei?"
4. _____ sagt: „Bier, Cola."
5. _____ sagt: „Die Fahrkarten, bitte."

F. Eine Zugreise. *Answer each question according to the drawing.*

1. Schlafen die zwei Kinder?
2. Wie viele Taschen hält der Mann?
3. Wie viele Leute lesen ein Buch?
4. Wer kontrolliert die Fahrkarten?
5. Was bringt der Verkäufer?

ALLES KLAR!

Die Bahn. Towns and cities throughout Europe are interconnected by extensive railways systems such as the **Deutsche Bundesbahn (DB)** and the formerly East German **Deutsche Reichsbahn** (**DR**) in Germany, the **Österreichische Bundesbahnen** (**ÖBB**) in Austria, and the **Schweizerische Bundesbahnen** (**SBB**) in Switzerland.

SPRACHE

KONTEXT 1

Der Bahnhof in Bremen:
der Fahrkartenschalter

DIE BEAMTIN: Ja, bitte?

HANS-JÜRGEN: Fährt morgen früh ein Zug nach Zürich?

DIE BEAMTIN: Ein InterCity-Zug fährt um 5.45 Uhr nach Köln ab. Sie
steigen in Köln um, und Sie kommen um 15.00 Uhr in
Zürich an.

HANS-JÜRGEN: Gut. Dann brauche ich also eine Fahrkarte.

DIE BEAMTIN: Einfach oder hin und zurück?

HANS-JÜRGEN: Einfach bitte. Ich bin Student, und ich habe eine BahnCard für
Junioren.

DIE BEAMTIN: Die BahnCard und Ihren Ausweis,° bitte.   *Ihren... your ID*

HANS-JÜRGEN: Hier, bitte.

DIE BEAMTIN: Also, 5.45 Uhr—das ist der 725, ein InterCity-Zug. Da°   *So*
brauchen Sie einen Zuschlag.° Der kostet 6 Mark. Eine Fahrkarte   *surcharge*
nach Zürich kostet 234,20 Mark, aber Sie bekommen ja mit Ihrer
BahnCard in Deutschland Ermäßigung.° Dann kostet das nur   *discount*
136,20 Mark.

A. Hans-Jürgen nimmt den Zug nach Zürich.

1. Um wieviel Uhr fährt der Zug nach Köln ab?
2. Was macht Hans-Jürgen in Köln?
3. Um wieviel Uhr kommt er in Zürich an?
4. Was braucht er jetzt?
5. Hans-Jürgen ist Student. Was hat er?
6. Was für ein Zug ist der 725?
7. Wieviel kostet eine Fahrkarte nach Zürich?
8. Warum bekommt Hans-Jürgen 50 Prozent Ermäßigung?

B. Was passiert? *Tell the gist of the dialogue in your own words.*

BEISPIEL: Hans-Jürgen braucht eine Fahrkarte, denn . . .

ALLES KLAR!

Die BahnCard. The **BahnCard für Junioren** may be purchased by anyone between the ages of 12 and 23, or by any student up to age 26. As the ad explains, for a one-time annual fee the **Bahn-Card** entitles the bearer to a 50 percent reduction on all train fares during the year in Germany.

    Wieviel kostet die BahnCard normalerweise? Wieviel kostet sie für Junioren? Senioren? Ehepartner (*married couples*) **und Familien? alle unter 18 Jahren?**

INFORMATIONEN 1

Separable Prefix Verbs

A separable prefix verb consists of a basic verb plus a prefix that may be a preposition (such as **an** or **aus**), an adverb (such as **wieder** or **zurück**), or even another verb (such as **kennen: kennenlernen**). There are many separable prefixes and a great number of prefix/verb combinations in German. Look at the verb **kommen,** for example, and notice how the meaning changes with each prefix.

	kommen	*to come*
an	kommen	*to arrive*
vorbei	kommen	*to come by*
wieder	kommen	*to come again, return*
zurück	kommen	*to come back, return*

The prefix is *separable,* because in an independent clause in the present tense it is detached from the verb. That is, the conjugated form of the basic verb is in the appropriate verb position, but the prefix is at the end of the clause.

Ich	komme	in fünf Minuten	an.	*I'll arrive in five minutes.*
Er	kommt	heute abend	vorbei.	*He'll come by this evening.*
	Kommen	Sie gleich	zurück?	*Are you coming right back?*

The separable prefix is the stressed syllable, regardless of the verb form: **ábfahren (fährt áb).**

Directionals: *hin* and *her*

Hin and **her** express opposite meanings: **hin** indicates motion away from the speaker or from the point of origin; **her** indicates motion toward the speaker or to the point of origin.

Eva fährt hin.
Wohin fährt Eva?
or: Wo fährt Eva hin?

Ute kommt jetzt her.
Woher kommt Ute?
or: Wo kommt Ute her?

Hin and **her** are often combined with separable prefixes to give more specific directions. The resulting combinations function as single separable prefixes: **hinein·gehen, heraus·kommen.**

Die Leute gehen hinein.
Wer kommt heraus?

The people are going in.
Who is coming out?

Inseparable Prefix Verbs

An inseparable prefix verb consists of a basic verb plus a prefix that is a syllable but not a word. The prefix is a permanent part of the verb and cannot be separated from it.

besuchen: Wir besuchen ihn oft.

FOTOTEXT

Hauptbahnhof in München.
Suchen Sie die folgenden Dinge im Foto: eine Uhr (Wie spät ist es?); einen Schnellimbiß (Hier kann man etwas schnell zu essen kaufen, ein Käse- oder ein Wurstbrot zum Beispiel.); einen Obststand (Hier kann man einen Apfel, eine Orange, eine Banana oder sonst was kaufen.); einen Zug; einen Fahrplan. Wer im Foto hat einen Koffer? eine Reisetasche?

You are already familiar with some inseparable prefix verbs: **besuchen, vergessen, verstehen.** Although many German verbs begin with an inseparable prefix, the inseparable prefixes themselves are relatively few in number: **be, emp, ent, er, ge, miß, ver,** and **zer.**

An inseparable prefix may either subtly shift or considerably change the meaning of a basic verb: **kommen** (*to come*); **bekommen** (*to get, receive*); **entkommen** (*to escape from*); **verkommen** (*to decay*).

To pronounce inseparable prefix verbs properly, remember in all forms of the verb to stress the stem and not the prefix: **vergéssen (vergíßt).**

The following summary explains some of the basic differences between separable and inseparable prefixes.

THE SEPARABLE PREFIX	THE INSEPARABLE PREFIX
1. is a preposition, an adverb, another verb, or a noun.	1. is usually a syllable that cannot carry independent meaning.
2. is detached from the verb in an independent clause in the present tense.	2. is a fixed part of the verb and cannot be detached.
3. is stressed in pronunciation.	3. is not stressed in pronunciation (the stress is on the verb stem).

ÜBUNGEN 1

Gute Reise

wünscht Ihre Post ✆

A. Hans macht eine Zugreise nach Österreich. *You are at the railway station after seeing your friend Hans board the train to Austria. Answer each question.*

BEISPIEL: Wie sieht der Zug aus? (sehr modern) →
            Er sieht sehr modern aus.

1. Wer steigt jetzt ein? (der Schaffner)
2. Wer steigt jetzt aus? (der Zugbeamte)
3. Wer versteht Englisch? (die Beamtin da)
4. Wann fährt der Zug nach Österreich ab? (um acht Uhr)
5. Wo steigt Hans um? (in München)
6. Wen besucht Hans in Österreich? (Margret)
7. Was vergißt Hans manchmal? (die Zahnbürste)
8. Wann kommt Hans nach Bremen zurück? (bald)

B. Um wieviel Uhr? *Ask at what time each event will happen.*

BEISPIEL: Peter / vorbeikommen → Um wieviel Uhr kommt Peter vorbei?

1. du / zurückkommen
2. Sie / ankommen
3. der Zug / abfahren
4. wir / einsteigen
5. ihr / hinfahren
6. ich / umsteigen

C. Der Reiseplan. Wer macht was wann?

BEISPIEL: 5.15 / vorbeikommen / Peter →
              Um Viertel nach fünf kommt Peter vorbei.

1. ich / nehmen / den Zug / nach Köln, / und / Peter / mitkommen
2. 5.40 / einsteigen / wir
3. 5.45 / abfahren / der Zug
4. 8.50 / umsteigen / wir / in Fulda
5. 15.00 / ankommen / in München
6. wir / aussteigen / sofort
7. dann / besuchen / wir / das Fremdenverkehrsamt (*tourist office*)
8. dort / bekommen / wir / Informationen

D. Frau X macht eine Reise, aber wer ist sie? *Working with a partner, formulate two questions and answers per column, using* sie *as the subject.*

BEISPIEL: S1: Wie sieht sie aus?
              S2: Sie sieht jung und freundlich aus.

WIE	WAS	WEN	WANN
aussehen wegfahren (mit dem Zug? Bus? Auto?)	mitnehmen jetzt bekommen	besuchen sehen	abfahren wiederkommen

KOMMUNIKATION 1

A. Kinderspiel: Ich mache eine Reise, und ich nehme _____ mit. *Each student contributes one item, which may or may not be on the list.*

BEISPIEL: S1: Ich mache eine Reise, und ich nehme eine Kamera mit.
              S2: Ich mache eine Reise, und ich nehme eine Kamera und einen Film mit.
              S3: Ich mache eine Reise, und ich nehme eine Kamera, einen Film und Geld mit.

der Bleistift	das Gepäck	der Schlüssel
der Brief	die Haarbürste	der Stadtplan
die Briefmarke	die Handtasche	die Tasche
die Brieftasche	das Heft	die Uhr
das Buch	die Kamera	die Zahnbürste
der Film	der Kamm	die Zeitung
die Flasche (Wein)	der Kugelschreiber	
das Foto	der Rasierapparat	
das Geld	der Reisepaß	

B. Wann kommt der Zug an? *Working with another student, ask when a specific train will be leaving Munich or Landshut, when and where it will stop, and when it will arrive in Düsseldorf.*

	D = Schnellzug
	E = Eilzug
	EC = EuroCity-Zug
	IR = InterRegio-Zug
	N = Nahverkehrzug

Landshut → Regensburg

Zwei - Stunden - Takt mit Eilzügen und InterRegio-Zügen!

Zug	Montag - Freitag (werktags)	Samstag (werktags)	Sonn- u. Feiertag	24. und 31. Dezember	München Hbf	Landshut (Bay) Hbf	Landshut (Bay) Hbf	Ergoldsbach	Neufahrn (Niederbay)	Eggmühl	Hagelstadt	Köfering	Obertraubling	Regensburg Hbf	
N 4362	●	●		●			5.02	5.14	5.18	5.28	5.34	5.38	5.43	5.50	
N 4364	●						6.18	6.31	6.35	6.44	6.50	6.53	6.58	7.05	
E 3030	●				5.48	6.44	6.46	6.58	7.03	7.14				7.31	
IR 2606	●	●	●	●	6.47	7.29	7.31							8.07	Kempten- Leipzig
E 3032	●				7.28	8.13	8.15	8.28	8.32	8.42				8.58	nach Coburg
IR 2063	●	●	●	●	8.47	9.29	9.31							10.07	Kempten - Dresden
E 3034	●	●	●	●	9.28	10.13	10.15	10.28	10.32	10.42				10.58	nach Coburg
IR 2065	●	●	●	●	10.47	11.29	11.31							12.07	Oberstdorf - Görlitz
E 3036	●	●	●	●	11.28	12.13	12.15	12.28	12.32	12.42				12.58	nach Coburg
N 4374	●	●	●			12.46	12.57	13.10	13.14	13.24	13.30	13.34	13.38	13.45	von Freising
IR 2602	●	●	●	●	12.47	13.29	13.31							14.07	Oberstdorf - Berlin
N 5324	●	●			12.47		13.29	13.37	13.51	13.55					nach Straubing
E 3038	●	●	●	●	13.28	14.13	14.15	14.28	14.32	14.42				14.58	nach Coburg
EC 167	●	●	●	●	14.08	14.47	14.49							15.25	Interlaken Ost - Prag
D 1667	○				14.28	15.06	15.08							15.46	n. Dresden /zuschlagfrei

↳ nur Freitag; auch 9. Juni, 23. Dez., 31. März, 11. Mai; nicht 11. Juni, 13. Mai

Zug	Montag - Freitag (werktags)	Samstag (werktags)	Sonn- u. Feiertag	24. und 31. Dezember	München Hbf	Landshut (Bay) Hbf	Landshut (Bay) Hbf	Ergoldsbach	Neufahrn (Niederbay)	Eggmühl	Hagelstadt	Köfering	Obertraubling	Regensburg Hbf	
N 5328	●	●		●	14.08		14.47	15.14	15.30	15.34					nach Straubing
IR 2067	●	●	●	●	14.47	15.29	15.31							16.07	Oberstdorf - Dresden
E 3046	●	●	●	●	15.28	16.13	16.15	16.28	16.32	16.42				16.58	nach Coburg
N 4382	●				15.48	16.29	16.36	16.49	16.53	17.03	17.09	17.12	17.17	17.24	
E 3048	●				16.27	17.16	17.18	17.31	17.36	17.46				🚃	
IR 2069	●	●	●	●	16.47	17.29	17.31							18.07	Oberstdorf - Chemnitz

BEISPIEL: S1: Wann fährt der Nahverkehrszug Nummer 4362 von Landshut ab?
S2: Er fährt um 5.02 Uhr ab.
S1: Wann kommt der Zug in Eggmühl an?
S2: Der Zug kommt um 5.28 Uhr in Eggmühl an.
S1: Und wann kommt der Zug in Regensburg an?
S2: Er kommt um 5.50 Uhr in Regensburg an.

C. Rollenspiel: Beamter/Beamtin und Touristen/Touristinnen.

Work in a group. Two or more persons want to take the train from Munich or Landshut to Regensburg and are requesting information from the railway official. Each person varies the model dialogue as he/she wishes.

B: Ja, bitte?
T: Fährt morgen früh gegen elf Uhr ein Zug nach Regensburg?
B: Ein InterRegio-Zug fährt um 10.47 Uhr ab.
T: Wann kommt der Zug in Regensburg an?

B: Um 12.07.
T: Gut, dann brauche ich eine Fahrkarte.
B: Einfach oder hin und zurück?
T: Einfach bitte. Und ich habe eine BahnCard für Junioren.
B: Gut. Dann bekommen Sie 50 Prozent Ermäßigung.

KONTEXT 2

Eine Zugreise nach Zürich

Das Abteil: Hans-Jürgen fragt einen Mann etwas. Die kleine Anneliese hört zu.

HANS-JÜRGEN: Entschuldigung, bitte. Wo finde ich das Zugrestaurant?
DER MANN: Gehen Sie nach links und dann vier Wagen weiter!
HANS-JÜRGEN: Danke.
ANNELIESE: Mutti, ich habe Hunger. Gehen wir ins Zugrestaurant!
DIE MUTTER: Nicht nötig. Sieh mal! Ich habe Brot und Käse und Wurst dabei.
ANNELIESE: Aber ich habe auch Durst . . . Schau! Ein Mann bringt die Minibar.
DER VERKÄUFER: Bier, Cola . . .
DIE MUTTER: Eine Cola, bitte.
DER VERKÄUFER: Drei Mark vierzig, bitte . . . Danke.
DIE MUTTER: Hier. Trink die Cola und iß ein Käsebrot! Dann hast du keinen Durst und keinen Hunger mehr.
ANNELIESE: Danke, Mutti.

NUMMER		DM
		4,50
309	Brot mit Salami, Butter	4 50
308	Brot mit Käse, Butter	4,50
307	Brot mit Bockwurst, Butter	5,20
289	Kännchen Kaffee	5,20
288	Kännchen Tee	4,40
655	Dose Exportbier	3,20
660	Flasche Mineralwasser	3,40
690	Dose Pepsi-Cola	3,40
691	Dose Florida-Boy Orange	

A. Dialog: Die Minibar. *Stage a dialogue with at least two other students. You're traveling by train, and the vendor comes by with the snack cart.*

STUDENT/STUDENTIN	VERKÄUFER/VERKÄUFERIN
Ich habe Hunger (Durst).	Kaffee, Tee . . .
Gehen wir ins Zugrestaurant!	Bier, Cola . . .
Dort ist alles zu teuer.	. . . Mark . . . bitte.
Schau mal! Da kommt die Minibar.	Danke.
Kauf doch . . . !	Ich habe kein Bier mehr.
Trink doch . . . !	kein Mineralwasser mehr.
Iß doch . . . !	keine Cola mehr.
Ich nehme Nummer . . .	keine Orange mehr.
eine Dose . . .	keinen Kaffee mehr.
eine Flasche . . .	keinen Tee mehr.
ein Kännchen . . .	
Wieviel kostet . . . ?	
Haben Sie vielleicht . . . ?	

die Tasse, -n   das Kännchen, -

die Flasche, -n   die Dose, -n

B. Dialog: Richtungen (*directions*). *You're a stranger in a German city. Ask someone for directions to various locations.*

BEISPIEL: S1: Entschuldigung bitte. Wo finde ich das Café Bistro?
S2: Gehen Sie geradeaus und drei Straßen weiter! Dann gehen Sie nach links und eine Straße weiter! Dort sehen Sie das Café Bistro.
S1: Danke schön.

1 das Café Bistro
2 der Südbahnhof
3 das Hotel Jagdhof
4 die Deutsche Bank
5 das Restaurant Mythos
6 das Hotel Europa
7 das Café Leopold
8 das Nationaltheater

INFORMATIONEN 2

The Imperative

The imperative (command form) is used only in the second-person singular and plural (**Sie, du,** and **ihr**) and in the first-person plural (**wir**). An imperative statement in German may be followed by either a period or an exclamation point.

Steigen Sie ein! ⎫
Steig ein! ⎬ *Step aboard.*
Steigt ein! ⎭
Steigen wir ein! *Let's step aboard.*

The word **doch** is often added to imperative statements. It carries the meaning *why don't you/we*. Notice also the position of the separable prefix at the end of the sentence.

Steigen Sie doch ein! *Why don't you step aboard.*
Steigen wir doch ein! *Why don't we step aboard.*

Formal Imperative

The formal imperative is used when addressing a person or group of persons to whom you say **Sie.** The present tense of the verb stands first, followed by the subject **Sie,** followed by all other elements.

Wo . . . ? *Where is your nearest DBB branch?*
(**DBB** [**Deutscher Beamtenbund**] *is an organization that concerns itself with the interests of civil service employees.*)

VERB	SUBJECT	OTHER ELEMENTS	
Kommen	Sie	morgen zurück!	*Come back tomorrow.*
Fahren	Sie	nicht so schnell!	*Don't drive so fast.*
Nehmen	Sie	das Geld!	*Take the money.*

The word order of the formal imperative is identical to that of the yes/no question. Only the intonation and punctuation are different.

Question: rising intonation   Nehmen Sie das Geld?

Command: falling intonation   Nehmen Sie das Geld!

An imperative is made negative by the addition of **nicht.** This contrasts with English, in which a negative imperative begins with *do not* or *don't.*

Fahren Sie **nicht** so schnell!   *Don't drive so fast.*

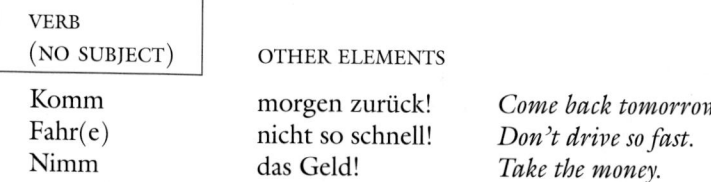

Zeitschrift für die
Fahrgäste der Rheinischen
Bahngesellschaft AG

steig ein

Informal Imperative Singular

The informal imperative singular is used when talking to someone you address with **du.** The present-tense verb stem stands first, without the subject **du,** followed by all other elements.

VERB (NO SUBJECT)	OTHER ELEMENTS	
Komm	morgen zurück!	*Come back tomorrow.*
Fahr(e)	nicht so schnell!	*Don't drive so fast.*
Nimm	das Geld!	*Take the money.*

An **e** may be added to the verb stem—**gehe, fahre**—but this ending is optional (except when pronunciation would be difficult without it: **öffne**) and is usually omitted in conversation.

With stem-changing verbs of the **a → ä** or **au → äu** type (**fahren, schlafen, laufen**), the regular stem (no umlaut) is used: **fahr, schlaf, lauf.**

With stem-changing verbs of the **e → i** (**nehmen**) or **e → ie** type (**lesen**), the alternative stem is used: **nimm, lies.** An exception is **werden,** which has the imperative form **werde.**

Informal Imperative Plural

In the informal imperative plural, the present-tense form of the verb stands first, without the subject **ihr,** followed by all other elements.

VERB (NO SUBJECT)	OTHER ELEMENTS	
Kommt	morgen zurück!	*Come back tomorrow.*
Fahrt	nicht so schnell!	*Don't drive so fast.*
Nehmt	das Geld!	*Take the money.*

First-Person Plural Imperative

The first-person plural imperative (let's . . .) is often used to make suggestions when the speaker includes himself/herself. The present-tense form of the verb stands first, followed by the subject **wir,** followed by all other elements.

VERB	SUBJECT	OTHER ELEMENTS	
Kommen	wir	morgen zurück!	*Let's come back tomorrow.*
Fahren	wir	nicht so schnell!	*Let's not drive so fast.*
Nehmen	wir	das Geld!	*Let's take the money.*

Imperative Forms of *sein*

The imperative forms of **sein** are irregular and must be learned.

FORMAL	Seien Sie			
INFORMAL SINGULAR	Sei	} geduldig!	*Be*	} *patient.*
INFORMAL PLURAL	Seid			
FIRST-PERSON PLURAL	Seien wir		*Let's be*	

In negative commands, **nicht** precedes the predicate adjective.

Sei nicht ungeduldig!   *Don't be impatient.*

ÜBUNGEN 2

A. Was sagt der Schaffner / die Schaffnerin? *Use the cues to give commands that you might hear from a train conductor.*

BEISPIEL: einsteigen / sofort →
Steigen Sie bitte sofort ein!

1. umsteigen / in Mainz
2. nehmen / Platz
3. vergessen / das Gepäck / nicht
4. hineingehen
5. aussteigen / hier
6. mitnehmen / die Fahrkarte

B. Eine Reise. *Your friend is about to take a trip. Offer some reminders. Do not use* doch *in a sentence with* nicht.

BEISPIEL: eine Reise machen → Mach doch eine Reise!

1. das Gepäck mitnehmen
2. das Geld nicht vergessen
3. eine Fahrkarte kaufen
4. „auf Wiedersehen" sagen
5. einen Brief schreiben
6. bald zurückkommen

C. Drei Studenten machen eine Reise zusammen. *Offer the reminders in Exercise B to three friends.*

BEISPIEL: eine Reise machen → Macht doch eine Reise!

D. Machen wir Pläne! *Work with a partner and make some plans for a short trip.*

BEISPIEL: heute oder morgen wegfahren? →
        S1: Fahren wir heute oder morgen weg?
        S2: Fahren wir doch morgen weg!

1. um elf oder um zwölf Uhr abfahren?
2. eine Tasche oder zwei Taschen mitnehmen?
3. den Bus oder den Zug nehmen?
4. die Käsebrote oder die Wurstbrote zuerst essen?
5. zwei oder drei Tage in Nürnberg bleiben?
6. Bamberg oder Bayreuth besuchen?

anrufen *to call, phone*

E. Ein paar Bitten (*A few requests*). Auf deutsch, natürlich.

1. Andreas, don't be so curious.
2. Alex and Helga, please be nice.
3. Mr. Meyer, please be patient.
4. Let's be friendly.

F. Ratschläge (*Advice*). *Think of creative advice to give, verbally or in writing, to each of the following persons. Compare your comments with someone else's.*

1. Rudi ißt und trinkt immer zuviel.
2. Luise ist immer sehr nett, aber sie lacht zu laut.
3. Paula und Ernst lernen Englisch, aber sie sprechen immer Deutsch.
4. Herr und Frau Koch kaufen Fahrkarten, aber sie sind sehr ungeduldig. Es ist erst (*only*) 12 Uhr, und der Zug fährt um 12.33 Uhr ab.
5. Christa fährt gern Auto, aber sie fährt immer zu schnell.
6. Margret und Sabine sind sehr intelligent. Sie lesen aber fast nie, und sie haben keine Bücher.

KOMMUNIKATION 2

A. Vorschläge (*Suggestions*). *Work with a partner. Use each of the given lines as a starting point for offering advice and suggestions.*

BEISPIEL: S1: Ich bin müde.
S2: Dann geh doch jetzt nach Hause und schlaf zwei oder drei Stunden! Um acht Uhr komme ich vorbei.
S1: Gut. Dann lernen wir zusammen.

1. Ich habe Hunger.
2. Ich habe Durst.
3. Ich brauche . . .
4. Ich habe kein (keine, keinen) . . .
5. Ich vergesse oft . . .
6. Vielleicht fahre ich nach . . .

B. Rollenspiel: Eltern (*parents*) **und Kinder.** *Work with other students to develop and act out a skit regarding parents (or a parent) traveling with children (or a child).*

ERWEITERUNG

Züge

A. Zum Text. *Skim the following text and find three things that make the* InterCityExpress *the train of the future.*

TEXT *Der InterCityExpress im Jahr 2000*

Die Reise von Köln nach Paris ist bequemer° und schneller° als je zuvor.° Sie dauert nur 3 Stunden 45 Minuten. Man sieht einen Videofilm oder ißt im Restaurant-Wagen. Am Sitzplatz liest man ein Buch oder hört Musik. Das Stichwort:° InterCityExpress.

5 Warum fährt der ICE so schnell? Er hat eine neue Technik. Nicht Lokomotiven ziehen° die Wagen. Der ICE hat zwei „Triebköpfe"° am Anfang° und Ende des° Zuges. Sie bewegen° die Bahn. Ein Triebkopf kontrolliert ein Antriebssystem° von 4.200 Kilowatt. Das ist eine Leistung° von mehr als 15 großen Lastkraftwagen.° Der Zug hat auch eine glatte° Oberfläche.° Der geringe°
10 Luftwiderstand° macht den ICE schnell. Das Bremssystem° ist auch neu: Die Energie geht sofort wieder in die Oberleitung° zurück.

Auch im Innern ist der ICE nicht wie andere Züge. In einem Video-Raum sieht man Filme. Sitzplätze haben eine Anzeigetafel.° Sie informiert die Reisenden° über Reisegeschwindigkeit,° Ankunftszeit° oder über die Speisekarte.°
15 Manche° Sitzplätze haben Radios und Telefon. Der ICE hat auch Klimaanlage° und Fußbodenheizung.°

Der ICE ist ein Beitrag° der Bundesrepublik zur neuen Generation von Schnellzügen in Europa: In Frankreich fährt der TGV, in Italien der ETR 450 und 500, in Spanien der TAV, in Großbritannien der IC225. Alle europäischen
20 Länder bauen° an einem großen Schienennetz.° Durch° den Kanaltunnel zwischen Frankreich und Großbritannien fährt der neue TGV auch bis nach° London.

Bis zum° Jahr 2000 baut man in Deutschland Tausende von Kilometern Strecken.° Die vielen teuren Bahnstrecken bestehen aus° zahlreichen° Tunnels.
25 Auf der einen Seite° warnen Umweltschutzorganisationen° vor Schäden° an der Natur. Auf der anderen° Seite ist der ICE umweltfreundlich, denn er verbraucht° viel weniger° Energie als Autos und Flugzeuge.

---

more comfortable / faster / als . . .
than ever before

key word

pull / drive heads / beginning
of the / move
drive system / power
trucks / smooth / surface / low
air resistance / brake system
overhead wire

announcement panel
travelers / travel speed / arrival /
menu
Some / air conditioning
floor heating
contribution

are building / rail network /
Through
bis . . . as far as

Bis . . . By the
tracks / bestehen . . . consist of /
numerous
Auf . . . On the one hand / envi-
ronmental protection organiza-
tions / damages
other / uses
less

B. Wie ist der ICE? *Use as many facts from the text as you can to complete the following sentences.*

1. Der InterCityExpress ist schnell, denn (a) . . . (b) . . . (c) . . . usw.*
2. Der InterCityExpress ist bequem, denn (a) . . . (b) . . . (c) . . . usw.

C. RedTrain. *From the end of May 1992 until the end of May 1993, the RedTrain traveled through German cities offering a variety of performances inside the train stations. Look for the following information as you read the text.*

1. Wie lange fährt der RedTrain?
2. Was bringt er?
3. Wie viele Städte besucht er?
4. Was ist er?
5. Wer sind die Reisenden?
6. Wie viele Jahre Kunst- und Kulturgeschichte umspannt das Programm?
7. Der RedTrain besucht auch Festivals. Nennen Sie zwei oder drei.

TEXT   *„RedTrain"—der Kunstzug † der‡ Bahn*

Für ein Jahr bringt der RedTrain Programme in rund sechzig Städte. Der RedTrain ist Theaterraum, Konzertsaal, Figurenbühne° und Brettl,° fahrendes Varieté und offenes Atelier.° Die Reisenden° sind Künstler° aus sieben Ländern und drei Kontinenten, Musiker, Schauspieler,° Popgruppen und
5   Ensembles der klassischen Moderne.

Der RedTrain ist eine Initiative der Deutschen Bundesbahn. Er symbolisiert die Vielfalt moderner künstlerischer Ausdrucksformen.° Der RedTrain nimmt, wie die heutige Kulturszene, Anregungen° aus vielen Stilepochen auf. Rund 200 Jahre Kunst- und Kulturgeschichte° umspannt° das Programm. Der RedTrain
10   besucht auch Festivals: die Documenta in Kassel, die Baden-Württembergischen Literaturtage und den Erlanger „Comicsalon".

character stage / lit., small board (cabaret stage)
studio / travelers / artists
actors

Vielfalt . . . (great) variety of modern artistic forms of expression
stimuli
cultural history / spans

D. Machen Sie ein Zugplakat! *Make a poster to advertise either the* InterCityExpress *or the* RedTrain.

- Use key words or phrases from the text, either by themselves as eye-catchers or in complete sentences.
- Use at least one imperative sentence in your ad.
- Offer specific information to spark the interest of your audience.
- Include any type of illustration(s) or graphic art to give your ad special appeal.

---

*usw. = und so weiter (*and so on*)
† *art train*
‡ *of the*

6

FAMILIE UND FREUNDE

EINSTIMMUNG

Familie Wagner ißt ihr Mittagessen. Heute sind Freunde da, denn Herr Wagner hat Geburtstag. Klaus will einen Toast auf seinen Vater aussprechen, aber sein Vater macht gerade ein Foto von allen und kann nicht mittrinken. An den Gläsern kann man sehen, was jeder (*each one*) trinkt. Frau Wagner hat vielleicht Mineralwasser, Frau Meyer trinkt Limonade, Herr Meyer hat Bier, Klaus trinkt einen Schnaps, und Hannelore und ihr Schwiegervater trinken Wein.

WÖRTER

A. Männer und Frauen. *Give the missing male or female counterpart in each set; then give the plural forms of each set.*

1. Bruder und _____
2. _____ und Mutter
3. Onkel und _____
4. Großvater und _____
5. _____ und Nichte
6. _____ und Tochter
7. Mann und _____
8. _____ und Kusine
9. Junge und _____
10. Schwager und _____
11. _____ und Stiefvater
12. Schwiegersohn und _____

B. Helenes Familie. *Work with another student. Ask and answer questions about the names and relationships in Helene's family.*

BEISPIEL: S1: Wie heißt Helenes Mutter?
S2: Helenes Mutter heißt Ilse.
S1: Ist Fritz Helenes Bruder?
S2: Nein, Karl ist Helenes Bruder, und Fritz Schröder ist Helenes Vater.
S1: Wer sind Erich und Ingrid?
S2: Erich und Ingrid sind Bruder und Schwester. Sie sind Helenes Vetter und Kusine.
S1: Wie viele Geschwister hat Helene?

WORTSCHATZ

„Unser Freund Anton"
Verrücktes Lustspiel von Karl Millowitsch

ADJECTIVES AND ADVERBS

arm	poor(ly)
besonders	especially
erst	only, just; first
gerade	straight; just
natürlich	natural(ly); of course
vielleicht	maybe, perhaps

INDEFINITE PRONOUNS

jemand	someone, somebody
niemand	no one, nobody

NOUNS

Family Members

der Bruder, ⸚	brother
die Eltern (*pl.*)	parents
die Familie, -n	family
die Geschwister (*pl.*)	siblings, brothers and sisters
die Großeltern*	grandparents
die Kusine, -n	cousin (*female*)
die Mutter, ⸚	mother
der Neffe, -n (*wk.*)†	nephew
die Nichte, -n	niece
der Onkel, -	uncle
der Schwager, ⸚ / die Schwägerin, -nen	brother-in-law/sister-in-law
die Schwester, -n	sister
die Schwiegereltern (*pl.*)‡	in-laws
der Sohn, ⸚e	son
der Stiefbruder, ⸚§	stepbrother
die Tante, -n	aunt
die Tochter, ⸚	daughter
der Vater, ⸚	father
der Vetter, -n	cousin (*male*)

Other Persons

der Chinese, -n (*wk.*) / die Chinesin, -nen	Chinese (*person*)
der Franzose, -n (*wk.*) / die Französin, -nen	French (*person*)
der Freund, -e / die Freundin, -nen	friend; boyfriend/girlfriend
der Junge, -n (*wk.*)	boy
das Mädchen, -	girl
der Mensch, -en (*wk.*)	human being
der Nachbar, -n (*wk.*) / die Nachbarin, -nen	neighbor
der Tourist, -en (*wk.*) / die Touristin, -nen	tourist

Other Nouns

der Besuch, -e	visit; company
die Blume, -n	flower
das Gefühl, -e	feeling
der Kuchen, -	cake
der Name, -n (*wk.*)	name
der Spaziergang, ⸚e	walk, stroll
die Vereinigung	unification

POSSESSIVE ADJECTIVES (*ein*-WORDS)

dein	your (*infor. sg.*)
euer	your (*infor. pl.*)
ihr	her; its; their
Ihr	your (*for.*)
mein	my
sein	his, its
unser	our

VERBS

beschreiben	to describe
kennen·lernen	to get to know, become acquainted with
lieben	to love
rauchen	to smoke
sitzen	to sit
spazieren·gehen	to take/go for a walk
stehen	to stand
tun	to do
verdienen	to earn

Modals

dürfen (darf)	to be allowed to, may, be permitted to
können (kann)	to be able to, can
mögen (mag)/ich möchte . . .	to like/I would like to . . .
müssen (muß)	to have to, must
sollen (soll)	to be supposed to, should
wollen (will)	to want to

USEFUL PHRASES

einen Spaziergang machen	to take a walk
gar nicht/nichts	not/nothing at all
zu Besuch kommen	to come for a visit

---

*auch: die Großmutter, der Großvater
† Beginning with this chapter, weak masculine nouns will be identified by this abbreviation: *wk.*
‡ auch: der Schwiegervater, die Schwiegermutter
§ auch: die Stiefschwester, die Stiefmutter, der Stiefvater, der Stiefsohn, die Stieftochter

C. Der Stammbaum (*family tree*). *Make a poster of your family tree. You may illustrate family members with stick figures, male and female symbols, cutouts from photographs or magazines, or drawings. Describe your family to the class. Answer any questions posed by members of the class.*

> BEISPIEL: S1: Ich heiße David Miller. Ich habe eine Mutter. Ich habe auch einen Vater und eine Stiefmutter. Ich habe keine Brüder und Schwestern, aber ich habe einen Stiefbruder, und er heißt Jimmy. Ich kenne ihn nicht gut, denn er ist erst zehn Jahre alt. Ich habe vier Tanten und drei Onkel. Sie heißen . . .
>
> S2: Du hast zwei Kusinen. Wie alt sind sie?
>
> S3: Leben die Großeltern, Herr und Frau Miller, noch?
>
> S4: Du hast einen Vetter. Er heißt Alex. Kennst du ihn gut?

Weak Nouns

Some masculine singular nouns are called "weak nouns," because they require an **en** ending in the accusative case or simply an **n** if the nominative form ends in **e**.

NOMINATIVE	ACCUSATIVE
Der Junge heißt Thomas.	Kennen Sie **den Jungen**?

Masculine nouns that end in **ist** and **ent** are weak, and in German pronunciation the **ist** or **ent** syllable is stressed: **der Touríst, der Konformíst, der Studént, der Präsidént.**

Masculine nouns that end in **e** are also weak: **der Name.** These nouns also include the names of some nationalities: **der Franzose, der Chinese.**

Some weak nouns have no distinct features or spelling and must simply be learned as weak nouns: **der Herr, der Mensch.** Note that **der Herr** adds only an **n** in the accusative singular but an **en** in the plural.

NOMINATIVE	ACCUSATIVE	NOMINATIVE AND ACCUSATIVE
Singular	*Singular*	*Plural*
der Franzose	den Franzosen	die Franzosen
der Herr	den Herrn	die Herren
der Junge	den Jungen	die Jungen
der Mensch	den Menschen	die Menschen
der Name	den Namen	die Namen
der Neffe	den Neffen	die Neffen
der Student	den Studenten	die Studenten
der Tourist	den Touristen	die Touristen

Like weak nouns, the masculine nouns **der Deutsche / ein Deutscher** and **der Beamte / ein Beamter** also require an **n** in the accusative case: **den Deutschen / einen Deutschen, den Beamten / einen Beamten.**

Indefinite Pronouns

Indefinite pronouns refer to nonspecific persons, things, or abstractions. You are already familiar with the indefinite pronouns **man, etwas,** and **nichts;** two others are **jemand** and **niemand.** These two pronouns have an accusative **en** ending, which is often omitted, especially in conversation.

Jemand besucht ihn heute.	*Someone is visiting him today.*
Er besucht **jemand(en)** morgen.	*He'll visit someone tomorrow.*
Niemand kennt diesen Mann.	*Nobody knows this man.*
Er kennt **niemand(en)** in Berlin.	*He doesn't know anyone in Berlin.*

D. Eine Party: Wer ist wer? *Anna and her husband Georg are at a party, and they point out some of the people they recognize.*

ANNA: _____ (*the gentleman*) da heißt Dieter Schäfer. Er hat eine Frau und einen Sohn. _____ (*the boy*) heißt Thomas, und er ist sechs Jahre alt.

GEORG: Ja, ich kenne die Familie. Eine Sache (*thing*) ist doch klar: Die Eltern lieben _____ (*the boy*), und er hat sie auch sehr gern. Alle drei sind sehr nett.

ANNA: Kennst du _____ (*the [male] student*)?

GEORG: Ja, ich kenne ihn, aber er ist _____ (*not a student*). Er ist _____ (*a Frenchman*), und er arbeitet bei einer Computerfirma in Paris.

ANNA: Siehst du _____ (*the Chinese man*)?

GEORG: Ich sehe _____ da drüben. (*no one*)

ANNA: Nicht da drüben, hier links . . . Das ist William Yee.

GEORG: Ich kenne _____ (*the name*) nicht. Ist er _____ (*a tourist*)?

ANNA: Nein, er ist _____ (*not a tourist*). Er ist Professor in Hong Kong, und er besucht _____ (*a nephew*) hier in München.

E. Familie, Freunde und Bekannte (*acquaintances*). *Talk with other students. Find out where they're from; tell them any connections you have with that city or with other cities within the state or general region.*

BEISPIEL: S1: Woher kommst du?

S2: Ich komme aus Dallas. Hast du vielleicht Familie oder Freunde in Dallas?

S1: Ich habe einen Onkel und eine Tante in Houston, und ich kenne jemand in El Paso. Sonst kenne ich niemand in Texas.

DIE NEUEN
VÄTER
Kyle D.

Die neuen Väter
256 Seiten / 24,80 DM

Männer auf dem Weg
in die Familie
Mosaik Verlag

SPRACHE

KONTEXT 1

familienfoto

von Ernst Jandl

der vater hält sich* gerade
die mutter hält sich gerade
der sohn hält sich gerade
der sohn hält sich gerade
der sohn hält sich gerade
der sohn hält sich gerade
der sohn hält sich gerade
die tochter hält sich gerade
die tochter hält sich gerade

Was sagen sie?

EIN SOHN: Hier ist meine Familie. Das sind meine Eltern, das sind meine vier Brüder, und das sind meine zwei Schwestern.
SEIN FREUND: Ich kenne deinen Vater und deine Mutter schon, aber deine Geschwister kenne ich noch nicht.

EINE TOCHTER: Hier ist unsere Familie.
DIE ANDERE TOCHTER: Schau, das sind unsere Brüder.
IHRE FREUNDIN: Ja, eure Brüder sehen sehr gut aus.

EIN HERR: Das Foto ist interessant. Das ist Ihre Familie, nicht?
DIE MUTTER: Ja. Kennen Sie meinen Mann?
DER HERR: Aber natürlich, und ich kenne auch Ihren Sohn Heinrich.

Circle the possessive adjectives in the preceding dialogues that mean "my," "your," and "our."

A. Wie beschreibt man die Familie? *Notice the possessive adjectives meaning "his," "their," and "her."*

Das sind der Vater, seine Frau und ihre sieben Kinder.
Das sind eine Tochter, ihre Mutter, ihr Vater und ihre sechs Geschwister.

B. Familien. Wie beschreiben Sie die Familie in Jandls „Familienfoto"? Wie beschreiben Sie Ihre Familie? *Use various adjectives from page 111 to draw comparisons between the families and between individual family members.*

BEISPIEL: Jandls „Familie" sieht . . . aus. Meine Familie sieht aber . . . aus.
Jandls „Vater" sieht . . . aus. Mein Vater sieht auch . . . aus.

---

*hält. . . *stands up, (lit., holds himself)*

aktiv	(un)sympathisch
ängstlich (*timid, fearful*)	traurig
(un)attraktiv	zurückhaltend (*reserved*)
(anti)autoritär	___?___
frei	
(un)freundlich	
fröhlich (*happy*)	
korrekt (*prim and proper*)	
matriarchalisch	
offen	
patriarchalisch	
scheu	
steif	

C. Ihr Familienfoto. *Write a brief poem, rhymed or unrhymed, that depicts a family. Gather ideas from the Jandl poem and from the preceding activities. You may choose only one or a combination of the following options.*

- Use an actual photograph of your family and/or friends and write a poem about it.
- Cut out a picture of a family from a magazine and write a poem about it.
- Create a picture of your own family or a fictitious family through words alone.
- Draw your "family" in an artistic manner, in cartoon style, or even in stick figures, and use the drawing and words together to create your poem.

INFORMATIONEN 1

Possessive Adjectives

Each personal pronoun has a corresponding possessive adjective, which is used to indicate possession or relationship.

ich → **mein**	*my*		wir → **unser**	*our*
du → **dein**	*your*		ihr → **euer**	*your*
er → **sein**	*his*			
sie → **ihr**	*her*		sie → **ihr**	*their*
es → **sein**	*its*			
		Sie → **Ihr**	*your*		

Note that the possessive adjective **Ihr,** like the nominative and accusative pronoun **Sie,** is capitalized.

ein-Words

Ein, kein, and all the possessive adjectives take the same endings and are called **ein**-words. An **en** ending is added to all masculine singular forms in the accusative case. The feminine, neuter, and all plural accusative forms are the same as the nominative.

			NOMINATIVE				ACCUSATIVE
MASCULINE		FEMININE		NEUTER		PLURAL	MASCULINE*
mein		meine		mein		meine	meinen
dein		deine		dein		deine	deinen
sein		seine		sein		seine	seinen
ihr		ihre		ihr		ihre	ihren
sein	Bruder	seine	Schwester	sein	Kind	seine	Eltern	seinen	Bruder
unser		unsere†		unser		unsere†	unseren†
euer		eure‡		euer		eure‡	euren‡
ihr		ihre		ihr		ihre	ihren
Ihr		Ihre		Ihr		Ihre	Ihren

ÜBUNGEN 1

■ ■ ■ ■ ■ ■ ■ ■

A. Wer besucht wen?

1. _____ (*my*) Schwester besucht _____ (*her*) Freund.
2. _____ (*our*) Vater besucht _____ (*his*) Bruder.
3. _____ (*our*) Mutter besucht _____ (*her*) Freundinnen.
4. _____ (*our*) Großeltern besuchen _____ (*their*) Nachbarn (*sg.*).
5. _____ (*my*) Onkel besucht _____ (*his*) Kinder.
6. Und ich besuche _____ (*my*) Nichte und _____ (*my*) Neffen (*sg.*).

B. Das Fotoalbum

AXEL: Ist das _____ (*your* [*infor. pl.*]) Vater oder _____ (*your* [*infor. pl.*]) Onkel?

BETTINA: Das sind _____ (*our*) Stiefvater und _____ (*his*) Sohn. Kennst du _____ (*our*) Stiefbruder Thomas?

AXEL: Nein, ich kenne ihn nicht. Ich kenne aber _____ (*your* [*infor. pl.*]) Bruder Hans.

RENATE: Ja, hier sind Hans und _____ (*his*) Familie. Das sind _____ (*his*) Frau und _____ (*their*) kleiner Sohn.

AXEL: So, ihr habt schon _____ (*a*) Neffen.

BETTINA: Ja, wir sind schon Tanten.

Ihr Brief

Informationen zum Thema Briefpost.

⊠ **Post**

---

*The accusative forms of the feminine, neuter, and plural are the same as the nominative forms.

† In conversation, the **e** following **s** is often omitted from **unsere: unsre Schwester, unsre Eltern, unsren Bruder.**

‡ When an ending is added to **euer,** the **e** after **u** is dropped: **eure Schwester, eure Eltern, euren Bruder.**

C. Minidialoge über Briefe

A: Lesen Sie _____ Brief? (*a*)
B: Nein, ich lese _____ Brief, sondern ein Essay. (*not a*)

C: Ist das _____ Brief? (*my*)
D: Ja, das ist _____ Brief. (*your* [*infor.*])

E: Lesen Sie bitte _____ Brief an Professor Meyer. (*our*)
F: Danke. _____ Briefe sind immer sehr interessant. (*your* [*for.*])

D. Familie und Freunde

BEISPIEL: Sie besuchen Ihre Familie, und wir . . . →
Sie besuchen Ihre Familie, und wir besuchen unsere Familie.

1. Du kennst unseren Onkel, und wir . . .
2. Ich bringe meine Freunde mit, und du . . .
3. Er sieht seinen Bruder, und sie (*sg.*) . . .
4. Du, Max, verstehst deine Eltern, und ihr, Günther und Rolf, . . .
5. Wir lieben unsere Familie, und sie (*pl.*) . . .
6. Sie fragt ihren Vater, und er . . .

FOTOTEXT

„Lächelnde (smiling) Mutter mit Jungen" von Käthe Kollwitz. Käthe Kollwitz's lithographs and etchings portray working people oppressed by poverty, war, cold, and hunger; mothers and children; and death. Born in Königsberg in 1867, she married "the doctor to the poor," Karl Kollwitz, in Berlin. The couple had two sons, Hans and Peter. In 1919 Käthe Kollwitz was elected to the Berlin Academy of Fine Arts, the first woman to have this honor bestowed upon her; but in 1933 she was expelled from the academy by the Hitler regime. Her husband and her son, Peter, died during World War II; in 1943 she lost everything in a bombing raid in Berlin. She died in 1945 in Moritzburg, near Dresden, a few days before the war ended. It is not surprising that one of the last themes for her etchings was called „**Vom Tode**" (*about death*).

Bergenhusen, Schleswig-Holstein. Ein Storch, zwei Störche. Tiere (*animals*) spielen eine wichtige (*important*) Rolle in Kinderliedern (*children's songs*) und -reimen. Möchte ein Kind einen Bruder, dann singt es:
„Storch, Storch guter,
bring mir einen Bruder!"
Möchte es eine Schwester, dann singt es:
„Storch, Storch bester,
bring mir eine Schwester!"

The stork supposedly brings not only babies but also fortune to a community. Farmers encourage the birds to nest in their village by providing a base for the nests, often a wagon wheel secured on the highest roof.

E. Wer kommt heute zu Besuch? Was sagen Frau Albrecht und Herr Wagner? Auf deutsch, bitte!

MR. WAGNER: My nephew, Hans-Jürgen, is a student in Tübingen, and he's coming today for a visit.

MRS. ALBRECHT: How nice. My son also studies in Tübingen. He and your nephew are friends.

MR. WAGNER: Do you know my nephew, then?

MRS. ALBRECHT: I only know his name. I hear it often.

KOMMUNIKATION 1

A. Reaktionen. *Everyone reacts differently to bragging or to unkind remarks. Work with a group and create individual replies to each of the following offhand statements.*

BEISPIEL: HANS: Meine Freunde kommen oft vorbei. Deine Freunde besuchen dich nie.

S1: Deine Freunde kommen viel zu oft vorbei.

S2: Meine Freunde kommen oft vorbei. Du siehst sie bloß (*simply*) nicht.

S3: Du bist mein Freund, und du besuchst mich, nicht wahr?

S4: Ja, du hast viele Freunde, aber ich habe leider keine Freunde.

S5: . . .

MARIA: Meine Familie hat viel Geld.

PAUL: Deine Freunde trinken zu viel Alkohol.

SUSI: Unsere Autos sind neu. Dein Auto ist aber sehr alt.

RICHARD: Ich bekomme oft Briefe.

KURT: Viele Leute kennen meinen Namen. Niemand kennt deinen Namen.

B. Nationalitäten. *Share information with another student about your national origins and about the nationalities of your friends and acquaintances.*

BEISPIEL: S1: Ich bin Amerikaner. Meine Mutter ist Amerikanerin, aber mein Stiefvater ist Chilene.

S2: Spricht deine Mutter Spanisch?

S1: Ja, meine Mutter und mein Stiefvater sprechen zu Hause Spanisch.

S2: Kennst du viele Chilenen und Chileninnen?

S1: Nein, nur meinen Stiefvater, seine Schwester und seinen Neffen. Ich kenne aber zwei Russinnen. Sie heißen Natascha und Tatiana. Kennst du vielleicht einen Russen oder eine Russin?

der Chilene / die Chilenin
der Chinese / die Chinesin
der Däne / die Dänin
der Deutsche / die Deutsche
der Franzose / die Französin
der Grieche / die Griechin
der Guatemalteke / die
   Guatemaltekin
der Pole / die Polin
der Portugiese / die Portugiesin
der Rumäne / die Rumänin

der Russe /
  die Russin
der Schwede /
  die Schwedin
der Sudanese /
  die Sudanesin
der Türke /
  die Türkin
der Vietnamese /
  die Vietnamesin

KONTEXT 2

Der Pauper

von Bertolt Brecht

Der Himmel° ist grau	*sky*
Am Rinnstein entlang°	*Am . . . along the gutter*
Geht ein armer Mann.	
Er verdient fast gar nichts.	
Er kann nichts essen	
Er hat kein Obdach°	*shelter*
Er kann nicht gütig° sein	*good-natured*
Er friert wie ein Hund°	*friert . . . is freezing like a dog*
Er ist nicht barmherzig°	*compassionate*
Er hat keine Freunde	
Er hat löchrige° Schuhe	*full of holes*
Er ist krank	
Er ist ein Verbrecher°	*criminal*
Er verdient fast gar nichts	
Er geht den Rinnstein entlang	
Der Himmel ist grau.	

A. Der arme Mann. *Answer the questions using phrases or lines directly from the poem.*

1. Wie ist der Himmel?
2. Wo geht der arme Mann entlang?
3. Verdient er viel?
4. Kann er viel essen?
5. Hat er ein Haus?
6. Kann er gütig sein?
7. Hat er viele Freunde?
8. Was für Schuhe hat er?
9. Wie geht es ihm?

FOTOTEXT

Onkel Mehmet singt ein deutsches Kinderlied und Vati spielt dazu auf seinem türkischen Musikinstrument. Onkel Mehmet kennt das Lied schon seit seiner frühen (*early*) Kindheit (*childhood*) in Deutschland. So lernen es jetzt seine Nichte und sein Neffe.

> Alle Vögel sind schon da,
> alle Vögel, alle.
> Welch ein Singen,
> Musizier'n,
> Pfeifen, Zwitschern,
> Tirilier'n.
> Frühling will nun
> einmarschier'n,
> kommt mit Sang und Schalle.

> *All the birds are here again,*
> *all birds, all of them.*
> *What singing,*
> *making of music,*
> *whistling, twittering,*
> *trilling and warbling.*
> *Spring now*
> *wants to rush in,*
> *comes with song and sound.*

B. Was für ein Mensch ist der „Pauper"? *Fold a piece of paper lengthwise in three parts, then write the following statements and list as many lines from the poem as you can to give evidence of each.*

„Er verdient fast gar nichts."	„Er kann nicht gütig sein."	„Er ist ein Verbrecher."

Zur Diskussion: Warum sagt Brecht, „Er ist ein Verbrecher"? Sieht der Mann wie ein Verbrecher aus? Warum (nicht)? Was ist das stereotypische Bild (*picture*) eines „Verbrechers"? Sind Stereotypen immer wahr (*true*)?

C. Zum Schreiben: Kennen Sie so einen Menschen? *Write a poem to portray someone with problems, someone whom you know or have seen in your community. Consider the following questions as you write and develop your poem.*

> Kennen Sie den Menschen?
> Hat der Mensch einen Namen? Wenn ja: Was ist sein Name?
> Wie sieht der Mensch aus? (alt? jung? traurig? böse? nett? sympathisch?
>   müde?   ?   )
> Hat der Mensch eine Familie? Freunde? Freundinnen? Kinder? einen
>   Partner / eine Partnerin?
> Ist der Mensch obdachlos (*homeless*)? Wenn ja: Muß er obdachlos bleiben?
>   Warum (nicht)?
> Kann der Mensch Geld verdienen? Brot kaufen? gut essen? gut schlafen?
>   singen? lachen? Gitarre spielen?   ?
> Ist der Mensch krank?
> Will (*does want*) der Mensch arbeiten? Freunde haben? gut leben? froh
>   sein?   ?
> Was braucht der Mensch?

INFORMATIONEN 2
■ ■ ■ ■ ■ ■ ■ ■ ■ ■ ■ ■ ■ ■ ■ ■ ■

Modals

die Umwelt   *environment*

Modals are auxiliary verbs that express an attitude toward the action or condition described by the main verb: *we **must** hurry; we **want** to be on time.*

German has six modals: **dürfen, können, mögen /möchte, müssen, sollen,** and **wollen.**

dürfen	*permission; to be allowed to, may*	Wir **dürfen** Blumen **kaufen.**
könnnen	*ability: to be able to, can*	Wir **können** Blumen **kaufen.**
mögen*	*personal preference: to like /*	Wir **mögen** Rosen nicht. /
ich möchte†	*personal preference: would like to*	Wir **möchten** Blumen **kaufen.**
müssen	*necessity, compulsion: to have to, must*	Wir **müssen** Blumen **kaufen.**
sollen	*obligation: to be supposed to, shall‡*	Wir **sollen** Blumen **kaufen.**
wollen	*desire, volition: to want to*	Wir **wollen** Blumen **kaufen.**

Modals: Present Tense

*[handwritten: for past participles go back to stem & drop umlaut
dürfen → gedurft
mögen → gemögt]*

Note that all the modals, except **sollen,** have stem-vowel changes in the singular forms of the present tense.

	dürfen	können	mögen/möchte	müssen	sollen	wollen
ich	darf	kann	mag /möchte	muß	soll	will
du	darfst	kannst	magst /möchtest	mußt	sollst	willst
er sie } es	darf	kann	mag /möchte	muß	soll	will
wir	dürfen	können	mögen /möchten	müssen	sollen	wollen
ihr	dürft	könnt	mögt /möchtet	müßt	sollt	wollt
sie	dürfen	können	mögen /möchten	müssen	sollen	wollen
Sie	dürfen	können	mögen /möchten	müssen	sollen	wollen

Sentences with modals are constructed with a form of the modal in the appropriate verb position and the infinitive of the main verb at the end of the sentence.

Ich **will** nicht nach Hause **gehen.**	*I don't want to go home.*
Möchten Sie etwas **essen?**	*Would you like to eat something?*
Wer **soll** den Kaffee **machen?**	*Who is supposed to make the coffee?*

*****Mögen** is not often used in positive statements. It occurs more frequently in negative statements or questions and usually with a noun rather than a verb.

Hans **mag** Rosen nicht. **Magst** du Rosen?   *Hans doesn't like roses. Do you like roses?*

† **Möchte** is a subjunctive form of **mögen.** As an auxiliary it adds the meaning *would like* to the main verb, whether the verb is stated or simply implied. The **möchte** forms are used much more frequently than the **mögen** forms.

Ich **möchte** die Rosen (**kaufen**).   *I'd like (to buy) the roses.*

‡ As in English, **sollen** is sometimes used idiomatically to mean something is *said* or *reputed* to be a certain way.

Der Film **soll** sehr gut **sein.**   *The film is said (i.e., supposed) to be very good.*

The main verb is sometimes unstated, if it is clearly understood in the context.

Sie können gut Deutsch (sprechen). *You know (how to speak) German
well.*

Ich möchte eine Cola (trinken). *I'd like (to drink) a cola.*

When modals are used with separable prefix verbs, notice that the separable prefix is attached to the infinitive.

Wann mußt du **wegfahren**?
Dürfen wir **hineingehen**?
Ute möchte um sieben **vorbeikommen.**

ÜBUNGEN 2

A. Kleine Probleme. *Use the suggested modals to explain each minor problem.*

1. Der Junge _____ (müssen) zu Fuß gehen, denn er _____ (dürfen) das Auto nicht benutzen (*use*).
2. Ich _____ (sollen) lesen, aber ich _____ (wollen) nur schlafen.
3. _____ (müssen) du immer so schnell fahren? Ich _____ (mögen) es nicht.
4. Kurt _____ (wollen) einen Spaziergang machen, aber seine Freunde _____ (wollen) Karten spielen.
5. Ich _____ (können) nur Deutsch, aber meine Freundin _____ (können) Deutsch, Englisch und Spanisch.
6. Meine Eltern sagen, ich _____ (dürfen) den Film nicht sehen, denn ich _____ (müssen) einen Brief schreiben.
7. Ihr _____ (wollen) nach München fahren, aber ihr _____ (müssen) leider arbeiten.

B. Ihr Freund will eine Reise nach Italien machen. Was fragen Sie ihn?

BEISPIEL: Nimmst du den Zug? (möchte) →
Möchtest du den Zug nehmen?

1. Wann kaufst du die Fahrkarte? (wollen)
2. Wann fährt der Zug ab? (sollen)
3. Steigst du in München um? (müssen)
4. Was machst du denn in Rom? (möchte)
5. Sprichst du Italienisch? (können)
6. Wann kommst du zurück? (müssen)
7. Wann bist du wieder in Frankfurt? (sollen)
8. Wann sehe ich dich wieder? (dürfen)

C. Sie haben Besuch, und Sie möchten höflich (*polite*) **sein.** *Instead of giving commands, you chooose to ask your guests polite questions.*

BEISPIEL: Hans, nimm bitte Platz! →
Hans, möchtest du Platz nehmen?

1. Herr Huber, essen Sie bitte ein Stück Kuchen!
2. Frau Stein, trinken Sie bitte eine Tasse Kaffee!
3. Petra, lies ein Buch!
4. Paula und Jörg, hört jetzt Radio!
5. Herr und Frau Berger, gehen Sie bitte spazieren!
6. Erika, nimm bitte die Blumen mit!

D. Jutta. Jutta ist zwölf Jahre alt. Was soll sie machen? Was kann sie machen? Was darf sie noch nicht machen?

BEISPIEL: müssen / in die Schule gehen →
Sie muß in die Schule gehen.

1. sollen / ihre Hausaufgaben (*homework*) machen
2. dürfen / nicht zu viele Horrorfilme sehen
3. sollen / sonntags ihre Großeltern besuchen
4. dürfen / keinen Wein trinken
5. dürfen / nicht zuviel Schokolade essen
6. dürfen / noch nicht Auto fahren
7. sollen / nachts acht Stunden schlafen
8. müssen / um acht Uhr abends zu Hause sein

E. Rollenspiel: Wer sagt was? Herr Braun ist krank. Was sagt der Arzt (*doctor*) zu Herrn Braun? Was sagt Herr Braun zu seiner Frau? Was sagt Frau Braun zu ihrer Nachbarin?

BEISPIEL: DER ARZT: Sie müssen zu Hause bleiben. Sie . . .
HERR BRAUN: Ich muß zu Hause bleiben. Ich . . .
FRAU BRAUN: Mein Mann muß zu Hause bleiben. Er . . .

Sie dürfen nicht arbeiten. Sie dürfen keinen Besuch haben. Sie sollen Suppe essen. Sie dürfen keine Zigaretten rauchen. Sie dürfen keinen Alkohol trinken. Sie müssen Vitamine nehmen. Sie müssen Ruhe (*peace and quiet*) haben. Sie dürfen lesen und Musik hören.

F. So soll eure Familie sein. *Tell your friends what you've heard about them and their family members.*

BEISPIEL: eure Großeltern / interessant →
Eure Großeltern sollen interessant sein.

1. eure Schwester / krank
2. euer Onkel / sehr nett
3. ihr / praktisch
4. du / realistisch
5. eure Eltern / konservativ
6. dein Bruder / liberal

G. Finger weg! (*Hands off!*) *This sticker warns people to keep their hands off a bicycle* (Rad). *Write appropriate messages for at least six of your personal possessions. Be as creative as you can.*

BEISPIEL: Das ist mein Buch. Du darfst es hier lesen, aber nicht mitnehmen.

dürfen	haben	Bleistift
können	kaufen	Brieftasche
müssen	lesen	Buch
sollen	mitnehmen	Computer
	nehmen	Haarbürste
	tragen	Heft
	zurückbringen	Kamm
	___?___	Kugelschreiber
		Papier
		Stuhl
		Tasche
		Uhr
		___?___

KOMMUNIKATION 2

A. Situationen: Was kann man tun? *Think of a possible solution to each of the following problems. Share your ideas, in German, with another student. The two of you may then wish to combine ideas and to expand your original suggestions.*

1. Joachim studiert in Berlin Medizin. Er kann schon gut Englisch, und er will eine Reise nach Amerika machen. Eine Reise nach Amerika kostet aber sehr viel Geld. Was kann Joachim tun?
2. Brigitte möchte ihren Freund besuchen, aber sie muß montags bis samstags von acht Uhr morgens bis sechs Uhr abends arbeiten. Was kann sie tun?
3. Anneliese lernt mittwochs und freitags Italienisch. Richard lernt auch Italienisch, und er will Anneliese kennenlernen. Richard ist aber sehr scheu (*shy*). Was kann er tun?
4. Monika braucht ein Auto. Sie will einen Porsche kaufen, aber sie ist Studentin. Sie hat keinen Job und wenig Geld. Ihr Freund will seinen Volkswagen verkaufen (*sell*). Monika mag den Volkswagen nicht, denn er ist gelb und sehr alt. Was kann Monika tun?

Warme Getränke

Tasse Kaffee mit Sahne . . . . DM 4,20

Tasse Kaffee entkoffeiniert . . . . . . DM 4,00

Tasse Espresso . . . . DM 4,20

Tasse Cappuccino . . . . DM 4,80

Glas Tee mit Sahne oder Zitrone . . DM 4,20

Tasse Schokolade mit Sahne . . . . DM 4,20

Glas Milch heiß oder kalt . . . . DM 3,60

Kuchen

Englischer Kuchen . . . DM 4,10

Sandkuchen . . . . DM 4,70

Nußkuchen . . . . DM 4,50

Apfelkuchen . . . . DM 5,10

Käsekuchen . . . . DM 5,20

Schokoladenkuchen. . . DM 4,70

Obstkuchen . . . . DM 5,90

der Obstkuchen *cake with seasonal fruit*
die Sahne *whipped cream*
die Zitrone *lemon*

B. Rollenspiel: Kaffee und Kuchen. *Work with a small group of students and create a dialogue. Two or more friends meet at a café for coffee, cake, and conversation. The server brings the menu; the friends discuss it among themselves. The server then comes back to take the order.*

FREUNDE / FREUNDINNEN

Was ist . . . ?
Kennst du / Kennt ihr . . . ?
Wievel kostet . . . ?
Ich habe nicht genug Geld.
Das ist (nicht) sehr teuer.
Ich mag . . . nicht.
Ich trinke gern . . . , aber . . .
Ich esse gern . . . , aber . . .
. . . hat zu viele Kalorien.
. . . hat zuviel Koffein (*caffeine*).
Koffein ist nicht gut für mich.
Ich möchte leicht essen.
Was möchtest du? / Was möchtet ihr?
Ich möchte ein Stück . . . (bitte).
Ich möchte eine Tasse . . . /
    ein Glas . . . / eine Portion . . .

KELLNER / KELLNERIN

Was möchten Sie, bitte?
Bitte (sehr/schön).
Danke (sehr/schön).
Möchten Sie auch eine
    Tasse . . . / ein Glas . . . / eine
    Portion . . . ?
Möchten Sie auch ein Stück
    Kuchen?
(Der Nußkuchen) ist heute (sehr
    gut).
(Die Schwarzwälder Kirschtorte)
    ist immer (besonders gut).

eis
snacks
frühstück
durchgehend

Café Melanie

Mo·Do 8.00·3.00
Fr u.Sa 8.00·5.00
So 9.00·3.00

Nähe U-Bahn Walther·Schreiber·Pl.
1/41 Rheinstr. 43

ERWEITERUNG

Die Vereinigung Deutschlands

A. Arbeit mit dem Text

1. **Der Titel.** *Before you read the text by Birgit Feldmann, consider the title:* **Und trotzdem waren wir dabei** (*And nevertheless we were there*). *Which word suggests mixed feelings? Look for reasons for these feelings as you read the text.*

2. **Die Vereinigung Deutschlands.** *The text is a personal account of the unification and reflects one individual's viewpoint. What were your reactions, if any, to news of the events taking place in Germany during 1989 and 1990? What is your reaction to the text?*

ALLES KLAR!

Vereinigung. At midnight on October 3, 1990, Germany officially became one nation. In the following letter to the editor, Birgit Feldmann expresses her feelings at seeing herself in a photo that accompanied a newspaper article written about the event. She then reflects on her experience of being in the crowd of hundreds of thousands of people that assembled that historic night before the **Reichstag,** the parliament building on the border to former East Berlin. She traces her steps from the **Alexanderplatz,** the most well-known plaza in former East Berlin, to the **Reichstag.** She walks via the **Karl-Liebknecht-Straße,** which turns into the celebrated **Unter den Linden,** a boulevard lined with linden trees. She proceeds to the **Brandenburger Tor,** the famous gate that leads to the center of Berlin. Topped with the **Quadriga,** a four-horsed chariot, this famous landmark is

located less than 100 yards inside the former border to West Berlin, but it was closed to both sides until December 22, 1989.

3. **Gefühle und Gedanken.** *On a separate sheet of paper, write the following phrases, leaving three or four blank lines between each. As you read the text, jot down words, phrases, or whole sentences that suggest Birgit Feldmann's feelings or thoughts about these ideas or experiences. This will help you understand and appreciate the text; there are no right or wrong answers.*

Gesichter in der Zeitung:	eine Pause machen:
Wiedervereinigung:	junge Menschen mit Europafahne:
Großdeutschland:	vor dem Reichstag:
mit ihrer Fahne:	die neue Republik:
die Unruhe:	neue Besuche in Berlin und Leipzig:

TEXT *Und trotzdem waren wir dabei*

von Birgit Feldmann

Montag, 18. Februar 1991, gegen siebzehn Uhr: Das Telefon klingelt. „Komm schnell vorbei, ich habe eine Überraschung° für dich!" Und dann sitzen wir zusammen und sehen auf Seite 4 und 5 Ihrer Zeitung unsere Gesichter.° Überraschung, Freude.° Aber meine Freundin spricht über
5 Mitschüler,° die° gegen° Wiedervereinigung und Neues Deutschland sind. So sitzen wir zusammen und denken nach. Es geht hin und her zwischen° zwei Ansichten:° Wiedervereinigung—ja klar, schon alleine° für unsere Freunde aus dem Osten. „Großdeutschland—nein, dafür ist Deutschlands Vergangenheit° zu dunkel.°" Und trotzdem waren wir dabei.

10 Zu Fuß vom „Alex" über die „Karl-Liebknecht-Straße" und „Unter den Linden" Richtung Brandenburger Tor. Es herrscht Ruhe,° nur an den Straßenseiten sind Stände und Bühnen.° Sonst gehen die Menschen wie gewöhnlich° über die Straßen, sie sind mit ihren Kindern unterwegs.° Nichts deutet weiter auf eine so geschichtsträchtige° Nacht hin.° Wir fühlen uns mit unserer Fahne° ein wenig
15 verloren.°

Aber auch in uns selbst° herrscht diese Unruhe:° Wird es heute nacht unruhig, vielleicht sogar gefährlich,° oder dürfen wir friedlich° feiern?° Dann machen wir eine Pause, lassen° Zeit° vergehen und genießen° diese Stimmung.° Dann werden es mehr und mehr Menschen. Wir spazieren unter dem Branden-
20 burger Tor. Wir sprechen mit anderen Leuten. Viele junge Menschen sind in dieser Nacht unterwegs. Vier oder fünf von ihnen kommen auf uns zu, tragen eine große Europafahne in der Hand: „Ihr seid ja gar nicht auf dem aktuellen Stand.° Europa, nicht Deutschland."

Im Stillen gebe ich ihnen recht.° Zweifel° überkommen mich. Haben wir ein
25 falsches Nationalbewußtsein°? Wie denken die anderen Tausende von Menschen; was für Ziele° sehen sie in einem vereinigten° Deutschland? Dann aber über-

surprise

faces / joy
classmates / who / against
between
views / schon... just
past
dark

Es... Calm reigns
stages / usual
on the way
history-laden / deutet... auf... hin points to / flag
lost
ourselves / unrest
sogar... even / dangerous / peacefully / celebrate
let / time / enjoy / mood

auf... up-to-date, with it

Im... I silently agree / doubts
national consciousness
goals / united

wiegen° die feierlichen° Gefühle.° Wir stehen vor dem Reichstag. Der Platz füllt *prevail / festive / feelings*
sich, aber eine andächtige° Stille überspannt° diese Menschenmasse. Niemand *pensive / overcomes*
drängelt,° alle bleiben still stehen. Über Lautsprecher hören wir Beethoven. Es *pushes*
30 wird kalt, und wir setzen uns auf die Wiese,° decken uns mit der Fahne zu.° *lawn / decken ... zu   cover*
Wieder fühle ich mich feierlich. Dankbar° beglückwünschen° wir um Mitternacht *Gratefully / congratulate*
die neue Republik.

Jetzt sitze ich hier, vier Monate später, und lese den Artikel von Volker Thomas. *just the same*
Immer und immer wieder. Ja, niemand kann es besser sagen. Genauso° waren *freue ... look forward to*
35 diese Stunden für uns. Dies ist unsere Republik! Und ich freue mich auf° neue *visits / earlier / had*
Besuche° in Leipzig, Berlin . . . denn früher° hatte° ich dort immer ein beklem- *oppressive*
mendes° Gefühl.

B. Zum Schreiben: Was möchten Sie Birgit Feldmann über ihren Leserbrief fragen? *Read the text one more time. Mark phrases or sentences that you feel warrant further explanation or detail. Then formulate at least six questions that you would like to address to Birgit Feldmann.*

BEISPIEL: Birgit sagt: „Meine Freundin spricht über Mitschüler, die gegen Wiedervereinigung und Deutschland sind." Warum sind Schüler gegen Wiedervereinigung? Warum sind sie gegen Deutschland?

C. Zum Schreiben: Was möchtst Sie Birgit Feldmann über sie selbst fragen? *Suppose you were asked to interview Birgit Feldmann. Write at least eight questions that you would like to ask about her personal life, her interests, and her family and friends.*

7

WIR FAHREN INS BLAUE!*

We're going off into the blue.

EINSTIMMUNG

Über (*above*) dem Weinberg (*vineyard*) steht Burg (*fortified castle*) Lahneck, unten mündet (*flows*) die Lahn in den Rhein. Man hat diese Burg schon 1244 erwähnt (*mentioned*). 1688 hat König Ludwig XIV. (*King Louis XIV*) von Frankreich durch seinen General Mélac fast alle Burgen wie etwa Lahneck und fast jedes Schloß in der Pfalz (*Palatinate*) zerstört (*destroyed*). 1832 hat man diese Burg restauriert.

WÖRTER

A. Eine Landschaft. *Work with another student to identify each landmark in the drawing.*

BEISPIEL: S1: Was ist Nummer eins?
S2: Das ist ein Berg. Was ist Nummer zwei?

B. Was kann man hier sehen?
Beschreiben Sie die Landschaft in Übung A: Hier kann man Berge, . . . sehen.

C. Was hat die Stadt? *Identify the landmarks shown on the map:* Die Stadt hat einen Dom, . . .

WORTSCHATZ

ADJECTIVES AND ADVERBS

billig	cheap(ly)
eigentlich	actual(ly)
gestern	yesterday
letzt	last
nämlich	namely, that is (to say)

der-WORDS

dieser, diese, dieses, diese	this, *pl.* these; that, *pl.* those*
jeder, jede, jedes	each, every
mancher, manche, manches, manche	many a, *pl.* some
solcher, solche, solches, solche	such a, *pl.* such
welcher, welche, welches, welche	which

NOUNS

der Baum, ⸚e	tree
der Berg, -e	mountain
die Brücke, -n	bridge
das Café, -s	café
der Dom, -e	cathedral
das Dorf, ⸚er	town, village
die Ecke, -n	corner
die Fahrt, -en	trip
die Farbe, -n	color
der Flugschein, -e	plane ticket
der Fluß, *pl.* Flüsse	river
das Gebäude, -	building
der Hafen, ⸚	harbor
die Insel, -n	island
die Kirche, -n	church
die Landschaft, -en	scenery; landscape
der Marktplatz, ⸚e	marketplace
das Meer, -e	sea, ocean
der Monat, -e	month

das Museum, *pl.* Museen	museum
der Park, -s	park
der Plan, ⸚e	plan
das Rathaus, ⸚er	city hall
die Ruhe	peace and quiet
das Schloß, *pl.* Schlösser	castle
der Tag, -e	day
der Traum, ⸚e	dream
der Urlaub, -e	vacation
die Woche, -n	week
das Wochenende, -n	weekend

ACCUSATIVE PREPOSITIONS

durch	through
für	for
gegen	against; toward; around (*with time*)
ohne	without
um	around; at (*with time*)

VERBS

abreisen, ist abgereist	to depart
besichtigen, hat besichtigt[†]	to have a look at; to visit
fotografieren, hat fotografiert	to photograph, take pictures
interessieren, hat interessiert	to interest
meinen, hat gemeint	to mean, have an opinion
mieten, hat gemietet	to rent
passieren, ist passiert	to happen
reden, hat geredet	to talk, converse
schicken, hat geschickt	to send
träumen, hat geträumt	to dream
übernachten, hat übernachtet	to stay overnight
verbringen, hat verbracht	to spend (*time*)

USEFUL WORDS AND PHRASES

auf Urlaub	on vacation
es gibt (+ *acc.*)[‡]	there is, there are
etwas/nichts Besonderes	something/nothing special
prima!	great!

---

*Another **der**-word, **jen-**, also means *that, those,* but this word occurs infrequently in modern spoken German.
[†] Beginning with this chapter, the past participle—used to form the present perfect tense—will be listed after the infinitive, along with the proper auxiliary: **hat** if the auxiliary **haben** is required, **ist** if **sein** is required.
[‡] The construction **es gibt** is equivalent to the English *there is* or *there are.* Although it may be translated in the plural (*there are*), the German verb construction is singular—**es gibt**—and takes an accusative object (singular or plural).

  Es gibt heute morgen keinen Kaffee.   *There's no coffee this morning.*
  Es gibt hier viele Museen.   *There are many museums here.*

In inverted word order, **gibt es** is often contracted to **gibt's.**

  Was gibt's hier? Hier gibt's viele Leute. *What's going on here? There are a lot of people here.*

D. Eine Beschreibung: Ihre Stadt. Woher kommen Sie? Ist diese Stadt groß oder klein? Was gibt es dort? Gibt es viele Gebäude? Gibt es viele Parks und Gärten? Gibt es einen Flughafen, einen Bahnhof oder einen Hafen? Gibt es ein Rathaus und einen Marktplatz? Gibt es viele Hotels, Restaurants, Museen und Kirchen? Gibt es einen Dom? Gibt es viele Schulen und eine Universität? Gibt es einen Fluß und Brücken?

E. Was sagt Jacques? Jacques ist Franzose, und er ist auf Urlaub in Deutschland. Heute ist er in Heidelberg, und er hat Fragen. *Choose the appropriate verb to complete each sentence:* fotografieren, übernachten, mieten, besichtigen, verbringen.

1. Ich möchte drei Tage in Heidelberg _____.
2. Wo kann man hier _____? Kennen Sie ein gutes Hotel?
3. Wo kann man eine Kamera kaufen? Ich will viel _____.
4. Wo ist das Schloß? Ich möchte es _____, denn es soll sehr interessant sein.
5. Ich will eine Fahrt nach Mainz machen. Wo kann man ein Auto _____?

der-Words

Dieser, jeder, mancher, solcher, and **welcher** are all called **der**-words, because they have the same endings in all cases as **der, die, das.**

	MASCULINE	FEMININE	NEUTER	PLURAL
NOMINATIVE	der	die	das	die
	dieser	diese	dieses	diese
	jeder	jede	jedes	—
ACCUSATIVE	manchen	manche	manches	manche
	solchen	solche	solches	solche
	welchen	welche	welches	welche

Note that **jeder** is used only in the singular. **Mancher** and **solcher** are used mainly in the plural.

MASCULINE SINGULAR	Wir kennen **diesen Berg** nicht.
FEMININE SINGULAR	Nicht **jede Kirche** ist alt.
NEUTER SINGULAR	**Welches Dorf** möchtet ihr besuchen?
PLURAL	**Manche Gebäude** sind wirklich modern.

F. Touristen und Tourismus. *You're doing research for a travel agency in Germany, and you need answers to all sorts of questions.*

1. Dürfen Touristen jed__ Park in Deutschland besuchen?
2. Welch__ Park sehen die meisten Touristen an?
3. Fotografieren viele Touristen dies__ Schloß?
4. Finden die Touristen manch__ Gärten besonders schön?

5. Besichtigen viele Touristen dies___ Dorf?
6. Wie beschreiben die Touristen dies___ Dorf?
7. Können die Touristen solch___ Museen sonntags besuchen?
8. Welch___ Stadt finden die Touristen besonders schön?
9. Wieviel kosten solch___ Reisen für Touristen?
10. Kann jed___ Tourist Deutsch verstehen?

G. Interview: Orte (*places*). Fragen Sie einen Studenten / eine Studentin!

1. Welches Land interessiert dich besonders?
2. Welche Stadt möchtest du besonders gern besichtigen?
3. Welches Museum möchtest du gern besuchen?
4. Welches Gebäude findest du besonders modern?
5. Welchen Dom oder welche Kirche findest du besonders interessant?
6. Welchen Park oder Garten findest du besonders schön?

Der Markt vor dem Rathaus. Lübeck ist eine Hafenstadt für den Ostseehandel. 1993 ist diese Stadt 850 Jahre alt geworden. Sie ist sehr reich und berühmt (*famous*) für ihre Backsteingotik (*Gothic architecture out of brick*), ihr Marzipan und ihren Autor Thomas Mann.

SPRACHE

KONTEXT 1

Rolf und Gabi sind heute fünf Jahre verheiratet.°   *married*

GABI: Du, alles Gute zum Hochzeitstag°!   *anniversary*
ROLF: Danke, gleichfalls.° Und danke für fünf wunderschöne Jahre!   *same to you*
GABI: Was ist denn das? Etwas für mich? Wie nett!
ROLF: Nun, . . . es ist eigentlich etwas für uns.
GABI: Rolf, zwei Flugscheine nach Mallorca? Das ist fantastisch!
ROLF: Es ist vielleicht nicht so exotisch wie eine Reise nach Kenia, aber es gibt auf Mallorca viel zu besichtigen. Wir können ein Auto mieten und um die Insel herumfahren.
GABI: Das Schönste° ist, wir können zwei Wochen zusammen in der Sonne verbringen!   *best part (most beautiful)*

A. Rolf und Gabi

1. Wie lange sind Rolf und Gabi verheiratet?
2. Was ist heute?
3. Was sagt Gabi zu Rolf?
4. Für wen sind die Flugscheine? Nur für sie (Gabi)? Nur für ihn (Rolf)? Für beide (Gabi und Rolf)?
5. Wohin reisen Gabi und Rolf? Was gibt es dort?
6. Was mieten sie?
7. Wohin fahren sie?
8. Was ist für Gabi das Schönste?

B. Eine Reise für Sie. *Read the ad, and then use information from the ad to answer the questions.*

1. Wohin möchten Sie reisen?
2. Wieviel kostet die Reise pro Person (p.P.)? Finden Sie das billig oder teuer?
3. Von wo fliegen Sie ab? (Ab München oder ab Frankfurt?)

C. Machen Sie Pläne für Ihre Reise. *Answer the following questions verbally or in writing to reveal your intentions regarding the chosen trip.*

- Wie viele Flugscheine müssen Sie kaufen?

- Für wen ist der Flugschein? / Für wen sind die Flugscheine?

  für mich
  für meine Schwester (Freundin, Partnerin, Frau, Mutter, __?__)
  für meinen Bruder (Freund, Mann, Partner, Vater, __?__)
  für mein Kind
  für meine Kinder (Eltern, Geschwister, Freunde, Freundinnen, __?__)

- Ohne wen möchten Sie diesen Urlaub nicht machen?

  nicht ohne meine Familie (Tante, Nichte, Kusine, __?__)
  nicht ohne meinen Sohn (Onkel, Neffen, Vetter, __?__)
  nicht ohne mein Kind
  nicht ohne meine Kinder (Eltern, Nachbarn, __?__)

- Sie mieten ein Auto in Palma de Mallorca, in Almeria (Spanien) oder in Mombasa (Kenia). Wohin möchten Sie fahren?

  um die Stadt   um die Insel   durch den Park   durch das Land

INFORMATIONEN 1

Accusative Prepositions

Nouns or pronouns following the prepositions **durch, für, gegen, ohne,** and **um** must be in the accusative case.

durch	*through*	Wer kommt **durch den Garten?**
für	*for*	Das Gepäck ist **für meinen Freund.**
gegen	*against*	Hat er etwas **gegen dich?**
ohne	*without*	Gehen Sie **ohne uns!**
um	*around*	Ich gehe **um die Ecke.**

In questions, these five prepositions are used with **wen,** the accusative form of **wer,** when referring to people.

Für wen sind die Blumen? { *For whom are the flowers?* / *Whom are the flowers for?* }

When the prepositions **durch, für,** and **um** precede a neuter noun with the definite article, the preposition and article are often contracted.

durch das Museum	→	durchs Museum
für das Kind	→	fürs Kind
um das Gebäude	→	ums Gebäude

Definite Time: Accusative Case With or Without Prepositions

The prepositions **um** and **gegen** are also used in time expressions. In these phrases **um** means *at* and **gegen** means *around.*

Um wieviel Uhr kommen Sie?	*At what time are you coming?*
Ich komme **um** sieben Uhr.	*I'm coming at seven o'clock.*
Ich komme **gegen** sieben Uhr.	*I'll come around seven o'clock.*

The accusative case is also used to express a specific point in time—a day, a week, a month, a season—when there is no preposition preceding the phrase.

Er ist **letzten Montag** nach Bonn abgereist.
Diesen Sonntag besuchen wir das Museum.
Sie reisen **jeden Sommer** nach Spanien.

ÜBUNGEN 1

A. Minidialoge

ERNST: _____ (*for which boy*) kaufen Sie diese Brieftasche?
DIETER: Ich kaufe sie _____ (*for my nephew*).

CLAUDIA: Hast du etwas _____ (*against our* [*male*] *cousin*)?
KÄTHE: Nein, ich habe nichts _____ (*against him*). Ich habe aber etwas (*against his* [*male*] *friends*).

HERR LUTZ: Entschuldigen Sie, bitte. Wo finde ich den Stadtgarten?
HERR NAGEL: Gehen Sie _____ (*around the corner*) und _____ (*through the park*)!

FRAU WEBER: Machst du Urlaubsreisen _____ (*without your husband*)?
FRAU SCHWAB: Nein, aber manchmal verbringe ich ein Wochenende _____ (*without him*).

B. Herr und Frau Walther besuchen Hamburg. Was machen sie?

Herr und Frau Walther machen einen Spaziergang _____ (*through the market-place*). Dann kaufen sie Marzipan und Schokolade _____ (*for their* [*male*] *friends*) zu Hause. Sie mieten ein Auto _____ (*for one day*) und machen eine Fahrt _____ (*around the harbor*). Dann fahren sie nach Lübeck. Herr Walther will _____ (*the day*) in Lübeck verbringen, aber Frau Walther will ihre Tante in Eutin besuchen. Was passiert? Frau Walther fährt _____ (*without her husband*) nach Eutin, und Herr Walther geht _____ (*without his wife*) _____ (*through the museums*) in Lübeck. _____ (*Around six o'clock*) kommt Frau Walther nach Lübeck zurück.

der Atommüll   *nuclear waste*
das Mitglied, -er   *member*
stark   *strong*

C. Bilden Sie Sätze. *Use the following phrases, in any order, in sentences. Some of your sentences may contain more than one phrase.*

durchs Museum	gegen acht Uhr	um die Ecke
für deinen Freund	ohne eine Karte	um sieben Uhr
für mich	um den Marktplatz	

D. Was sagen Sie?

1. Ich bin gegen . . .
2. Ich habe nichts gegen . . .
3. Ich mache fast nichts ohne . . .
4. Ich kaufe gern etwas für . . .
5. Ich will etwas Besonderes für . . . tun.
6. Ohne . . . will ich den Tag nicht gern verbringen.

KOMMUNIKATION 1

A. Interview: Was machst du heute, morgen . . . ? Fragen Sie einen Studenten / eine Studentin:

1. Um wieviel Uhr ißt du jeden Morgen? Wann ißt du heute abend?
2. Machst du oft einen Spaziergang? Wenn ja: Wann gehst du spazieren?

3. Besuchst du heute Familie oder Freunde? Wenn ja: Wen besuchst du? Wann?

4. Kaufst du manchmal Blumen für jemanden? Wenn ja: Für wen?

5. Hast du Pläne fürs Wochenende? Wenn ja: Was machst du dieses Wochen-ende? Was machst du diesen Sommer?

B. Diskussionsthema: Was braucht man? Welche Dinge sind gut und welche sind schlecht für einen Menschen? Warum? Was braucht man jeden Tag, und was braucht man gar nicht? Warum? Ohne welche Dinge kann man sehr gut leben, und ohne welche kann man vielleicht nicht leben? Ohne was können Sie persön-lich leicht (*easily*) leben? Ohne was möchten Sie nicht leben? Warum?

Autos	Bücher	Kaffee	Wasser
Bier	Computer	Kosmetik	Zeitungen
Brot	Geld	Tee	Zigaretten

der Fleck, -en   *spot*

die Welt   *world*

KONTEXT 2

■ ■ ■ ■ ■ ■ ■ ■ ■ ■

Ute ist Gabis beste Freundin. Sie reden gern miteinander über alles.

GABI: So, Ute, was hast du gestern gemacht?

UTE: Nichts Besonderes. Ich habe gearbeitet, dann habe ich den Abend zu Hause verbracht. Mein Bruder hat mich besucht, und er hat seine Freundin mitgebracht. Wir haben geredet und Karten gespielt. Und du? Was hast du gemacht?

GABI: Gestern haben Rolf und ich Pläne für den Urlaub gemacht. Wir fliegen nämlich nach Mallorca. Rolf hat die Flugscheine schon gekauft. Es ist eine zweite° Hochzeitsreise° für uns!

UTE: Prima! Genieß° die Sonne auch für mich! Und du mußt unbedingt° eine Postkarte schicken!

second / honeymoon trip

Enjoy / absolutely

A. Gabi oder Ute? Wer hat was gemacht?

1. Sie hat gearbeitet.
2. Sie hat Pläne für den Sommerurlaub gemacht.
3. Sie hat den Abend zu Hause verbracht.
4. Ihr Bruder und seine Freundin haben sie besucht.

5. Ihr Mann hat zwei Flugscheine gekauft.
6. Sie hat Karten gespielt.
7. Sie hat gesagt: Genieß die Sonne auch für mich.

B. Gestern. Fragen Sie einen Studenten / eine Studentin: Was hast du gestern gemacht?

Ich habe . . .
(meinen Freund) besucht.
(Deutsch) gelernt.
(Karten) gespielt.
Pläne (für den Sommerurlaub) gemacht.
gearbeitet.

den Tag zu Hause verbracht.
(ein Buch) gekauft.
(Radio) gehört.
gar nichts gemacht.
___?___

INFORMATIONEN 2

Present Perfect Tense: Weak Verbs

German verbs are categorized according to the way they are conjugated: most are "weak" verbs that follow regular conjugation patterns. Two other categories of German verbs, strong and irregular weak, have irregular forms. Strong verbs will be treated in the next chapter.

The present perfect tense expresses past action. It is a compound tense consisting of an auxiliary verb and a past participle. In English, the present perfect is expressed with the auxiliary *to have: I have asked, he has traveled.*

In German, the present perfect tense is formed with a present-tense form of the proper auxiliary (**haben** or **sein**) and the past participle of the main verb. Most verbs form the present perfect with the auxiliary **haben.** Many intransitive verbs (those that cannot have direct objects, such as **reisen, passieren**) use the auxiliary **sein.** Intransitive verbs include most verbs of locomotion and most verbs expressing a state or condition.

PRESENT PERFECT WITH **haben**

fragen, hat gefragt			
ich	habe gefragt	wir	haben gefragt
du	hast gefragt	ihr	habt gefragt
er sie es	hat gefragt	sie	haben gefragt
Sie haben gefragt			

PRESENT PERFECT WITH **sein**

reisen, ist gereist			
ich	bin gereist	wir	sind gereist
du	bist gereist	ihr	seid gereist
er sie es	ist gereist	sie	sind gereist
Sie sind gereist			

Formation of the Past Participle

Generally, the past participle of weak verbs is formed by adding the prefix **ge** to the verb stem, along with the suffix **t** (or **et** if the verb stem ends in **t, d, n, gn,** or some other letter or combination that makes pronunciation difficult).

INFINITIVE		AUXILIARY	PAST PARTICIPLE		
STEM	en		ge	STEM	(e)t
kauf	en	hat	ge	kauf	t
mach	en	hat	ge	mach	t
miet	en	hat	ge	miet	et
öffn	en	hat	ge	öffn	et

The past participle of verbs with inseparable prefixes includes the (**e**)**t** suffix but not the **ge** prefix: **verdienen, hat verdient.** The past participle of these verbs looks the same as the third-person singular in the present tense: **Er** *besucht* **uns. Er hat uns** *besucht.* The inseparable prefixes, as you recall, are **be, emp, ent, er, ge, ver,** and **zer.**

Verbs that end in **ieren** also do not have the **ge** prefix in the past participle: **studieren, hat studiert; passieren, ist passiert.**

The past participle of separable prefix verbs is formed by inserting the **ge** prefix between the separable prefix and the past participle of the basic verb: **mitarbeiten** (*to participate*), **hat mit***ge***arbeitet; abreisen** (*to depart* [*on a trip*]), **ist ab***ge***reist.**

INFINITIVE			AUXILIARY	PAST PARTICIPLE			
PREFIX	STEM	en		PREFIX	ge	STEM	(e)t
mit	arbeit	en	hat	mit	ge	arbeit	et
ab	reis	en	ist	ab	ge	reis	t

When learning verbs, it helps to memorize the infinitive, the corresponding auxiliary, and the past participle together. The following is a list of the weak verbs you have learned so far.

arbeiten, hat gearbeitet	meinen, hat gemeint
besichtigen, hat besichtigt	mieten, hat gemietet
besuchen, hat besucht	öffnen, hat geöffnet
brauchen, hat gebraucht	passieren, **ist** passiert
dauern, hat gedauert	reden, hat geredet
fotografieren, hat fotografiert	reisen, **ist** gereist
fragen, hat gefragt	sagen, hat gesagt
hören, hat gehört	schauen, hat geschaut
interessieren, hat interessiert	schicken, hat geschickt
kaufen, hat gekauft	spielen, hat gespielt
kennenlernen, hat kennengelernt	studieren, hat studiert
kontrollieren, hat kontrolliert	suchen, hat gesucht
kosten, hat gekostet	tanzen, hat getanzt
lachen, hat gelacht	träumen, hat geträumt
leben, hat gelebt	übernachten, hat übernachtet
lernen, hat gelernt	verdienen, hat verdient
lieben, hat geliebt	wohnen, hat gewohnt
machen, hat gemacht	zuhören, hat zugehört

Irregular Weak Verbs

An irregular weak verb is like a weak verb in that the past participle ends in **t**; however, the stem vowel of the past participle usually differs from that of the infinitive. The past participle of **bringen** has a consonant as well as a stem-vowel change.

INFINITIVE		AUXILIARY	PAST PARTICIPLE			
STEM	en			ge	STEM	t
kenn	en	hat		ge	kann	t	e → a
bring	en	hat		ge	brach	t	i → a

The past participle of an irregular weak verb that has either an inseparable or a separable prefix is formed in the same way as a weak verb with such a prefix, except that there is a change in the verb stem.

	INFINITIVE	AUXILIARY	PAST PARTICIPLE
BASIC VERB	bringen	hat	gebracht
INSEPARABLE PREFIX	verbringen	hat	verbracht
SEPARABLE PREFIX	mitbringen	hat	mitgebracht

Present Perfect Tense: Word Order

To form sentences in the present perfect tense, the present-tense form of the auxiliary is placed in the verb position that corresponds to the sentence type, and the past participle is placed at the end of the sentence.

PRESENT	Peter **sagt** nichts.
PRESENT PERFECT	Peter **hat** nichts **gesagt.**
SUBJECT-VERB STATEMENT	Peter **hat** nichts **gesagt.**
ELEMENT-VERB-SUBJECT STATEMENT	Nichts **hat** Peter **gesagt.**
YES/NO QUESTION	**Hat** Peter nichts **gesagt?**
INTERROGATIVE WORD QUESTION	Was **hat** Peter **gesagt?**

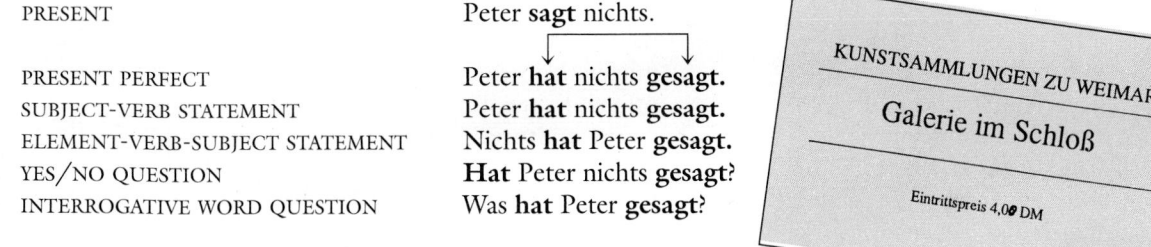

KUNSTSAMMLUNGEN ZU WEIMAR

Galerie im Schloß

Eintrittspreis 4,00 DM

22384 ✳

Present Perfect Tense: Usage

Usage of the present perfect tense is not exactly parallel in German and English. In German, the present perfect is the tense normally used in conversation to describe past events. This contrasts with English, in which the simple past tense* is generally preferred to relate past events. The key point to remember is that the German present perfect tense is equivalent to either the English past tense *or* the English present perfect tense. Context usually determines which translation is best.

GERMAN: PRESENT PERFECT TENSE
Wir **haben** schwer **gearbeitet.**

ENGLISH: PAST TENSE
We worked hard.
We did work hard.

ENGLISH: PRESENT PERFECT TENSE
We have worked hard.

---

*German also has a simple past tense, which you will study in Chapter 15.

Modals: Present Perfect Tense

Modals are weak verbs and have past participles that end in **t** and are used with **haben** as the auxiliary.

Heute kaufe ich dieses Auto.	Ich **habe** es lange **gewollt.**

When a modal plus infinitive is used in the present perfect tense, the order of verb elements is as follows.

1. The appropriate present-tense form of **haben** (the auxiliary for all modals) is in the usual verb position.
2. The infinitive of the main verb is in the next-to-last position.
3. The infinitive form (*not* the past participle form) of the modal is in the last position.

This is called a *double infinitive construction.*

Sie **haben** ins Museum **gehen** **dürfen.**	*They were permitted to go to the museum.*

Although it is important to be able to recognize these constructions, modals are not frequently used in the present perfect tense. Like **haben** and **sein,** modals are primarily used in the present or the simple past tense, especially in spoken language.

ÜBUNGEN 2

A. Aktivitäten. Frau Fischer sagt: Letzten Monat ist viel passiert. Ich . . .

BEISPIEL: viel / machen →
Ich habe viel gemacht.

1. ein Auto / mieten
2. nach Dortmund / reisen
3. zwei Wochen / dort / verbringen
4. in Dortmund / arbeiten
5. Freunde / besuchen
6. viel / reden
7. eine Kamera / kaufen
8. alles / fotografieren

B. Ein Bericht (*report*). Was haben Sie über Frau Fischer in Übung A gehört?

BEISPIEL: Sie hat viel gemacht. Sie . . .

C. Ein Urlaubsbericht (*vacation report*). Was hat die Familie Hermann gemacht? Im Perfekt, bitte!

Wir bringen die Kinder mit. Wir machen lange Spaziergänge. Wir lernen nette Menschen kennen. Wir besuchen Museen und besichtigen interessante Gebäude. Morgens spielen wir Tennis, und abends tanzen wir. Wir reden und lachen viel. Wir schicken Postkarten.

D. Auf Urlaub. *Use the cues to formulate verbal or written questions that could be asked of the people in the picture about their vacation.*

> BEISPIEL: wohin / letzten Monat reisen →
>   Wohin sind Sie letzten Monat gereist?

1. wie viele Tage / dort verbringen
2. wo / die erste (*first*) Woche übernachten
3. was / alles mitbringen
4. was / alles machen
5. wen / dort besuchen
6. wen / eigentlich kennenlernen
7. wen / oft fotografieren
8. was / gern spielen
9. wie oft / tanzen
10. warum / so viel lachen

Wann haben Sie das letzte Mal gelacht?

das letzte Mal   *the last time*

E. Was sagen Erich und Paul? Auf deutsch, bitte!

ERICH: Did you travel to Berlin yesterday?
PAUL: Yes. I rented a car.
ERICH: What did you do there?
PAUL: I visited my parents.
ERICH: I lived in Berlin for one year.
PAUL: Did you work there?
ERICH: No, I studied there.

KOMMUNIKATION 2

A. Interview: Was hast du letzten Sommer gemacht? *Work with a partner and interview one another. First, write out at least eight questions to ask your partner. The following verbs will give you ideas, as will Exercise E in the previous section. Take notes as your partner answers your questions.*

arbeiten	lieben	schicken
besuchen	machen	spielen
brauchen	mitbringen	suchen
fragen	passieren	tanzen
kaufen	reden	verbringen
kennenlernen	reisen	verdienen
lachen	sagen	wohnen
leben	schauen	zuhören

B. Zum Schreiben: Letzten Sommer. *Write about last summer. You may (1) write about your own activities, or (2) use your notes from Exercise A and write about your partner's activities. Rewrite and rearrange your material as necessary to make sure that your composition flows smoothly from one sentence to another.*

ERWEITERUNG

ALLES KLAR!

Orte (*places*). The two readings in this section suggest two very different places of sojourn: one is an actual location in the country, far away from city activity; the other is an imagined place inside the mind, but so real that the dreamer loves it. The first reading is adapted from a newspaper article that was written by a Berlin reporter; the second is prose that was published in East Berlin just before the unification of Germany. After you have read both pieces, ask yourself which reading you like better and which one connects more closely with your own feelings and interests.

Auf dem Land

A. Was ist passiert? *After familiarizing yourself with the drawing, read the questions on the next page. Then quickly scan the following reading to find the answers. Afterward, read the entire passage through as many times as necessary to achieve complete understanding.*

der Schlafsack, ⸚e

der Kuhstall, ⸚e

die Kuh, ⸚e

die Decke, -n

der Bauer, -n

der Heuballen, -

1. Wo hat die Reporterin übernachtet?
2. Wo arbeitet die Reporterin?
3. Was hat die Reporterin interessiert?
4. Was hat der Bauer gesagt?
5. Wie beschreibt die Reporterin das Bett?
6. Was sagt die Reporterin über die Nacht und die Stille?
7. Warum hat sie keinen Wecker (*alarm clock*) gebraucht?
8. Wie beschreibt die Reporterin das Frühstück?
9. Was kann die Reporterin für 19,19 Mark in Berlin tun?

TEXT *Urlaub auf dem Land**

Letztes Wochenende habe ich in einem Kuhstall übernachtet. Warum? Ich bin Reporterin in Berlin, und diese Anzeige° in der Zeitung hat mich inte-ressiert.   *ad*

> ## Lieben Sie die Natur?
> Möchten Sie eine Nacht in Ruhe auf dem Land verbringen? Kuhstall und Frühstück für 19,19 Mark.

Warum nicht? Ich liebe die Natur, ich brauche Ruhe, und ich habe nicht viel
5 Geld.

„Ich habe Ihr Bett schon gemacht", hat der Bauer gesagt. Das Bett: Heuballen in einem Stall, Decke und Schlafsack. Die Nacht: stockdunkel.° Die   *pitch black*
Stille: keine Motorräder, keine Martinshörner† von Polizei- und Krankenwagen, keine Menschen, keine laute Musik. Ich habe nichts gehört. Auch habe ich
10 keinen Wecker gebraucht. Gegen acht Uhr morgens haben die Kühe mich wach°   *awake*
gemuht.° Das Frühstück: Selbstgemachte° Marmelade, frische Eier,° Wurst, Käse   *mooed / Homemade / eggs*
und Brötchen.

Bett im Heu und Frühstück: alles für 19,19 Mark. Dafür° kann ich in Berlin   *For that*
gerade vier Stunden mein Auto parken.

B. Und Sie? Was haben Sie einmal gemacht?

1. Lieben Sie die Natur? Brauchen Sie Ruhe? Interessiert Sie diese Anzeige auch?
2. Haben Sie schon eine Nacht auf dem Land verbracht? Wenn ja: Haben Sie einen Schlafsack und eine Decke mitgebracht? Wenn nein: Möchten Sie eine Nacht auf dem Land verbringen?

---

*auf . . . *in the country*
† The **Martinshorn** is the warning signal given from police cars, ambulances, fire engines, and rescue vehicles. It is named after the manufacturing firm Max B. Martin KG, and its sound differs distinctly from sirens heard, for example, in the United States.

FOTOTEXT

Dieses Bauernhaus (*farmhouse*) steht im Schwarzwald. Das Dach (*roof*) und der Balkon sind typisch für die Gegend (*area*). Hier wohnen Menschen und Vieh (*farm animals*) noch zusammen. Sehen Sie die Schornsteine (*chimneys*)? Sie sind dort, wo die Menschen wohnen. Wo die Scheune (*barn*) und die Ställe (*stables*) sind, gibt es keine Schornsteine. Auch in Norddeutschland findet man solche Bauernhöfe, aber dort baut man ohne Balkon, und das Dach reicht (*extends*) nicht bis zur Erde (*ground*).

C. Zum Schreiben: Wo haben Sie einmal übernachtet? *Make the text your own, by rewriting it with information that describes your own overnight stay somewhere. Choose one or more options for each numbered item. Also choose from the options in the text that are separated by a slash (/).*

Eine Übernachtung

_____¹ habe ich _____² übernachtet. Mein Bett: _____.³ Die Nacht: _____.⁴ Die Stille / Der Lärm (*noise*): _____.⁵ Ich habe _____⁶ gehört. Einen Wecker habe ich gebraucht / nicht gebraucht. _____⁷ hat / haben mich _____⁸ geweckt (*woke*). Das Frühstück: _____.⁹ Und was hat das alles gekostet? _____.¹⁰

1. letztes Wochenende, letzte Woche, letzten Sommer, letztes Jahr, einmal (*once*)
2. auf dem Land, in einem Hotel, in einem Zelt (*tent*), am Strand (*beach*), im Park, bei einem Freund / bei einer Freundin (*at a friend's place*), im Auto
3. ein Schlafsack, eine Decke, ein Doppelbett, ein Wasserbett, ein Sofa, ein Kissen (*pillow*), ein Futon, eine Parkbank (*park bench*), der Sand, der Boden (*floor, ground*), das Gras, der Fahrersitz (*driver's seat*), der Beifahrersitz (*passenger seat*), __?__
4. stockdunkel, dunkel, hell (*bright*), warm, kalt, __?__
5. (keine) Motorräder, (keine) Polizeiwagen, (keine) Krankenwagen, (keine) Busse, (keine) Züge, (keine) Flugzeuge, (keine) Musik, (keine) Menschen, (keine) Kinder, __?__
6. alles, nichts, nichts Besonderes, etwas Seltsames (*strange*), __?__
7. der Wecker, das Telefon, das Radio, jemand, niemand, Kinder, die Sonne, __?__
8. um halb (sechs), um (sieben) Uhr, gegen (neun) Uhr, __?__
9. Toast, Käse, Wurst, Brot, Marmelade, Honig, Corn-Flakes, Orangen, Kaffee, Tee, __?__
10. nichts, sehr viel, nicht viel, __?__ Dollar

Im Land der Träume

TEXT *Kommunikation*

von Kerstin Mertens

„Ich liebe das weiße Meer."

„Es gibt kein weißes Meer."

„Wenn ich so dasitze und träume, sehe ich das Meer weiß. Wie von einem inneren Licht° durchleuchtet.° Und dieses Meer liebe ich."   *light / illuminated*

5   „Es gibt kein weißes Meer. Also kannst du das Meer nicht lieben. Was es nicht gibt, kann man auch nicht lieben."

„Wenn starker° Wind weht°—viel Schaum.° Dann ist es sogar wirklich° weiß,   *strong / blows / foam / sogar . . .*
nicht nur in meiner Phantasie."   *even really*

„Der Schaum ist weiß. Das Meer aber nicht."

10   „Wirklich nicht?"

„Mach dich nicht dümmer, als° du bist: das Meer ist wasserfarben.° Stell dir   *than / the color of water*
Leitungswasser vor.° Das ist auch nicht weiß. Das Meer kann grün scheinen   *Stell. . . Imagine tap water*
durch Algen und andere Pflanzen. Blau—wenn sich der Himmel in ihm spiegelt.°   *wenn. . . when the sky is mirrored in*
Weiß . . ."   *it*

15   „Du bist so furchtbar realistisch. In meiner Vorstellung,° wenn ich sitze und   *imagination*
träume, ist . . . "

„Dann ist deine Vorstellung falsch. Es gibt kein weißes Meer."

„Ich will dir doch nur sagen, wenn ich träume, ist . . ."

„Es gibt kein weißes Meer. Das ist doch Unsinn, du bist ein gebildeter°   *educated*
20   Mensch und kein kleines Kind."

„Ich meine nur, wenn ich träume . . ."

„Du kannst das *Meer* lieben. Kannst es lieben, wenn es weiße Schaumkronen°   *whitecaps*
trägt—aber kein *weißes* Meer. Das gibt es nicht."

Sie schweigt° und träumt für sich vom weißen Meer. Den roten Bäumen*   *keeps quiet*
25   erzählt° sie vom weißen Meer mit den vielen blauen Steinen° am Strand.   *tells / stones*

A. Warum gibt es ein Kommunikationsproblem? Wie beschreiben Sie die
zwei Menschen in der Erzählung? *Complete the sentences with words or phrases
from the box.*

Die Ich-Erzählerin { ist . . . und . . . / sieht . . . / hat . . . / kann . . .   Der andere Mensch { ist . . . und . . . / sieht . . . / hat . . . / kann . . .

was sein könnte
(keine) Träum
realistisch   idealistisch
optimistisch   nur was ist
pessimistisc
(nicht) phantasieren

***Sie** is the subject of this sentence; **den roten Bäumen** is the indirect object: **Sie erzählt den roten Bäumen . . .** (*She tells the red trees . . .*)

FOTOTEXT

Es gibt drei Gruppen von Nordsee-
inseln. Die Westfriesischen Inseln
sind niederländisch, die Ostfriesischen und Nordfriesischen deutsch.
Es ist jetzt Ebbe (*low tide*) in Lan-
geoog in der ostfriesischen Gruppe.
Man sagt: „Das Meer hat Heilkräfte
(*healing powers*), und Wattenlaufen
(*walking in the shoal mud*) ist
gesund (*healthy*)." Deswegen (*for
that reason*) fahren viele Leute gern
an die Nordsee und verbringen ihren
Urlaub auf den Inseln. Man nimmt
eine Fähre (*ferry*) oder für manche
Inseln auch ein Flugzeug.

B. Was meinen Sie?

1. Man kann etwas nicht sehen. Kann man es trotzdem (*nevertheless*) lieben?
2. Man träumt. Kann man einen Traum lieben?
3. Sind Träume (*dreams*) wichtig (*important*) oder unwichtig?
4. Jemand in „Kommunikation" sagt: „Dann ist deine Vorstellung falsch."
   Kann eine Vorstellung falsch sein?
5. Träumen Sie gern, oder sind Sie „furchtbar realistisch"? Was meinen Sie?

C. Fragen zur Diskussion

1. Welche Farbe hat das Meer in „Kommunikation"? die Bäume? die Steine?
   Welche Farben haben diese Dinge in Wirklichkeit (*reality*)?
2. Was meinen Sie? Was symbolisiert die Landschaft? Symbolisiert sie „Kommunikation"? Freiheit? Demokratie? Frieden (*peace*)? eine Fahrt ins Blaue?
   nichts Besonderes? ___?___
3. Warum heißt der Titel „Kommunikation"? Warum kann oder will der eine
   Mensch den andern nicht verstehen?

D. Zum Schreiben: Träume. *Write a description of a landscape in a dream. You may depict a very simple scene or a very complex one. Since you are describing the dream world, let your imagination run free. On the next page you will find a suggested beginning and questions that will help you continue.*

Ich träume. Ich sehe . . .

- Was sehen Sie: ein Meer? einen Strand? (den) Sand? Bäume? Berge? ein Dorf? eine Stadt? einen Park? (das) Gras? einen Fluß? (das) Wasser? eine Brücke? Gebäude? ein Schloß? einen Dom? eine Kirche? Menschen? eine Frau? einen Mann? ein Kind?   ?

- Wie beschreiben Sie alles? Welche Farbe hat zum Beispiel das Meer? Ist es weiß? blau? gelb?   ?   Ist es ruhig (*calm*) oder unruhig? Ist es groß? tief (*deep*)?   ?   Ist der Strand zum Beispiel kurz oder lang? breit (*broad*) oder eng (*narrow*)? Ist der Sand heiß, warm oder kalt? . . . Wie sehen die Leute aus? Sehen sie zum Beispiel krank oder gesund (*healthy*) aus? Sind sie sympathisch oder böse? . . .

- Ist diese Landschaft schön oder häßlich (*ugly*)?

- Lieben Sie diese Landschaft, oder hassen (*hate*) Sie sie?

- Finden Sie diese Landschaft freundlich oder feindlich (*hostile*)?

8 Kleider machen Leute

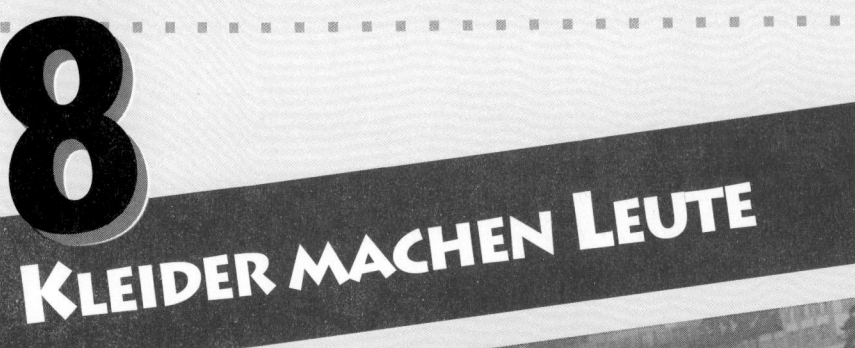

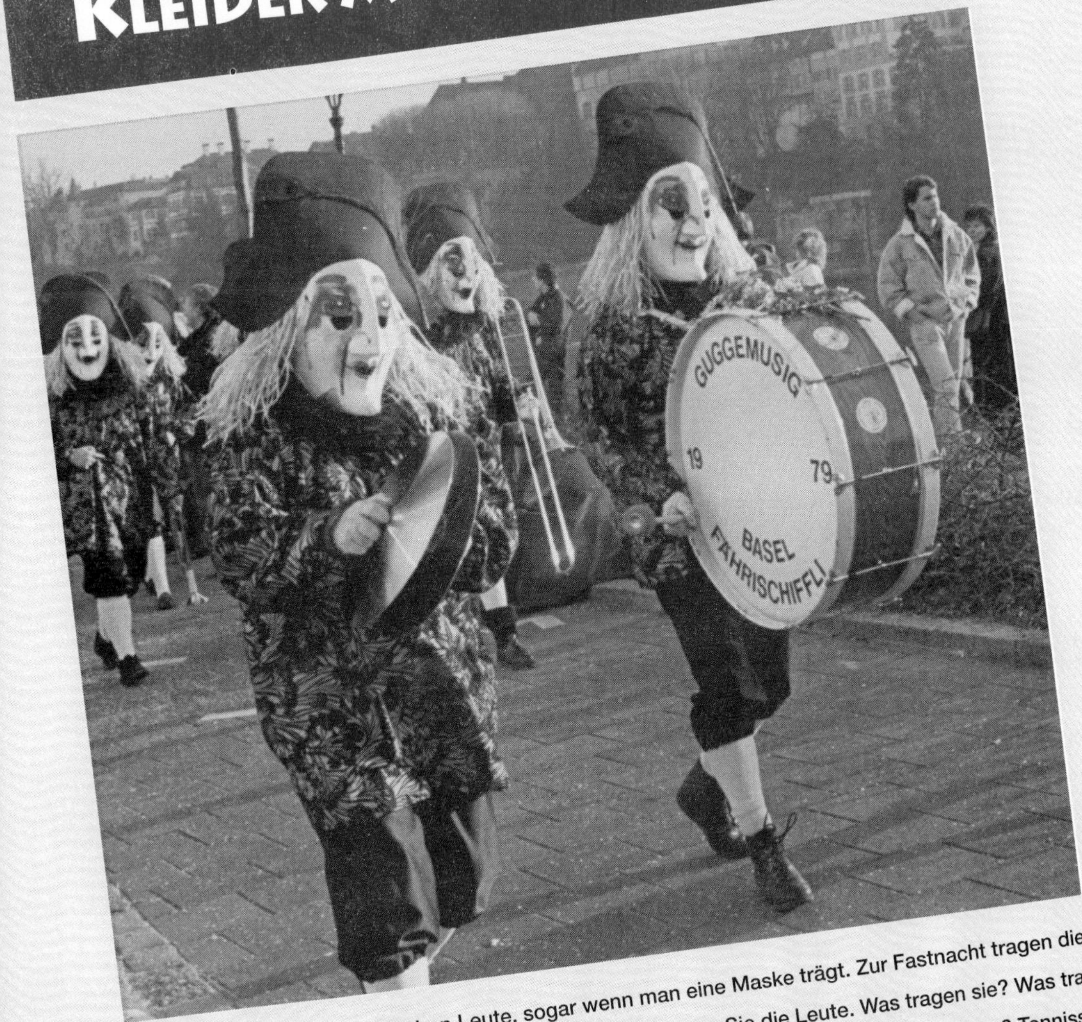

Einstimmung

Die Rheinpromenade in Basel. Kleider machen Leute, sogar wenn man eine Maske trägt. Zur Fastnacht tragen die Schweizer lustige Kostüme und Masken. Beschreiben Sie die Leute. Was tragen sie? Was tragen sie nicht? einen Hut? ein Kleid? eine Perücke (*wig*)? ein Sweatshirt? Jeans? eine Jacke? Tennisschuhe? Sandalen?

Wörter

A. Kleidungsstücke. *Work with another student to identify the articles of clothing in the drawing. Ask personal questions about various items.*

BEISPIEL: S1: Was ist Nummer eins?
S2: Das ist eine Bluse.
S1: Hast du einmal eine Bluse für deine Mutter, deine Schwester oder vielleicht deine Freundin gekauft?
oder: Hast du viele Blusen?

B. Der Körper: Mannequin und Mensch, „Marlene" und Sie. Wie beschreibt man „Marlene"? Wie beschreibt man einen Menschen? Wie beschreiben Sie sich selbst (*yourself*)?

1. Hat „Marlene" einen Kopf? Hat sie Beine? Arme? Hände? Füße? Hat sie ein Gesicht? Hat sie Haare? Augen? Ohren? Hat sie eine Nase? Hat sie einen Mund?
2. Beschreiben Sie einen Menschen! (Ein Mensch hat einen Kopf, . . .)
3. Beschreiben Sie Ihre Haare! (Meine Haare sind . . .)
4. Beschreiben Sie Ihr Gesicht! (Meine Augen sind . . .)

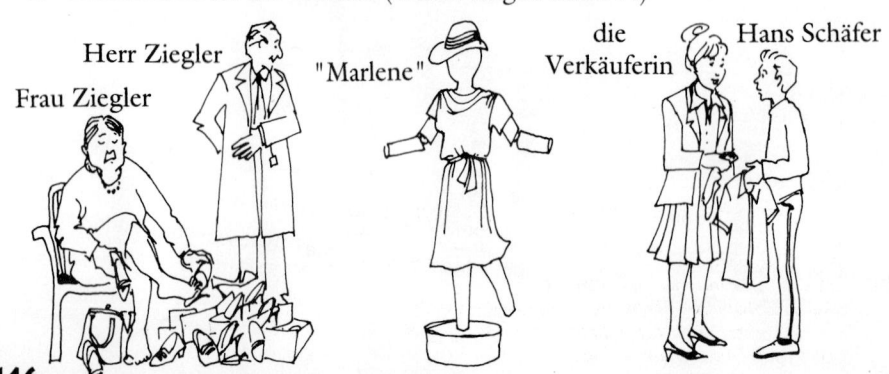

Herr Ziegler
Frau Ziegler
"Marlene"
die Verkäuferin
Hans Schäfer

WORTSCHATZ

ADJECTIVES AND ADVERBS

einmal	once
kalt	cold(ly)
kurz	short(ly)
nochmal	once again, one more time
preiswert	reasonably priced
sogar	even
später	later

NOUNS

Articles of Clothing

der Anzug, ⸚e	(man's) suit
die Bluse, -n	blouse
das Hemd, -en	shirt
die Hose, -n*	(pair of) pants
der Hut, ⸚e	hat
die Jacke, -n	jacket
die Jeans (*pl.*)	jeans
das Kleid, -er	dress
das Kleidungsstück, -e	(article of) clothing
das Kostüm, -e	costume; women's suit
der Mantel, ⸚	coat
der Pullover, -	pullover, sweater
der Rock, ⸚e	skirt
der Schuh, -e	shoe
die Socke, -n	sock

Parts of the Body

der Arm, -e	arm
das Auge, -n	eye
das Bein, -e	leg
der Fuß, ⸚e	foot
das Gesicht, -er	face
das Haar, -e†	hair
die Hand, ⸚e	hand
der Kopf, ⸚e	head
der Körper, -	body
der Mund, ⸚er	mouth
die Nase, -n	nose
das Ohr, -en	ear

Other Nouns

die Größe, -n	size
das Kaufhaus, ⸚er	department store
der Kunde, -n (*wk.*) / die Kundin, -nen	customer
die Party, -s	party
die Zeit, -en	time

SUBORDINATING CONJUNCTIONS

als	as, when
bevor	before
daß	that
nachdem	after
ob	whether, if
weil	because
wenn	if; whenever

VERBS

an·probieren, hat anprobiert	to try on
an·rufen, hat angerufen‡	to call up, phone
an·ziehen, hat angezogen	to put on, pull on
ein·kaufen, hat eingekauft	to shop
feiern, hat gefeiert	to celebrate
fern·sehen (sieht fern), hat ferngesehen	to watch television
nennen, hat genannt	to name
tragen (trägt), hat getragen	to wear; to carry
treffen (trifft), hat getroffen§	to meet, encounter
wissen (weiß), hat gewußt	to know (*something for a fact*)

USEFUL WORDS AND PHRASES

bis dann	until then
einkaufen gehen, ist einkaufen gegangen	to go shopping
welche Größe tragen Sie?	what size do you wear?

---

*Note that the singular **Hose** refers to a *pair* of pants, the plural to more than one pair: **Möchten Sie eine Hose oder zwei Hosen kaufen?**

† The plural **Haare** refers to (a head of) hair in general, whereas the singular often refers to a single strand: *Deine Haare sind wirklich schön. Ist das ein Haar in der Suppe?*

‡ The past participles of "strong" verbs end in **(e)n**. These verbs are treated in **Informationen 1**.

§ **Treffen** means *to meet* in the sense of *to join, to encounter,* or *to run into* someone. **Kennenlernen,** as you may recall, means *to meet* in the sense of *to make one's acquaintance.*

C. Das Kaufhaus. Beschreiben Sie das Bild (*picture*) in Übung B! Was probiert Herr Ziegler an? Was zieht Frau Ziegler an? Was trägt „Marlene"? Was trägt die Verkäuferin? Was trägt Hans Schäfer? Was kauft er?

D. Zwanzig Fragen. *Play a game of twenty questions. Think of a person in class. The others will ask yes/no questions to try to guess who it is.*

> BEISPIEL: Ist diese Person eine Frau? (Nein.)
> Also ein Mann. Sind seine Haare kurz und braun? (Ja.)
> Trägt er ein Hemd? (Ja.)
> Ist sein Hemd blau? (Nein.)
> _____?

E. Was für ein Wesen (*creature*) **ist das?** *Describe a creature to your partner, who will draw each feature as you describe it. Your partner may ask questions as you go along.*

> BEISPIEL: S1: Sein Kopf ist sehr groß. Sein Körper ist klein. Es hat drei Beine . . .
> S2: Hat es Haare? Wie viele Augen hat es? . . .

F. Rollenspiel: Einkaufen. *Work with a partner to create a dialogue between a salesperson* (Verkäufer/Verkäuferin) *and a customer* (Kunde/Kundin). *Use the conversion chart to determine your sizes.*

MÄNNER

Jacken, Mäntel	AMERIKA	34	36	38	40	42	44	46
	EUROPA	44	46	48	50	52	54	56
Hemden	AMERIKA	14	14½	15	15½	15¾	16	16½
	EUROPA	36	37	38	39	40	41	42
Schuhe	AMERIKA	7	8	8½	9	9½	10	11
	EUROPA	41	42	43	43	44	44	45

FRAUEN

Kleider, Mäntel	AMERIKA	8	10	12	14	16	18	20
	EUROPA	36	38	40	42	44	46	48
Blusen	AMERIKA	32	34	36	38	40	42	44
	EUROPA	40	42	44	46	48	50	52
Schuhe	AMERIKA	5	6	7	8	9	10	11
	EUROPA	36	37	38	40	41	42	43

V: Bitte sehr?
K: Ich suche . . .
V: Ihre Größe bitte?
K: Größe . . .
V: Und welche Farbe?
K: Ich möchte etwas in (Blau).
V: Hier ist/sind . . . , Größe . . . und in . . .
K: Was kostet/kosten . . . , bitte?

V: . . . kostet/kosten . . .
K: Gut. Das ist preiswert / nicht zu teuer.
V: Möchten Sie . . . anprobieren?
K: Ja, . . .
V: Möchten Sie . . . also nehmen?
K: Ja.
V: Zahlen Sie bar (*in cash*), oder mit Kreditkarte?

kennen / können / wissen

These three verbs—**kennen, können, wissen**—all correspond to the English verb *to know,* but their use is not interchangeable.

Kennen suggests acquaintance or familiarity with someone or something, and it is used with a direct object.

Wir **kennen** diesen Mann.	*We know this man.* *We are acquainted with this man.*
Kennen Sie die Stadt Berlin?	*Do you know the city of Berlin?* *Are you familiar with the city of Berlin?*

Können implies ability, proficiency, or talent. It is a modal auxiliary that is often used with a main verb, or it may be used by itself if the context is clear.

Wir **können** Tennis spielen.	*We know how to play tennis.* *We can play tennis.*
Können Sie Deutsch?	*Do you know German?* *Can you speak German?*

Wissen is often used with a subordinate clause (a construction that will be treated in this chapter) and indicates knowledge of facts or information.

Das **weißt** du doch bestimmt.	*But you surely know that!*
Ich **weiß,** wie er heißt.	*I know what his name is.*
Wissen Sie, wann sie kommen?	*Do you know when they're coming?*

Note that **wissen** has irregular forms in the first-, second-, and third-persons singular of the present tense.

wissen			
ich	weiß	wir	wissen
du	weißt	ihr	wißt
er sie es	weiß	sie	wissen
	Sie wissen		

G. Minidialoge: Kennen, können oder wissen?

HERR WENDT: Herr Bach, Sie _____ Italienisch, nicht?

HERR BACH: Ja, und ich _____ auch Englisch und Französisch.

KUNDE: Entschuldigung, bitte! _____ Sie, wieviel dieses Hemd kostet?

VERKÄUFERIN: Nein, das _____ ich nicht, aber ich kann den Verkäufer dort drüben fragen. Vielleicht _____ er den Preis.

ELISABETH: _____ du meinen Freund Stefan?

CHRISTA: Ja, ich _____ ihn. Er _____ gut Tennis spielen, nicht?

ELISABETH: Das _____ ich nicht. Ich habe noch nicht gegen ihn gespielt.

SPRACHE

KONTEXT 1

BRIGITTE: Was hast du gestern getan? Ich habe dich nicht gesehen.

URSULA: Ich bin einkaufen gegangen, und ich habe viele Sonderangebote° gefunden.

specials

BRIGITTE: Was hast du denn gekauft?

URSULA: Jeans und Schuhe für mich, ein Hemd für meinen Bruder und eine Bluse für meine Schwester. Und wo warst du gestern nachmittag? Ich habe dich gegen vier angerufen, aber du warst nicht zu Hause.

BRIGITTE: Ich habe Andreas getroffen, und wir haben zusammen Kaffee getrunken.

A. Was haben Brigitte und Ursula gestern getan?

1. Wer ist gestern einkaufen gegangen?
2. Hat Brigitte ihre Freundin gestern gesehen?
3. Was hat Ursula für sich selbst (*herself*) gefunden?
4. Was hat Ursula für ihren Bruder und ihre Schwester gekauft?
5. War Brigitte gestern gegen vier Uhr zu Hause?
6. Wer hat Brigitte angerufen?
7. Wen hat Brigitte getroffen?
8. Was haben Brigitte und Andreas getan?

B. Was haben Sie gestern getan? *Tell the class some of the things you did yesterday and some things you did not do. The following questions will give you ideas.*

Sind Sie gestern einkaufen gegangen?
zu Hause geblieben?

Haben Sie gestern Freunde angerufen?
Freunde getroffen?   Zeitung gelesen?
Kaffee getrunken?   Briefe geschrieben?
Brot und Käse gegessen? einen Film gesehen?

INFORMATIONEN 1
▪ ▪

Present Perfect Tense: Strong Verbs

The main difference between weak and strong verbs is that some forms of strong verbs have a stem-vowel change in certain tenses. Another difference concerns the formation of the past participle.

The past participle of most weak verbs begins wtih **ge** and ends with **t** or **et.** The past participle of most strong verbs also begins with **ge** but ends with **en.** In addition, the stem vowel or diphthong of some strong verbs changes; some strong verbs may have a stem-consonant change as well.

INFINITIVE		AUXILIARY	PAST PARTICIPLE		
STEM	en		ge	STEM	en
komm	en	ist	ge	komm	en
bleib	en	ist	ge	blieb	en
nehm	en	hat	ge	nomm	en

As you recall, the **ge** prefix is not added to the past participle of inseparable prefix verbs. Therefore, the past participle of some strong inseparable prefix verbs looks like the infinitive: **bekommen, hat bekommen; vergessen, hat vergessen.**

To form the past participle of separable prefix verbs, the **ge** prefix is inserted between the separable prefix and the past participle of the main verb.

INFINITIVE			AUXILIARY	PAST PARTICIPLE			
PREFIX	STEM	en		PREFIX	ge	STEM	en
	steig	en	ist		ge	stieg	en
ein	steig	en	ist	ein	ge	stieg	en
aus	steig	en	ist	aus	ge	stieg	en

Because so many strong verbs have vowel and/or consonant changes in the past participle, it is best to learn the parts of the verb along with the infinitive. The parts you are familiar with so far include the infinitive, the present tense of stem-changing verbs in the third-person singular, and the past participle with the corresponding auxiliary. The infinitive is called the *first principal part* and the past participle is called the *third principal part*. The *second principal part,* the past stem, will be treated in Chapter 15.

A list of the strong verbs you have learned so far follows.

INFINITIVE	(THIRD-PERSON SINGULAR) PRESENT	AUXILIARY	PAST PARTICIPLE
bekommen		hat	bekommen
beschreiben		hat	beschrieben
bleiben		**ist**	geblieben
essen	(ißt)	hat	gegessen
fahren	(fährt)	**ist***	gefahren
finden		hat	gefunden
geben	(gibt)	hat	gegeben
gehen		**ist**	gegangen
halten	(hält)	hat	gehalten
heißen		hat	geheißen
kommen		**ist**	gekommen
laufen	(läuft)	**ist**	gelaufen
lesen	(liest)	hat	gelesen
nehmen	(nimmt)	hat	genommen
rufen		hat	gerufen
schlafen	(schläft)	hat	geschlafen
schreiben		hat	geschrieben
sehen	(sieht)	hat	gesehen
sein	(ist)	**ist**	gewesen
singen		hat	gesungen
sitzen		hat	gesessen
sprechen	(spricht)	hat	gesprochen
stehen		hat	gestanden
steigen		**ist**	gestiegen
tragen	(trägt)	hat	getragen
treffen	(trifft)	hat	getroffen
trinken		hat	getrunken
tun	(tut)	hat	getan
vergessen	(vergißt)	hat	vergessen
verstehen		hat	verstanden
werden	(wird)	**ist**	geworden
ziehen		hat	gezogen

---

*When used with a direct object, some verbs that are normally used with **sein** must be accompanied by **haben.**

Er ist gestern nach Innsbruck gefahren.
He traveled to Innsbruck yesterday.

but: Er hat den Volkswagen nach Innsbruck gefahren.
He drove the Volkswagen to Innsbruck.

ALLES KLAR!

Spielbanken. Im Hotel Wiener Hof in Bad Harzburg kann man Geld gewinnen (*win*) oder verlieren (*lose*). Warum? Hier findet man eine Spielbank oder ein Kasino. Es gibt über dreißig Spielbanken in Deutschland. Manche sind staatlich (*state-owned*), und manche sind privat.

Sind Sie einmal in ein Kasino gegangen? Wenn ja: Haben Sie dort Geld gewonnen oder verloren? Haben Sie einmal in der Lotterie (*lottery; raffle*) gewonnen? Wenn ja: Wieviel Geld haben Sie gewonnen? oder: Was haben Sie als Lotteriegewinn (*raffle prize*) bekommen?

Lesen Sie die Anzeige (*ad*). Was meinen Sie? Sind ein kühles Bier und ein gutes Essen immer ein Gewinn? Wenn nein: Was ist für Sie immer ein Gewinn?

HOTEL WIENER HOF
IN DER BUMMELALLEE
Herzog-Wilhelm-Straße 97
Telefon 70 44

Haben Sie gewonnen oder verloren? Ein kühles Bier und ein gutes Essen sind immer ein Gewinn!

gewinnen, hat gewonnen
verlieren, hat verloren

Past Tense: *haben* and *sein*

Although **haben** and **sein** can be used in the present perfect tense—**haben, hat gehabt; sein, ist gewesen**—the simple past-tense forms are usually preferred. The simple past forms correspond to English *had* or *did have* and *was/were*.

haben			
ich	hatte	wir	hatten
du	hattest	ihr	hattet
er sie es	hatte	sie	hatten
Sie hatten			

sein			
ich	war	wir	waren
du	warst	ihr	wart
er sie es	war	sie	waren
Sie waren			

Er **hatte** ein Kostüm.	*He had a costume.*
Du **hattest** kein Kostüm.	*You didn't have any costume.*
Ich **war** schon in Berlin.	*I've already been to Berlin.*
Wir **waren** gestern in Jena.	*We were in Jena yesterday.*

ÜBUNGEN 1

A. Fragen, Fragen, Fragen. *Use each verb in parentheses to alter the questions.*

1. Ist es kalt gewesen? (werden, bleiben)
2. Hat Herr Schmidt den Mantel getragen? (finden, sehen)
3. Haben die Jungen ihre Jacken vergessen? (mitnehmen, bekommen)
4. Haben die Mädchen etwas Besonderes getan? (essen, trinken)
5. Hat die Familie Deutsch gesprochen? (verstehen, lesen)
6. Hat das Kind gut geschlafen? (singen, schreiben)
7. Hat der Junge seine Freunde gesehen? (anrufen, vergessen)
8. Ist Ursula gestern abgefahren? (ankommen, spazierengehen)
9. Sind die Eltern nach Ulm gereist? (fahren, zurückkommen)

B. Die Familie Eckhardt ist einkaufen gegangen. Wie beschreibt Frau Eckhardt den Tag? Im Perfekt, bitte.

Bernd und ich gehen einkaufen, und die Kinder kommen mit. Das Kaufhaus hat fast alles. Dort finde ich ein Kleid für den Urlaub, und Bernd probiert einen Mantel an. Wir kaufen zwei Hemden für Bernd und Schuhe für die Kinder. Erika und Peter ziehen die neuen Joggingschuhe sofort an. Wir haben Durst und suchen ein Café. Bernd und die Kinder trinken Cola, aber ich trinke Kaffee und esse ein Stück Kuchen. Dann gehen wir zu Fuß nach Hause. Natürlich laufen die Kinder durch den Park.

C. Ich und du: ein komisches Paar! Formulieren Sie jeden Satz ins Perfekt um!

1. Ich gehe gern aus, aber du bleibst immer zu Hause.
2. Ich suche meine Socken, aber du findest sie.
3. Ich rufe unsere Freunde an, aber du triffst sie.
4. Ich tanze gut, aber du singst gut.
5. Ich laufe durch den Park, aber du wirst müde.
6. Ich bringe Geld mit, aber du vergißt es immer.
7. Ich steige in den Bus ein, und du steigst aus.
8. Ich komme an, und du fährst ab.

D. Was machen die jungen Leute? Erzählen (*Tell*) Sie die Geschichte (*story*) im Präsens!

Willi und Erich haben den Zug genommen, und sie sind um zwei Uhr in Bremen angekommen. Dort haben sie Paula und Ann getroffen. Sie haben Englisch gesprochen, denn Ann kommt aus England, und sie versteht wenig Deutsch. Sie sind durch die Innenstadt spazierengegangen, und Ann hat die alten Gebäude fotografiert.

 Es ist sehr kalt geworden, und Willi hat keinen Pullover getragen. Sie haben ein Café gefunden, und Willi hat dort Tee getrunken. Erich, Paula und Ann haben etwas gegessen. Später sind sie einkaufen gegangen, denn Willi hat einen Pullover gebraucht. Willi und Erich sind nicht in Bremen geblieben, sondern sie sind um halb acht nach Hamburg weitergefahren.

E. Wie viele Kleidungsstücke hatten sie?

BEISPIEL: Röcke / die Frau (vier) →
Wie viele Röcke hatte die Frau?
Sie hatte vier Röcke.

1. Anzüge / die Männer (drei)
2. Jacken / ihr (sechs)
3. Hosen / du (fünf)
4. Hüte / Sie (zwei)
5. Mäntel / wir (vier)

F. Was sagt der alte Mann? Im Imperfekt (*simple past tense*), bitte!

BEISPIEL: früher / sein / alles schön → Früher war alles schön.

ich / sein / jung, // und ich / sein / Student
ich / haben / kein Geld, // aber ich / haben / viele Freunde, // und ich /
sein / sehr froh

G. Eine andere Generation: Was sagt die eine Frau zu der andern? Schreiben Sie alles im Perfekt.

irgendwie *somehow*

stehen·bleiben, ist stehengeblieben
to stand still

Bleibt die Zeit für uns stehen? Vielleicht ja. Für uns ist es anders. Wir Frauen ziehen keine Sportkleidung an, denn wir tragen nur Sonntagskleidung. Wir rufen niemanden an, denn wir schreiben Briefe. Wir sehen nicht fern, denn wir lesen Bücher. Wir gehen jeden Tag einkaufen, und wir kennen Kaufhäuser und Supermärkte nicht. Wir haben keine Computer, und wir arbeiten nicht von morgens bis abends. Nachmittags treffen wir unsere Freunde in Cafés. Wir trinken Kaffee, essen Kuchen und sprechen über Literatur. Abends gehen wir ins Theater. Ja, vielleicht bleibt alles für uns stehen, aber wir finden dieses Leben sehr schön.

KOMMUNIKATION 1

A. Interview: Als Kind. Fragen Sie einen Studenten / eine Studentin:

1. Wie warst du als Kind? Warst du froh? neugierig?   __?__
2. Hattest du Freunde und Freundinnen?
3. Hattest du einen Teddybären? Wenn ja: Beschreib ihn! (Der / Mein Teddybär . . .)
4. Hast du immer T-Shirts und Jeans getragen?
5. Hast du Baseball gespielt?
6. Hast du oft Schokolade gegessen?
7. Hast du jeden Tag Milch getrunken?
8. Hattest du Pizza und Cola gern?
9. Warst du ein guter Schüler / eine gute Schülerin (*pupil*)?
10. Hast du gute Noten (*grades*) bekommen?

B. Und Ihr Professor / Ihre Professorin? Fragen Sie ihn /sie: „Wie waren Sie als Kind?"*As a class, interview your instructor. Take turns asking each question in Exercise A, but use the* Sie-*form.*

C. Ein Kinderprofil. *Use information suggested in Exercise A to compose a character sketch of yourself, of a class member, or of your instructor as a child. Organize your thoughts and develop your profile with details and/or personal comments.*

D. Situationen und Beschreibungen. *Choose one of the following situations and tell or write about it in the present perfect tense. The verb lists will give you ideas.*

1. Sind Sie einkaufen gegangen? Beschreiben Sie den Einkauf!

einkaufen gehen	brauchen	tragen
anprobieren	mitnehmen	anziehen
finden	sehen	fragen

2. Haben Sie jemanden besucht? Beschreiben Sie den Besuch!

besuchen	sprechen	treffen
mitbringen	essen	mitkommen
reden	trinken	sagen

3. Wohin sind Sie gefahren? Beschreiben Sie die Fahrt!

abfahren	bleiben	besuchen
ein Auto mieten	finden	mitnehmen
ankommen	treffen	reisen

KONTEXT 2

■ ■ ■ ■ ■ ■ ■ ■ ■ ■

Richard telefoniert mit Joachim.

JOACHIM: Ich weiß nicht, ob ich dich heute abend nochmal treffe.

RICHARD: Warum?

JOACHIM: Weil ich ein Kostüm brauche. Bevor ich zu Ursulas Party gehen kann, muß ich wieder einkaufen gehen. Es ist schon halb sechs, und die Party . . .

RICHARD: Einen Augenblick! Hast du nicht gestern gesagt, daß du ein Bärenkostüm hast?

JOACHIM: Ja, aber ich kann es nicht tragen. Die Arme sind zu lang, die Beine zu kurz, die Füße . . .

RICHARD: Bleib nur da! Ich habe eine Idee. Mein Vater trägt deine Größe, und er hat ein altes Clownkostüm. Ich bringe es sofort vorbei.

JOACHIM: Danke. Bis dann.

A. Joachims Problem. *Choose the appropriate responses according to the dialogue; more than one answer may be correct for some questions.*

1. Was weiß Joachim nicht?
   a. Ob er ein Kostüm für die Party braucht.
   b. Ob er zu Ursulas Party geht.
   c. Ob er Richard heute abend nochmal trifft.
2. Was muß Joachim tun, bevor er zu Ursulas Party geht?
   a. Er muß wieder einkaufen gehen.
   b. Er muß ein Kostüm finden.
   c. Er muß Richard anrufen.
3. Was hat Joachim gestern gesagt?
   a. Daß er kein Kostüm tragen will.
   b. Daß er ein Bärenkostüm hat.
   c. Daß er ein Kostüm für die Party sucht.
4. Warum kann Joachim das Bärenkostüm nicht tragen?
   a. Weil es zu alt ist.
   b. Weil die Arme zu lang sind.
   c. Weil die Beine zu kurz sind.
5. Warum kann Joachim doch noch zu Ursulas Party gehen?
   a. Richards Vater und Joachim haben dieselbe (*the same*) Größe.
   b. Richards Vater hat ein altes Clownkostüm.
   c. Richard bringt das Kostüm vorbei.

B. Ursula gibt eine Party. *You've been invited to a party, but you don't have your invitation with you at the moment. Question a friend who has the invitation in hand.*

BEISPIEL: S1: Weißt du, wann die Party ist?
S2: Ja, sie ist diesen Freitag.

Weißt du, wo diese Party ist?
wer kommt?
wie viele Leute eingeladen sind?
warum Ursula eine Party gibt?
was man tragen soll?

> Du bist herzlich eingeladen!
>
> Was? Eine Party
> Wann? Am Freitag
> Wo? Bei Ursula Beck,
>   Lichtstraße 86
> Wer? Studenten und
>   Studentinnen
>   (50 sind eingeladen!)
> Warum? Es ist Faschingszeit!
>
> Trag bitte ein Faschingskostüm!

eingeladen *invited*
herzlich *warmly, heartily*

FOTOTEXT

In Österreich und in Bayern (*Bavaria*) feiert man Fasching, in der Schweiz und im Schwarzwald (*Black Forest*) Fastnacht und im Rheinland Karneval. Egal, wie man diese Zeit nennt, die Leute tragen verrückte (*crazy*) Kostüme und tanzen und singen bei privaten Partys, Masken-bällen und bei Straßenumzügen (*parades*). Der Höhepunkt der Saison sind der Sonntag, der Montag und der Dienstag vor Aschermittwoch (*Ash Wednesday*), sechs Wochen vor Ostern (*Easter*). Mit den Faschings-plänen hat man aber schon vier Monate früher begonnen: am elften Tag des (*of the*) elften Monats um elf Uhr elf.

ALLES KLAR!

Faschingszeit in Wien. **Fasching,** popularly known in Vienna as the Ball Season, begins in January—note the word **Jänner** on the ads—and continues until Ash Wednesday. In earlier times, the balls were given exclusively for members of high society; today, however, every group—professional, occupational, or whatever—has its own special ball.

When the Turks retreated after their attack on Vienna in 1683, they left behind sacks of coffee. The first Viennese coffeehouse, **Zur blauen Flasche,** opened a year later. Look at the Hofburg Ball advertisement for the **Wiener Kaffeesieder** (*coffee makers*). What is the theme of their ball? How many raffle tickets (**Lose**) will be drawn at the ball? How many winners (**Treffer**) will there be? What will be the prize for 16 ticketholders?

Now look at the **Ballkalender**. What other professional or occupational groups do you recognize? Notice that some groups have a **Redoute,** a grand ball where participants dress formally and wear half masks (**Halbmasken**) to be removed at midnight.

Ballkalender

Freitag, 8. Jänner
  Ball der Gendarmerie (Parkhotel Schönbrunn); Violette Redoute (Palais Ferstel).

Samstag, 9. Jänner
  Siebenbürger Ball (Kolpinghaus Zentral); Ball der Alt-Schotten (Palais Auersperg); „12 Jahre Metropol" (Metropol); Ball der Griechen (HdB, Donaustadt); Ball der Pfarre Fünfhaus (Hotel Bohemia); Ball der ÖVP (Körnerhalle, Schwechat); Hietzinger Bürgerball (Parkhotel Schönbrunn); 21. Kolping-Redoute (Palais Ferstel); Ball der Wiener Kaufleute (Baumgartner Casino).

Freitag, 15. Jänner
  Blumenball (Rathaus); Alt-Kalksburger-Ball (Palais Auersperg); 45. Finanzball (Austria Center); Niederösterreichischer Landhausball (Hotel Marriott); Jugendgerichtshofball (HdB, Donaustadt); Roter-Herzen-Ball (Show-Zentrum Simmering); Ball des Tanzinstituts Wagner (Hotel Inter-Continental); Jägerball (Parkhotel Schönbrunn); Ball der Landesinnung Wien der Spengler und Kupferschmiede (Palais Ferstel); Ball der Union 16 (Baumgartner Casino).

HOFBURG BALL *der* Wiener Kaffeesieder

17. Februar

TÜRKEI IN WIEN

4000 LOSE – 4000 TREFFER
16 Flugreisen in die Türkei

Kartenverkauf und Tischreservierung in der Wiener Handelskammer
1010 Wien, Stubenring 8–10
2. Stock, Zimmer 253
☎ 514 50/241 DW
FAX 514 50/240

INFORMATIONEN 2

Subordinating Conjunctions and Word Order

A *coordinating* conjunction (**aber, denn, oder, sondern, und**) joins two independent clauses—two equal clauses—without changing the word order of either.

INDEPENDENT CLAUSE	INDEPENDENT CLAUSE
Dieter trägt seinen Mantel.	Es wird heute kalt.

INDEPENDENT CLAUSE	INDEPENDENT CLAUSE
Dieter trägt seinen Mantel,	**denn** es **wird** heute kalt.

A *subordinating* conjunction joins an independent clause with a subordinate clause—two unequal clauses—with a resulting change in word order. The conjugated verb of the subordinate clause stands at the very end of that clause.

MAIN CLAUSE	SUBORDINATE CLAUSE
Dieter trägt seinen Mantel,	**weil** es heute kalt **wird.**
Dieter is wearing his coat	*because it's going to get cold today.*

In the present perfect tense, the auxiliary stands at the end of the subordinate clause after the past participle.

MAIN CLAUSE	SUBORDINATE CLAUSE
Dieter hat seinen Mantel getragen,	**weil** es gestern kalt **geworden ist.**
Dieter wore his coat	*because it got cold yesterday.*

Note that, in a subordinate clause, a separable prefix is attached to the verb when it is in the present tense.

MAIN CLAUSE	SUBORDINATE CLAUSE
Willst du,	**daß** ich diese Schuhe **anprobiere?**
Do you want	*me to try on these shoes?*

In constructions with modals, the modal follows the infinitive in a subordinate clause.

MAIN CLAUSE	SUBORDINATE CLAUSE
Dieter geht einkaufen,	**weil** er einen Mantel **kaufen möchte.**
Dieter is going shopping	*because he would like to buy a coat.*

The subordinate clause may come before or after the main clause. Whether it follows or precedes the main clause, the verb stands at the end of the subordinate clause. When the subordinate clause follows the main clause, the word order of the main clause is unchanged. When the subordinate clause precedes the main clause, the main clause has inverted word order (verb-subject).

	SUBORDINATE CLAUSE	MAIN CLAUSE		
	1	2	3	4
	ELEMENT	VERB	SUBJECT	OTHER ELEMENTS
PRESENT	Weil es kalt **wird,**	**trägt**	Dieter	seinen Mantel.
PRESENT PERFECT	Weil es kalt **geworden ist,**	**hat**	Dieter	seinen Mantel **getragen.**

The following list includes the most common subordinate conjunctions. Notice the word order in the sample sentences.

als	*as, when*****	**Als** ich Student war, hatte ich nie Geld. *When I was a student I never had money.*
bevor	*before*	**Bevor** ich nach Bonn gefahren bin, habe ich eine Jacke gekauft. *Before I went to Bonn I bought a jacket.*
daß	*that*	Weißt du, **daß** ich heute abend eine Party gebe? *Do you know that I'm giving a party tonight?*
nachdem	*after*	Gehen wir einkaufen, **nachdem** wir alle gegessen haben.**†** *Let's go shopping after we've all eaten.*
ob	*whether, if*	Fragen Sie bitte Ihren Vater, **ob** er diesen Hut möchte. *Please ask your father if he would like this hat.*
weil	*because**‡**	Ich gehe einkaufen, **weil** ich einen Mantel brauche. *I'm going shopping because I need a coat.*
wenn	*if, whenever*****	**Wenn** ich in Zürich bin, gehe ich immer einkaufen. *Whenever I'm in Zurich I always go shopping.*

Weil Lesen
keinen Lärm
macht:

NZZ

der Lärm   *noise*
NZZ = Neue Zürcher Zeitung

Interrogative words are also frequently used as subordinating conjunctions, as in the following indirect questions.

wann*****	Wissen Sie, **wann** er das Hemd gekauft hat?
warum	Fragen wir ihn, **warum** er nichts kauft.
was	Niemand weiß, **was** das ist.
wer	Ich habe den Verkäufer schon gefragt, **wer** das Kleid gekauft hat.
wieviel	Die Verkäuferin weiß nicht, **wieviel** der Hut kostet.
wo	Wir möchten wissen, **wo** das Kaufhaus ist.

As you read more German, you will encounter additional subordinating conjunctions. The subordinate clause construction is very common in German.

---

*Be careful not to confuse **als** (*when*), **wenn** (*whenever*), and **wann** (*when*). **Als** refers to a specific action at a specific point of time in the past; **wenn** refers to habitual activity over a span of time in the past or in the present; and **wann** is used in direct and indirect questions.

Als ich zehn Jahre alt war, war ich sehr krank.	*When I was ten years old I was very sick.*
Wenn er vorbeikommt, trinkt er immer ein Bier.	*Whenever he comes by, he drinks a beer.*
Ich weiß nicht, **wann** er zurückkommt.	*I don't know when he's coming back.*

† Note that **nachdem** is generally used with the present perfect.

‡ Both **denn** and **weil** mean *because*, but **denn** is a coordinating conjunction and **weil** is a subordinating conjunction, necessitating a different word order.

ÜBUNGEN 2

A. Warum geht die Familie Lessing einkaufen?

> BEISPIEL: Herr Lessing kommt mit. Er braucht ein Hemd. →
> Herr Lessing kommt mit, weil er ein Hemd braucht.

1. Frau Lessing probiert Kleider an. Sie braucht etwas für die Party.
2. Sabine kauft eine Jeansjacke. Sie ist nicht zu teuer.
3. Michael kauft keinen Mantel. Er hat nicht genug Geld.
4. Die Familie sucht ein Café. Sie hat Hunger und Durst.

B. Wann haben sie das gemacht? *Answer the questions, using* bevor *and the provided cues.*

> BEISPIEL: Wann hat Peter einen Brief geschrieben? (ausgehen) →
> Peter hat einen Brief geschrieben, bevor er ausgegangen ist.

1. Wann haben Sie ein Buch gelesen? (meinen Vater anrufen)
2. Wann haben Hans und Jürgen etwas gegessen? (fernsehen)
3. Wann hast du geschlafen? (arbeiten)
4. Wann habt ihr eure Tennisschuhe angezogen? (Tennis spielen)

C. Wann? Nachdem . . .

> BEISPIEL: Wann darfst du spazierengehen? (Ich schreibe einen Brief.) →
> Ich darf spazierengehen, nachdem ich einen Brief geschrieben
> habe.

1. Wann könnt ihr Karten spielen? (Wir arbeiten.)
2. Wann können Sie vorbeikommen? (Ich kaufe Brot.)
3. Wann fährt Jutta nach Mainz? (Sie besucht ihre Eltern.)
4. Wann rufen Sie Ihre Freunde an? (Ich lese Zeitung.)

D. Wann haben diese Personen das gemacht? *Create statements with* als *and the cues in parentheses.*

> BEISPIEL: Meine Tante hat einen Ausflug nach Vaduz gemacht.
> (Liechtenstein) →
> Meine Tante hat einen Ausflug nach Vaduz gemacht, als sie in
> Liechtenstein war.

1. Herr und Frau Schmidt haben ihre Freunde besucht. (Berlin)
2. Seine Eltern haben den Zug nach Innsbruck genommen. (Österreich)
3. Der Professor hat das Oktoberfest besucht. (München)
4. Unsere Freunde haben viele Schlösser gesehen. (Deutschland)

E. Als sie in Europa waren, . . . *Restate each sentence in Exercise D by placing the subordinate clause first.*

F. Klatsch (*Gossip*). *Repeat to a friend what you hear about Jürgen.*

BEISPIEL: Jürgen macht eine Reise nach Bonn. →
Weißt du, daß Jürgen eine Reise nach Bonn macht?

1. Sein Zug fährt um halb sieben ab.
2. Er nimmt seine Freundin Claudia mit.
3. Sie verbringen den ganzen Tag in Bonn.
4. Sie besuchen Jürgens Mutter.

G. Fragen über das Kaufhaus

BEISPIEL: Ist das Kaufhaus weit von hier? →
Wissen Sie, ob das Kaufhaus weit von hier ist?

1. Hat das Kaufhaus Anzüge?
2. Sind die Jeans dort preiswert?
3. Kann man dort Hüte finden?
4. Darf man dort alles anprobieren?

KOMMUNIKATION 2

A. Interview: Was . . . , wenn . . . ? Fragen Sie einen Studenten/eine Studentin:

1. Was kaufst du gern, wenn du einkaufen gehst?
2. Was machst du gern, wenn du Partys besuchst?
3. Was sagst du, wenn du deine Freunde siehst?
4. Was trägst du, wenn es sehr kalt ist?
5. Was trinkst du gern, wenn du Durst hast?
6. Wen triffst du gern, wenn du ausgehst?

B. Rollenspiel: ein Kind und seine Eltern. *Work with at least one other student. The child asks the questions listed on the next page, and the parent(s) must think up answers. The child continues to question various points in the answer(s), which require further responses from the parent(s).*

BEISPIEL: KIND: Warum muß ich eine Jacke anziehen?
VATER: Weil wir einen Spaziergang machen und du mitkommst.
MUTTER: Und weil es sehr kalt ist.
KIND: Warum macht ihr einen Spaziergang? (Warum muß ich mitkommen? Warum kann ich nicht zu Hause bleiben? Wenn es so kalt ist, warum müssen wir ausgehen?)

1. Warum muß ich Tennisschuhe tragen?
2. Warum darf ich keine Cola trinken?
3. Warum muß ich zu Hause bleiben?
4. Warum darf ich nicht fernsehen?
5. Warum kann ich diese Hose nicht tragen?
6. Warum soll ich keine Uhr haben?
7. Warum darf ich nicht Karten spielen?
8. Warum darf ich nicht durch den Garten laufen?

ERWEITERUNG

Namen machen Leute

TEXT *Namen*

von Maria Neef-Uthoff

Luzifer
hast du dich genannt
weil du listig° und stark sein wolltest   *cunning*

Lucia
hast du dich genannt
weil du strahlen° und leuchten° wolltest   *shine / glow*

Lucy
steht jetzt auf deinem Grabstein°   *tombstone*

Kindchen
hat mein Vater dich immer genannt

Ich
habe dich Mama genannt

December 13: A Swedish girl wears a headband with burning candles to celebrate the feast of Saint Lucia, who was burned as a martyr in 700 A.D. in Sicily.

A. Welche Namen hatte die Frau?

1. Wie viele Namen hatte die Frau?
2. Wie hat die Frau sich selbst (*herself*) genannt? Warum?
3. Wie hat der Mann die Frau genannt? War sie seine Tochter oder seine Frau?
4. Was hat die Dichterin die Frau genannt? Warum?

B. Was meinen Sie? *Read the poem several times. Think about the names: Who used them? What do they mean? Which signify individuality? Which prescribe roles? Then choose answers and/or offer your own thoughts in response to the following questions.*

1. Warum hat die Frau sich selbst „Luzifer" und auch „Lucia" genannt?
   a. Sie hatte zwei Seiten, eine böse Seite und eine gute Seite.
   b. Rot und weiß waren ihre Lieblingsfarben. Wenn sie rot getragen hat, war sie Luzifer; wenn sie weiß getragen hat, war sie Lucia.
   c. Sie hat sich Luzifer genannt, wenn sie sich nicht gern hatte. Wenn sie sich aber gern hatte, hat sie sich Lucia genannt.
   d. Sie war gleichzeitig (*at the same time*) Luzifer und auch Lucia, aber andere Leute haben sie als die eine oder die andere gesehen.
   e. ___?___
2. Warum hat ihr Mann sie „Kindchen" genannt?
   a. Weil sie sehr klein war.
   b. Weil sie sehr phantasievoll und kindlich war.
   c. Weil sie nicht intelligent und auch nicht gebildet (*educated*) war.
   d. Weil sie alles gemacht hat, was ihr Mann wollte.
   e. ___?___
3. Hatte die Frau den Namen „Kindchen" gern? Warum (nicht)?
   a. Ja, weil sie beschützt (*protected*) sein wollte.
   b. Ja, weil sie immer klein und jung sein wollte.
   c. Nein, weil man sie dann nicht als listig und stark gesehen hat.
   d. Nein, weil sie wollte, daß ihr Mann sie als intelligenten, erwachsenen Menschen behandelt (*treat*).
   e. ___?___
4. Hatte die Frau den Namen „Mama" gern? Warum (nicht)?
   a. Ja, weil sie sehr gern Mutter war.
   b. Ja, weil sie sehr stolz (*proud*) auf ihr Kind war.
   c. Nein, weil sie selbst noch ein Kind war.
   d. Nein, weil sie eine junge Stiefmutter war und keine eigenen (*own*) Kinder hatte.
   e. ___?___
5. Wer hat die Frau „Lucy" genannt? Warum war dieser Name auf ihrem Grabstein?
   a. Ihre Eltern haben sie Lucy genannt.
   b. Der Name Lucy steht auf ihrer Geburtsurkunde (*birth certificate*), aber niemand hat sie so genannt, auch nicht ihre Eltern.

    c. Ihr Name war wirklich Lucinda, aber ihre Eltern und ihre Schulkameraden haben sie alle Lucy genannt.

    d. Man hat den falschen Grabstein auf ihr Grab gestellt.

    e.   <u> ? </u>

C. Form. *Look at the form of the poem. Notice that the last statement begins with the person who chose the name, rather than the person named. Why do you think the author chose to reverse the structure in these last two lines? Express your thoughts in English.*

Ich   *instead of:* Mama

habe dich Mama genannt   habe ich dich genannt

D. Zum Schreiben: Namen. *Write a poem about your own name and nicknames. You may use the following format, which is similar to that of the poem by Maria Neef-Uthoff, and/or you may use some or all of the alternate lines.*

  <u> ? </u> nenne ich mich
weil ich . . . und . . . sein will

  <u> ? </u> nennt mich meine Familie
weil sie mich . . . findet

  <u> ? </u> nennen mich meine Freunde/Freundinnen
weil sie mich als . . . und . . . sehen

  <u> ? </u> nennst du mich
weil du mich liebst

ALTERNATE LINES
Ich heiße . . . , aber . . .
Mein Name ist . . . , aber . . .
Ich bin . . . , aber . . .
Nennen Sie mich nicht . . . , denn . . .

Karneval in Köln

TEXT *Als ich das „Tanzmariechen" war*

Karneval im Kölner Bürgerhaus° „Gürzenich". Fahnen° und Papiergirlanden in den Farben Rot und Weiß haben den Saal° geschmückt.° Die 1200 Gäste haben festliche Kleidung getragen: die Herren schwarze Anzüge oder Smokings,° die Damen lange, teure Abendkleider. Sie haben auf
5 den Beginn der großen Sitzungen° des Karnevalvereins° gewartet.° Diese

community center / flags
hall / decorated

tuxedos

meetings / Carnival association / waited

Sitzungen sind eine 300 Jahre alte Tradition im rheinischen Karneval. Sie sind
eine Parodie auf Parlamente und Poli-
tiker. Plötzlich° haben sich die Saaltüren ° *Suddenly*
geöffnet, eine Musikkapelle° hat den ° *band*
„Funkenmarsch" gespielt, und 120
„Soldaten" in rot-weißen Uniformen
sind in den Saal marschiert: die Garde
der „Funken". Unter ihnen° war ich, das ° Unter . . . *Among them*
15 „Tanzmariechen" und mein „Tanzoffizier". Unser Tanz ist ein wichtiger Punkt
im traditionellen Programm. Wenn ich als „Mariechen" getanzt habe, ist das
Publikum in Stimmung° gekommen. Mein Tanzpartner und ich haben Sprünge,° ° *mood / jumps*
Hebe-Figuren° und Pirouetten in schnellem Tempo gemacht. Großer Applaus ° *lifts*
war unser Lohn.° „Alaaf!" (der Kölner Gruß im Karneval) haben die Leute ° *reward*
20 geschrien.° ° *yelled*
Der Rosenmontag* war der härteste Tag für uns. Ein Termin° ist auf den ° *appointment*
anderen gefolgt. Dazu gehört° auch der große Rosenmontagszug.° Das ° Dazu . . . *Part of it is / Carnival*
bedeutet:° Wir haben drei Stunden lang „Alaaf" geschrien, gewinkt,° gelacht, *parade*
Blumensträuße° und Bonbons in die Menschenmenge° geworfen° und manchmal ° *means / waved*
25 auch auf der Straße getanzt. Was haben wir für unsere Arbeit bekommen? Kein ° *bouquets / crowd / threw*
Geld, sondern Blumen, Champagner und, für mich, Parfüm. Man hat uns auch
bunte° Karnevalsorden°—Plaketten aus Metall und Plastik—gegeben. ° *colorful / decorations*
Am Dienstag und Mittwoch nach dem Rosenmontag habe ich lange
geschlafen. Zwei Tage später habe ich den Winterurlaub begonnen: Skilaufen in
30 den Alpen. Ich habe diese Erholung° vom närrischen° Streß gebraucht, weil drei ° *relaxation / foolish*
Wochen später das Training für meine nächste Karneval-Saison als „Tanz-
mariechen" wieder begonnen hat: zwei Stunden die Woche, von Oktober bis
Dezember sogar drei. Es ist ein harter Job, aber es macht auch viel Spaß.° ° *fun*

***Rosenmontag,** the Monday before Ash Wednesday, is the highlight of **Karneval** and includes a long
parade.

Die Karnevalszeit. *Retell the story by reordering the sentences according to the sequence of events.*

_____ Am Freitag hat die Tänzerin ihren Winterurlaub begonnen.

_____ Für seine Arbeit hat das Tanzpaar Blumen, Champagner und Plaketten bekommen.

_____ Das Tanzmariechen und der Tanzoffizier haben während (*during*) der Sitzungen des Karnevalvereins getanzt.

_____ Die Tänzerin ist in den Alpen Skilaufen gegangen.

_____ 120 Soldaten in rot-weißen Uniformen sind in den Saal marschiert.

_____ Drei Wochen nach dem Urlaub hat das Tanzpaar sein Training für das nächste Jahr begonnen.

_____ Eine Musikkappelle hat den „Funkenmarsch" gespielt.

_____ Am Dienstag und Mittwoch hat das Mariechen lang geschlafen.

_1_ 1200 Leute haben festliche Kleidung angezogen und sind ins Kölner Bürgerhaus gekommen.

_____ Das Tanzmariechen und der Tanzoffizier haben am Rosenmontagszug teilgenommen (*participated*): Sie haben Bonbons in die Menschenmenge geworfen und „Alaaf" geschrien.

_____ Manchmal hat das Tanzpaar sogar auf der Straße getanzt.

_____ Die Saaltüren haben sich geöffnet.

9

JEDERZEIT BEREIT!*

* Ready at any time!

EINSTIMMUNG

Leukerbad in der Schweiz hat viele Kuranlagen (*spa or health facilities*). Hier macht man eine Kur, wenn ein Arzt sie verschreibt. Man ist jederzeit bereit, ins Thermalbad zu gehen. Dort trifft man andere Kurgäste und vielleicht auch einige (*a few*) Bekannte.

WÖRTER

A. Das Hotel. Beantworten Sie jede Frage! *The number preceding the question corresponds to the pictured item of the same number.*

1. Wer ist das?
2. Wie viele Schlüssel sehen Sie?
3. Was für ein Zimmer ist das?
4. Wer ist das?
5. Ist das ein Einzelzimmer oder ein Doppelzimmer?
6. Was für ein Zimmer ist das?
7. Wie heißt dieses Zimmer?
8. Und wie heißt dieses Zimmer?

B. Was ist das? *Work with another student. Identify each object, then ask a question about it, using the cue.*

BEISPIEL: gern ausfüllen
S1: Was ist das?
S2: Das ist ein Formular.
Füllst du gern Formulare aus?
S1: . . . Und du?

1. jeden Tag benutzen   2. manchmal bekommen   3. tragen / wenn es regnet

C. Interview: Wen kennst du? Fragen Sie einen Studenten / eine Studentin:

1. Kennst du einen Kellner oder eine Kellnerin? Hast du vielleicht einmal als Kellner/Kellnerin gearbeitet?
2. Kennst du einen Empfangschef oder eine Empfangschefin? Wenn ja: Wie heißt er/sie? Kennst du ihn/sie gut?
3. Wie heißt dein Arzt / deine Ärztin? Empfiehlst du ihn/sie?
4. Hast du einen Zahnarzt / eine Zahnärztin? Wenn ja: Wie heißt er/sie? Mußt du ihn/sie oft besuchen?

WORTSCHATZ

ADJECTIVES AND ADVERBS

frei	free(ly); vacant
heiß	hot(ly)
kaum	hardly
kühl	cool(ly)
sonnig	sunny
warm	warm(ly)
windig	windy
wolkig	cloudy

NOUNS

der Arzt, ⸚e / die Ärztin, -nen	(medical) doctor
das Bad, ⸚er	bath(room)
der Bekannte, -n (ein Bekannter) / die Bekannte, -n	acquaintance
das Brötchen, -	roll
die Butter	butter
das Doppelzimmer, -	double room
das Ei, -er	egg
das Einzelzimmer, -	single room
der Empfangschef, -s / die Empfangschefin, -nen	desk clerk (*in a hotel*)
die Erkältung, -en	cold
das Formular, -e	form
das Frühstück, -e	breakfast
das Frühstückszimmer, -	breakfast room
der Gast, ⸚e*	guest
das Geschenk, -e	present, gift
die Grippe	influenza, flu
das Hotel, -s	hotel
der Kellner, - / die Kellnerin, -nen	server, waiter/waitress
das Medikament, -e	medicine, medication
das Paket, -e	package
die Post	mail; post office
der Schirm, -e	umbrella
das Telefon, -e	telephone
die Toilette, -n	toilet
das Video, -s	video

das Wetter	weather
der Zahn, ⸚e	tooth
der Zahnarzt, ⸚e / die Zahnärztin, -nen	dentist
das Zimmer, -	room

VERBS

aus·füllen, hat ausgefüllt	to fill out
empfehlen (empfiehlt), hat empfohlen	to recommend
erzählen, hat erzählt	to tell, relate
frühstücken, hat gefrühstückt	to eat breakfast
geben (gibt), hat gegeben	to give
holen, hat geholt	to get, fetch
kochen, hat gekocht	to cook; to boil
regnen, hat geregnet: es regnet	to rain: it's raining
reservieren, hat reserviert	to reserve
schenken, hat geschenkt	to give (*as a present*)
schneien, hat geschneit: es schneit	to snow; it's snowing
verschreiben, hat verschrieben	to prescribe
versprechen (verspricht), hat versprochen	to promise
(etwas) vor·haben (hat vor), hatte vor, hat vorgehabt	to have (something) planned
zeigen, hat gezeigt	to show

USEFUL WORDS AND PHRASES

(auf) Wiederhören	good-bye (*on telephone*)
ein bißchen	a little
es tut mir leid	I'm sorry
es tut mir weh: der Arm tut mir weh; die Zähne tun ihm nicht mehr weh	it hurts; my arm hurts; his teeth no longer hurt

```
S. Hotel Nr. 46
230 Betten ab 52,–
Schillerstraße 8
3 Min. v. Bahnhof
Tel. (0 89) 59 55 21
```
HOTEL DREI LÖWEN MÜNCHEN

---

*__Der Gast__ is used for both males and females.

D. Interview: Frühstück. Fragen Sie einen Studenten / eine Studentin,

1. um wieviel Uhr er/sie frühstückt.
2. was er/sie gern ißt. (Eier? Brötchen mit Butter und Marmelade? Käse? Wurst? Toast? Corn-Flakes?)
3. ob er/sie gern Kaffee oder Tee trinkt.

Impersonal Verbs

To talk about the weather, certain German verbs are used with **es** as a subject, just as some English verbs are used with *it*. These verbs are called "impersonal," because **es** refers to no specific person or thing.

Es regnet oft.	*It rains often.*
Schneit es morgen?	*Is it going to snow tomorrow?*

The impersonal **es** is also used with verbs such as **sein** and **werden** to describe the weather.

Es ist schön heute.	*It's beautiful today.*
Es wird kalt.	*It's getting cold.*

E. Wie ist das Wetter? Regnet es? Schneit es? Ist es heiß? kalt? warm? kühl? Ist es sonnig? wolkig? windig? Ist es schön? schlecht? Wie warm/kühl/heiß/kalt ist es? 32 Grad Celsius? minus 2 Grad? Was tragen die Leute? Warum? *Describe each drawing.*

F. Wie ist das Wetter heute in Europa? *Look at the weather map on page 173 and answer the questions accordingly.*

1. Regnet es heute in Aachen?
2. Wo regnet es heute?
3. Wo ist es heute schön und sonnig?
4. Wo ist es heute wolkig?
5. Wo ist es nur teils (*partially*) wolkig?
6. Schneit es heute in Europa?
7. Ist es heute warm oder kühl in Europa?
8. Wie warm ist es heute in Dresden? in Tunis? (Es ist _____ Grad in Dresden.)

Das Wetter in Europa

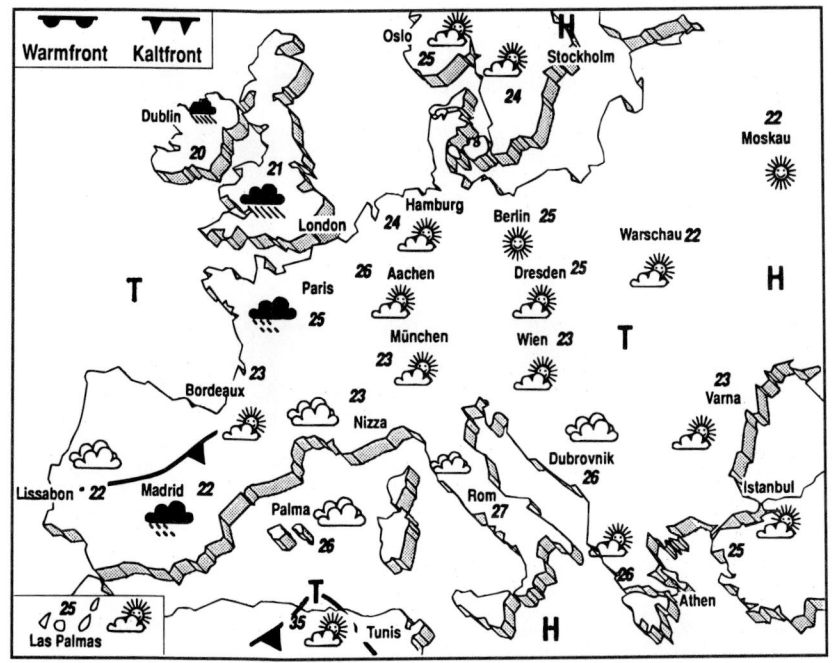

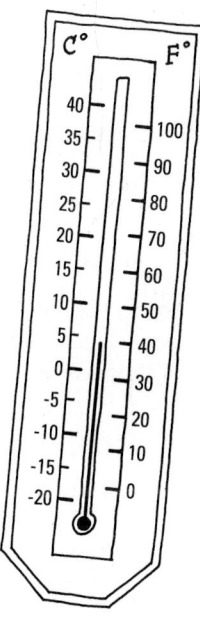

sollte / wollte

Sollte and **wollte** are used with an infinitive in the same way as the present-tense forms of **sollen** and **wollen.** The **sollte** and **wollte** forms can be used in a past context, in which they mean, respectively, *was supposed to* and *wanted to,* or they can be used in a present context to express wishful thinking: *should, wanted to.*

sollen → sollte			
ich	sollte	wir	sollten
du	solltest	ihr	solltet
er sie es	sollte	sie	sollten
Sie sollten			

wollen → wollte			
ich	wollte	wir	wollten
du	wolltest	ihr	wolltet
er sie es	wollte	sie	wollten
Sie wollten			

G. Sie sollten . . . *You are in charge of a hotel breakfast room, but your employees haven't been doing what they should. You need to set them straight.*

> BEISPIEL: immer „guten Morgen" sagen →
> Sie sollten immer „guten Morgen" sagen.

1. nett und freundlich sein
2. Butter und Brötchen bringen
3. Kaffee machen
4. Wasser für den Tee kochen
5. ein paar Eier kochen

H. Ich wollte nur . . . *You are a guest at a hotel and wish to explain your intentions.*

> BEISPIEL: nur etwas fragen → Ich wollte nur etwas fragen.

1. das Telefon benutzen
2. meinen Schirm holen
3. meine Post haben
4. das Frühstückszimmer sehen
5. den Schlüssel haben

-Wollte nur "Hallo" sagen

SPRACHE

KONTEXT 1

Herr und Frau Lessing sind auf Urlaub. Sie sind eben in Bad Harzburg angekommen, und sie haben das Hotel „Weißes Roß" gefunden.

> HERR LESSING: Guten Abend. Wir haben ein Zimmer reserviert. Unser Name ist Lessing.
>
> DIE EMPFANGSCHEFIN: Lessing—ach ja! Ein Doppelzimmer mit Bad für fünf Nächte. Füllen Sie bitte dieses Formular aus, Herr Lessing!
>
> *(Die Empfangschefin gibt Herrn Lessing einen Kugelschreiber und das Formular. Sie gibt seiner Frau den Schlüssel.)*

Hotel »Weißes Roß«
Breite Straße · Telefon 8 12 58

Täglich Mittagstisch
Kaffee · Kuchen · Eis
Poolbillard · Kegelbahn

Ganztägig geöffnet!
Montags ab 17.00 Uhr

(die) Kegelbahn *bowling alley*

FRAU LESSING: Danke. Können Sie mir bitte sagen, ob das Hotel ein Frühstückszimmer hat?

DIE EMPFANGSCHEFIN: Ja, natürlich. Einen Moment bitte. (*Zu ihrem Sohn sagt sie:*) Heinrich, zeig bitte unseren Gästen das Frühstückszimmer und trag dann ihr Gepäck hinauf. Sie haben Zimmer Nummer 110.

A. Im Hotel. Die Gäste brauchen Hilfe. Sagen Sie Ihren Hotelangestellten (*hotel employees*), was sie tun sollen!

Zeigen Sie	dem Gast	das Frühstückszimmer
Geben Sie	den Gästen	den Schlüssel
Empfehlen Sie	diesem Herrn	ein Café
Bringen Sie	dieser Frau	eine Zeitung
	Herrn Schmidt	Zimmer Nummer 20
	diesem Kind	eine Cola
		ein Formular und einen Kugelschreiber
		___?___

B. Rollenspiel: Sie brauchen ein Hotelzimmer. *Make up a dialogue with another student.*

GAST

Haben Sie noch ein Zimmer frei?

Ich habe ein Zimmer mit/ohne Bad reserviert.

Mein Name ist . . .

Wieviel kostet ein Einzelzimmer ohne Bad pro Nacht? pro Woche?

Ich bleibe . . .

Darf ich das Zimmer sehen?

Gut, ich nehme es.

Das ist leider zu teuer. Haben Sie etwas Billigeres (*cheaper*)?

Hat das Zimmer Telefon? ein Radio?

Haben Sie Post für mich?

___?___

EMPFANGSCHEF/EMPFANGSCHEFIN

Möchten Sie ein Einzelzimmer oder ein Doppelzimmer?

Möchten Sie ein Zimmer mit oder ohne Bad?

Für wie viele Nächte brauchen Sie das Zimmer?

Für heute nacht haben wir leider keine Zimmer frei.

Füllen Sie bitte dieses Formular aus!

Wie ist Ihr Name bitte?

___?___

HOTEL REBSTOCK

INH. FAM. UNCKELL

Neubaustraße 7
8700 Würzburg
Telefon 0931/309 30
Fax 0931/30 93 100
Telex 68 684

Restaurant Rebstock   Fränkische Weinstube

Veranstaltungen erfolgreich durchführen durch unser persönliches Engagement und die City-Lage unseres Hotels.

EIN STÜCK ECHTES WÜRZBURG!

INFORMATIONEN 1

Dative Case

The subject of a sentence is indicated by the nominative case, the direct object by the accusative case, and the indirect object by the dative case. In English an indirect object is indicated by its position in the sentence (The desk clerk gives *the man* the letter) or by a preposition such as *to* (The desk clerk gives the letter *to the man*).

In German the indirect object is indicated by the dative form of the noun or pronoun. This is one of several functions of the dative case.

SUBJECT (nominative)	INDIRECT OBJECT (dative)	DIRECT OBJECT (accusative)
Der Empfangschef gibt	**dem Mann**	den Brief.

The indirect object answers the question *to whom?* or *for whom?* In German the question *to whom?* or *for whom?* is expressed by the dative form of **wer**: **wem.**

NOMINATIVE	wer	**Wer** gibt dem Mann den Brief? —**Der** Empfangschef.
ACCUSATIVE	wen	**Wen** grüßt der Empfangschef? —**Den** Mann.
DATIVE	wem	**Wem** gibt der Empfangschef einen Brief? —**Dem** Mann.

Dative Case: Nouns with *der-* and *ein*-Words

The definite article takes special forms to denote dative case: **dem** for masculine and neuter, **der** for feminine, **den** for plural. The **der-** and **ein**-words take the same endings.

	MASCULINE	FEMININE	NEUTER	PLURAL
NOMINATIVE	der dieser ein kein } Mann	die diese eine keine } Frau	das dieses ein kein } Kind	die diese — keine } Leute
ACCUSATIVE	den diesen einen keinen } Mann	die diese eine keine } Frau	das dieses ein kein } Kind	die diese — keine } Leute
DATIVE	dem diesem einem keinem } Mann*	der dieser einer keiner } Frau	dem diesem einem keinem } Kind*	den diesen — keinen } Leuten

---

*Monosyllabic masculine and neuter nouns sometimes have an optional **e** ending in the dative case: **dem Mann**(e), **dem Kind**(e).

$$\text{Er gibt} \begin{cases} \text{dem Mann} \\ \text{der Frau} \\ \text{dem Kind} \\ \text{den Leuten} \end{cases} \text{die Post.}$$

Plural nouns add an **n** in the dative case, unless they already end in **n** or **s**.

$$\text{den} \begin{cases} \text{Leuten} \\ \text{Kindern} \end{cases} \qquad \textit{but:} \text{ den} \begin{cases} \text{Autos} \\ \text{Briefmarken} \end{cases}$$

All weak masculine nouns add the **n** or **en** ending in the dative as well as in the accusative case.

NOMINATIVE	der Junge	**Der Junge** kauft eine Briefmarke.
ACCUSATIVE	den Jungen	Ich sehe **den Jungen.**
DATIVE	dem Jungen	Ich gebe **dem Jungen** den Schirm.

Wenn man im Herbst in Deutschland demonstrieren will, muß man oft einen Regenschirm mitnehmen. Das Wetter ist gewöhnlich (*usually*) kühl, bewölkt und neblig (*foggy*). Man will keine Erkältung und besonders keine Grippe bekommen, deshalb (*therefore*) tragen die Leute hier Regenmäntel. Der Regen ist selten sehr stark (*strong*), aber es nieselt (*drizzles*) viel.

ÜBUNGEN 1

A. Wem hat Luise was geschenkt?

BEISPIEL: ihr Vater / ein Hut →
Luise hat ihrem Vater einen Hut geschenkt.

1. ihre Schwester / ein Schirm
2. ihr Neffe / ein Hemd
3. ihre Freunde / T-Shirts
4. die Kinder / Schokolade
5. das Mädchen / ein Kleid
6. Herr Braun / ein Kuchen
7. der Junge / ein Buch
8. ihr Freund / Socken

B. Michael arbeitet als Fremdenführer (*tour guide*). Was macht er?

BEISPIEL: Michael / geben / die Frau / ein Stadtplan →
Michael gibt der Frau einen Stadtplan.

1. er / zeigen / der Tourist / der Hafen
2. er / empfehlen / der Franzose / ein Hotel
3. er / schenken / der Junge / ein Foto
4. er / versprechen / die Chinesin / ein Brief
5. er / zeigen / die Leute / der Dom
6. er / schicken / seine Freunde / Postkarten

C. Die Post. Beantworten Sie jede Frage!

BEISPIEL: Wem schickt Frau Albrecht das Paket? (ihr Sohn) →
Sie schickt ihrem Sohn das Paket.

1. Wem kauft Herr Geisler die Briefmarken? (seine Frau)
2. Wem gibt Käthe das Geld? (der Postbeamte)
3. Wem gibt die Postbeamtin ein Paket? (der Kunde)
4. Wem gibt der Beamte die Post? (die Männer)
5. Wem zeigen die Eltern die Postkarten? (ihre Kinder)
6. Wem schickt die Touristin die Briefe? (ihre Mutter)

D. Wie war das Hotel Richthofen? Erzählen Sie die Geschichte (*story*) auf deutsch, bitte!

Mr. Mohr recommended this hotel to our family. After we arrived, we filled out the form. We wanted a double room with (a) bath, but only a double room without (a) bath was vacant. Our room was small, but the breakfast room was large and sunny.

Every morning the waiter brought us coffee, rolls, and eggs. We took walks through the old part of the city (**Altstadt**) and bought the children books. We took our umbrellas along, but we didn't need them. It became windy and cloudy, but it didn't rain.

KOMMUNIKATION 1

A. Interview: Wem? Fragen Sie einen Studenten / eine Studentin:

1. Wem schreibst du, wenn du Geld brauchst?
2. Wem versprichst du Geschenke, wenn du eine Reise machst?
3. Wem schickst du Postkarten, wenn du reist?
4. Wem erzählst du alles?
5. Wem schenkst du Blumen, wenn du zu Besuch kommst?
6. Wem bringst du manchmal die Post oder die Zeitung?

B. Wie bitte? Wem? Was? *Work in a group of three. One person makes a statement; the other two question different aspects of it.*

BEISPIEL: S1: Ich habe meinem Freund einen Brief geschrieben.
S2: Wem hast du einen Brief geschrieben?
S1: Meinem Freund Martin.
S3: Was hast du deinem Freund Martin geschrieben?
S2: Einen Brief.

beschreiben	Bruder/Schwester	Brief
geben	Freund/Freundin	etwas
kaufen	Großvater/Großmutter/	Fotos
schenken	Großeltern	Gebäude
schicken	Neffe/Nichte	Geschenk
schreiben	Professor/Professorin	nichts
versprechen	Vater/Mutter/Eltern	Paket
zeigen	Vetter/Kusine	Schokolade
_____?_____	_____?_____	_____?_____

KONTEXT 2

▪ ▪ ▪ ▪ ▪ ▪ ▪ ▪ ▪

Christel ruft Martin an, denn sie will ihm schnell „guten Tag" sagen.

MARTIN: Hallo!

CHRISTEL: Martin? Hier Christel. Ich kann dich kaum hören. Was ist denn los?

MARTIN: Du, es geht mir schlecht. Der Hals tut mir weh, ich kann kaum atmen,° mein Kopf hämmert,° . . .

breathe / is throbbing

CHRISTEL: Hast du den Arzt angerufen?

MARTIN: Meine Ärztin habe ich schon heute früh angerufen.

CHRISTEL: Und was hat sie dir gesagt?

MARTIN: Ich habe wohl einen Virus. Ich sollte im Bett bleiben, Aspirin nehmen, heißen Tee trinken und so weiter.

CHRISTEL: Kann ich dir etwas vorbeibringen? Ein Magazin oder vielleicht ein Video?

MARTIN: Danke, das ist wirklich nett, aber ich brauche nichts. Ich will nur schlafen.

CHRISTEL: Dann rufe ich dich morgen wieder an. Auf Wiederhören, und gute Besserung.

MARTIN: Danke. Wiederhören.

Rollenspiel: Arzt/Ärztin und Patient/Patientin. Was ist das Problem? *Make up a dialogue or a skit with another student.*

ARZT/ÄRZTIN

Wie geht es Ihnen?
Können Sie mir zeigen, wo es
   Ihnen weh tut?
Machen Sie den Mund auf!
Ich muß eine Röntgenaufnahme (*X-ray*) machen.
Es ist infiziert (*infected*).
Sie haben eine Erkältung.
    einen Virus.
    Grippe.
    Lungenentzündung (*pneumonia*).
    Lebensmittelvergiftung (*food poisoning*).
Ich gebe Ihnen eine Spritze (*injection*).
    ein Antibiotikum.
Ich verschreibe Ihnen etwas.
Nehmen Sie dieses Medikament alle . . . Stunden.
Sie müssen . . . Tage zu Hause bleiben.
    in . . . Tagen zurückkommen.

PATIENT/PATIENTIN

Es geht mir schlecht.
(Das Bein) tut mir weh.
Ich habe Fieber.
    Husten (*cough*).
    Kopfschmerzen.
    Ohrenschmerzen.
    Halsschmerzen (*sore throat*).
    Magenschmerzen (*stomachache*).
Ich kann nicht essen/schlafen.
Ich bin gegen Antibiotika/Peni-
   zillin (nicht) allergisch.
Wie oft soll ich dieses Medika-
   ment nehmen?
Es tut mir leid, aber ich verstehe
   das nicht.
Wann sollte es mir besser gehen?
Wann kann ich wieder reisen?

FOTOTEXT

Das Rathaus am Markt in der 1000jährigen Kaiser- und Reichsstadt Goslar. Goslar hat viele schöne Gebäude, weil manche Kaiser hier in der Kaiserpfalz (*palace*) residierten. Überall (*everywhere*) kann man Zeichen (*signs*) davon sehen: hier den Adler im Aushängeschild (*sign*) vom Rathauskeller oder dort im Namen vom Hotel „Kaiser Worth". Hat man alles in der Stadt gesehen, kann man von Goslar aus schöne Wanderungen (*hikes*) in den Harz unternehmen. Der Harz ist ein ganz altes Gebirge (*mountainous area*). Der höchste (*highest*) Berg ist der Brocken; er ist 1142 m (*3750 ft.*) hoch. In dem Drama „Faust" von Johann Wolfgang von Goethe spielt eine Szene auf dem Brocken.

INFORMATIONEN 2

■ ■ ■ ■ ■ ■ ■ ■ ■ ■ ■ ■ ■ ■ ■ ■ ■ ■ ■ ■

Dative Case: Personal Pronouns

The dative forms of the personal pronouns are as follows.*

NOMINATIVE		ACCUSATIVE		DATIVE				
ich	wir	mich	uns	**mir**	*to me*		uns	*to us*
du	ihr	dich	euch	**dir**	*to you*		euch	*to you*
er sie } sie es		ihn sie } sie es		**ihm** **ihr** **ihm**	*to him; to it* *to her; to it* *to it* }		**ihnen**	*to them*
Sie		Sie		**Ihnen** *to you*				

The first-person plural and the second-person plural informal are the same in the dative as in the accusative (**uns, euch**). All other personal pronouns have distinct dative case forms. The second-person formal (**Ihnen**) is capitalized in the dative as in the nominative and accusative (**Sie**).

> Können Sie **mir** einen Arzt empfehlen?
> Welche Ärztin hat **Ihnen** das Medikament verschrieben?

Word Order: Direct and Indirect Objects

In a sentence with both a direct and an indirect object, the order of the objects is usually as follows.

1. If both objects are NOUNS, the INDIRECT OBJECT (dative) is first.

1   2

Der Zahnarzt zeigt der Frau den Zahn.

2. If both objects are PRONOUNS, the DIRECT OBJECT (accusative) is first.

1 2

Der Zahnarzt zeigt ihn ihr.

---

*The pronouns **jemand** and **niemand** may take an **em** ending in the dative, although this ending is often omitted in conversation.

> Haben Sie jemand(em) einen Brief geschickt?
> Nein, ich habe niemand(em) einen Brief geschickt.

3. If one object is a NOUN and the other a PRONOUN, the PRONOUN (dative or accusative) is first.

$$\begin{array}{cc} 1 & 2 \end{array}$$

Der Zahnarzt zeigt $\begin{cases} \text{ihn der Frau.} \\ \text{ihr den Zahn.} \end{cases}$

In short, the dative object precedes the accusative object, unless the accusative object is a pronoun.

ÜBUNGEN 2

A. Wem?

BEISPIEL: Wem hat der Arzt das Medikament gegeben? (*her*) →
Der Arzt hat ihr das Medikament gegeben.

1. Wem hat die Ärztin das Formular gezeigt? (*him*)
2. Wem hat der Arzt einen Urlaub empfohlen? (*me*)
3. Wem hat die Ärztin ein Buch versprochen? (*us*)
4. Wem hat der Arzt einen Brief geschrieben? (*you* [*for.*])

B. Im Hotel

1. Der Empfangschef hat _____ den Schlüssel gegeben. (*us*)
2. Der Kellner hat _____ die Brötchen gebracht. (*me*)
3. Ein Gast hat _____ das Frühstückszimmer gezeigt. (*you* [*infor. pl.*])
4. Ich habe _____ einen Stadtplan gekauft. (*you* [*infor. sg.*])

C. Sie sind Hoteldirektor/Hoteldirektorin, und Sie haben schon alles getan.

BEISPIEL: Haben Sie dem Gast die Post gebracht? →
Ja, ich habe sie ihm schon gebracht.

1. Haben Sie den Leuten die Hotelzimmer beschrieben?
2. Haben Sie der Kundin das Geld zurückgegeben?
3. Haben Sie den Gästen die Einzelzimmer reserviert?
4. Haben Sie dem Empfangschef die Formulare gezeigt?

D. Wann?

BEISPIEL: S1: Ich kaufe dir den Schirm.
S2: Wann?
S1: Ich kaufe ihn dir morgen früh.

1. Ich schicke euch das Geld.
2. Ich zeige ihnen die Fotos.
3. Ich gebe ihm das Geschenk.
4. Ich schenke ihr die Jacke.

E. Eine Geburtstagsparty (*birthday party*). Peter und Paula sind Zwillinge (*twins*), und heute haben sie Geburtstag. Schauen Sie auf das Bild (*picture*), und beantworten Sie jede Frage!

BEISPIEL: Wer gibt Peter das Hemd? → Tante Emilie gibt es ihm.

1. Wer schenkt Paula das Radio?
2. Wer bringt Paula und Peter ein Geschenk?
3. Wer nimmt Frau Kurz den Schirm ab? Wie ist das Wetter heute?
4. Wer hat den Kindern Geld geschickt?
5. Wer hat ihnen einen Ausflug (*outing*) versprochen?
6. Wer bringt der Familie den Kuchen? Wer bringt ihr den Kaffee?

F. Die Party. Beschreiben Sie das Bild in Übung E!

G. Minidialoge. Auf deutsch, bitte!

ROLF: I'd like an egg and two rolls.
ERNST: I'll bring them to you.

SUSI: My brother would like to see the room.
KARIN: I'll show it to him.

DIETER: My sister would like to read this newspaper.
URSULA: I'll give it to her.

FRANZ: I'm buying this umbrella.
HEINZ: Give your money to the salesperson.

KOMMUNIKATION 2

A. Was möchten Sie haben? *Mention something you would like. Other members of the class will offer appropriate responses.*

> BEISPIEL: SIE: Ich möchte ein Radio.
> S1: Ich bringe dir mein Radio. Ich brauche es nicht mehr.
> S2: Kauft dein Vater dir vielleicht ein Radio?
> S3: Ich zeige dir mein Radio. Vielleicht möchtest du es kaufen.
> S4: Haben deine Eltern dir ein Radio versprochen? Vielleicht schicken sie dir bald ein Radio.

B. Gruppenarbeit. *Work with a small group. Students will take turns giving or showing various items to another member of the group. Others will ask questions about the action.*

> BEISPIEL: S1: Ich gebe Martin meinen Bleistift.
> S2: Wem gibst du deinen Bleistift?
> S1: Ich gebe ihn Martin.
> S3: Was gibst du Martin?
> S1: Ich gebe ihm meinen Bleistift.
> S4: Warum gibst du ihm deinen Bleistift?
> S1: Weil er keinen Bleistift hat, und weil er etwas schreiben will.

C. Was möchten Sie tun? *Tell a number of things you would like to do, and enlist the help of others to accomplish those things.*

> BEISPIEL: Ich möchte das Telefonbuch benutzen. David, bring es mir bitte!

bekommen	deine Adresse	bringen
benutzen	ein Brief	geben
haben	das Buch	holen
lesen	das Heft	kaufen
sehen	der Kugelschreiber	schenken
___?___	deine Telefonnummer	schicken
	___?___	schreiben
		___?___

FOTOTEXT

Der Kurort (*health resort*) Lenzerheide in der Schweiz. Sommer oder Winter, frische Luft (*air*) ist immer gesund (*healthy*). Deshalb (*Therefore*) schiebt (*pushes*) die Frau einen Kinderwagen durch den Schnee. Wie kann man heute das Wetter in Lenzerheide beschreiben?

ERWEITERUNG

Notfall*

genau   *exactly*
rasen   *to race*
der Stau, -s   *traffic jam*

> **Urlaubszeit** auf unsren
> Straßen,
> und die Autofahrer rasen
> in den Stau,
> genau.
> **Hermann Friedrich, Chemnitz**

Ferienlandschaft.

Zeichnung: Mandzel

**Christoph 30
Wolfenbüttel**

Notruf 110 / 112
oder 0 53 31 / 50 50

ALLES KLAR!

Der Allgemeine Deutsche Automobil-Club (ADAC) provides motorists with the latest road and traffic conditions. It also offers information on travel routes and suggestions for handling traffic jams or for avoiding them altogether. Because **ADAC** is best known for its emergency assistance, however, the yellow rescue helicopters have become a symbol of the club.

Rollenspiel: Notfall. *You have a problem on the highway and call for help. Invent and stage a dialogue with another student.*

S1: Ich habe eine Panne (*breakdown*).
Ich habe kein Benzin mehr. (*I'm out of gasoline.*)
Ich habe einen Platten (*flat tire*).
Ich brauche einen Mechaniker.
Können Sie einen Abschleppwagen (*tow truck*)
  schicken?
Können Sie das Auto reparieren?
Ich bin . . . Kilometer von . . .
Wie lange dauert es?
Wieviel kostet es?
Es ist ein Unfall (*accident*) passiert.
Rufen Sie bitte die Polizei an!
  ?

S2: Wo sind Sie?
Wo ist Ihr Auto?
Ist jemand verletzt (*injured*)?
Brauchen Sie einen Kranken-
  wagen (*ambulance*)?
Was ist passiert?
  ?

* *Emergency*

FOTOTEXT

Kärnten ist ein Land in Österreich. Die Kärtner-
straße in Wien ist eine Fußgängerzone (*pedestrian zone*) in der Innenstadt. Hier dürfen keine
Autos oder Busse fahren. Man sieht eine
Anzeigesäule oder Litfaßsäule (*advertisement
pillar*). Man findet Fußgängerzonen und Lit-
faßsäulen in vielen Großstädten in Europa. Die
Bäume (*trees*) reflektieren etwas von dem
Wiener Charme. Man findet viel Grün in dieser
alten Kaiserstadt (*imperial city*).

Fehlanzeige*

A. Wie ist die Situation? In der folgenden Geschichte von Helga M. Novak
beschreibt die Ich-Erzählerin eine besondere Begegnung (*encounter*). Lesen Sie
Zeile 1 bis 4 von „Kräftig essen" und erklären (*explain*) Sie dann die Situation.

1. Ist die Ich-Erzählerin oft in dieser Stadt?
2. Hat sie diese Reise geplant?
3. Wer wohnt dort?
4. Was möchte die Ich-Erzählerin nicht tun?

Finden Sie diese Situation widersprüchlich (*contradictory*)? Warum (nicht)?

TEXT *Kräftig† essen*

von Helga M. Novak

Ich bin selten in dieser Stadt. Ich bin zufällig° hier.
    Ich habe eine Bekannte in dieser Stadt. Sie steht mir sehr nahe.° Wir
führen° einen ausgedehnten,° einen intimen Briefwechsel° miteinander.
    Ich bin zufällig hier. Ich möchte meine Bekannte nicht treffen.° Ich halte
5 mich nur einen Tag lang auf.° Ich habe keine Zeit. Wenn ich sie treffe, muß ich

accidentally
steht . . . *is very close to me*
*conduct / extended / exchange of
   letters*
meet
halte . . . auf *bleibe*

---

* *Lost cause*
† *Heartily*

mich ihr widmen.° Sie beschlagnahmt° mich. Sie sagt, was machst DU denn hier, oder was MACHST du denn hier, oder was machst du denn HIER. Ich sage, gar nichts. Sie zieht° mich. Sie reißt mich mit.° Sie sagt, und du rufst mich nicht an. Ich sage, ich wollte es gerade. Sie sagt, dann ist es ja herrlich,° daß wir uns tref-
10 fen. Ich sage, ja. Ich frage, bist du nicht auf dem Weg ins Geschäft.° Sie sagt, ach wo, ich habe heute meinen Haushaltstag. Ich sage, dann hast du also große Wäsche.° Sie sagt, ich denke nicht daran, zu waschen, wo du schon einmal hier bist. Ich sage, ist hier in der Nähe° ein Kino.° Sie sagt, Kino. Zuerst ins Café.

Sie hakt mich ein.° Sie sagt, wann bist du angekommen. Ich sage, gestern
15 abend. Sie sagt, das ist doch nicht möglich.° Und wo hast du geschlafen? Ich sage, in einem Hotel. Sie sagt, aber, aber. Wir holen sofort dein Gepäck und bringen es zu mir.° Ich sage, das lohnt sich nicht,° ich fahre am Nachmittag weiter. Sie sagt, du fährst am Nachmittag weiter, das kannst du mir nicht antun. Ich sage, sei mir nicht böse, ich habe kaum Zeit. Sie sagt, was hast du denn vor.
20 Ich sage, nichts Besonderes. Sie sagt, was ist übrigens° aus der Geschichte° geworden. Ich sage, aus welcher Geschichte. Sie sagt, die Geschichte in deinem vorletzten° Brief. Ich sage, in meinem vorletzten Brief. Sie sagt, er hieß° Roland oder Ronald. Du weißt schon, was ich meine. Ich sage, ach der.° Sie sagt, wieso der. Du hast seitenlang° von ihm geschrieben und daß du nicht ein noch aus
25 wüßtest.° Ich sage, er ist weg. Sie sagt, einfach weg. Das ist fantastisch. Ich sage, ja. Ist hier kein Kino?

Wir gehen die Kaiserallee hinauf. Wir setzen uns in eine Kaffeestube° und rauchen. Sie sagt, was du nur mit deinem Kino hast. Wir haben noch gar nicht richtig miteinander gesprochen. Ich sage, nein. Sie sagt, hast du schon gefrüh-
30 stückt?° Ich sage, nein. Sie sagt, ich hole uns etwas zu essen. Ich sage, ich habe keinen Hunger. Sie sagt, du mußt aber kräftig essen, möchtest du belegte Brote° oder Kuchen. Ich sage, nichts.

Sie geht zum Buffet. Sie nimmt zwei Tabletts.° Sie spricht mit der Bedie-nung.° Ich verlasse° die Kaffeestube durch den Ausgang° Königstraße.

Glossary:
- mich . . . *devote myself to her / monopolizes*
- *pulls /* reißt . . . *sweeps me away*
- *splendid*
- ins . . . *to the store*
- *laundry*
- in . . . *nearby / movie theater*
- hakt . . . *puts her arm through mine*
- *possible*
- zu . . . *to my house /* das . . . *it's not worth it*
- *by the way / story*
- *(letter) before last / (past tense of* heißen)
- *him*
- *page after page*
- nicht . . . *were at your wit's end*
- *café*
- *eaten breakfast*
- *open-faced sandwiches*
- *trays*
- Kellnerin / *leave / exit*

B. Methode. *After you have read the story at least twice, look for and jot down at least one example of each of the following techniques that avoid giving information.*

1. **Entschuldigungen:** Die Ich-Erzählerin will ihre Bekannte nicht sehen. Welche Gründe (*reasons*) gibt sie dafür?
2. **Kurze Antworten:** Die Ich-Erzählerin will wenig Informationen geben. Wie beantwortet sie manche Fragen?
3. **Fragen stellen:** Die Ich-Erzählerin beantwortet eine Frage mit einer anderen Frage.
4. **Wiederholung** (*Repetition*): Die Ich-Erzählerin hört einen Satz und wiederholt ihn als Frage.
5. **Das Thema wechseln** (*Changing the subject*): Die Ich-Erzählerin will nichts weiter über etwas sagen, und so wechselt sie abrupt das Gesprächs-thema.
6. **Wenn alle Stricke reißen, . . .** (*When all else fails, . . .*) Was macht die Ich-Erzählerin endlich? Warum?

C. Fragen zur Spekulation und Diskussion

1. Was meinen Sie? Trifft die Ich-Erzählerin wirklich ihre Bekannte? Oder macht sie nur Pläne: Plant sie nur, was sie macht, falls (*in case*) sie die Bekannte trifft?
2. Warum ist die Ich-Erzählerin in der Stadt?
3. Welche Kommunikationsform hat die Ich-Erzählerin lieber: Briefe oder Gespräche (*conversations*)? Warum?
4. Die Ich-Erzählerin verläßt die Kaffeestube. Was macht sie dann?

D. Was bedeutet der Titel „Kräftig essen"? Was meinen Sie?

- Die Ich-Erzählerin muß kräftig essen, weil sie kein Frühstück gegessen hat. Sie ist müde und vielleicht ein bißchen krank. Wenn sie kräftig ißt, geht es ihr viel besser.
- Die Bekannte will die Ich-Erzählerin besser kennenlernen. Sie will alles über sie wissen. Das Essen symbolisiert die Bekanntschaft. Wenn die Bekannte der Ich-Erzählerin das Essen gibt, erzählt die Ich-Erzählerin ihr etwas aus ihrem Leben.
- Der Titel bedeutet nichts. Er ist einfach ein interessanter Ausdruck aus der Geschichte.
- ___?___

Entschuldigungen

Rollenspiel: Pläne. *You try to convince your partner to go somewhere or to do something together. Your partner offers an excuse for turning down the invitation. You pursue the issue, however, by asking questions based on the excuse, suggesting another time or another activity, or adding more details to the invitation to try to persuade your partner to change his/her mind. Reverse roles when your partner agrees to your suggestion or when you finally give up.*

EINLADUNG

Hast du heute (heute abend, morgen früh, morgen abend) etwas vor?

Möchtest du ins Kino (Café, Restaurant) gehen?

Möchtest du eine Tasse Kaffee (Tee, Schokolade) trinken?

Möchtest du tanzen gehen?

Möchtest du Tennis (Karten, Volleyball, Pingpong) spielen?

Kannst du mir deine Adresse (Telefonnummer) geben?

Möchtest du einen Film sehen?

___?___

ENTSCHULDIGUNGEN

Ich habe keine Zeit.

Das wollte ich, aber . . .

Ja, aber ich kann es nicht, weil . . .

Nein, das kann ich einfach nicht.

Das lohnt sich nicht, denn . . .

Sei mir nicht böse, aber . . .

Es tut mir leid, aber . . .

Leider habe ich schon etwas vor. Ich muß nämlich . . .

Leider sollte ich . . .

Warum fragst du mich das?

Und wenn ich etwas (nichts) vorhabe?

___?___

10
KAUFEN SIE GERN EIN?

EINSTIMMUNG

Dieses Geschäft in Dresden hat ein reiches

Angebot (reiches . . . *rich offering*). Birgit steht mit ihren Eltern vor dem Schaufenster (*display window*).

MUTTER: Schau! Jetzt kann man so viele Waschmittel (*detergents*) kaufen, OMO, Persil, Bluma . . .

VATER: Das ist vor ein paar (*a few*) Jahren anders (*different*) gewesen. Und die vielen Zahn-
pflegemittel (*articles for dental care*)!

BIRGIT: Stimmt, aber seit es keine Grenze mehr gibt, ist alles auch teuer geworden.

WÖRTER

A. Wie nennt man diese Geschäfte oder Läden?

BEISPIEL: S1: Wie nennt man Nummer eins?
S2: Nummer eins nennt man das Blumengeschäft oder den
Blumenladen.

1. die Blumen + das Geschäft / die Blumen + der Laden
2. das Gemüse + das Geschäft / das Gemüse + der Laden
3. die Lebensmittel + das Geschäft
4. der Käse + das Geschäft
5. das Buch + die Handlung
6. super + der Markt
7. der Hut + das Geschäft
8. die Schreibwaren + das Geschäft

B. Was brauchen Sie? Was suchen Sie?

BEISPIEL: Milch →
S1: Ich brauche Milch.
S2: Dann suchen wir ein Lebensmittelgeschäft oder einen Super-
markt!

1. Lebensmittel
2. Briefpapier
3. Aspirin
4. Blumen
5. Gemüse
6. Bleistifte
7. Eier
8. Brötchen
9. Käse
10. __?__

Wortschatz

ADJECTIVES AND ADVERBS

eben	just (now)
erlaubt	allowed, permitted
irgend(wo)	some(where)
verboten	forbidden
wirklich	really

NOUNS

Businesses and Businesspeople

die Apotheke, -n	pharmacy
der Apotheker, - / die Apothekerin, -nen	pharmacist
der Bäcker, - / die Bäckerin, -nen	baker
die Bäckerei, -en	bakery
die Bank, -en	bank
die Drogerie, -n	drugstore
der Drogist, -en (wk.) / die Drogistin, -nen	druggist
das Geschäft, -e	shop, business
der Geschäftsmann, pl. Geschäftsleute / die Geschäftsfrau, -en	businessperson
der Händler, - / die Händlerin, -nen	shopkeeper, merchant
die Handlung, -en	business, shop, store; action
der Laden, ÷	store
das Schreibwaren- geschäft, -e	stationery store
der Supermarkt, ÷e	supermarket

Other Nouns

der Dichter, - / die Dichterin, -nen	poet
der Geburtstag, -e	birthday
das Gemüse, -	vegetable
die Geschichte, -n	story; history
das Haus, ÷er	house
die Lebensmittel (pl.)	groceries
die Meinung, -en	opinion
das Obst*	fruit
das Rad, ÷er, also: Fahrrad	bicycle

DATIVE PREPOSITIONS

aus	out of, from (origin)
außer	except, besides, apart from
bei	with; near; at the home of
mit	with; in the company of; by (transportation)
nach	after; according to; to (geographical location)
seit	since (time span); for (time)
von	from (origin); of, about; by (person)
zu	to (persons, things); at; for

DATIVE VERBS

antworten, hat geantwortet	to answer (to)
danken, hat gedankt	to thank
folgen, ist gefolgt	to follow (after)
gefallen (gefällt), hat gefallen	to please
gehören, hat gehört	to belong to
glauben, hat geglaubt[†]	to believe (a person)
helfen (hilft), hat geholfen	to help
nützen, hat genützt	to be of use (to)
passen, hat gepaßt	to fit
stehen, hat gestanden	(with dat.) to suit, look good
verzeihen, hat verziehen	to pardon, forgive

USEFUL WORDS AND PHRASES

es ist (uns) egal	it doesn't matter to (us), (we) don't care
(ich habe) Geburtstag	(it's my) birthday
in der Nähe (von)	near, in the vicinity (of), in the neighborhood (of)
(meiner) Meinung nach	in (my) opinion
nach Hause	(to) home
stolz auf (+ acc.) sein	to be proud of (something or someone)
zu Hause	(at) home
zum Geburtstag	for (one's) birthday

---

*The word **Obst** has no plural, but it is often combined with **die Sorte, -n** (kind, sort): **die Obst-sorten** (kinds of fruit). **Sorte** can be combined with many other nouns as well: **die Gemüsesorte, -n, die Brotsorte, -n, die Kaffeesorte, -n, die Teesorte, -n.**

† **Glauben** requires the dative case when the object refers to a person but the accusative case when the object refers to a thing:

    Ute glaubt dem Mann.   but: **Ute glaubt die Geschichte nicht.**

ALLES KLAR!

Langer Donnerstag / Langer Samstag. Business hours are regulated by law in Germany. On weekdays, for example, stores are allowed to remain open only until 6:30 PM, with the exception of Thursday, when they may stay open until 8:30 PM. On the first Saturday of each month, stores are allowed to stay open until 6:00 PM in the winter, but only until 4:00 PM during the rest of the year, as long as they keep extended Thursday hours. On all other Saturdays, stores must close at 2:00 PM. Because of the extended shopping hours, Thursday is known as **langer Donnerstag**, and the first Saturday of the month is called **langer Samstag.**

Infinitives as Nouns

The infinitive of almost any German verb may be capitalized and used as a neuter noun, often equivalent to an English verbal noun that ends in *ing*: einkaufen → das Einkaufen (*shopping*).

> Das **Einkaufen** ist nicht immer interessant.
> *Shopping is not always interesting.*

Nouns derived from infinitives are sometimes used without the article.

> **Geben** ist besser als **Nehmen.**
> *Giving is better than taking.*

C. Erlaubt oder verboten?

BEISPIEL: A: Darf man hier rauchen?
B: Nein. Hier ist Rauchen verboten.

C: Darf man in Deutschland telefonieren, wenn man Auto fährt?
D: Soviel (*As far as*) ich weiß, ist _____ beim _____ nicht verboten.

E: Gehört das zu guten Manieren, daß man liest, wenn man ißt?
F: Wenn man alleine ißt, ist _____ beim _____ erlaubt.

G: Darf man hier parken?
H: Nein. Vor Privateinfahrten (*private driveways*) ist _____ verboten.

D. Was ist schön? Was macht Spaß? *Make some signs to share with others.*

BEISPIEL: Viel Spaß beim (Lernen)!
. . . macht Spaß!
. . . ist Silber, . . . ist Gold.
. . . verboten.
. . . nicht erlaubt.

Viel Spaß beim Lesen!

Ohne Worte

FOTOTEXT

Dieses Geschäft ist eine Apotheke, wo man Medikamente auf Arztrezept (*prescription*) bekommt. Kopfschmerztabletten (*headache medication*) kann man auch in der Drogerie kaufen, aber die Apotheke ist auf Hilfe in Krankheitsfällen (*cases of sickness*) spezialisiert. Man kann hier aber auch Obstsäfte (*fruit juices*) und Gesundheitstees (*health teas*) wie im Reformhaus, oder Seifen (*soaps*), Zahnpasten und kosmetische Artikel wie in der Drogerie kaufen. Dann gibt es noch die Bioläden, wo man umweltfreundlich (*environmentally safe*) hergestellte (*produced*) Artikel für den gesunden Körper holen kann.

Eine Boutique hat Sommerschlußverkauf (*summer clearance sale*). Die Kundin möchte etwas für ihren Mann kaufen. Sie weiß nur noch nicht was. Was kann man in diesem Boutiqueschaufenster (*display window*) sehen? Möchten Sie hier etwas kaufen? Sind diese Spezialgeschäfte in Amerika auch so beliebt (*popular*) wie (*as*) in Deutschland?

SPRACHE

KONTEXT 1

ein iblis

von H. C. Artmann

ein iblis
ist ein ding
das lieber
dort bleiben
sollte
wo es
hingehört . . .

es kommt
manchmal
aus der erde° *earth*
aus dem meer° *sea*
aus der luft° *air*
aus dem berg
aus dem baum
aus dem mond° *moon*
und manchmal
aus mir und
aus dir und
aus ihm und
aus ihr und
aus es . . . *

wenn aber
ein iblis
nun irgendwo
herauskommt
geh geradeaus
und schau
nicht° links *here: neither*
noch° rechts *here: nor*

es ist
besser so.

A. Beim Lesen. *Notice that none of the words in the poem begin with a capital letter. Notice also that the poem lacks most of the expected punctuation. Read the poem at least twice; then do the following tasks, which will help you understand the structure and content.*

- Circle all nouns.
- If the poem were written as prose, it would consist of four sentences: one beginning with **ein iblis,** two beginning with **es,** one beginning with the subordinating conjunction **wenn.** Write a number at the beginning of each sentence (1–4).
- The poem contains two commands within one sentence; find and underline the commands.

B. Was ist ein Iblis? *Use phrases from the poem to answer the following questions.*

1. Was ist das Iblis?
2. Wo bleibt das Iblis lieber?
3. Woher kommt das Iblis manchmal?
4. Wenn ein Iblis herauskommt, was sollte man tun? Warum?

---

*The dative case follows the preposition **aus.** The poet has taken "poetic license" in this instance, however, because the preceding pronouns, **aus ihm** and **aus ihr,** clearly refer to people. Since the dative pronouns referring to things—such as **Tisch, Fahrrad, Flasche**—would again be **aus ihm** and **aus ihr,** respectively, the poet used the pronoun **es** to emphasize his intended reference to things.

C. Wie definieren Sie das Iblis? Wie beschreiben Sie es? *Using your imag-ination, write your own definition and description of the* Iblis. *The following questions will give you ideas to consider. When possible, include phrases from the poem to enhance or back up your statements.*

- Kann man ein Iblis sehen? Ist es sichtbar (*visible*) oder unsichtbar?
- Kann man ein Iblis berühren (*touch*)? Ist es greifbar (*tangible*) oder nicht greifbar?
- Kann man ein Iblis hören? Wenn ja: Spricht es? Singt es?
- Ist das Iblis ein Ding oder ein Mensch? Ist es groß? klein? schön? __?__
- Ist es eine Substanz? Ist es heiß? kalt? gelb? __?__
- Ist es ein mikroskopisches Tier (*animal*)? Hat es einen Kopf? Beine? Augen? __?__
- Ist das Iblis eine Eigenschaft (*quality*) wie zum Beispiel Schönheit (*beauty*) oder Häßlichkeit (*ugliness*)? oder ein Gefühl wie Liebe oder Haß?
- Ist das Iblis nur ein Name für etwas anderes, wie zum Beispiel ein Name fürs Leben? für die Natur? für die Versuchung (*temptation*)? für __?__
- Lebt/Bleibt das Iblis überall? hier und dort? bei Ihnen (*at your house*)? bei allen Menschen? __?__
- Ist das Iblis etwas Gutes oder etwas Schlechtes?

INFORMATIONEN 1

Dative Prepositions

Just as certain prepositions are followed by a noun or pronoun in the accusative case, some prepositions are followed by a noun or pronoun in the dative case. Most of these prepositions have more than one meaning, as the following exam-ples indicate. Remember, dative plural nouns require an **n,** unless they already end in **n** or **s.**

aus	*out of*	Die Leute kommen **aus den Geschäften.**
	from	Er kommt **aus der Schweiz.**
außer	*except, besides, apart from*	**Außer einem Mann** steht niemand da.
bei	*with*	Ich habe kein Geld **bei mir.**
	near	Gibt es eine Apotheke **beim Bahnhof?**
	at the home of	Ich wohne **bei Frau Müller.**
	when (+ *verbal noun*)	**Beim Essen** spricht man nicht.
mit	*with, in the company of*	Ich gehe **mit meiner Freundin** einkaufen.
	by	Wir fahren **mit dem Zug.**

nach	*after*	**Nach einer Stunde** gehen die Kunden aus dem Geschäft.
	according to	**Meiner Meinung nach*** ist dieses Brot teuer.
	to	Heute fahren wir **nach Frankfurt.**
		Gehen wir jetzt **nach Hause.**
seit	*since*	**Seit deinem Besuch** geht es mir gut.
	for	Die Leute sind **seit einer Stunde** hier.
von	*from*	Sie kommen eben **vom Gemüseladen.**
	of, about	Wir sprechen nicht **von dieser Frau.**
	by	Diese Musik ist **von Brahms.**
zu	*to*	Er fährt **zu seinem Vater.**
		Ich gehe **zur Apotheke.**
	at	Sie bleibt **zu Hause.**
	for	Was essen Sie **zum Frühstück?**

(handwritten note: to place w/ a name)

(handwritten note: to place w/o name)

The following contractions are common.

| bei dem → beim | zu dem → zum |
| von dem → vom | zu der → zur |

(logo: VON HAUS ZU HAUS-GEPÄCK VORAUS DB)

bei and *mit*

Study and compare the following examples with **bei** and **mit.** Notice the differences in usage and meaning.

BEI	MIT
Er wohnt **bei** der Familie Neumann.	Er wohnt **mit** seinem Bruder zusammen.
He lives with (rents a room from) the Neumann family.	*He lives with (shares lodging with) his brother.*
Herr Schmidt arbeitet **bei** Mercedes Benz.	Herr Schmidt arbeitet **mit** Herrn Braun zusammen.
Mr. Schmidt works with (for) Mercedes Benz.	*Mr. Schmidt works with (is a co-worker of) Mr. Braun.*
Sie ist **beim** Bäcker.	Sie spricht **mit** dem Bäcker.
She's at the baker's.	*She's speaking with the baker.*
Bei uns in den USA ist es eben anders.	Du kommst **mit** uns nach Hause.
It's just different with us in the United States.	*You are coming home with us.*

---

*Note that the preposition most commonly follows the noun in the phrase (**meiner**) **Meinung nach.**

seit

The German present tense is used with **seit,** whereas the present perfect progressive tense (*has/have been _____ing*) is used in equivalent English sentences.

GERMAN: PRESENT (+ **seit**)

Herr Schmidt **wohnt** schon **seit zwanzig Jahren** in Bonn.

Seit gestern geht es mir schlecht.

Frau Wenzel **steht seit einer Stunde** da.

ENGLISH: PRESENT PERFECT

Mr. Schmidt has been living in Bonn for twenty years already.

I haven't been feeling well since yesterday.

Mrs. Wenzel has been standing there for an hour.

ÜBUNGEN 1

A. Nein, das stimmt nicht (*that isn't so*).

BEISPIEL: S1: Kommt unser Freund aus der Apotheke? (das Blumengeschäft)
S2: Nein, er kommt aus dem Blumengeschäft.

1. Kommt Anna eben aus einem Museum? (eine Kirche)
2. Ist Frau Konrad jetzt bei der Apothekerin? (die Familie Müller)
3. Spricht Herr Groß mit der Verkäuferin? (die Kunden)
4. Kommen die Kinder eben von der Bäckerei? (das Schreibwarengeschäft)
5. Geht deine Freundin jetzt zur Bank? (die Drogerie)
6. Ist der Verkäufer nach fünf Minuten zurückgekommen? (eine Stunde)
7. Ist Karin seit drei Tagen weg? (ein Tag)
8. Hat Franz alles außer dem Stadtplan? (der Schlüssel)

B. Minidialoge

GEORG: Wo sind die anderen Gäste? Außer _____ ist niemand hier. (*us*)
LIESL: Vielleicht sind sie alle noch bei _____. (*Mr. Lehner*)

EMILIE: Möchtest du heute mit _____ einkaufen gehen? (*me*)
RENATE: Danke, aber ich habe einen Termin (*appointment*) bei _____. (*the doctor*)

ROLF: Warum gehst du zu _____? (*the [female] dentist*)
ERICH: Weil die Zähne mir seit _____ weh tun. (*a week*)

C. Richard fährt nach Zürich. Was passiert?

Richard kommt _____ (*from Switzerland*). Er wohnt _____ (*with the Eberhardt family*) in Luzern. Heute fährt er _____ (*to* Zürich). Er fährt _____ (*by train*). Er spricht _____ (*with a woman*). _____ (*After an hour*) ist er in Zürich. Er geht sofort _____ (*to the* Bahnhofstraße). Er möchte nichts _____ (*except a coat*) kaufen. Aber _____ (*in his opinion*) ist alles sehr teuer. Er geht _____ (*to the department store*) und dann _____ (*to a bakery*). _____ (*At the baker's*) kauft er Brötchen. Er kommt _____ (*out of the bakery*) und geht (*to the railway station*). Er nimmt den Zug _____ ([*to*] *home*). _____ (*At home*) spricht er _____ (*with Mr. Eberhardt*).

D. Bei mir und bei dir ist es eben anders. Benutzen Sie **bei, beim** oder **mit!**

1. Ich wohne _____ meiner Familie zusammen, aber du wohnst _____ der Familie Schmidt.
2. Ich spreche jetzt _____ der Bäckerin, und du bist _____ Buchhändler.
3. Ich habe Geld _____ mir, aber du möchtest nicht _____ mir einkaufen gehen.
4. Ich arbeite _____ einer Firma in Hannover.
5. Du arbeitest _____ Herrn Müller zusammen, nicht wahr?
6. Ich fahre heute _____ dem Auto, aber du fährst _____ der Straßenbahn.

E. Seit wann machen Sie was? Bilden Sie Sätze!

BEISPIEL: Ich bin seit einem Tag zu Hause.

ich	arbeiten	seit	eine Minute	bei	der Bäcker
	fahren		ein Monat	mit	die Bank
	sein		eine Stunde	nach	das Blumengeschäft
	sprechen		ein Tag	von	der Bus
	stehen		eine Woche	zu	die Frau
	_____?		gestern		das Haus
			_____?		der Mann
					_____?

F. Was sagen/schreiben Sie auf deutsch? *Form your own sentences that include the given phrases.*

BEISPIELE: Gestern habe ich alles außer Brot gekauft.
   oder: Meine Schwester ißt alles außer Brot.
   oder: Außer Brot esse ich heute nur Eier.
   oder: _____?

1. außer Blumen
2. aus dem Haus
3. mit meinen Freunden
4. nach Hause
5. bei uns
6. zum Geburtstag
7. von meiner Lieblingsautorin
8. seit einem Monat

KOMMUNIKATION 1

A. Interview: Wie war es zu Hause? Fragen Sie einen Studenten / eine Studentin:

1. wie lange er/sie bei seiner/ihrer Familie gewohnt hat
2. wer einkaufen gegangen ist
3. wer das Essen gemacht hat

4. wer oft zu der Familie gekommen ist
5. mit wem er/sie oft und gern gesprochen hat
6. ob alles immer schön zu Hause war, oder ob er/sie oft mit seiner/ihrer Familie Probleme hat

B. Meinungen. Was meinen Sie? Und was meint Ihr Nachbar / Ihre Nachbarin? Fragen Sie ihn/sie!

deiner Meinung nach . . .	brauchen	dieses Land	mehr	Autos/Busse/Züge
meiner Meinung nach . . .	braucht	die Menschen von heute	weniger (*fewer*)	Disziplin
	gibt es	diese Stadt	zuviel	Gebäude
		diese Universität	zu viele	Geld
		in Amerika	zuwenig	Kaufhäuser/Spezialgeschäfte
		in Chicago	(*too little*)	Leute
		in ?	zu wenige	Millionäre
			(*too few*)	Politiker
				Religion
				Respekt
				Touristen
				?

KONTEXT 2

Der junge Mann heißt Robert, und das Fahrrad gehört ihm. Es ist nicht neu, sondern gebraucht, denn Robert hat es von einem Freund gekauft. Es gefällt ihm sehr, besonders weil es wirklich schnell ist. Wenn er zum Beispiel mit seinen Freunden radfährt, müssen fast alle ihm nachfahren. Er sagt: Ich bin stolz auf mein Fahrrad, denn diesem Rad folgen viele. Seine Freunde meinen: Es ist uns egal, ob wir diesem Rad nachfahren oder nicht, denn Radfahren macht immer Spaß.

Diesem Rad folgen viele

A. Radfahren

1. Wem gehört das Fahrrad?
2. Von wem hat Robert es gekauft?
3. Warum gefällt dem jungen Mann das Fahrrad?
4. Was passiert, wenn er mit seinen Freunden radfährt?
5. Warum ist er stolz auf das Fahrrad?
6. Was meinen Roberts Freunde? Warum?

B. Interview: beim Fahren. Fragen Sie einen Studenten / eine Studentin:

1. Hast du ein Fahrrad? ein Skateboard? ein Motorrad? ein Auto?
2. Hast du es gekauft, oder hat es dir jemand geschenkt? Wenn du es gekauft hast, von wem? von einem Freund oder einer Freundin? von einem Studenten oder einer Studentin? von deinem Nachbarn oder deiner Nachbarin?
3. Kannst du mit deinem Fahrrad (Skateboard, Motorrad, Auto) schnell fahren?
4. Welche Farbe hat dein Fahrrad (Skateboard, Motorrad, Auto)?
5. Ist es alt oder neu?
6. Bist du stolz darauf (*of it*)? Warum (nicht)?

INFORMATIONEN 2

Dative Verbs

Most German verbs take an accusative object: **Wir kennen diesen Mann. Kennen Sie ihn auch?** Certain verbs, such as the following, for example, must take a dative object.

antworten	**Der Händler hat der Kundin geantwortet.**
	The shopkeeper answered the customer.
danken	**Der Kunde hat dem Verkäufer gedankt.**
	The customer thanked the salesperson.
✱ folgen*	**Wem folgen die Kunden?**
	Whom are the customers following?
✱ (gefallen	**Wie gefällt dir dieses Geschäft?**
	How do you like this shop? (*lit., How does this shop please you?*)
✱ gehören	**Dieses Buch gehört einem Kunden.**
	This book belongs to a customer.
glauben†	**Hat Ihnen die Händlerin geglaubt?**
	Did the shopkeeper believe you?
✱ helfen	**Ich helfe Ihnen doch gerne.**
	I'll be more than glad to help you.
nützen	**Diese Antiquitäten nützen mir gar nichts.**
	These antiques are of no use at all to me.

[handwritten:]) more common than mögen like "gustar"   me=mir

[handwritten:])

[handwritten:] Ich helfe meiner Mutter

[handwritten:] ✱ on tests

---

* Remember, **folgen,** in the sense of to *follow* (*after*), is used with the auxiliary **sein.**

† Remember, **glauben** takes a dative object in reference to a person but an accusative object in reference to a thing or abstraction: **Ich glaube *dir*,** but: **Ich glaube *es* nicht.**

passen	Die Schuhe **passen niemandem**.
	These shoes fit no one.
stehen*	Der Mantel **hat ihm** überhaupt nicht **gestanden**.
	The coat didn't look good on him at all.
verzeihen	**Verzeihen** Sie **mir,** bitte!
	Excuse me, please.

ÜBUNGEN 2
■ ■ ■ ■ ■ ■ ■ ■

A. Geschenke und andere Sachen (*things*)

1. Ich schenke Ihnen diese Blumen, weil Sie _____ geholfen haben. (*me*)
2. Ich habe diesen Schirm bei mir gefunden. Gehört er _____? (*you* [*for.*])
3. Du kannst diese Reisetasche haben, wenn sie _____ nützt. (*you* [*infor. sg.*])
4. Wir möchten _____ für die Geschenke danken. (*you* [*infor. pl.*])
5. Entschuldigung, aber diese Bücher gehören _____. (*us*)
6. Wenn Sie _____ folgen, gibt er Ihnen das Paket. (*him*)

B. Beim Einkaufen

BEISPIEL: S1: Wem hat der Apotheker geantwortet? (jeder Kunde)
S2: Er hat jedem Kunden geantwortet.

1. Wem hat die Kundin gedankt? (der Bäcker)
2. Wem ist der Mann gefolgt? (die Verkäuferin)
3. Wem hat der Kunde nicht geglaubt? (der Buchhändler)
4. Wem hat die Apothekerin geholfen? (der Tourist)
5. Wem haben die Kundinnen geantwortet? (die Verkäuferin)
6. Wem haben die Kreditkarten genützt? (die Geschäftsleute)
7. Wem haben die Jeans gepaßt? (die Studentin)
8. Wem haben die Hüte gut gestanden? (die Männer)
9. Wem haben die Antiquitäten gefallen? (der Franzose)
10. Wem hat das Geld gehört? (Herr Müller)

C. Die Familie geht einkaufen.

Nach dem Frühstück _____ (*follow*) die Kinder _____ (*their parents*) aus dem Haus. Heute trägt die Mutter ein neues Kleid. Sie hat es zum Geburtstag bekommen, und es _____ (*suits her*) gut. Zuerst fährt die Familie zum Kaufhaus. Die Kinder brauchen neue Schuhe, weil _____ (*them*) die Sandalen nicht mehr _____ (*fit*).

Der Vater hat Kopfschmerzen und geht zur Drogerie. Dort kauft er Aspirin und _____ (*thanks the druggist*) für seine Hilfe. Hoffentlich _____ (*is*

---

*The verb **stehen** (*to stand*) has different meanings in various idiomatic expressions. In the example above, **stehen** means *to suit.*

of use to him) das Medikament. Beim Blumenhändler kauft die Mutter Chrysanthemen, denn Blumen _____ (*please her*) sehr.

D. Fritz kauft ein Hemd. Was sagt er? Was sagt sein Freund Max? Was sagt die Verkäuferin? Auf deutsch, bitte!

FRITZ: Can you help me please? This shirt doesn't fit me.

THE SALESPERSON: If you'll follow me, I'll look for your size.

FRITZ (*to Max*): You may follow us, if you want to.

MAX: Do you like this shirt?

FRITZ: No, maybe this shirt . . .

MAX: Yes, it suits you.

FRITZ: (*to the salesperson*) I'd like to buy this shirt, please. (*to Max*) Now I'll have to write a letter to my mother and thank her for the money.

KOMMUNIKATION 2

A. Interview: andere Leute. Fragen Sie einen Studenten / eine Studentin:

1. Glaubst du deinen Eltern? deinen Freunden? deinen Professoren?
2. Wer hat dir fast immer geglaubt? Wer hat dir fast nie geglaubt?
3. Wer gefällt dir?
4. Wem gefällst du?
5. Wem hast du oft verziehen?
6. Wer hat dir manchmal verziehen?
7. Wem dankst du oft?
8. Wer dankt dir oft?
9. Wem hast du geholfen?
10. Wer hat dir geholfen?
11. Antwortest du deinen Eltern immer? deinen Professoren?
12. Wem antwortest du nicht gern?

B. Rollenspiele: Situationen beim Einkaufen. *Work with a partner and act out one or more of the following situations for the class.*

1. Sie gehen ins Antiquitätengeschäft. Eine Uhr gefällt Ihnen, aber sie ist sehr teuer. Der Verkäufer / die Verkäuferin kommt und fragt: „Darf ich Ihnen helfen?" Sie lassen die Uhr versehentlich (*accidentally*) fallen, und sie geht kaputt. Was sagen Sie? Was machen Sie?
2. Sie sind beim Apotheker, weil Sie Grippe haben und ein Medikament brauchen. Seit fünfzehn Minuten spricht der Apotheker / die Apothekerin mit einem Kunden / einer Kundin über das Wetter. Sie haben es eilig (haben . . . *are in a hurry*) und wollen, daß jemand Sie bedient (*waits on*). Sie sagen: „Verzeihen Sie mir bitte, aber . . ."

FOTOTEXT

Köln. Karin trifft Richarda auf der Rolltreppe (*escalator*) im Einkaufszentrum (*mall*).

R: Was hältst du von den Geschäften im Einkaufszentrum, Karin?

K: Die meisten (*most of them*) sind super! Hier kaufe ich gern ein, besonders im Jeans Shop.

R: Warum? Was gibt's denn da Besonderes?

K: Ha! Du weißt also nicht, daß Martin dort arbeitet, Ricci?

R: Ich werd' verrückt (*crazy*)! Ich geh' gleich hin, kommst du mit?

Nürnberg. Im Dezember kann man den Christkindlmarkt (*Christ Child's Market*)—oder in Norddeutschland Weihnachtsmarkt (*Christmas Market*)—in vielen deutschsprachigen Städten besuchen. Doch der Christkindlmarkt in Nürnberg ist der berühmteste (*most famous*). Hier kann man an vielen Ständen Weihnachtsdekorationen und Geschenke kaufen.

3. Sie kaufen Schreibwaren. Alles zusammen kostet 70 DM, und Sie geben dem Verkäufer / der Verkäuferin 100 Mark. Er/Sie dankt Ihnen und gibt Ihnen 50 Mark zurück. Was sagen Sie? Was machen Sie?

C. Politiker und Politikerinnen. Sprechen Sie über Politik! Fragen Sie andere Studenten/Studentinnen,

1. welcher Politiker oder welche Politikerin den Leuten immer antwortet; wer den Leuten nie antwortet.
2. wem wir für ein besseres Leben danken können. Warum?
3. wer allen Leuten besonders geholfen hat. Wie?
4. wer vielleicht Terroristen geholfen hat. Wie?
5. welchem Politiker oder welcher Politikerin sie fast immer glauben. Warum?
6. welchen Politikern/Politikerinnen sie nie glauben. Warum nicht?

DER DIALOG ... — UND ..LOG... UND..LOG... ___ ..MIT DEM WÄHLER!

der Wähler   *voter*

ERWEITERUNG

Alt und modern

A. Vor dem Lesen. *Read the* Alles klar! *section, which gives a brief explanation of the* Tante-Emma-Läden. *Then study the drawing to get a grasp of some of the vocabulary you will encounter in the newspaper article entitled* „Deutschlands älteste Tante Emma".

B. **Beim Lesen und nach dem Lesen**

- Skim the article on page 206 to get a general feeling for the **Obst- und Gemüseladen** and for the **„Tante Emma"** herself.
- Next, scan the article for information to answer each of the following questions.

1. Wie heißt Deutschlands älteste Tante Emma? Wie alt ist sie?
2. Seit wann ist das Geschäft im Familienbesitz?
3. Von wem hat Frau Löwener das Geschäft übernommen? Wie alt war sie damals?
4. Um wieviel Uhr morgens öffnet sie den Laden?
5. Wie lange dauert die Mittagspause?
6. Wer kommt jeden Tag zu ihr? Warum?
7. Was macht Frau Löwener abends? Warum?
8. Was ist vor drei Jahren passiert?

- Finally, read the article thoroughly to achieve a better understanding of what the **Tante-Emma-Läden** once were and of the problems such remaining shops might face in today's changing world. With these ideas in mind, read the cartoon (**Alles easy!**) on page 207 that deals with modern shopping centers and automation.

ALLES KLAR!

Geschäfte und Läden. In den deutschsprachigen Ländern sieht man heute nicht nur große Kaufhäuser und Supermärkte, sondern auch viele Boutiquen und Fachgeschäfte wie Schreibwarengeschäfte, Fotogeschäfte, Porzellangeschäfte, Juweliergeschäfte und so weiter. Wenn man besonders billig kaufen will, kann man Secondhandläden und Flohmärkte besuchen. Kleine Lebensmittelgeschäfte im alten Stil nennt man auch „Tante-Emma-Läden". Hier kann man zum Beispiel Käse, Brot oder Obst und Gemüse kaufen, und die Atmosphäre ist sehr freundlich und persönlich. Wenn man alles frisch direkt vom Bauern (*farmer*) kaufen will, geht man zum (Gemüse- oder Obst-) Markt. Dort verkaufen (*sell*) die Bauern in vielen Städten an offenen Ständen ein- oder zweimal die Woche ihre Waren.

TEXT *Deutschlands älteste* „Tante Emma"*

D ie alte Dame in dem kleinen Obst- und Gemüseladen kommt mit vor-
sichtigen° Schritten° hinter der Theke hervor. „Das hier", sagt sie, „ist
mein Leben." 14 Quadratmeter° sind seit 71 Jahren ihr Reich. Sie heißt
Katharina Löwener und ist 96 Jahre alt—Deutschlands älteste „Tante Emma".

5 „Mein Geschäft ist seit dem 18. Jahrhundert° im Familienbesitz.° Ich hab's
von meiner Schwiegermutter übernommen." 22 Jahre alt war sie damals.° „Mein
Mann blieb im 1. Weltkrieg°", sagt sie.

Das Geschäft sieht noch genauso° aus wie vor 74 Jahren. Sie verkauft°
Limonade für 1,10 Mark, Bier für 1,30 Mark, Wasser für 90 Pfennig—ohne Glas.

10 Im Schaufenster stehen Holzkisten mit Äpfeln, Pfirsichen—das Pfund für 1,30
Mark—, Tomaten und Kopfsalat (Preise nach Saison). Von der Decke baumeln°
Bananen; auf der Theke steht Frau Löweners letzte Investition: eine Waage aus
den 50er Jahren.°

Der beige Regalschrank hat viele weiße Schubladen mit weißen Knäufen. In
15 den Schubladen findet man Gewürze,° Tütensuppen,° Zitronen,° Eier und
Nudeln. „Früher hatte ich auch noch Fässer° mit Sauerkraut und Pökelfleisch,°"
sagt sie.

Jeden Morgen um 8.30 Uhr macht sie ihren Laden auf. Zwei Stunden Mittagspause. Dann kommt Enkelkind° Ursula (50) und kocht etwas. Frau Löwener:
20 „Wir sind immer eine große Runde.° Die ganze Familie ißt jeden Mittag bei
mir." Das sind die Enkelkinder Heidi (37) und Manfred (35), die Urenkelkinder°
Margit (29), Michael (18), Andreas (16) und das Ur-Urenkelkind Stefan (6).

Abends, wenn sie ihren Laden schließt,° tun ihr schon mal die Beine weh. Sie
legt sie dann hoch, schaut fern°—am liebsten Fußball°—, trinkt ein Glas Bier.

25 Vor drei Jahren kam° ein Mann mit Pistole. „Der (Mann) hat mich ange-
schrien:° ‚Hände hoch, Oma°!' Ich war ganz verwirrt,° wußte° gar nicht, was er
von mir wollte. Bei mir gibt's doch nichts zu holen. Ich hatte keine Angst, aber
er wohl°—er ist dann weggerannt.°"

	careful / steps
	square meters
	century / im . . . owned by the family
	at that time
	blieb . . . was killed in WWI
	exactly / sells
	dangle
	50er . . . 1950s
	spices / soup mixes / lemons
	barrels / salt meat
	grandchild
	crowd
	great-grandchildren
	closes
	schaut . . . watches TV / am . . . preferably soccer
	came
	screamed at / Granny / confused / didn't know
	hatte . . . wasn't afraid, but he probably was / ran away

C. Im Supermarkt. Lesen Sie den Cartoontext auf Seite 207 und sagen Sie:

1. wohin die Frau fährt
2. was sie braucht
3. was sie für ein Markstück bekommt
4. wer mit der Frau einkaufen geht
5. warum die Frau keine Kiwi kauft
6. was die Frau kauft
7. was Thea zerbrochen (*broke*) hat
8. was die Frau vergessen hat
9. zu wem die Frau geht

---

* *oldest*

ALLES EASY!

Jutta Bauer

anstrengenden *taxing*

drücken *to push*

endlich *finally*

huch *ooh*

hui *whoosh*

Kartoffeln *potatoes*

Lichtschranke *photoelectric beam*

Markstück *coin*

na *well*

niedrig *low*

raus *out*

rein *in*

ruck-zuck *quick*

Schluß *end*

Taste *button*

Vorsicht *careful*

wählen *to choose*

wohl *probably*

D. Zur Diskussion: Frau Schlapper. Der Name „Schlapper" kommt vom Adjektiv „schlapp" (*worn out, run-down*). Paßt dieser Name Ihrer Meinung nach zu dieser Frau? Warum (nicht)?

E. Frau Löwener und Frau Schlapper. Sie haben die Geschichte von Frau Löwener („Deutschlands älteste Tante Emma") und die Geschichte von Frau Schlapper („Alles easy!") gelesen. Vergleichen (*Compare*) Sie jetzt diese zwei Frauen.

1. Wie alt ist Frau Löwener? Wie alt ist Frau Schlapper?
2. Was ist Frau Löwener? Was ist Frau Schlapper?
3. Beschreiben Sie Frau Löweners Familie. Beschreiben Sie Frau Schlappers Familie.
4. Wer hilft den Kunden bei Frau Löwener? Wer hilft Frau Schlapper im Kauf-Center?

F. Ein Porträt. Kennen Sie jemanden, eine Frau oder einen Mann, wie Frau Löwener? Oder kennen Sie vielleicht jemanden, eine Frau oder einen Mann, wie Frau Schlapper? Wählen Sie einen der beiden „Typen", und beschreiben Sie ihn mündlich oder schriftlich. Die folgenden Fragen werden Ihnen helfen.

- Wie heißt er/sie?
- Wie alt ist er/sie?
- Hat er/sie eine Familie? Wenn ja: Beschreiben Sie die Familie. Wenn nein: Beschreiben Sie seine/ihre Freunde/Freundinnen oder Kollegen/Kolleginnen.
- Arbeitet er/sie? Wenn ja: Was macht er/sie? Wenn nein: Warum nicht?
- Wie verbringt er/sie einen typischen Wochentag? das Wochenende?

FOTOTEXT

Die Schwiegertochter (*daughter-in-law*) Gerda und der Sohn Manfred bringen einen Geburtstagskuchen für die Groß-mutter.

G: Herzlichen Glückwunsch zum Geburts-tag, Omi!

O: Ach, wie lieb (*how nice*)! Das war doch gar nicht nötig. Danke schön!

M: Alles Gute, Omi, und viel Freude (*happiness*) im neuen Lebensjahr.

11

WO ICH WOHNE

EINSTIMMUNG

Die Oberschülerin Daniela wohnt natürlich noch bei ihren Eltern. Sie hat ihr eigenes (*own*) Zimmer. Ist Ihr Zimmer im Studentenheim, in einer Wohnung, oder wohnen Sie bei Ihren Verwandten (*relatives*)? Daniela hat einen Schreibtisch, einen Schreibtischstuhl, zwei Bücherregale, zwei Lampen, Bilder, Fotos, Bücher, Hefte, Kassetten und eine Pflanze. Was haben Sie in Ihrem Zimmer?

WÖRTER

A. Was für ein Haus ist das? Das ist . . .

1. Nur eine Familie wohnt hier.
2. Hier mietet man eine Wohnung.
3. Jede Stadt hat so ein „Haus".
4. In diesem Haus findet man viele kranke Leute.
5. Hier kann man fast alles kaufen.

   a. ein Mietshaus
   b. ein Krankenhaus
   c. ein Einfamilienhaus
   d. ein Kaufhaus
   e. ein Rathaus

B. Wie heißt das Zimmer? Dieses Zimmer heißt . . .

1. Hier kocht man.
2. Hier ißt man.
3. Hier schläft man.
4. Hier spielt man Karten oder Tischtennis.
5. Hier wäscht man Socken, Hemden . . .
6. Hier badet man.
7. Hier schlafen die Gäste.
8. Hier sitzt man und liest oder spricht mit Gästen.

   a. das Schlafzimmer
   b. das Gästezimmer
   c. die Küche
   d. das Wohnzimmer
   e. die Waschküche
   f. das Eßzimmer
   g. das Spielzimmer
   h. das Bad

C. Interview: Wo wohnen Sie? Was haben Sie? Fragen Sie einen Studenten / eine Studentin:

1. Wohnst du in einem Haus? in einer Wohnung? in einem Mietshaus? in einem Zimmer im Studentenheim?
2. Was für Möbel hast du? Hast du zum Beispiel eine Kommode? einen Sessel? Bücherregale? ___?___
3. Hast du ein Radio? ein Telefon? einen Fernseher? ___?___
4. Hast du Bilder, Poster und Spiegel an den Wänden?
5. Wie viele Fenster hat dein Schlafzimmer? Wie viele Türen hat es?
6. Hat das Haus / das Mietshaus / das Studentenheim Balkone?
7. Hast du eine Katze oder einen Hund? Sind Tiere (*animals*) in deiner Wohnung oder in deinem Zimmer erlaubt?

WORTSCHATZ

ADJECTIVES AND ADVERBS

gemütlich	cozy; cozily, comfortable; comfortably; genial(ly)
hell	light (*in color*)
(un)möglich	(im)possible
mündlich	verbal(ly)
schriftlich	in writing

NOUNS

Housing and Furniture

der Balkon, -e	balcony
das Bett, -en	bed
das Bild, -er	picture
das Bücherregal, -e	bookshelf
die Diele, -n	hall, hallway
das Eßzimmer, -	dining room
das Fenster, -	window
der Fernseher, -	television (set)
die Grünpflanze, -n	green plant
die Kommode, -n	dresser, chest of drawers
die Küche, -n	kitchen; cuisine
die Lampe, -n	lamp
das Mietshaus, ⸗er	apartment building
die Möbel (*pl.*)	furniture
das Radio, -s	radio
das Regal, -e	shelf
der Schrank, ⸗e	freestanding closet
der Sessel, -	(easy) chair
das Sofa, -s	sofa
der Spiegel, -	mirror
das Studentenheim, -e	student dormitory
der Teppich, -e	rug
die Tür, -en	door
die Wand, ⸗e	wall
die Wohnung, -en	apartment

Other Nouns

die Arbeit, -en	work
die Ferien (*pl.*)	vacation, holiday(s)
der Fußball, ⸗e	soccer; *pl.* soccer balls
der Hund, -e	dog
die Katze, -n	cat
das Kino, -s	movie theater
der Vorteil, -e	advantage

ACCUSATIVE OR DATIVE PREPOSITIONS

an	at, up to
auf	on, upon, onto
hinter	behind
in	in, on (*street*), into
neben	next to, beside
über	over, above, across
unter	under, beneath; among
vor	in front of, before; ago
zwischen	between

VERB/PREPOSITION IDIOMS

Angst haben vor (+ *dat.*)	to be afraid of
antworten auf (+ *acc.*)	to respond to
arbeiten an (+ *dat.*)	to work on
denken an (+ *acc.*)	to think of, about
klopfen an (+ *acc.*)	to knock on
lachen über (+ *acc.*)	to laugh about
schauen auf (+ *acc.*)	to look at
sprechen über (+ *acc.*)	to talk about
warten auf (+ *acc.*)	to wait for

VERBS

bezahlen, hat bezahlt	to pay (*something*)
dabei·bleiben, ist dabeigeblieben	to stay with it
hängen, hat gehangen	to hang, be suspended
hängen, hat gehängt	to hang up
legen, hat gelegt	to lay, put down, place
liegen, hat gelegen	to lie, be situated
stellen, hat gestellt	to place (*vertically*)
waschen (wäscht), hat gewaschen	to wash

Possessive Pronouns

The possessive adjectives (**mein, dein, sein,** [*masc.*], **ihr** [*fem.*], **sein** [*neut.*], **unser, euer, ihr** [*pl.*], and **Ihr**) may also function as possessive pronouns: *possessive* because they imply ownership or relationship; *pronouns* because they, like all other pronouns, stand for or take the place of nouns. They are not capitalized (except for **Ihr**), and they have the same endings as **der-**words. The **e** in the neuter nominative and accusative is often omitted in conversation.

	MASCULINE	FEMININE	NEUTER	PLURAL
NOMINATIVE	sein**er**	sein**e**	sein(**e**)s	sein**e**
ACCUSATIVE	sein**en**	sein**e**	sein(**e**)s	sein**e**
DATIVE	sein**em**	sein**er**	sein**em**	sein**en**

Possessive pronouns agree in gender, number, and case with the nouns they replace.

Mein Haus ist groß, aber **Ihres** ist wirklich schön.   *My house is big, but yours is really beautiful.*

Ein and **kein** may also be used as pronouns with these endings.

Wo sind **die Briefe?** —**Einer** liegt auf dem Tisch.   *Where are the letters? —One is lying on the table.*

Ich brauche **einen Schlüssel.** —Hast du **keinen?**   *I need a key. —Don't you have one?*

D. Reaktionen. Kommentieren Sie jeden Satz!

BEISPIEL: S1: Mein Haus ist nicht besonders groß.
        S2: Meins ist auch nicht groß.
    oder: Mein Haus ist groß, aber deins ist schön.
    oder: Du hast ein Haus, und ich habe keins. Ich habe nur ein Zimmer.

1. Ich habe keine Möbel.
2. Ich muß eine Lampe kaufen.
3. Ich habe meine Schlüssel vergessen.
4. Ich fahre mit meinem Wagen in die Stadt.
5. Ich spreche gern mit meinem Freund.
6. Ich habe einen Bruder.
7. Meine Freunde kommen oft zu Besuch.
8. Ich verbringe meine Ferien in Europa.

E. Kaufen Sie . . . nicht. Mieten Sie . . .

BEISPIEL: Kaufen Sie kein Haus. Mieten Sie eines.

1. Kaufen Sie keine Wohnung.
2. Kaufen Sie kein Auto.
3. Kaufen Sie keinen Fernseher.
4. Kaufen Sie kein Fahrrad.
5. Kaufen Sie keinen Schreibtisch.
6. Kaufen Sie keinen Computer.

SPRACHE

KONTEXT 1

Im Wohnzimmer

Die Familie Hübner sitzt heute nachmittag im Wohnzimmer und sieht fern. Frau Hübner und ihre Tochter Anna sitzen auf dem Sofa. Herr Hübner sitzt auf einem Stuhl vor dem Fernseher, und neben ihm sitzt sein Sohn Joachim. Ein runder Tisch steht vor dem Sofa und den Stühlen. Darauf stehen zwei Gläser Wein und eine Vase mit Blumen.

Das Zimmer ist ziemlich groß und hell. Es hat drei große Fenster, und eine Lampe hängt von der Decke. Neben einem der (*of the*) Fenster steht der Fernseher. In der Ecke zwischen zwei Fenstern steht ein Schrank. Die Familie hat eine Grünpflanze in ein Fenster gestellt, und über das Sofa hat sie viele Bilder gehängt.

A. Im Zimmer: Wo ist was?

1. Steht der Fernseher unter den Regalen oder unter den Bildern?
2. Hängen die Bilder an der Wand zwischen den Fenstern oder zwischen der Tür und einem Fenster?
3. Steht der Schrank neben der Tür oder in der Ecke?
4. Steht eine Figur auf einem Regal oder auf dem Tisch?
5. Steht das Sofa hinter dem Tisch oder hinter dem Fernseher?
6. Sitzt die Familie vor dem Fernseher oder vor dem Radio?

B. Wie haben Hübners das Wohnzimmer dekoriert?

1. Haben sie Bilder oder einen Spiegel an die Wand gehängt?
2. Haben sie das Sofa zwischen zwei Fenster oder zwischen zwei Türen gestellt?
3. Haben sie den Schrank ins Wohnzimmer oder ins Eßzimmer gestellt?
4. Haben sie den Fernseher neben das Sofa oder neben das Fenster gestellt?
5. Haben sie einen Tisch oder eine Kommode vor die Stühle gestellt?
6. Haben sie eine Porzellanfigur oder Bücher auf das Regal gestellt?

ALLES KLAR!

Ganz aus dem Häuschen. The colloquial phrase **ganz aus dem Häuschen sein** means *to be out of one's mind* (with some emotion, such as joy, fear, etc.).

Was meinen Sie? Ist dieser Mann ganz aus dem Häuschen vor Freude (*joy*), aus Angst (*fear*) oder aus Frustration? Geht die Arbeit gut oder schlecht? Wie lange hat der Mann Ihrer Meinung nach schon an diesem Projekt gearbeitet? seit einer Stunde? seit einem Tag? seit einer Woche? Arbeitet er bei einer Baufirma (*construction company*), oder ist er ein Heimwerker (*do-it-yourselfer*)? Was trinkt er bei der Arbeit? Arbeitet er manchmal mit jemandem zusammen, oder arbeitet er immer allein? Würden (*Would*) Sie mit einer Krawatte (*tie*) an einem solchen Projekt arbeiten?

INFORMATIONEN 1

Accusative or Dative Prepositions

Some prepositions require an object in the accusative case (**durch, für, gegen, ohne, um**), and some require an object in the dative case (**aus, außer, bei, mit, nach, seit, von, zu**). Others, often called *mixed* or *two-way* prepositions, require an accusative *or* a dative object, depending on the situation. Most of these prepositions have more than one meaning.

an	*at, up to*	über	*over, above, across*
auf	*on, upon, onto*	unter	*under, beneath; among*
hinter	*behind*	vor	*in front of, before*
in	*in, on* (street), *into*	zwischen	*between*
neben	*next to, beside*		

The following contractions are common.

an dem	→ am	in dem	→ im
an das	→ ans	in das	→ ins
auf das	→ aufs		

Generally, if the verb implies some kind of motion from one point to another, the accusative is used. If the action is stationary or localized within a place, the dative is used. Study the following examples.

ACCUSATIVE	DATIVE		ACCUSATIVE	DATIVE

 an

Maria geht **ans Fenster.**   Dieter steht **am Fenster.**

 über

Monika hängt ein Bild **über das Bett.**   Ein Bild hängt **über dem Bett.**

 auf

Bernd legt seinen Schlüssel **auf den Tisch.**   Der Schlüssel liegt **auf dem Tisch.**

 unter

Die Katze geht **unter den Tisch.**   Die Katze liegt **unter dem Tisch.**

 hinter

Anna geht **hinter das Sofa.**   Eine Lampe steht **hinter dem Sofa.**

 vor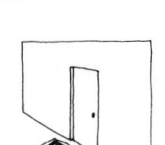

Karl geht **vor die Tür.**   Ein Teppich liegt **vor der Tür.**

 in

Erika kommt **ins Zimmer.**   Es sind viele Leute **im Zimmer.**

 zwischen

Günther geht **zwischen die Autos.**   Die Autos stehen **zwischen dem Haus und der Kirche.**

 neben

Erich stellt einen Stuhl **neben das Fenster.**   Fritz steht **neben dem Fenster.**

As a rule, the accusative case answers **wohin?** (*where to* or *to what place*) and the dative **wo?** (*where* or *in what place*).

ACCUSATIVE
Wohin geht Maria? In die Diele.

DATIVE
Wo steht Dieter? In der Diele.

The verbs **legen, stellen, hängen (gehängt),** as well as **gehen, fahren,** and **kommen,** imply motion from one point to another. Thus, the associated prepositions take the accusative. Similarly, **liegen, stehen, hängen (gehangen)** imply stationary action. Thus, the associated prepositions take the dative.

Idiomatic Expressions with Accusative or Dative Prepositions

German has many idiomatic expressions that include "mixed" prepositions. In such idioms, the preposition's case is invariably one *or* the other, accusative *or* dative. So, learning the entire idiom is important: verb, preposition, and required case.

Angst haben vor + *dat.*	Das Kind hat Angst **vor dem Hund.** *The child is afraid of the dog.*
antworten auf + *acc.*	Antworten Sie **auf meine Frage**! *Answer my question.*
arbeiten an + *dat.*	Er arbeitet **an seinem Auto.** *He's working on his car.*
denken an + *acc.*	Denkst du **an mich?** *Are you thinking about me?*
klopfen an + *acc.*	Ich klopfe **an die Tür.** *I'm knocking on the door.*
lachen über* + *acc.*	Wir lachen **über seinen Brief.** *We're laughing about his letter.*
schauen auf + *acc.*	Sie schauen **auf die Stadt.** *They're looking out on the city.*
schreiben an + *acc.*	Ich schreibe **an meinen Bruder.** *I'm writing to my brother.*
schreiben auf + *acc.*	Ich schreibe **auf ein Blatt Papier.** *I'm writing on a piece of paper.*
sprechen über* + *acc.*	Sprechen Sie **über das Haus?** *Are you talking about the house?*
warten auf + *acc.*	Wer wartet **auf dich?** *Who is waiting for you?*

---

*When **über** means *about* or *concerning*, it takes the accusative case. The phrases **sprechen über** (+ *acc.*) and **sprechen von** (+ *dat.*) both mean *to talk about*, but they require different cases.

Definite Time with Prepositions

The days of the week are often preceded by the preposition **an** (plus dative); months and seasons by **in** (plus dative); clock time by **um** (plus accusative): **am ersten Dienstag im September um sieben Uhr.** A specific year is usually used without a preposition.

an

An solchen Tagen bleibe ich gern zu Hause.

I like to stay home on such days.

Am Samstag gehen wir ins Kino.

On Saturday we're going to the movies.

in

Im August macht er Ferien.

He's taking a vacation in August.

but: **1993** hat er die Ferien in Europa verbracht.

In 1993 he spent his vacation in Europe.

um

Helga kommt **um sieben Uhr** vorbei.

Helga is coming by at seven o'clock.

Word Order: Time, Manner, Place

Adverbs and/or prepositional phrases in a sentence generally follow this sequence: time (**wann?**), manner (**wie?**), place (**wo?** or **wohin?**). When two expressions of the same kind occur in a sentence, the general expression usually precedes the specific.

	1	2	3
	TIME	MANNER	PLACE
Er fährt	heute	mit dem Zug	nach Köln.
	GENERAL TIME	SPECIFIC TIME	PLACE
Er fährt	heute	um zehn Uhr	nach Köln.

ÜBUNGEN 1

an· fordern   *to request*
Ffm = Frankfurt am Main
der Prospekt   *brochure*

A. Ein modernes Schlafzimmer

Ein Kleid und eine Jacke hängen _____ (*in the closet*). Ein Koffer liegt da oben _____ (*on a shelf*). Eine Grünpflanze steht _____ (*in the window*). _____ (*In front of the window*) sehen wir einen kleinen Tisch. _____ (*On the table*) steht eine Lampe. _____ (*In the corner*) und _____ (*next to the table*) gibt es einen Sessel. Ein großes Bild hängt _____ (*over the bed*), und _____ (*next to this picture*) hängen vier kleine Bilder.

B. Fußballabend bei Thomas. *Choose the correct phrases to complete the story;*
they are listed in the order of occurrence.

ins Wohnzimmer / im Wohnzimmer   auf den Tisch / auf dem Tisch
an die Tür / an der Tür   in die Küche / in der Küche
auf dem Sofa / aufs Sofa   vor den Fernseher / vorm Fernseher
in die Arme / in den Armen

Thomas sitzt _____ *(im Wohnzimmer)* und liest Zeitung. Jemand klopft _____ *(an die Tür)*. Thomas legt die
Zeitung _____ *(auf den Tisch)*. Er öffnet die Tür und sagt: „Stefan, du bist's! Wie geht's? Was
hast du denn da?"

Stefan trägt einen Fernseher _____ *(in den Armen)*. Er sagt: „Ich bringe dir meinen alten
Fernseher. Ich brauche ihn nicht mehr, und ich weiß, daß du keinen hast.
Heute abend gibt es Fußball im Fernsehen: Karlsruhe gegen Köln."

Thomas sagt: „Vielen Dank. Komm herein! Du kannst den Fernseher da
_____ *(auf den Tisch)* stellen. Ich gehe _____ *(in die Küche)* und hole zwei Bier."

Thomas und Stefan verbringen den Abend _____ *(vorm Fernseher)*.

C. Wie, bitte? Wo sind die Studenten und Studentinnen heute abend?

BEISPIEL: Marianne ist im Wohnzimmer. → Wo ist Marianne?
    Hans ist in die Stadt gefahren. → Wohin ist Hans gefahren?

1. Rolf geht auf den Balkon. *wohin*
2. Susi und Franz sitzen auf dem Sofa. *wo*
3. Erika nimmt neben Franz Platz. *wohin*
4. Ute und Paul sind ins Kino gegangen. *wohin*
5. Monika fährt ihren Wagen in die Garage. *wohin*
6. Heiko geht in den Park. *wohin*
7. Elisabeth ist in der Küche. *Wo*
8. Dieter schläft da drüben im Sessel. *wo*

D. Ein schönes Erlebnis (*experience*)

Das Wohnzimmer ist klein und gemütlich. Ein Fernseher steht _____
(*in front of the window*). Ein Mann sitzt _____ (*on an easy chair*) _____
(*in front of the television*). _____ (*Next to the easy chair*) liegt ein Hund.
_____ (*Behind the easy chair*) steht eine Pflanze. Ein Bild hängt _____
(*on the wall*).

Es ist schon Abend, und der Mann sieht fern. Er hat ein „Bild +
Funk"-Heft _____ (*in [the] hand*). Plötzlich kommt eine Frau aus dem
Fernseher. Sie schaut dem Mann _____ (*in the eyes*), zeigt mit dem
Finger auf das Magazin und fragt: „Können Sie mir bitte sagen, was
_____ (*on the other channel*) läuft?"

„Können Sie mir bitte sagen, was auf dem anderen Kanal läuft?"

Fernsehen mit Bild+Funk. Ein schönes Erlebnis.

Jede Woche neu.

KOMMUNIKATION 1

A. Tage, Monate und Jahreszeiten. Beantworten Sie die Fragen, und stellen Sie sie dann an einen Studenten / eine Studentin. Benutzen Sie die du-Form.

1. Gehen Sie gern Freitag abends ins Kino?
2. An welchen Tagen müssen Sie arbeiten?
3. In welchem Monat reisen Sie gern?
4. Was machen Sie gern im Winter? im Sommer?

B. Interview: Geheimnisse (*secrets*). Fragen Sie einen Studenten / eine Studentin:

1. auf wen er/sie oft warten muß
2. wer immer auf ihn/sie warten muß
3. an wen er/sie oft denkt
4. vor wem er/sie manchmal Angst hat
5. über wen er/sie oft gelacht hat
6. ob er/sie oft an seinem/ihrem Rad oder Auto arbeitet
7. ob er/sie immer auf die Uhr schaut

KONTEXT 2

Im Studentenzimmer

Josef ist Ingenieurstudent und wohnt in einem kleinen, gemütlichen Zimmer im Studentenheim. Sein Freund Peter ist eben vorbeigekommen.

PETER: Ich gehe mit ein paar Freunden ins Kino. Willst du mit?

JOSEF: Danke, aber ich habe zu viel Arbeit.

PETER: Am Samstag? Woran arbeitest du denn?

JOSEF: An einem Projekt. Es ist sehr wichtig, auch sehr interessant.

PETER: Aber du kannst nicht tagaus, tagein arbeiten. Manchmal brauchst du eine Pause, nicht?

JOSEF: Stimmt, aber nicht jetzt. Im Moment geht die Arbeit gut, und so will ich nur dabeibleiben. Vielleicht werde ich später etwas anderes tun, Tennis spielen oder sonst was. Ich ruf' dich an.

A. Josef und sein Zimmer

BEISPIEL: Sitzen die zwei Männer auf den Stühlen? (darauf) →
            Ja, sie sitzen darauf.

1. Steht der Tisch unter dem Fenster? (darunter)
2. Steht die Kaffeekanne auf dem Tisch? (darauf)
3. Steht die Grünpflanze vor dem Fenster? (davor)
4. Schaut Josef auf die Bücher? (darauf)
5. Spricht Josef über die Arbeit? (darüber)
6. Denkt Josef nur an die Arbeit? (daran)   *Ja, er denkt nur daran*

B. Wie, bitte?

BEISPIEL: Josef arbeitet an einem Projekt. (woran) →
            Wie, bitte? Woran arbeitet Josef?

1. Josef denkt an seine Arbeit. (woran)
2. Er schaut auf seine Bücher. (worauf)
3. Er hat keine Angst vor der Arbeit. (wovor)
4. Peter spricht über Pläne für heute nachmittag. (worüber)
5. Er wartet auf Josefs Antwort. (worauf)
6. Josef antwortet auf Peters Frage. (worauf)

C. Im Studentenzimmer.
Beschreiben Sie das Foto, mündlich oder schriftlich, so ausführlich (*completely*) wie möglich.

Gut beraten
Gut geplant
Gut gekauft

INFORMATIONEN 2
■ ■

da- and *wo*-Compounds with Prepositions

The words **da** and **wo** combine with prepositions to form compound words with various meanings: **dafür** (*for it, for them*), **wofür** (*for what*), **davon** (*about it, about them*), **wovon** (*about what*), and so on. These words refer to things only, not to people.

Er hat **für das Haus** viel bezahlt.	*He paid a lot for the house.*
Er hat **dafür** viel bezahlt.	*He paid a lot for it.*
Wofür hat er viel bezahlt?	*What did he pay a lot for?*
Sie sprechen **von meiner Wohnung.**	*They're talking about my apartment.*
Sie sprechen **davon.**	*They're talking about it.*
Wovon sprechen sie?	*What are they talking about?*

The following combinations are possible with the prepositions with which you are familiar. Notice that, if a preposition begins with a vowel, an **r** is inserted between **da** or **wo** and the preposition: **daraus, woraus.**

dadurch/wodurch?	dabei/wobei?	dahinter/—
dafür/wofür?	damit/womit?	daneben/—
dagegen/wogegen?	danach/wonach?	daran/woran?
darum/worum*?	daraus/woraus?	darauf/worauf?
	davon/wovon?	darin/worin?
	dazu/wozu?	darüber/worüber?
		darunter/worunter?
		davor/wovor?
		dazwischen/—

Da- and **wo**-compounds are stylistically preferred in place of prepositional phrases with pronouns that refer to inanimate objects or ideas. These compounds should not, however, replace a prepositional phrase containing a pronoun that refers to a person.

THINGS
Hast du **nach dem Fernseher** gefragt?
Hast du **danach** gefragt?
Wonach hast du gefragt?

PERSONS
Hast du **nach deinem Freund** gefragt?
but: Hast du **nach ihm** gefragt?
but: **Nach wem** hast du gefragt?

ÜBUNGEN 2

A. Joachim zieht in ein neues Zimmer, und sein Freund Alex hilft ihm.

Das Zimmer hat zwei Fenster, und Joachim und Alex stellen den Schreibtisch _____ (*between them*). Alex stellt einen Stuhl vor den Schreibtisch, und Joachim stellt den Computer _____ (*on it*). Joachim öffnet dann den Schrank und hängt seine Hemden hinein. Es gibt schon ein Bett im Zimmer; Joachim hängt ein Poster _____ (*over it*), und Alex legt einen Teppich _____ (*in front of it*).

B. Wie, bitte? Sie haben nicht richtig gehört. Stellen Sie Fragen!

BEISPIELE: Ich bin mit dem Zug in die Stadt gefahren. →
Womit sind Sie in die Stadt gefahren?

Dort habe ich mit Herrn Weber gesprochen. →
Mit wem haben Sie dort gesprochen?

1. Ich habe zwanzig Minuten auf ihn gewartet.
2. Wir haben über Politik geredet.

---

*Be careful not to confuse **worum?** (*about what?*) with **warum?** (*why?*).

3. Er hat Angst vor der Opposition.
4. Er ist auch gegen Demonstrationen.
5. Er hat mir nicht bei der Arbeit geholfen.
6. Ich habe an die Leute gedacht.

C. Was sehen Sie auf dem Bild? Beantworten Sie jede Frage mündlich oder schriftlich.

BEISPIELE: Steht die Frau zwischen dem Schrank und dem Bett? →
Ja, sie steht dazwischen.

Liegt die Katze neben den Büchern? →
Nein, sie liegt nicht daneben.
Sie liegt neben der Uhr.

1. Liegt der Hund auf dem Bett?
2. Was steht auf der Kommode?
3. Was hängt über der Kommode?
4. Liegt die Katze auf dem Schreibtisch?
5. Was liegt vor dem Bett?
6. Was steht vor dem Schreibtisch?
7. Wer klopft an die Tür?
8. Lacht der Junge über einen Brief?
9. Wie viele Bücher stehen auf dem Bücherregal?
10. Steht ein Telefon auf der Kommode?

D. Fragen. Schreiben Sie mindestens acht Fragen über das Bild in Übung D. *Begin each question with a wo-compound, and leave at least one line of space after each question. Then exchange papers with another member of the class and write answers to one another's questions.*

BEISPIEL: S1 schreibt: Wovor liegt der Teppich?
S2 schreibt: Er liegt vor dem Bett.

KOMMUNIKATION 2

A. Interview: Gedanken und Gefühle. Schreiben Sie zuerst jede Frage auf deutsch. Stellen Sie dann die Fragen an einen Studenten / eine Studentin in einer Interviewsituation.

1. What do you think about? Do you often think about your work? about money? about the future (**die Zukunft**)? __?__
2. What are you waiting for? Are you waiting for a letter? for a package? for a postcard? __?__
3. What do you like to talk about? Do you like to talk about books? about films? about the weather? __?__

4. What do you laugh at? Do you laugh at jokes (**Witze**)? at cartoons (**Karikaturen**)? at comedies (**Komödien**)? ___?___
5. What are you afraid of? Are you afraid of the future? of work? ___?___

B. Wie beschreiben Sie Ihr Zimmer?

- Schreiben Sie einen Aufsatz über Ihr Zimmer. Beschreiben Sie es so ausführlich (*completely*) wie möglich.
- Lesen Sie anderen Studenten und Studentinnen Ihren Aufsatz vor. Vielleicht haben sie weitere Fragen darüber.

FOTOTEXT

Oberammergau in Süddeutschland ist für seine Passionsspiele (*passion plays*) bekannt, aber auch für seine buntbemalten (*colorfully painted*) Häuser, wie dieses Goldschmied- und Juweliergeschäft.

Engelberg ist ein typischer Ort in den Schweizer Alpen. Die Bewohner vom Engelberger Tal heißen im Sommer und im Winter Touristen willkommen (willkommen heißen = *to bid welcome*). Man kann dort ein Zimmer mieten oder auch auf einem Platz campen. Die Fensterläden (*shutters*) an den Häusern sind nicht nur zur Verzierung (*for decoration*) da. Man kann sie schließen (*close*) zum Schutz (*protection*) gegen die heiße Sonne im Sommer und die kalten Winde im Winter.

ERWEITERUNG

Eine Familie zu Hause

A. Vor dem Lesen. *The story in this section contains a number of "sound" words that vary in intensity and tone but are similar in meaning. Study the following pictures to get an understanding of these words.*

quengeln   schluchzen   weinen   brüllen   pfeifen

rufen   jaulen   quietschen   schreien

B. Beim Lesen. *The text that begins on page 225 portrays a domestic scene. Look at the drawing on the right and read the first two paragraphs of the story. Then, in your own words, describe the drawing and answer the questions.*

1. Beschreiben Sie die Szene!
2. Wer sind die drei Personen?
3. Was machen die Kinder?
4. Was sagt das größere Kind?
5. Was sagt oder macht das kleinere Kind?
6. Was macht der Mann? Was sagt er?
7. Was ist der Konflikt?

die Sonne
der Himmel
das größere Kind
das kleinere Kind
der Bach
der Schlitten

C. Die Handlung. *The action in the story is very simple. Quickly scan the entire story and complete the following list of the man's physical actions. Do not include what he says or how he speaks.*

> Er tritt aus dem Haus.
> Er erscheint wieder in der Haustür.
> Er . . .

D. Was der Mann und das Kind sagen. *The frequent dialogue in the story is not signaled by quotation marks. Read the story again. This time write the dialogue as you read it. Identify the speakers, and include only their spoken words.*

KIND: Gib den Schlitten her.
MANN: Wer brüllt, kommt rein.
MANN: . . .

E. Was ist passiert? *Study the story to get a complete understanding of it, then answer the following questions.*

1. Was will das größere Kind?
2. Warum ist das kleinere Kind traurig?
3. Was mag der Mann nicht?
4. Was macht der Mann? (Nur einen Satz, bitte!)
5. Was ist mit Andreas passiert?

TEXT *Schlittenfahren*

von Helga M. Novak

Das Eigenheim° steht in einem Garten. Der Garten ist groß. Durch den Garten fließt° ein Bach. Im Garten stehen zwei Kinder. Das eine der Kinder kann noch nicht sprechen. Das andere Kind ist größer. Sie sitzen auf einem Schlitten. Das kleinere Kind weint. Das größere sagt, gib den Schlitten
5 her. Das kleinere weint. Es schreit.

Aus dem Haus tritt° ein Mann. Er sagt, wer° brüllt, kommt rein.° Er geht in das Haus zurück. Die Tür fällt hinter ihm zu.°

Das kleinere Kind schreit.

Der Mann erscheint° wieder in der Haustür. Er sagt, komm rein. Na wirds
10 bald. Du kommst rein. Nix. Wer brüllt, kommt rein. Komm rein.

Der Mann geht hinein. Die Tür klappt.°

Das kleinere Kind hält die Schnur° des° Schlittens fest.° Es schluchzt.

Der Mann öffnet die Haustür. Er sagt, du darfst Schlitten fahren, aber nicht brüllen. Wer brüllt, kommt rein. Ja. Ja. Jaaa. Schluß° jetzt.
15 Das größere Kind sagt, Andreas will immer allein° fahren.

Der Mann sagt, wer brüllt, kommt rein. Ob er nun Andreas heißt oder sonstwie.

Er macht die Tür zu.

Das größere Kind nimmt dem kleineren den Schlitten weg.

(house owned by person who lives there)
flows

steps / whoever / herein
fällt . . . zu closes

appears

slams
rope / of the / tightly

That's it
alone

20 Das kleinere Kind schluchzt, quietscht, jault, quengelt.

Der Mann tritt aus dem Haus. Das größere Kind gibt dem kleineren den Schlitten zurück. Das kleinere Kind setzt sich° auf den Schlitten. Es rodelt.°   setzt . . .   *sits down / toboggans*

Der Mann sieht in den Himmel. Der Himmel ist blau.

Die Sonne ist groß und rot. Es ist kalt.

25 Der Mann pfeift laut. Er geht wieder ins Haus zurück. Er macht die Tür hinter sich zu.

Das größere Kind ruft, Vati, Vati, Vati, Andreas gibt den Schlitten nicht mehr her.

Die Haustür geht auf. Der Mann steckt den Kopf heraus. Er sagt, wer brüllt, kommt rein. Die Tür geht zu.

30 Das größere Kind ruft, Vati, Vativativati, Vaaatiii, jetzt ist Andreas in den Bach gefallen.

Die Haustür öffnet sich einen Spalt° breit. Eine Männerstimme° ruft, wie oft   *crack / male voice*
soll ich das noch sagen, wer brüllt, kommt rein.

F. Zur Spekulation und Diskussion

1. Warum hat nur Andreas einen Namen?
2. Andreas ist ein Junge. Ist das größere Kind Ihrer Meinung nach ein Junge oder ein Mädchen? Sind die Kinder Geschwister? Freunde? Vettern? Vetter und Kusine? __?__ Ist der Mann ihr Vater? ihr Stiefvater? ihr Großvater? ihr Onkel? __?__
3. Warum sagt Andreas nichts?
4. Lebt Andreas noch, oder ist er im Bach ertrunken (*drowned*)?

G. Dramatisierung. Bilden Sie Gruppen zu dritt und dramatisieren Sie die Geschichte.

■ Der Hausmann denkt: Also immer
■ muß ich den Abwasch machen. Erst
■ mache ich das Abendbrot, bringe die
■ Kinder ins Bett—habe vorher (*before*
■ *that*) das Haus sauber gemacht
■ (sauber . . . *cleaned*)—und dann
■ immer wieder dieser Abendabwasch!
■ Es hilft nichts (Es . . . *no matter*
■ *what*), eine Geschirrspülmaschine
■ (*dishwasher*) muß her!

Stadt- oder Landleben

A. Pro und Kontra. Lesen Sie die folgenden zwei Texte. Wer ist Landmensch? Wer ist Stadtmensch? Warum?

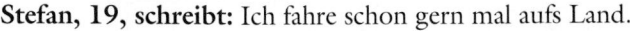

Stefanie, 17, schreibt: Meine Eltern haben eine Wohnung in der Stadt und ein Haus auf dem Land. Ich lebe aber lieber auf dem Land. Da ist mir die Natur so nahe, gleich ums Haus sind Blumen und Bäume. Es gibt bei uns auf dem Land immer frische Luft, und es geht mir immer gut. Streß kenne ich dort nie. Freunde habe ich auch auf dem Land fast noch mehr als in der Stadt. Wenn ich ins Kino oder ins Theater gehen will, kann ich einfach mit einem Zug oder einem Bus in die Stadt fahren.

Stefan, 19, schreibt: Ich fahre schon gern mal aufs Land. Als „Stadtfrack" finde ich die Natur besonders schön. Ich will aber nie auf dem Land leben. Ich finde das Landleben einfach zu langweilig. Auch braucht man dort ein Auto. Sonst kann man nie ins Kino oder zum Fitneßcenter gehen. In der Stadt ist alles um die Ecke. Man kann fast überallhin in der Stadt zu Fuß gehen oder mit der Straßenbahn fahren. Und man muß nicht planen. Wenn man etwas machen will, macht man es. Das Leben hier ist spontan.

B. Eine Debatte: Ist das Leben besser auf dem Land oder in der Stadt?
Benutzen Sie die folgenden Vorteile und auch Ideen aus Aktivität A.

- One group should argue for country living, another for city living.
- For each advantage that one group states, the other group should try to turn it into a disadvantage or an advantage for the other side.

BEISPIEL: G1: Das Leben ist besser auf dem Land, weil man mit der Natur leben kann. Man kann zum Beispiel Katzen, Hunde und Pferde haben.

G2: In der Stadt kann man auch mit der Natur leben. Hier findet man viele Parks und Gärten. Viele Leute in der Stadt haben auch Hunde und Katzen. Und Pferde kann man immer in einem Park oder auf dem Land genießen.

AUF DEM LAND . . .	IN DER STADT . . .
kann man Katzen, Hunde und Pferde (*horses*) haben.	gibt es mehr Kontakt mit Menschen und Ideen.
kann man Obst und Gemüse anbauen (*raise*).	gibt es Kinos, Theater, Restaurants, Bars usw.
muß man nicht alles so schnell machen.	kann man leicht einkaufen und alles finden, was man braucht.
gibt es Zeit zum Nachdenken.	gibt es mehr Jobs.
?	?

C. Zum Schreiben: Sind Sie Landmensch oder Stadtmensch? Benutzen Sie Ideen von den Texten in Aktivität A und der Debatte in Aktivität B. Wo leben Sie gern? Warum?

FOTOTEXT

In den Alpen ist es kalt, und es schneit viel. Die Leute erzählen gern Geschichten von besonders starken (*strong*) Schneefällen und Kältewellen (*cold waves*). Zum Beispiel: Wo hat es die erste Eisgeburtstagstorte (*frozen birthday cake*) gegeben? Natürlich hier, wo einmal der Seppl gewohnt hat und seiner Nachbarin, der Traudel, eine Geburtstagstorte mit viel Sahne verziert (mit . . . *decorated with lots of whipped cream*) gebracht hat. Auf seinen Skiern ist er, die Torte auf einer Hand jonglierend (*juggling*), in drei Minuten bei ihr gewesen. Da war die Torte bereits (*already*) gefroren.

12
ANDERE LÄNDER, ANDERE STÄDTE

EINSTIMMUNG

Ein Blick (*view*) vom Dom auf den Erfurter Weihnachtsmarkt. Der Dom und einige Häuser des Domplatzes stehen unter Denkmalschutz (*protection for historical monuments*). Auch in anderen Städten der neuen Bundesländer Sachsen-Anhalt und Thüringen will man die alten, historischen Gebäude restaurieren. Die Bundesrepublik Deutschland hat ein Forschungsprogramm (*research program*) „Denkmalpflege".

WÖRTER

A. Sie gehen in ein Restaurant. Was möchten Sie dort finden? Was interessiert Sie nicht? *Explain your choices to someone else.*

> BEISPIEL: In einem Restaurant möchte ich . . . und . . . finden, aber . . . interessiert/interessieren mich wirklich nicht. / . . . mag ich nicht. Und du?

dunkle Ecktische
laute Musik
frische Salate
kalte Getränke
interessante Leute
preiswertes Essen

B. Welche Landschaften gefallen Ihnen? *Number the items from 1 to 8, 1 being what pleases you most. How did other students rank these items?*

_____ alte Dörfer
_____ englische Gärten
_____ große Parks
_____ grüne Wiesen
_____ lange Strände
_____ riesige Berge
_____ ruhige Seen
_____ sanfte Hügel

Verein für Fremdenverkehr GOSLAR e.V.

Großes Heiliges Kreuz · Hoher Weg 7 · Telefon (0 53 21) 4 21 11

Alle Führungen können nach vorheriger Anmeldung Ihren Wünschen entsprechend für Gruppen ab 10 Personen für jeden Tag gebucht werden.

WORTSCHATZ

ADJECTIVES AND ADVERBS

beide	both
(un)bekannt	(un)known
dunkel	dark(ly), dim(ly)
eigen	own
einige (*pl.*)	a few, several
elegant	elegant(ly)
frisch	fresh(ly)
hügelig	hilly
langsam	slow(ly)
riesig	enormous, gigantic
ruhig	calm(ly)
sanft	soft(ly), light(ly)
überhaupt	(not) at all; anyway, anyhow
voller*	full of
(un)wahrscheinlich	(im)probable; probably; (un)likely†
wenig/weniger	little; not much / fewer
wenige (*pl.*)	few
wohl	probably
zugleich	at the same time

NOUNS

die Anzeige, -n	ad, advertisement
der Blick, -e	look, glance
der Einwohner, -	inhabitant
das Essen, -	food, meal
der Fehler, -	mistake
das Gebiet, -e	region, area
die Geduld	patience
das Gespräch, -e	conversation
das Getränk, -e	drink, beverage
die Grenze, -n	border
der Hügel, -	hill
das Picknick, -s	picnic
der Preis, -e	price
der Rand, ⸚er	edge
das Restaurant, -s	restaurant
der See, -n	lake
der Salat, -e	salad
die Sitte, -n	custom
die Straßenbahn, -en	streetcar
die Welt, -en	world
die Wiese, -n	meadow
die Zukunft	future

GENITIVE PREPOSITIONS

(an)statt	instead of
trotz	in spite of
während	during
wegen	because of, on account of

VERBS

erreichen, hat erreicht	to reach
erscheinen, ist erschienen	to appear, seem
genießen, hat genossen	to enjoy
geschehen, ist geschehen	to happen
heiraten, hat geheiratet	to marry
überzeugen, hat überzeugt	to convince

USEFUL WORDS AND PHRASES

das kommt mir . . . vor	that seems . . . to me
es ist Sitte	it's customary

***Voller** does not take adjective endings; it is used with plural or collective nouns: **Das Gebiet ist** *voller Seen.* **Der Kühlschrank ist** *voller Bier.*

† **Unwahrscheinlich** also means *incredible* or *incredibly.*

C. Die 16 Bundesländer Deutschlands. Arbeiten Sie mit einem Partner / einer Partnerin. Stellen Sie einander Fragen über die Informationen. *Refer to the chart and also the color map of Germany in this book.*

MÖGLICHE FRAGEN

Wie viele Einwohner hat . . . ?
Wofür / Als was ist . . . bekannt?
Wie viele Quadratkilometer hat . . . ? / Wie groß ist . . . ?
Was ist die Hauptstadt von . . . ?
Wo liegt (der Bodensee)?
In welchem Land ist (der Schwarzwald [*Black Forest*])?
Durch welche Länder fließt (der Rhein)?

BUNDESLAND	EINWOHNER	FLÄCHE (QKM)	FÜR/ALS . . . BEKANNT
Baden-Württemberg	9,6 Mio	35 751	für High-Tech
Freistaat Bayern	11,2 Mio	70 554	für die Bergwelt der Alpen
Berlin*	3,4 Mio	883	als Kulturstadt
Brandenburg	2,6 Mio	29 060	für Schloß und Park Sanssouci
Freie Hansestadt Bremen	665,000	404	für seine Häfen und Importindustrie
Freie und Hansestadt Hamburg	1,6 Mio	755	als Deutschlands „Tor (*Gate*) zur Welt"
Hessen	5,7 Mio	21 144	für das Finanzwesen (*financial system*) in Frankfurt
Mecklenburg-Vorpommern	1,95 Mio	23 835	für seine vielen Seen
Niedersachsen	7,3 Mio	47 349	für die Messestadt (*city of trade fairs*) Hannover
Nordrhein-Westfalen	17,3 Mio	34 068	als Industrie- und Energiezentrum
Rheinland-Pfalz	3,7 Mio	19 848	als Weinland
Saarland	1,1 Mio	2 600	für die Glas- und Keramikindustrie
Sachsen	4,8 Mio	18 300	für Meißener Porzellan und Mikroelektronik
Sachsen-Anhalt	2,96 Mio	20 445	für den Harz mit dem Brocken, einem berühmten Berg
Schleswig-Holstein	2,6 Mio	15 700	als das Land zwischen der Nord-und Ostsee
Thüringen	2,6 Mio	16 251	für seine Wälder (*forests*)

*Because Berlin is once again the capital city of Germany, a plan is under consideration to incorporate the **Bundesland** of Berlin into that of Brandenburg, with Potsdam as the **Landeshauptstadt**.

Willkommen in Hamburg.

Auf nach Bayern

Eigentum – natürlich in Baden-Württemberg

Future Tense

As you have learned, the present tense in German frequently refers to future events, particularly within an obviously future context. German also has a formal future tense constructed with the auxiliary **werden.** Whereas **werden** means *to become,* used as an auxiliary in the future tense, **werden** corresponds to the English *will* or *shall.* Like modal constructions, the future tense is formed with the present tense of **werden** in the appropriate verb position plus the infinitive of the main verb at the end of the sentence.

Ich	**werde** den Urlaub genießen.	Wir **werden** den Urlaub genießen.
Du	**wirst** den Urlaub genießen.	Ihr **werdet** den Urlaub genießen.
Er Sie Es	**wird** den Urlaub genießen.	Sie **werden** den Urlaub genießen.
	Sie **werden** den Urlaub genießen.	

This construction with **werden** is often used for the following purposes.

1. to indicate future time when the use of the present tense could be misleading

   FUTURE
   Er **wird** zu uns **kommen.**
   He will come to our house.

   PRESENT
   Er **kommt** zu uns.
   He comes to our house.
   He's coming to our house.
   He'll come to our house.

2. to give particular emphasis to what will be or happen

   Eva **wird** Franz im Juni **heiraten.**
   Eva will marry Franz in June.

3. to make demands on someone (phrased in the second person)

   Gretchen, du **wirst** meinen Ratschlägen **folgen.**
   Gretchen, you will follow my advice.

4. to express a present probability or likelihood (often with the word **wohl, wahrscheinlich,** or **sicher**)

   Die Nachbarn **werden wohl** sehr nett **sein.**
   The neighbors are probably very nice.

D. Wo wird die Familie wohl sein? *Tell where the family members probably are.*
Use the auxiliary werden *and the word* wohl, wahrscheinlich, *or* sicher.

1. Der Vater hat ein Meeting.
2. Die Mutter arbeitet in der Klinik.
3. Die Kinder spielen im Park.
4. Die Großmutter geht einkaufen.
5. Die Gäste gehen ins Kino.
6. Der Großvater bleibt zu Hause.

E. Was wird die Zukunft bringen? Was wird zum Beispiel aus diesem Mädchen werden? Was meinen Sie?

Wird sie studieren? Wenn ja, was wird sie studieren? Wo?
Wird sie reisen? Wenn ja, wohin? Wenn nein, warum nicht?
Wird sie arbeiten? Wenn ja, was für eine Arbeit wird sie haben?
Wird sie heiraten? Wenn ja, was für einen Mann wird sie heiraten?
Wird sie Kinder bekommen? Wenn ja, wie viele? Wird sie Töchter oder
    Söhne haben? Was wird aus ihren Kindern werden?
Wird sie froh sein? Warum (nicht)?

F. Und was wird die Zukunft Ihnen bringen? Und anderen Studenten/Studentinnen? Fragen Sie sie!

Was wird aus ihr werden?

FOTOTEXT

Anekdote: Als wir in Schwerin verzweifelt (*desperately*) ein Hotelzimmer suchen, stelle ich das Auto etwas riskant am Rand der Straße ab. Es ist zu nah am Gleis (*track*) einer Straßenbahn, denke ich. Aber wir sind ja gleich zurück, und gerade jetzt wird doch keine Straßenbahn kommen. Sie kommt aber doch. Ich höre es am Bimmeln (*warning bell*) und renne sofort vom Telefon in der Post zurück zum Auto.

Doch der Straßenbahnführer steigt aus, spuckt (*spits*) in die Hände und ruft: „Ich brauch' drei starke Männer!". Und schon schaukeln (*swing*) sie das Auto—

haruck (*heave-ho*) und zugleich sanft—auf die Seite. Ich kann mich gerade noch für meine Blödheit (*stupidity*) entschuldigen—da ist die Straßenbahn schon wieder weg.

SPRACHE

KONTEXT 1

Auszüge aus einem Artikel über Mecklenburg-Vorpommern*

Mecklenburg-Vorpommern ist hügelig, voller Seen—650 hat jemand gezählt°—, weiter Felder und Wiesen. Es ist das zweitgrößte° unter den neuen Bundesländern. Mehr als ein Viertel des Ackerbodens° und 30 Prozent des Grünlandes der ehemaligen° DDR liegen hier. Aber unter allen 16
5   Ländern ist Mecklenburg-Vorpommern mit 80 Einwohnern pro Quadratkilometer am dünnsten° besiedelt.°

    Mecklenburg spricht man nicht aus wie „hektisch", kurz und abgehackt,° sondern mit langem e: Meeeecklenburg. Das muß man wissen, wenn man das Land kennenlernen will. Die Mecklenburger sind ruhig und ein wenig langsam. „Wenn
10   die Welt morgen untergeht, gehe ich nach Mecklenburg, denn dort geschieht alles 100 Jahre später," soll Otto von Bismarck gesagt haben.° Wer langsam ist, hat den Vorteil, daß er aus den Fehlern anderer Menschen lernen kann. Geduld haben die Menschen in Mecklenburg-Vorpommern, viel Geduld. Und ihre eigenen Träume.

counted / second largest
cultivated land
former

most thinly / populated
clipped

soll . . . gesagt . . . is supposed to have said

A. Mecklenburg-Vorpommern

1. Wie ist die Landschaft von Mecklenburg-Vorpommern?
2. Die Bundesrepublik Deutschland hat seit 1990 fünf neue Bundesländer. Ist Mecklenburg-Vorpommern eines der größten oder eines der kleinsten davon?
3. Wieviel Ackerboden der ehemaligen DDR liegt hier? Wieviel Prozent des Grünlandes?
4. Wie spricht man den Namen „Mecklenburg" aus?
5. Wie beschreibt man die Mecklenburger?
6. Was soll Otto von Bismarck über dieses Gebiet gesagt haben?
7. Welchen Vorteil hat jemand, der (*who*) langsam ist?

---

* *Excerpts*

8. Welche Eigenschaft (*characteristic*) haben die Menschen in Mecklenburg-Vorpommern?

B. Ihr Gebiet

1. In welchem Gebiet wohnen Sie? Ist dieses Gebiet voller Seen? voller Felder? voller Wiesen? voller Grünland? voller Hügel? voller Berge? voller ___?___

2. Ist Ihr Gebiet groß oder klein? Ist es dicht (*densely*) oder dünn besiedelt? (Hat es viele oder wenige Einwohner?)

3. Sind die Einwohner Ihres Gebietes ruhig? Lernen sie aus den Fehlern anderer Menschen? Haben sie Geduld? ihre eigenen Träume?

4. Finden Sie das Leben in Ihrem Gebiet schön? interessant? langweilig? hektisch? ___?___ Geschieht dort alles sehr schnell oder sehr langsam?

INFORMATIONEN 1
■ ■ ■ ■ ■ ■ ■ ■ ■ ■ ■ ■ ■ ■ ■ ■ ■ ■

Genitive Case

Depending on how it functions in a sentence, a noun or pronoun is used in one of four cases: nominative, accusative, dative, or genitive. The genitive case denotes possession or indicates the relation of one noun to another, in the sense of "belonging to" or "being a part of."

With proper names, an **s** is added to show possession; unlike English, there is no apostrophe.*

Hier ist **Ingrids** Zimmer.   *Here is Ingrid's room.*

With other nouns, the genitive case is indicated by special forms of the **der**- or **ein**-word and, in the neuter and masculine singular, by an ending on the noun itself. Notice that in German the genitive phrase follows the noun to which it refers.

Er ist der Sohn **der Nachbarin.**   *He is the neighbor's son.*
Die Sitten **Ihres Landes** gefallen   *I like the customs of your*
   mir.   *country.*

A genitive phrase often answers the question *whose?*, which is expressed in German by the genitive form of **wer: wessen.**

---

*If a name ends in **s, ss, ß, tz, x,** or **z,** an apostrophe would be added in place of the **s** to show possession: **Ist das Hans' Rad?** In spoken language, however, the genitive would likely be avoided with such names: **Ist dies das Rad von Hans?**

NOMINATIVE	**Wer** geht ins Zimmer? *Who is going into the room?*	
ACCUSATIVE	**Wen** sehen Sie im Zimmer? *Whom do you see in the room?*	
DATIVE	**Wem** geben Sie den Schlüssel? *To whom are you giving the key?*	
GENITIVE	**Wessen*** Zimmer ist das? *Whose room is that?*	

Genitive Case: Nouns with *der-* and *ein-*Words

Articles have two endings to indicate genitive case: **es** for masculine and neuter and **er** for feminine and plural.

The complete set of case forms for **der-** and **ein-**words is as follows.

	MASCULINE	FEMININE	NEUTER	PLURAL
NOMINATIVE	der dieser ein kein } Vater	die diese eine keine } Mutter	das dieses ein kein } Mädchen	die diese — keine } Kinder
ACCUSATIVE	den diesen einen keinen } Vater	die diese eine keine } Mutter	das dieses ein kein } Mädchen	die diese — keine } Kinder
DATIVE	dem diesem einem keinem } Vater	der dieser einer keiner } Mutter	dem diesem einem keinem } Mädchen	den diesen — keinen } Kindern
GENITIVE	des dieses eines keines } Vaters	der dieser einer keiner } Mutter	des dieses eines keines } Mädchens	der dieser — keiner } Kinder

Kennen Sie die Eltern **dieses Mädchens?**
Möchten Sie mit dem Vater **der Kinder** sprechen?

Masculine and neuter nouns of more than one syllable generally end in **s** in the genitive case. Feminine nouns take no endings in the genitive.

---

*In conversational German the expression **Wem gehört/gehören . . . ?** is often used instead of **wessen**: **Wem gehört dieses Buch?** instead of **Wessen Buch ist das?**

das Haus meines Vater**s**
der Preis des Volkswagen**s**

Masculine and neuter nouns of one syllable usually end in
es in the genitive case. This rule also applies to compound
nouns that have a one-syllable masculine or neuter noun
as the last element.

das Auto des Mann**es**
das Rad des Kind**es**
das Bild des Rathaus**es**

As in the accusative and dative cases, most weak masculine nouns take an **n** or **en** ending in the genitive
case.*

die Frage eines Student**en**
der Freund des Jung**en**

Prepositions with Genitive

As you recall, some prepositions take only accusative objects, some only dative
objects, some accusative *or* dative objects. Four common prepositions take genitive objects: **anstatt** (usually shortened to **statt**), **trotz, während,** and **wegen.**

(an)statt	*instead of*	**Statt seines Vaters** ist sein Onkel gekommen.
		Instead of his father, his uncle came.
trotz[†]	*in spite of*	**Trotz des Preises** kauft sie das Rad.
		In spite of the price, she's buying the bicycle.
während	*during, in the course of*	Die Leute reden **während des Essens.**
		The people are talking during the meal.
wegen[†]	*because of*	Er mag das Land **wegen der Sitten**.
		He likes the country because of the customs.

Indefinite Time: Genitive Case

The genitive case is used to express a nonspecific date or time.

Eines Tages möchte ich in die
Schweiz fahren.

*Someday I'd like to go to
Switzerland.*

die Tat, -en   *deed*

---

*A few weak masculine nouns, such as **der Name,** end in **(e)ns** in the genitive: **des Namens.**
[†] **Trotz** and **wegen** are frequently used with the dative case, especially in spoken, colloquial German.

ÜBUNGEN 1

A. Zu Hause: Wem gehört was?

BEISPIELE: Gehört diese Jacke dem Kind? → Ja, das ist die Jacke des Kindes.
Gehören diese Socken den Jungen? → Ja, das sind die Socken der Jungen.

1. Gehört diese Bluse der Frau?
2. Gehört dieses Hemd dem Jungen?
3. Gehören diese Schuhe dem Mädchen?
4. Gehören die Bilder der Familie?
5. Gehört dieser Koffer dem Gast?
6. Gehören die Bücher den Eltern?

B. Wer ist diese Frau? Stellen Sie Fragen.

BEISPIEL: die Tochter / ein Professor → Ist sie vielleicht die Tochter eines Professors?

1. die Schwester / der Medizinstudent
2. die Nichte / der Schaffner
3. eine Bekannte / unsere Nachbarn
4. die Frau / der Apotheker
5. die Stiefmutter / das Kind
6. eine Freundin / Ihre Familie
7. die Direktorin / das Museum
8. die Autorin / das Buch

C. Wessen?

BEISPIELE: Wessen Freunden gefällt der Junge? (seine Eltern) →
Der Junge gefällt den Freunden seiner Eltern.

Wessen Auto steht in der Garage? (Frau Schmidt) →
Frau Schmidts Auto steht in der Garage.

1. Wessen Kleid trägt sie? (ihre Schwester)
2. Wessen Buch liest er? (Ursula)
3. Wessen Familie besuchen wir morgen? (Herr Müller)
4. Wessen Freund sollen wir danken? (mein Bruder)
5. Wessen Eltern soll er glauben? (seine Freundin)
6. Wessen Schlüssel hat die Frau? (ihr Sohn)
7. Wessen Brief liegt auf dem Tisch? (mein Mann)
8. Wessen Freundin antwortet er? (diese Leute)

die Veränderung   *change*

D. Wie ist Ihr Leben als Student/Studentin? Stellen Sie die Fragen an einen Studenten / eine Studentin. Benutzen Sie die du-Form!

1. Müssen Sie während des Semesters schwer arbeiten?
2. Bleiben Sie manchmal wegen Ihrer Arbeit zu Hause?
3. Gehen Sie trotz des Wetters jeden Tag spazieren?
4. Gehen Sie während der Woche oft aus?
5. Gehen Sie trotz des Eintrittspreises oft ins Kino?
6. Was machen Sie besonders gern während des Sommers?

KOMMUNIKATION 1

A. Wessen? Point to various objects in the classroom. Each time ask whose it is.

> BEISPIEL: S1: Wessen Kugelschreiber ist das?
>   S2: Das ist der Kugelschreiber des Professors.

B. Was möchten Sie kaufen? Und die anderen Studenten und Studentinnen?

> BEISPIEL: S1: Ich möchte ein Buch kaufen.
>   S2: Statt eines Buches möchte ich einen Fernseher kaufen.
>   S3: Statt eines Fernsehers möchte ich . . .

Besser als der Rat eines Freundes . . . ist der Rat Ihres Apothekers, wenn es um Arzneimittel geht.

ein Auto	eine Kommode	ein Spiegel
ein Bild	eine Lampe	ein Stuhl
ein Buch	ein Rad	eine Uhr
ein Fernseher	ein Radio	____ ?
ein Haus	ein Sessel	
eine Kamera	ein Sofa	

C. Interview: Wessen Rat? Stellen Sie Fragen an einen Studenten / eine Studentin!

Wessen Rat nimmst du immer an, wenn es um Arzneimittel (*medicine*) geht?

> oft   Mode (*fashion*)
> manchmal   Autos
> selten   Arbeit
> nie   Wohnen
>   Liebe
>   ____ ?

D. Mottos. *Use some of the following words in various combinations to make up mottos. Share your ideas with the class.*

> BEISPIELE: Freunde sind die Juwelen des Lebens.
>   Schnee ist der Wintermantel der Erde.

juni

Blumen sind das Lächeln der Erde.

die Blume, -n	das Juwel, -en	der Schnee
die Brücke, -n	das Lächeln (*smile*)	der Sommer
der Diamant, -en (*wk.*)	das Lachen	die Sonne, -n
die Erde (*earth*)	das Leben	der Spiegel, -
die Familie, -n	die Liebe	der Stoff, -e (*stuff, material*)
der Freund, -e	die Macht (*power*)	die Träne, -n (*tear*)
die Freundschaft, -en	der Mantel, ⸚	die Welt
das Glück (*luck*)	der Regen	der Winter
der Himmel (*sky, heaven*)	der Schlüssel, -	die Zukunft
das Jahr, -e		

KONTEXT 2

A. Das Hotel „Zum goldenen Adler".
Wie beschreibt die Anzeige die Vorzüge
(*features*) des Hotels?

BEISPIEL: Zimmer → moderne Zimmer

1. Frühstücksbuffet
2. Speisekarte
3. Tagungsraum
4. Lage

Hotel "Zum goldenen Adler"

Portitzer Straße 10
O-7010 Leipzig
Telefon: 6 63 26

19 moderne ZImmer   mit Bad/WC, Telefon, Farb-TV
sowie Radio * 36 Betten auf 3 Etagen * reichhaltiges
Frühstücksbuffet * attraktive Speise- & Getränkekarte
* Bistro / Bar "Day & Night" mit kühlen Drinks und Tanz
am Abend * separater Tagungsraum * ideale Lage *

B. Ihre eigene Anzeige. Schreiben Sie Ihre eigene Anzeige für ein Hotel.
*Follow the suggested format, and choose corresponding numbered adjectives from the
list to make up an ad. Make up numbers for the street address and telephone.*

Hotel zum _____¹ Lamm
Hauptstraße _____
97332 Volkach
Telefon: _____

12 _____² Zimmer mit Bad/WC, Telefon, Farbfernseher sowie Radio • _____³ Frühstück •
_____⁴ Café mit _____⁵ Getränken und _____⁶
Kuchen • _____⁷ Hotelrestaurant • _____⁸
Küche • _____⁹ Lage

1. goldenen, kleinen, schwarzen, weißen, __?__
2. elegante, gemütliche, große, luxuriöse, __?__
3. vegetarisches, großes, leichtes, riesiges, __?__
4. attraktives, charmantes, freundliches, kleines, __?__
5. kalten, kühlen, heißen, warmen, __?__
6. hausgebackenen, frischen, preiswerten, schönen, __?__
7. modernes, sonniges, intimes, romantisches, __?__
8. deutsche, internationale, österreichische, französische, __?__
9. attraktive, günstige, schöne, zentrale, __?__

INFORMATIONEN 2

Adjective Endings

Predicate adjectives describe the subject of a sentence and are usually placed in
the predicate after a verb such as **sein, werden,** or **bleiben.** Adjectives used in
this way have one form.

PREDICATE ADJECTIVES		
Der Salat ist **frisch.**	*The salad is fresh.*
Die Wurst ist **heiß.**	*The sausage is hot.*
Das Brot ist **gut.**	*The bread is good.*
Die Getränke sind **kalt.**	*The beverages are cold.*

An adjective that occurs directly before the noun it modifies is called an *attributive* adjective. Attributive adjectives take special endings according to the gender, number, and case of the nouns they modify.

ATTRIBUTIVE ADJECTIVES
{ Beim Picknick gibt es **frischen** Salat, **heiße** Wurst, **gutes** Brot und **kalte** Getränke.

At the picnic there's fresh salad, hot sausage, good bread, and cold drinks.

There are two kinds of adjective endings in German: strong and weak. Attributive adjectives not preceded by **der-** or **ein-**words take strong endings; those preceded by **der-**words take weak endings; those preceded by **ein-**words take either strong or weak endings. The latter will be treated in Chapter 13.

Strong Adjective Endings

An attributive adjective that is not preceded by a **der-** or an **ein-**word takes strong adjective endings. These endings match those of the definite article, except in the masculine and neuter genitive. The genitive forms occur infrequently.

	MASCULINE		FEMININE		NEUTER	
NOMINATIVE	frischer	Salat	heiße	Wurst	gutes	Brot
ACCUSATIVE	frischen	Salat	heiße	Wurst	gutes	Brot
DATIVE	frischem	Salat	heißer	Wurst	gutem	Brot
GENITIVE	frischen	Salat(e)s	heißer	Wurst	guten	Brotes

	PLURAL	
NOMINATIVE	kalte	Getränke
ACCUSATIVE	kalte	Getränke
DATIVE	kalten	Getränken
GENITIVE	kalter	Getränke

Adjectives that end in **el** or **er** (**dunkel, teuer**) drop the **e** when endings that begin with **e** are added: **dunkles, teures Bier.**

When more than one adjective precedes a noun, all the adjectives in the sequence have the same ending.

Hier serviert man gut**en**, frisch**en**, billig**en** Salat.
Hier serviert man viel**e** gut**e**, kalt**e** Getränke.

The indefinite plural adjectives **andere, einige, viele,** and **wenige** are treated like other plural adjectives.

Ich bin mit **einigen guten** Freunden ins Kino gegangen.

I went to the movies with some good friends.

ÜBUNGEN 2

A. Herr und Frau Huber sprechen über internationale Küche und Getränke.

HERR HUBER: Chinesisch___ Küche esse ich sehr gern.
FRAU HUBER: Ich mag japanisch___ Küche.
HERR HUBER: Ich esse gern Spaghetti mit italienisch___ Wein.
FRAU HUBER: Ich esse oft Käse mit französisch___ Brot.
HERR HUBER: Dazu trinke ich gut___, alt___, französisch___ Rotweine.
FRAU HUBER: Ich mag auch jung___, deutsch___ Weißweine.
HERR HUBER: Zu deutsch___ Essen sollte man deutsch___ Bier trinken.
FRAU HUBER: Und zu frisch___ warm___ Brötchen (*pl.*) trinkt man heiß___, schwarz___ Kaffee.
HERR HUBER: Manchmal gehe ich auch in schwedisch___ Restaurants.
FRAU HUBER: Ich esse gern in dänisch___ Restaurants.
HERR HUBER: Amerikanisch___ Restaurants sind oft interessant.
FRAU HUBER: Groß___ amerikanisch___ Restaurants gefallen mir nicht, aber ich finde klein___ amerikanisch___ Restaurants sehr nett.

B. Amy kommt aus Amerika und ist neu an der Uni. Was sagt sie?

Ich bin sehr gern hier. Ich kenne schon viel___ interessant___ Leute. Einig___ gut___ Freunde von mir wohnen im Studentenheim. Morgens gehe ich gern ins Café Kreuzer. Dort sieht man sehr wenig___ alt___ Leute, denn es ist ein Studentencafé. Ich spreche manchmal mit ander___ amerikanisch___ Studenten, aber ich lerne auch deutsch___ Studenten kennen.

C. Herr Auerbach hat eine Reise nach Italien gemacht. Er erzählt von dem italienischen Essen und den italienischen Getränken.

BEISPIEL: Die Pizza in Italien war immer *hausgemacht*. Ich habe immer ___hausgemachte___ Pizza gegessen.

1. Ich habe das Essen in Mailand (*Milan*) sehr *gut* gefunden. Dort habe ich _____ Essen bestellt.
2. Die Restaurants in Rom waren *interessant*. Oft habe ich in _____ Restaurants gegessen.
3. Der Wein in Venedig (*Venice*) war *schlecht*. Leider habe ich in Venedig _____ Wein getrunken.
4. Die Tomaten in Italien waren *schön* und *rot*. In ganz Italien habe ich _____, _____ Tomaten gesehen.
5. Der Kaffee war *schwarz*. Ich habe _____ Kaffee zum Frühstück getrunken.
6. Alles war sehr *frisch*. Ich habe _____ Eier, _____ Brot und _____ Obst gegessen.

Erfurt ist die größte Stadt und auch die Hauptstadt Thüringens. Der Brunnen (*fountain*) bildet einen schönen Ruhe-punkt (*resting spot*).

KOMMUNIKATION 2

A. Rollenspiel: der Detektiv und der Zeuge (*witness*)

alt	braun	grün	kurz	riesig	schwarz
blau	dunkel	jung	lang	rot	weiß
blond	groß	klein	neu	schön	___?___

DER DETEKTIV: Beschreiben Sie den Mann!

DER ZEUGE: Der Mann war ungefähr _____ Jahre alt und _____ Meter* groß. Er hatte _____, _____ Haare und _____, _____ Augen.

DER DETEKTIV: Was hat er getragen?

DER ZEUGE: Sein Hemd war _____. Er hatte auch_____, _____ Jeans und _____, _____ Schuhe an.

DER DETEKTIV: Und die Frau? Können Sie sie auch beschreiben?

DER ZEUGE: Ja, sie war sehr _____. Sie hatte _____, _____ Haare und _____, _____ Augen.

DER DETEKTIV: War sie dick (*fat*) oder dünn (*thin*)?

DER ZEUGE: Sie war _____, vielleicht _____ Kilo.†

DER DETEKTIV: Und was hat sie getragen?

DER ZEUGE: Ihre Bluse war _____ und ihre Jacke ziemlich (*fairly*) _____. Sie hatte _____ Jeans und _____ Tennisschuhe. Sie hatte auch zwei _____, _____ Koffer.

DER DETEKTIV: Haben Sie vielleicht andere Zeugen gesehen?

DER ZEUGE: Ja, zwei _____ Männer waren da und einige _____ Schulkinder.

---

*1 meter = 39.37 inches, a bit more than 3 feet

† 1 kilogram = 2.2 pounds

B. Interview: Geschmacksfragen (*questions of taste*). Fragen Sie Ihren Nachbarn /
Ihre Nachbarin:

1. Kaufst du gern in groß__ Kaufhäusern ein?
2. Möchtest du teur__, italienisch__ Schuhe tragen?
3. Schreibst du oft lang__ Briefe an alt__ Freunde?
4. Gefallen dir lang__ Gespräche mit gut_____ Freunden?
5. Möchtest du gern schön__ Spaziergänge an sandig__ Stränden machen?
6. Kennst du viel__ europäisch__ Sitten?
7. Verbringst du gern schön__ Abende in klein__, dunkl__, romantisch__ Restaurants?
8. Ißt du gern französisch__ Brot mit frisch__ Butter?
9. Ißt du frisch__ Salat, wenn du groß__ Hunger hast?

ERWEITERUNG

ALLES KLAR!

Reisefreiheit—Mai bis November 1989.
Travel, among other things, was severely restricted during the 40-year existence of the East German state. When reform movements began in other Eastern Block countries, unrest also grew in East Germany. In May, 1989, Hungarian soldiers began cutting holes in the fence along the border to Austria. East Germans, on the pretense of taking their vacations to neighboring Eastern Block countries (the only way they could travel abroad), began flooding the West German embassies in Budapest, Prague, Warsaw, and, ultimately, even East Berlin. By August, these embassies were so overwhelmed that most had to be closed.

On September 11, 1989, Hungary opened its borders to tens of thousands of East German refugees who then fled across Hungary to the West and to freedom in Austria. Hoping to ease the political situation, the East German government ordered special trains to carry refugees from the embassies in Prague and Warsaw back across East Germany into West Germany. When the trains passed through the railway station in Dresden on October 4, however, desperate citizens tried to jump aboard, thereby triggering a confrontation with police.

The 40-year celebration of the German Democratic Republic (GDR) on the weekend of October 6–8 set off massive demonstrations that escalated during the month, particularly in East Berlin and in Leipzig. On November 9, 1989, the East German government opened the borders to West Berlin and to West Germany. Less than a year later, on October 3, 1990, the East German state became incorporated into the Federal Republic and thus ceased to exist.

Von Jena nach Venedig

A. Von Jena nach Venedig und zurück. *The following text maps out a roundabout trip from Jena to Venice and back.*

1. As you read the account the first time, use lines and arrows to chart the route on the map.
2. In the text the author explains why she and her friends took such an indirect route. Underline this brief explanation when you come to it.

B. Neue Reisefreiheit. *The author of the text took the trip shortly after the unification of Germany. Why is the trip special to her? What does she notice in particular along the way?*

1. As you read the account more carefully, jot down words and phrases from the text that reveal her impressions and feelings. List these items under the heading **Eindrücke und Gefühle.**
2. Look over your list. Are there any items with which you can personally identify? Are there any feelings or impressions that you have experienced at one time or another or that you have imagined?

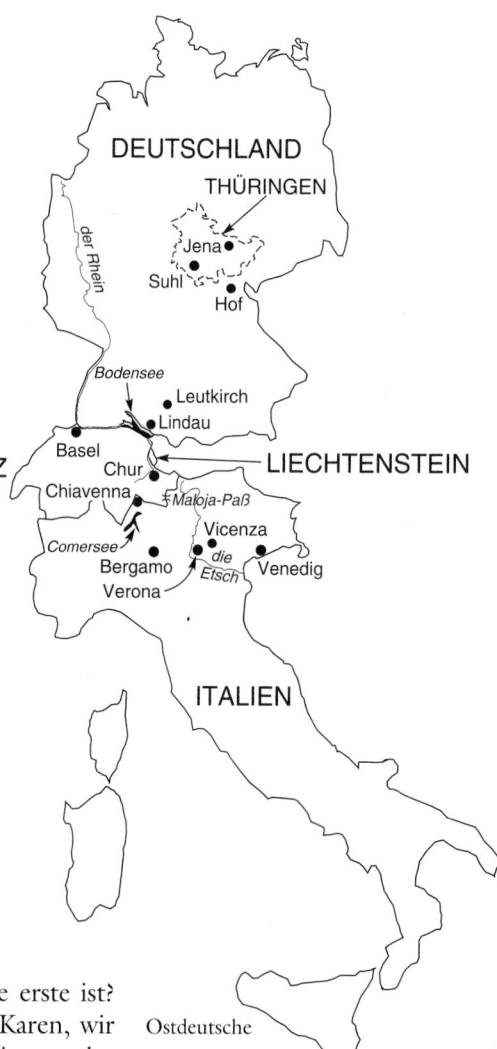

TEXT *War alles nur ein Traum?*

von Karen Lasch

Was ist eigentlich besonderes an einer Italienreise? Daß es die erste ist? Weil wir „Ossis°" sind?—Oder überhaupt? Anne, Ulli und Karen, wir sind alle drei 20 und wohnen in Jena (Thüringen). Ulli arbeitet an der Uni, Anne und ich studieren Agrarbiologie.

     Ostdeutsche

5   Wir gehen also vier Tage vor Ostern° weg. Ziel:° Venedig. Mir kommt das so weit weg vor, daß mir das Erreichen unvorstellbar° erscheint.

    Easter / Destination
    unimaginable

   Es beginnt ganz gut. Ein netter Mann in einem noblen Auto bringt uns bis nach Hof. Wir warten lange, bis ein Lastzug° voller Schrott° hält und der Fahrer uns mitnimmt. Relativ langsam geht es vorwärts. Gegen Abend sind wir in
10 Leutkirch.

    trailer truck / scrap metal

   Wir fallen in die Betten und beschließen,° am nächsten Tag bis Venedig zu trampen.° Doch es kommt anders. Es ist gar nicht einfach, eine Bundesstraße° zu erreichen. In Lindau kurzer Blick auf den Bodensee. Daumen° raus—und schon hält ein Liechtensteiner. Er überzeugt uns, durch die Schweiz zu fahren . . .
15 warum eigentlich nicht?

    decide
    hitchhike / main (federal) highway
    thumbs

Er erzählt uns einiges über Liechtenstein, und dann sehen wir die ersten wirklichen Berge. Mir bleibt der Mund offen stehen.

Schon müssen wir wieder aussteigen: eine Raststätte, wenig Reisende,° und keiner will uns mitnehmen. Endlich bringt uns ein Fahrer vom Circus Knie nach
20 Chur. Rechts und links des Tales° riesige, schöne Felsmassive.° Ich komme mir unwahrscheinlich klein vor.

Wir sind froh, als uns ein nettes Paar in einem sehr alten Citroën mitnimmt. Die beiden wissen noch nicht genau, wo sie eigentlich hinwollen. Wir hoffen, daß es ihnen nicht irgendwo in den Bergen gefällt und sie sagen, so, hier bleiben wir.
25 Die Unruhe steigert sich,° als wir den Maloja-Paß erreichen. Hier gibt es fast einen halben Meter Schnee.

Eine hübsche Pension, noch in der Schweiz, gefällt den beiden so gut, daß sie bleiben. Wir überzeugen die Wirtin,° uns ein Zweibettzimmer im Keller zu geben, weil wir doch „arme Studenten" sind. Der dritte Tag begrüßt° uns mit
30 einem wunderschönen Blick aus unserem Kellerfenster: Sonnenschein und ein riesiger Berg.

Wir erreichen die Grenze und sehen alte Häuser mit Fensterläden.° Wir können es kaum glauben. Wir sind in Italien! In Chiavenna lädt Charlie, ein Stuttgarter, uns zu einem Cappuccino ein°—mein erster überhaupt. Später, mit
35 unwahrscheinlicher Freude,° fahren wir weiter am Comersee entlang. Man kann diesen See nur kurz zwischen den Tunneln bewundern.° Dann fahren wir mit einem Studenten auf der Autobahn nach Bergamo. Er erzählt uns auf englisch über Fußball. Ein italienischer Trucker erzählt uns dann von seinem Land, seiner Familie und dem kommenden Osterfest.° Wir durchfahren die wunderschöne
40 Landschaft zwischen Verona und Vicenza—sanfte Hügel, Wein, alte Villen.

Und dann Venedig—der erste Eindruck° ist enttäuschend:° Industrie, Autos, Hektik, dazu kalter Regen und keine Unterkunft° in der Jugendherberge.° Wir bekommen Quartier für zwei Nächte in einer billigen Pension.

Am nächsten Tag sitzen wir auf dem Markusplatz. Eine Flasche Mineralwasser
45 und ein Weißbrot sind unser Frühstück. Der Platz ist von Touristen hoffnungslos° überfüllt.

Wir gehen am Canal Grande spazieren und finden uns irgendwie in den Wohngebieten Venedigs. Hier finden wir weniger Glanz° und Touristen. Wir treffen dort ein französisches Ehepaar und viele italienische Arbeiter.

50 Den Ostermontag verbringen wir in Verona: Wir laufen, schauen, ruhen uns aus.° Der Streß der letzten Tage macht sich bemerkbar.° Wir schlafen am Ufer der Etsch° und genießen die Atmosphäre der Stadt. Am nächsten Tag müssen wir heim. Nach zweistündiger Wartezeit bietet uns ein englischer Trucker an,° mit nach Basel (!) zu kommen. Froh, zu fahren, steigen wir ein—Umwege° muß man
55 beim Trampen in Kauf nehmen.° Gegen 22.00 Uhr Ankunft in Basel—er fährt auf einen Parkplatz für Trucker 20 m hinter der französischen Grenze.

In einem Park am Rhein machen wir mitternächtliches Picknick mit Kerze° und bekommen neugierige Blicke von anderen Parkbesuchern. In der Nähe des Hauptbahnhofes packen wir unsere Schlafsäcke° aus. Nach langem Hin und Her

travelers

valley / rock massifs

steigert . . . grows

innkeeper
greets

shutters

lädt . . . ein invites
joy
admire

Easter celebration

impression / disappointing
accommodations / youth hostel

hopelessly

splendor

ruhen . . . rest / noticeable
Ufer . . . bank of the Etsch (Adige)
*   river*
bietet . . . an offers
detours
in . . . accept

mit . . . by canlelight

sleeping bag

60 kommen wir wieder nach Deutschland, brauchen den ganzen Tag bis nach Suhl und fahren um Mitternacht nach Jena mit dem Zug.

Da sind wir also wieder. Ich falle in mein Bett und habe das Gefühl, es war alles nur ein Traum.

Traumreise

A. Zum Nachdenken: Träumen Sie von Ägypten? Lesen Sie die Anzeige. Ist Ägypten auch Ihr Traumland? Wenn ja: wegen der Landschaft? wegen der Menschen? wegen der Architektur und Kunstschätze (*art treasures*)? wegen der uralten (*ancient*) Kultur? Wenn nein: Von welchem Land, von welchem Gebiet oder von welcher Stadt träumen Sie? Warum?

Mein Traumland Ägypten
Landschaften und Menschen, Architektur und Kunstschätze dieses uralten Kulturlandes in faszinierenden Farbbildern und informativen Texten. 128 Seiten, davon 96 vierfarbig auf Kunstdruckpapier.
DM 9,80

B. Zum Schreiben: Beschreiben Sie Ihre Traumreise. Schreiben Sie alles im Futur.

- Wohin werden Sie eines Tages reisen? Warum?
- Mit wem werden Sie hinfahren? Warum?
- Wie lange wird diese Reise dauern?
- Wie werden Sie reisen? mit dem Flugzeug? Zug? Bus? Auto? Fahrrad? Schiff? zu Pferd (*horseback*)? zu Fuß? ___?___
- Was werden Sie während der Reise machen? Wen werden Sie treffen?
- Was werden Sie in Ihrem Traumland/Traumgebiet oder in Ihrer Traumstadt besichtigen? Was werden Sie alles dort machen?

13

MAHLZEIT!

E INSTIMMUNG

Mahlzeit! Am Sonntag ißt Familie Haller ihr Frühstück zusammen. Und Sie? Was essen Sie zum Frühstück? Mögen Sie auch ein weichgekochtes (*soft-boiled*) Ei, frisches Obst, verschiedene (*different*) Sorten Brot, Joghurt, Müsli (*Swiss cereal*), Kaffee, Tee, Milch, Tomaten- oder Orangensaft?

WÖRTER

A. Was sagt man im Restaurant?

BEISPIEL: S1: Was sagt man in Situation eins?
S2: Man sagt: „Ist hier noch frei, bitte?"

a. „Mm, es schmeckt mir."
b. „Einmal Sauerbraten und einmal Wiener Schnitzel, bitte."
c. „Zusammen oder getrennt?"
   „Zusammen, bitte."
   „33 Mark 70."
   „35 Mark. Das stimmt so."
d. „Mahlzeit!"
e. „Ist hier noch frei, bitte?"
f. „Was schulde ich dir?"*
g. „Bringen Sie uns die Weinkarte, bitte."
h. „Herr Ober, bitte zahlen!"
i. „Warte doch nicht auf mich! Sonst wird das Essen kalt!"
j. „Herr Ober, die Speisekarte, bitte."

1.   2.   3.   4.   5.

6.   7.   8.   9.   10.

*In German-speaking countries, one person often pays the bill and is repaid afterwards by the others in the party.

WORTSCHATZ

Mahlzeit!

Scheurer & Wittich, Nürnberg

ADJECTIVES AND ADVERBS

alle (*pl.*)	all
ausgezeichnet	excellent(ly)
dick	thick(ly), fat
erfrischend	refreshing(ly)
gebacken	baked
gedünstet	steamed; stewed
gefüllt	stuffed
gekocht	boiled
gemischt	mixed
hausgemacht	homemade
herrlich	wonderful(ly), splendid(ly)
rund	round
sicherlich	certain(ly)
unbedingt	absolute(ly); by all means
zwar	of course, to be sure, indeed; as a matter of fact

NOUNS

Gemüsesorten	*Types of Vegetables*
die Bohne, -n	bean
die Gurke, -n	cucumber
die Kartoffel, -n	potato
die Möhre, -n	carrot
die Tomate, -n	tomato
die Zwiebel, -n	onion

Obstsorten	*Types of Fruits*
der Apfel, ¨	apple
die Banane, -n	banana
die Erdbeere, -n	strawberry
die Kirsche, -n	cherry
die Orange, -n	orange
die Pflaume, -n	plum

Essen und Getränke	*Food and Drinks*
der Fisch, -e	fish
das Fleisch	meat
das Gericht, -e	dish, course
der Nachtisch, -e	dessert
die Pizza, -s	pizza
der Saft, ¨e	juice
die Spezialität, -en	specialty
das Steak, -s	steak
die Suppe, -n	soup
die Vorspeise, -n	appetizer

Im Restaurant	*In the Restaurant*
das Abendessen, -	dinner, evening meal
die Gabel, -n	fork
das Glas, ¨er	glass
der Löffel, -	spoon
das Messer, -	knife
das Mittagessen, -	lunch, midday meal
die Speisekarte, -n	menu
der Stammtisch, -e	table reserved for regular customers
die Tasse, -n	cup
der Teller, -	plate

VERBS

bedeuten, hat bedeutet	to mean, signify
bestehen, hat bestanden (aus)	to consist (of)
bestellen, hat bestellt	to order
bieten, hat geboten	to offer
dienen, hat gedient	to serve
stammen, hat gestammt (aus)	to stem (from), to come (from) originally
stören, hat gestört	to bother, disturb

USEFUL WORDS AND PHRASES

belegtes Brot	open-face sandwich
das stimmt so	that's okay; keep the change
einmal/zweimal (Sauerbraten)	one/two order(s) of (sauerbraten)
es schmeckt (mir)	it's delicious, it tastes good (to me)
guten Appetit! / Mahlzeit!	enjoy your meal
was schulde ich (dir)?	how much do I owe (you)?
zahlen, bitte	the bill, please
zusammen oder getrennt?	together or separate (checks)?

B. Wie sagt man das noch?

> BEISPIEL: S1: Man sagt: „Ich habe Durst."
>
> S2: Man kann auch sagen: „Ich bin durstig."

Ich möchte einen Nachtisch.	Das ist ein Spezialgericht des
Ich habe Hunger.	Hauses.
Das ist eine Spezialität des	Ich möchte eine Nachspeise.
Hauses.	Ich bin hungrig.
Ich kenne dieses Gericht nicht.	„Mahlzeit!"
„Guten Appetit!"	Ich kenne diese Speise nicht.

Past Participles as Adjectives

Past participles are often used as adjectives. Without an ending, a past participle may be used as a predicate adjective or as an adverb.

PREDICATE ADJECTIVE	Diese Kartoffeln sind **ausgezeichnet.***	*These potatoes are excellent.*
ADVERB	Du mußt **unbedingt**† diese Kartoffeln probieren.	*You absolutely must try these potatoes.*

With the appropriate endings, a past participle may be used as an attributive adjective.

ATTRIBUTIVE ADJECTIVE	Möchten Sie **gekochte** Kartoffeln?	*Would you like boiled potatoes?*

C. Was bietet die Speisekarte? *Look at the following menu items. For each adjective, identify the past participle and the infinitive. Then use the adjectival phrase in a sentence.*

> BEISPIEL: gemischter Salat → gemischt/mischen →
> An heißen Tagen esse ich gern gemischten Salat.

1. gefüllte Eier
2. gedünsteter Reis
3. gebackener Fisch
4. belegtes Brot
5. gekochte Kartoffeln
6. ausgezeichnete Pizza

D. Interview: Essen und Trinken. Fragen Sie Ihren Nachbarn / Ihre Nachbarin:

1. Welche Obstsorten magst du? Welche magst du nicht?

***Ausgezeichnet** is the past participle of **auszeichnen** (*to distinguish*).

† **Unbedingt** is the opposite of **bedingt** (*limited*), the past participle of **bedingen.**

| Bananen | Orangen | Äpfel | Erdbeeren | Kirschen | Pflaumen |

2. Welche Gemüsesorten ißt du gern? Welche ißt du nicht gern?

| Möhren | Kartoffeln | Tomaten | Zwiebeln | Bohnen | Gurken |

3. Welche Suppen und welche Salate ißt du gern? Gemüsesuppe? Gemüse-salat? Bohnensuppe? Bohnensalat? Kartoffelsuppe? Kartoffelsalat? Tomatensuppe? Tomatensalat?
4. Magst du Fleisch? Fisch? Wurst? Käse?
5. Ißt du gern Eier zum Frühstück? zum Mittagessen? zum Abendessen?
6. Wie oft ißt du Brot? jeden Tag? zweimal in der Woche? nie? Ißt du morgens Brötchen mit Butter und Marmelade? Ißt du oft belegte Brote zum Mittagessen?
7. Was ißt du gern zum Nachtisch? Eis? Kirschtorte? Apfelstrudel? Apfelkuchen? Käsekuchen? Pudding? Schokolade?
8. Was trinkst du gern? Wasser? Mineralwasser? Cola? Apfelsaft? Bier? Rotwein? Weißwein? Kaffee? Tee? Milch?

City Names as Adjectives

Adjectives derived from city names are capitalized and have the ending **er**, regardless of the gender or case of the noun they precede.

> der Münchn**er** Viktualienmarkt
> die Wien**er** Bäckerei
> das Bern**er** Restaurant

E. Aus welcher Stadt stammt jede Spezialität?

BEISPIEL: Wiener Schnitzel →
        S1: Woher stammt Wiener Schnitzel?
        S2: Wiener Schnitzel stammt aus Wien.

1. Pariser Schnitzel (*veal cutlet*)
2. Salzburger Nockerln (*pl.*) (*sweet soufflé*)

3. Königsberger Klopse (*meatballs with capers*)
4. Berliner Pfannkuchen (*doughnuts*)
5. Linzer Torte (*apricot or raspberry torte*)
6. Dresdner Stollen (*sweet bread with candied fruit*)

Wiener Würstchen
rauchzart, im Natursaitling
100 g   **1.39**

Rödelheimer Bauernsalami
100 g   **1.39**

Chiemgauer Landschinken
geräuchert
100 g
                                         2.29

FOTOTEXT

Herr Rinser und Herr Brenner sind auf dem Viktualienmarkt in München und sprechen über gesundes Essen.

H.B.: Ach, wissen Sie, Herr Rinser, früher (*formerly*) hat meine Frau ganz anders gekocht. Sie stammt aus Mitteldeutschland und hat in Österreich gelebt. Da hat es zum Mittagessen Wiener Schnitzel mit Spätzle und Leipziger Allerlei gegeben.

H.R.: Leipziger Allerlei? Was ist denn das?

H.B.: Das ist gemischtes Gemüse. Meine Frau hat Blumenkohl (*cauliflower*), Erbsen (*peas*) und Möhren gedünstet und dann in einer Buttermehlsoße (*sauce made with butter, cream, and flour*) serviert.

H.R.: Hm, das war nicht sehr gesund. Schauen Sie, hier sind frische rote Rüben (*beets*).

H.B.: Die mag ich nicht. Ich esse lieber mit Fleisch gefüllte Paprika (*peppers*).

H.R.: Ich habe schon Grünkohl (*curly kale*) gekauft.

H.B.: Ah, mit einer dicken, saftigen Wurst und Bratkartoffeln (*roasted potatoes*) ist das eine ausgezeichnete Mahlzeit. Aber ich soll frischen Spinat kaufen.

H.R.: Ihre Frau kocht doch bestimmt guten gedünsteten Spinat.

H.B.: Ja, früher, da hat sie ihn mit dicker, saurer (*sour*) Sahne (*cream*), hartgekochten Eiern und Speck (*bacon*) gemischt. Jetzt ist er eben bloß (*merely*) gedünstet.

H.R.: Aber gesünder (*healthier*)!

F. Was schmeckt Ihnen? Und den anderen Studenten und Studentinnen? Fragen Sie sie!

BEISPIEL: S1: Was schmeckt dir?
             S2: Mir schmeckt frischer Fisch mit grünem Salat und französischem Brot. Zum Nachtisch schmecken mir besonders frische, rote Erdbeeren. Und dir, (Steve)?

ausgezeichnet	Äpfel
deutsch	Bananen
französisch	Brot
frisch	Brötchen
gebacken	Eis
gedünstet	Erdbeeren
gefüllt	Fisch
gekocht	Kartoffelsuppe/Kartoffelsalat
gemischt	Käsekuchen
grün	Reis
hausgemacht	Salat
herrlich	Wurst
?	?

SPRACHE

KONTEXT 1

Ein junges deutsches Paar hat einen Bekannten aus den USA zum Abendessen in einem Restaurant eingeladen.

HEINZ-JOSEF: Seht ihr einen Tisch mit drei freien Plätzen?

JOHN: Setzen wir uns doch an den runden Tisch da unter dem großen Spiegel!

ANNEMARIE: Das ist bestimmt der Stammtisch. Siehst du denn nicht den kleinen Wimpel°?

pennant, flag

HEINZ-JOSEF: Dann gehen wir eben an den langen Tisch da hinten! Zwei Frauen sitzen zwar schon da, aber wir stören sie sicherlich nicht.

Sie gehen an den Tisch.

ANNEMARIE: Entschuldigung, ist hier noch frei?

EINE DER FRAUEN: Ja, bitte.

A. Das Restaurant

1. Welcher Tisch hat noch drei freie Plätze?
2. Worunter steht dieser Tisch?
3. Warum setzen sich die drei jungen Leute nicht an diesen Tisch?
4. An welchen Tisch gehen sie?
5. Wer sitzt schon an diesem Tisch?
6. Was fragt einer der drei jungen Leute, bevor sie alle einfach Platz nehmen?

B. Rollenspiel: Mit Freunden im Restaurant. *Work with three other students. Choose adjectives to create a variation of the dialogue. Speaker D must incorporate the ideas used by speakers B and C.*

A: Siehst du den Tisch mit den vier _____ Stühlen? (freien, großen, blauen)

B: Setzen wir uns doch an den _____ Tisch. (runden, langen, ovalen, kleinen)

C: Ich will lieber bei _____ sitzen. (dem großen Spiegel, dem offenen Fenster, der kleinen Tür, den gemütlichen Lampen)

D: Dann gehen wir eben an den _____ Tisch da hinten bei _____ .

ALLES KLAR!

Der Stammtisch. A restaurant in a German-speaking country often has at least one **Stammtisch.** This table is reserved for regular customers, often a group that meets regularly to play cards, drink, and discuss politics. A little flag or pennant (**Wimpel**) may signal such a table. **Stammgäste** do not usually frequent the restaurant at peak hours. If the **Stammtisch** is empty, anyone is permitted to sit there after asking permission from the **Ober.** If the **Stammgäste** arrive, however, anyone sitting at the **Stammtisch** will be asked to move to another table.

In German-speaking countries, it is not considered impolite or uncommon to share a table in a restaurant with strangers. If you seat yourself, however, you should first ask: **Verzeihung, ist hier noch frei?** When two or more parties sit at the same table, they maintain privacy and do not mingle or share in one another's conversations.

INFORMATIONEN 1

Weak Endings: Adjectives Following *der*-Words

The **der**-words, as you recall, include the definite article, **dieser, jeder, mancher, solcher,** and **welcher.** An attributive adjective following a **der**-word takes a weak ending. There are only two weak adjective endings: **e** and **en.** The **e** ending is used only in the nominative singular for all genders and in the feminine and neuter accusative.

	MASCULINE			FEMININE			NEUTER		
NOMINATIVE	der	frische	Salat	die	heiße	Wurst	das	gute	Brot
ACCUSATIVE	den	frischen	Salat	die	heiße	Wurst	das	gute	Brot
DATIVE	dem	frischen	Salat	der	heißen	Wurst	dem	guten	Brot
GENITIVE	des	frischen	Salat(e)s	der	heißen	Wurst	des	guten	Brotes

	PLURAL		
NOMINATIVE	die	kalten	Getränke
ACCUSATIVE	die	kalten	Getränke
DATIVE	den	kalten	Getränken
GENITIVE	der	kalten	Getränke

Attributive adjectives in a sequence all have the same ending.

> Dieser gute, frische grüne Salat schmeckt mir.
> Ich möchte mal solche gute, frische, heiße Wurst kaufen.

Adjectives that follow the plural **alle** have the same endings as those that follow the plural **der**-words.

> **Diese** kleinen, romantischen Restaurants gefallen mir.
> **Alle** kleinen, romantischen Restaurants gefallen mir.

ÜBUNGEN 1

A. Herr und Frau Busch haben eine Reise nach Österreich gemacht. Was sagen sie darüber?

HERR BUSCH: Das alt___, romantisch___ Hotel war teuer.

FRAU BUSCH: Ja, aber das groß___ Zimmer mit den schön___ Möbeln hat mir gefallen.

HERR BUSCH: Wir haben fast alle schön___, alt___ Kirchen gesehen.

FRAU BUSCH: Ja, und die modern___ Gebäude waren auch interessant.

HERR BUSCH: Die österreichisch___ Küche hat mir sehr geschmeckt.

FRAU BUSCH: Der jung___ österreichisch___ Weißwein war herrlich.

HERR BUSCH: Die gemütlich___ Gaststätten in den klein___ Dörfern haben mir besonders gefallen.

FRAU BUSCH: Wir haben mit solchen nett___, freundlich___ Leuten in jedem klein___ Dorf gesprochen.

HERR BUSCH: In welcher klein___ Bäckerei haben wir das frisch___ Landbrot gekauft?

FRAU BUSCH: Das weiß ich nicht. Alle österreichisch___ Bäckereien haben aber gut___ Brötchen.

HERR BUSCH: Wir müssen dieses schön___ Land noch einmal besuchen.

FRAU BUSCH: Ja, mir gefällt dieses Land wegen der schön___ Landschaften und der freundlich___ Leute.

B. Fritz schreibt über seinen Abend im Restaurant.

BEISPIEL: Das Restaurant war *klein* and *dunkel*. Ich habe den Abend in diesem <u>kleinen</u>, <u>dunklen</u> Restaurant verbracht.

1. Der Ober war *ungeduldig* und *unfreundlich*. Ich wollte mit dem _____, _____ Ober nicht sprechen.
2. Ein Tisch war *groß* und hatte *freie* Plätze. Ich bin an den _____ Tisch mit den _____ Plätzen gegangen.
3. Drei *nette, junge* Leute waren schon da. Ich habe die _____, _____ Leute gefragt: „Ist dieser Platz noch frei?"
4. Die Speisekarte war *lang* und *interessant*. Ich habe die _____, _____ Speisekarte gelesen.
5. Das Fischgericht war *frisch* und *hausgemacht*. Ich habe das _____, _____ Fischgericht bestellt.
6. Der Weißwein war *herrlich* und *jung*. Ich habe nicht viel für diesen _____, _____ Weißwein bezahlt.
7. Im Restaurant habe ich eine Frau getroffen. Sie war *interessant* und auch *intelligent*. Ich denke oft an diese _____, _____ Frau.

C. Der Abend im Restaurant. *Tell the following story in your own way by adding one or more adjectives before each italicized noun.*

Horst und Brigitte gehen ins *Restaurant*. Sie sitzen an dem *Tisch* vor dem *Fenster*. Der *Ober* bringt ihnen die *Speisekarte*. Horst bestellt das *Fischgericht*, und Brigitte bestellt die *Gemüsesuppe*. Während des Essens spricht Brigitte über das *Wetter*. Bei diesem *Wetter* bleibt man nicht gern zu Hause. Nach dem *Abend* im *Restaurant* trinken Horst und Brigitte zu Hause *Tee*.

D. Minidialoge: Wem? Für wen? *Write out the minidialogues. For each one, choose a noun from each list and an adjective to precede each noun. Choose the correct pronoun within parentheses in items F and H.*

DINGE		LEUTE	
blau	dieses Hemd, -en	alt	die Frau, -en
braun	diese Hose, -n	groß	der Herr, -en
gelb	diese Jacke, -n	jung	der Junge, -n
grün	dieses Kleid, -er	klein	das Kind, -er
rot	dieser Mantel, ¨	nett	das Mädchen, -
schwarz	dieser Rock, ¨e	schön	der Mann, ¨er
weiß	diese Schuhe (*pl.*)	sympathisch	_?_
_?_	_?_	_?_	

A: Für wen ist _____?

B: Das ist für _____.

C: Wem sollen wir _____ geben?

D: Geben wir (sie, es, ihr) _____.

E: Schenkt ihr _____ etwas?

F: Ja, wir schenken (ihr, ihm, ihnen) _____.

G: Was gefällt _____?

H: _____ gefällt (ihr, ihm, ihnen).

KOMMUNIKATION 1

A. Rollenspiel: Im Restaurant. Sie gehen mit zwei guten Freunden/Freundinnen ins Restaurant. Heute abend wollen Sie alle Pizza essen.

belegt   *here: covered*

der Champignon, -s   *button mushroom*

gerieben   *grated*

geschält   *peeled*

herzhaft   *hearty*

die Kaper, -n   *caper*

der Paprikastreifen, -   *strip of green pepper*

die Plockwurst   *salami made from beef, pork, and bacon*

saftig   *juicy*

schmackhaft   *tasty*

der Vorderschinken   *shoulder of ham*

würzig   *spicy*

NEU · NEU · NEU · NEU · NEU · NEU

Original Italienische
PIZZA

1. Pizza Salame
belegt mit: geschälten Tomaten, geriebenem Käse, herzhafter Plockwurst und schmackhaften Champignons   DM **10,-**

2. Pizza Carbonara
belegt mit: geschälten Tomaten, geriebenem Käse, saftigem Vorderschinken und schmackhaften Champignons   DM **10,50**

3. Pizza San Martino
belegt mit: geschälten Tomaten, geriebenem Käse, saftigem Vorderschinken herzhafter Plockwurst, schmackhaften Champignons und aromatischen Paprikastreifen   DM **11,50**

4. Pizza Speziale
belegt mit: geschälten Tomaten, geriebenem Käse, saftigem Vorderschinken, schmackhaften Champignons, schwarzen Oliven, aromatischen Paprikastreifen, würzigen Kapern und feinen Artischocken   DM **12,-**

ERSTE SZENE: Sie suchen einen Tisch. Wo finden Sie einen?

ZWEITE SZENE: Der Ober bringt die Speisekarte. Sie suchen auf der Speisekarte etwas, was Ihnen schmeckt. Natürlich müssen Sie alles lesen. Was sagen Sie und Ihre Freunde? (Welche Zutaten [*ingredients*] hat Nummer 4? Wieviel kostet Nummer 2? Wenn Sie Pizza nicht mögen, was können Sie sonst bestellen?)

DRITTE SZENE: Sie und Ihre Freunde bestellen.

VIERTE SZENE: Der Ober bringt das Essen. Was sagt er? Was sagen Sie?

FÜNFTE SZENE: Sie sind mit dem Essen fertig und möchten jetzt dafür zahlen. Was machen Sie? Was sagen Sie? Was sagt der Ober?

B. „5. Pizza _____". *The pizza menu does not include your own personal favorite. Write a description of* Pizza Nummer fünf *that is made just for you. Choose words from the menu and from the following list. How much do you think your special pizza should cost?*

die Anschovis (*pl.*)	die Peperoni	die Tomatensoße
die Kruste	die Salami	

C. Ihr Lieblingsrestaurant. *Write the script for a brief commercial to advertise your favorite restaurant. Use attributive adjectives to describe the various features listed on page 260. Be creative and imaginative. You may use a dialogue format, a brief narrative statement, or simply phrases to be called out by a voice backstage.*

Optional: By yourself or with other students, create a videotape of the commerical to play for the class.

die Atmosphäre

der Tisch

die Kellner und Kellnerinnen

die Bedienung (*service*)

die Speisekarte

das Essen (die Vorspeisen, die Steaks, die Salate, die Nachtische, . . .)

die Getränke (die Weine, die Biersorten, der Kaffee, der Tee, . . .)

die Preise

    ?

KONTEXT 2

Heinz-Josef, John und Annemarie sitzen im Restaurant und lesen die Speisekarte.

JOHN: Hm, was gibt's denn hier?

ANNEMARIE: Möchtest du vielleicht ein Steak? Oder eine Pizza?

JOHN: Nein, danke, in einem amerikanischen Restaurant kann ich eine italienische Pizza oder ein dickes Steak mit einem gemischten Salat bestellen. Aber jetzt bin ich in Deutschland und möchte ein richtiges deutsches Gericht essen.

HEINZ-JOSEF: Dann kann ich dir das Zungenragout empfehlen.

ANNEMARIE: Und dazu mußt du natürlich ein dunkles deutsches Bier trinken.

Der Ober kommt an den Tisch.

DER OBER: Ja, bitte.

HEINZ-JOSEF: Dreimal Zungenragout.

DER OBER: Und zu trinken?

JOHN: Ein Pils, bitte.

ANNEMARIE: Und einen Beaujolais . . .

HEINZ-JOSEF: Und bitte einen schwarzen Tee für mich.

Nach dem Essen ruft Heinz-Josef den Ober.

HEINZ-JOSEF: Zahlen, bitte.

DER OBER: Zusammen oder getrennt?

HEINZ-JOSEF: Zusammen.

DER OBER: Also, 67 Mark 50.

HEINZ-JOSEF: 70 Mark. Das stimmt so.

Zungenragout *type of stew with tongue*

ALLES KLAR!

Zahlen! When a customer is ready to pay, he/she signals to the waiter and says (**ich möchte**) **zahlen, bitte.** Prices already include the tax (**Mehrwertsteuer**) and tip (**Bedienungsgeld**), but it is customary to increase the tip by rounding off the bill.

Sie sitzen mit Ihren Gästen im Restaurant. Fragen Sie jeden, was er/sie essen und trinken möchte.

BEISPIEL: S1: Möchtest du einen gemischten Salat bestellen?
S2: Nein, ich möchte keinen gemischten Salat, sondern . . .
S1: Möchtest du ein dunkles Bier dazu trinken?
S2: Nein, ich möchte kein dunkles Bier, sondern . . .

Möchtest du
eine italienische Pizza mit hausgemachter Wurst?
eine gute Suppe?
einen gemischten Salat?
ein richtiges deutsches Gericht?
ein Fischgericht mit gedünstetem Reis?
ein belegtes Brot?
ein dickes Steak?
eine große Wurstplatte?
____?____

Möchtest du
einen jungen deutschen Weißwein?
einen alten französischen Rotwein?
einen heißen Tee?
einen schwarzen Kaffee?
ein erfrischendes Mineralwasser?
ein dunkles Bier?
eine eiskalte Cola?
einen kalten Apfelsaft?
____?____

INFORMATIONEN 2

Weak/Strong Endings: Adjectives Following *ein*-Words

The **ein**-words, as you recall, include **ein, kein,** and all the possessive adjectives (**mein, dein, sein, ihr** [*sg.*], **unser, euer, ihr** [*pl.*], and **Ihr**). When an **ein**-word has no ending—that is, in the masculine nominative and in the neuter nominative and accusative forms—the attributive adjective following the **ein**-word takes a strong ending. In all other instances there is an ending on the **ein**-word, so the adjective takes a weak ending (**e** or **en**). Because these endings are a combination of weak and strong, they are often referred to as *mixed* endings.

Der Stephansdom in Wien: The pointed head in the ad refers to a famous landmark in the heart of Vienna, the Stephansdom with its 137-meter tower.

	MASCULINE			FEMININE			NEUTER		
NOMINATIVE	ein	frisch**er**	Salat	eine	heiß**e**	Wurst	ein	gut**es**	Brot
ACCUSATIVE	einen	frisch**en**	Salat	eine	heiß**e**	Wurst	ein	gut**es**	Brot
DATIVE	einem	frisch**en**	Salat	einer	heiß**en**	Wurst	einem	gut**en**	Brot
GENITIVE	eines	frisch**en**	Salat(e)s	einer	heiß**en**	Wurst	eines	gut**en**	Brotes

	PLURAL		
NOMINATIVE	unsere	kalt**en**	Getränke
ACCUSATIVE	unsere	kalt**en**	Getränke
DATIVE	unseren	kalt**en**	Getränken
GENITIVE	unserer	kalt**en**	Getränke

Remember, attributive adjectives that appear in a sequence all have the same ending.

> Möchten Sie noch etwas zu Ihrem kalt**en**, frisch**en** Salat?
> Kaufen Sie heute kein gut**es**, frisch**es** Brot?

ÜBUNGEN 2

A. Jakob schaut auf die Speisekarte. Er denkt: „Was soll ich denn bestellen?"

BEISPIEL: Manchmal bestelle ich einen <u>erfrischenden</u>
Heringssalat und ein <u>erfrischendes</u> Mineralwasser. (**erfrischend**)

Soll ich einen _____ Kartoffelsalat und eine _____ Wurstplatte bestellen?
(**warm**) Ein _____ Steak interessiert mich, und eine _____ Bohnensuppe interessiert mich auch. (**dick**) Was soll ich zu meinem _____ Fisch und meinen
_____ Tomaten trinken? (**frisch**) Soll ich ein _____ Bier oder einen _____
Weißwein trinken? (**deutsch**) Man serviert hier eine _____ Schokoladentorte
und auch einen _____ Käsekuchen, aber ich muß an die Kalorien denken.
(**ausgezeichnet**) Ich kann keinen _____ Kaffee trinken, aber ich möchte gern
einen _____ Tee. (**heiß**)

B. Möchten Sie hier sitzen?

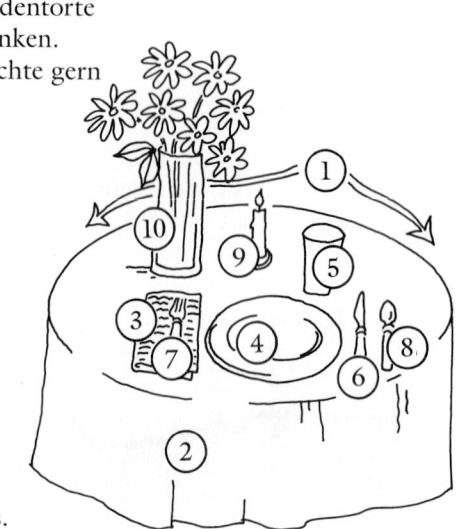

1. Sie sitzen hier an diesem klein___, rund___ Tisch.
2. Sehen Sie die schön___, blau___ Tischdecke?
3. Und hier liegt eine violett___ Serviette.
4. Hier ist ein rund___, weiß___ Teller.
5. Und hier steht ein groß___ Glas.
6. Auf der recht___ Seite des weiß___ Tellers liegt das silbern___
   Messer.
7. Auf der link___ Seite liegt die silbern___ Gabel auf der violett___
   Serviette.
8. Der silbern___ Löffel liegt rechts neben dem silbern___ Messer.
9. Eine kurz___, rot___ Kerze steht in der Mitte des klein___ Tisches.
10. Schön___, gelb___ Blumen stehen in einer groß___ Vase.

C. David geht in ein deutsches Restaurant.

Ich heiße David, und ich bin ein _____ (amerikanisch) Student. Ich studiere
an der _____ (alt) Universität in Freiburg. Ich komme aus einer _____ (klein)
Stadt in Texas. Jetzt wohne ich in einem _____ (neu) Studentenheim.

    Ich habe jetzt _____ (groß) Hunger. Ich gehe in ein _____ (deutsch)
Restaurant. Ich sitze an dem _____ (rund) Tisch bei dem _____ (offen)
Fenster. Ich habe _____ (groß) Durst. In _____ (amerikanisch) Restaurants
bringen die Ober automatisch Eiswasser, aber das ist hier nicht Sitte. Der
Ober bringt eine _____ (groß) Speisekarte. Ich bestelle sofort ein _____ _____
(gut, deutsch) Bier. Später bestelle ich den _____ (hausgemacht) Sauerbraten.

D. Marias Einkaufsliste. Schreiben Sie sie auf deutsch, bitte!

    I need a white blouse and a blue skirt,
        a new black umbrella for my father,
        a beautiful plant for my mother,
        a new dress for my little niece,
        a new shirt for my little nephew,
        and an interesting book for my sister and her husband.

E. Meine Einkaufsliste. Schreiben Sie eine lange Einkaufsliste! Was brauchen Sie? Was müssen Sie bald kaufen?

FOTOTEXT

Schnelle Mahlzeiten. Diese Leute
essen nicht zu Hause, weil sie heute
nur wenig Zeit für ihr Mittagessen
haben.

    Die Frau hat schnell auf dem
Markt eine Bratwurst gekauft und ißt
sie jetzt im Park. Man brät die fetten
Würstchen auf einem Grill über
Holzkohle (*charcoal*) und getrock-
neten Tannenzapfen (*pinecones*). Ihr
Aroma verbreitet sich (*spreads*) über
die ganze Umgebung (*surroundings*).

    Der Bayer (*Bavarian*) hat vielleicht
schon Brötchen mit Wurst und Senf
(*mustard*) gegessen. Jetzt löscht
(*quenches*) er seinen Durst mit einer
Maß (*liter*) Bier und denkt—natürlich
im *bay*rischen Dialekt—: „oans, zwoa,
g'suffa . . .".

KOMMUNIKATION 2

A. Was sehen Sie? *Describe something you see in the classroom. The other students will try to guess what it is.*

> BEISPIEL: S1: Ich sehe etwas. Es ist groß und blau.
> S2: Ein großes, blaues Bild hängt an der Wand. Ist es das Bild?
> S1: Nein.
> S3: Mark trägt einen langen, blauen Mantel. Ist es Marks Mantel?
> S1: Ja.

B. Rollenspiel: Schwierigkeiten (*Difficulties*) **in einem Wiener Café.** Sie gehen in ein elegantes Café in Wien, aber es gibt heute viele Probleme, und Sie müssen immer wieder den Ober rufen. Schaffen (*Create*) Sie eine lustige (*funny*) Szene mit drei oder vier anderen Studenten/Studentinnen zusammen.

MÖGLICHE SITUATIONEN

- Sie haben ein heißes Getränk bestellt, aber es ist schon kalt.
- Sie haben eine Tasse türkischen Kaffee bestellt, aber beim ersten Schluck (*swallow*) finden Sie den Kaffee viel zu stark. Sie möchten etwas anderes bestellen, vielleicht einen Cappuccino oder einen Espresso oder eine Melange (Kaffee mit heißer Milch).
- Sie haben einen „Tee ohne" (*plain tea*) bestellt, aber jetzt wollen Sie ein bißchen Milch oder Rum dazu oder eine Scheibe Zitrone.
- Sie haben schon alle Päckchen Zucker für Ihren Kaffee oder Tee benutzt, und Sie brauchen noch mehr.
- Sie haben ein Stück Käsekuchen bestellt, aber der Ober hat Ihnen ein Stück Sachertorte* gebracht.
- Während Sie das Stück Kuchen oder Torte essen, finden Sie ein Haar darin.
- Sie brauchen eine andere Gabel / einen anderen Löffel, weil die Gabel / der Löffel auf dem Tisch schmutzig (*dirty*) ist.
- Der Ober hat Ihnen ein Glas Wasser mit Ihrem heißen Getränk gebracht, wie es in Wien Sitte ist. Aber Sie wollen Eiswasser, wie es in Amerika (aber nicht in Wien) Sitte ist.

Als Oberkellner eines Wiener Cafés: Paul Hörbiger und Hans Moser

FS1 Ober, zahlen!

Gustav (Paul Hörbiger), Franz (Hans Moser), (Mady Rahl), Panigl (Rudolf Carl), Marie (Lucie Englisch), Kurt (Michael Cramer) u.a.

Besetzung:

Frau Lempke

Hans Moser und Paul Hörbiger in ihren Paraderollen

| Humor | Action | Anspruch | Spannung | Erotik |

---

*Sachertorte is a Viennese specialty, a rich chocolate torte that originated in the **Hotel Sacher.**

- Sie haben nicht viel bestellt, aber es ist sehr teuer. Sie können die Rechnung nicht ganz bezahlen, weil Sie nicht genug Geld bei sich haben.
- ___?___

ERWEITERUNG

Um den Tisch zu Hause

A. Die Baustelle (*Construction site*). Schauen Sie sich das Bild an. Was hat wohl eine „Baustelle" mit einer „Familie um den Eßtisch" zu tun?

- Vielleicht sieht die Familie eine Baustelle vom Eßzimmerfenster.
- Vielleicht ist die Baustelle ein Gesprächsthema.
- Vielleicht sitzt die Familie um den Eßtisch und wartet auf den Vater (Großvater, Sohn) oder auf die Mutter (Großmutter, Tochter). Aber er/sie arbeitet noch auf der Baustelle.
- ___?___

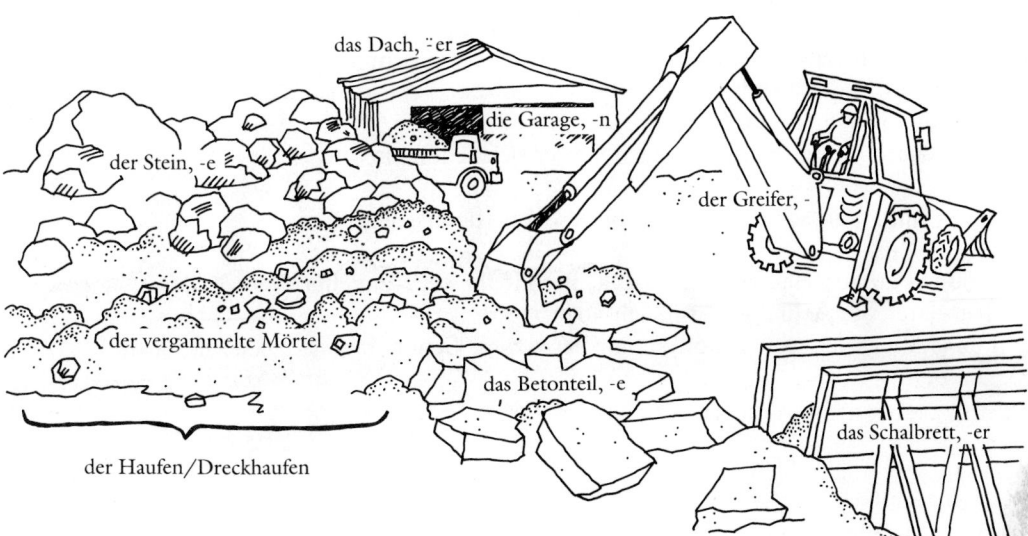

B. Wie beschreibt man die Familie? Was geschieht? *Look over the following questions, and keep them in mind as you read the story. Answer them completely, verbally or in writing, only after you have read the story at least twice from beginning to end.*

1. Was soll das Kind nicht am Tisch machen? Wievielmal (*How many times*) sagt der Vater das zum Kind?
2. Wie alt ist der Junge? Was will der Junge zum Geburtstag?
3. Sind die Eltern jung oder mittleren Alters?
4. Was ißt die Familie?
5. Was auf dem Tisch ist ausgezeichnet? Was ist nicht mehr gut?
6. Wovon spricht der Mann?
7. Welche Frage stellt das Kind immer wieder (*again and again*)?
8. Warum versteht der Vater nicht, was das Kind wissen will?

C. Zum Lesen. *The following story contains many interruptions and resumptions of conversation. Published just before the unification of Germany, the story includes fleeting references to the old East German economic system. Look for hints of criticism and sarcasm regarding the machinery, the foreign specialists who were hired to do very specific tasks for hard cash only, and the bureaucratic difficulties involved in pursuing any type of project.*

FOTOTEXT

Der junge Beamte verzehrt (*consumes*) sein Essen in einem Schnellimbißladen. Auch wenn es schnell geht und man keine Brötchen oder belegte Brote mit den Fingern ißt, benutzt man in Deutschland während des ganzen Essens das Messer in der rechten und die Gabel in der linken Hand.

TEXT *Verständnis**

von Gerd Künzel

Also, da ist ein Tisch, vier Stühle dazu, alles in einem Wohnzimmer. Ein Tisch mit einer Familie drumherum. Teller auf dem Tisch, Brot, Wurst, etwas Grünes. Es ist abends.

Schaukle° nicht mit den Beinen, sagt der Vater.   *swing*

5 Darf ich noch eine Gurke?† fragt der Junge, nachdem er sich schon ein Stück gegriffen° hat.   *grabbed*

Der junge Mann erzählt. Von seiner Baustelle, wie so oft, denn da gibt es immer zu erzählen.

Stell dir einen schönen großen Haufen vor:° Dreck, Betonteile, vergammelter   *stell dir ... vor* *imagine*
10 Mörtel, kaputte Schalbretter, Steine und was weiß ich noch.

Wenn ich fünf bin, krieg° ich einen Roller° mit Sitz zum Geburtstag, ja   *bekomm / scooter*
Mama?

---

* *Understanding*
† Darf ich noch eine Gurke (*pickle*) haben?

Jetzt erzählt mir Papa etwas, da mußt du still sein. Du kannst dann erzählen, wenn wir fertig sind, sagt die junge Frau. Und dann: Du, ich glaube, der
15 Leberkäse° ist etwas angegangen.° Riech° mal.

(type of) pâté / ist … has gone bad / smell

Der Vater, nach einem zurechtweisenden° Blick auf den Jungen, riecht an der Wurst. Die eß ich noch, die ist gut, sagt er und spricht weiter.

reprimanding

Ein Dreckhaufen, der sich angesammelt° hat mit der Zeit. Ist ja klar. Der muß
20 nun weg, kann doch nicht liegenbleiben. Aber wir brauchen einen Greifer dazu. Per Hand ist es unmöglich.

accumulated

Davon solltest du vielleicht doch lieber nicht mehr essen. Ist zwar schade, aber besser als eine Vergiftung,° sagt die Frau und weist° mit der Gabel auf den Leberkäse.

poisoning / points

Schaukle nicht mit den Beinen, sagt der Mann.
25 Möchtest du noch ein Brot? fragt die Frau ihren Sohn.

Ja, mit Leberkäse drauf, bitte. Nicht wahr, Mama, den Roller krieg ich zu meinem Geburtstag? Mit Sitz, mein ich.

Jaja, sagt die Mutter. Leberkäse kannst du nicht haben. Er ist nicht mehr gut. Du hast ja gehört.
30 Ich möchte noch ein Radieschen,° bitte! Aber Papa hat gesagt, der Leberkäse ist noch gut.

radish

Du hast doch gehört, was Mama gesagt hat, sagt der Mann und erzählt weiter.

Einen Greifer braucht man unbedingt. Und der Dreckhaufen wäre° schnell
35 weg. Er muß auch weg. Und stell dir vor, vielleicht dreißig Meter daneben steht ein Greifer.

would be

Der ist kaputt, sagt die Frau.

Nein, der funktioniert ausgezeichnet.

Es kann ihn keiner bedienen?

Iwo,° sind genügend Leute da.

Ach was oh no

40 Dann ist ja alles in Ordnung, sagt die Frau.

Aber das glaubt sie selbst nicht. Schließlich versteht man sich, man weiß, umsonst erzählt der Mann das nicht. Wird also wieder was los sein. Man kennt das ja.

Eben nicht, ruft der Mann triumphierend, eben nicht. Es ist ein jugosla-
45 wischer Greifer.

Er nimmt sich von dem Hackepeter° und kostet.°

nimmt … takes some of the steak tartare* / tastes

Na, die Jugoslawen machen wohl eure Dreckhaufen nicht weg?

Der Hackepeter ist dir aber gelungen,° sagt der Mann. Was isn° da drin?

Der … Your steak tartare turned out well / ist denn

Papa, wenn der Greifer so hoch macht, wie …
50 Ich hab dir doch gerade gesagt, Papa erzählt mir was. Da mußt du aber auch warten, bis du dran bist.° Merk° dir das endlich, sagt die Frau und schaut ihren Mann erwartungsvoll° an.

bis … until it's your turn / Remember
expectantly

Seit wann wird beim Essen überhaupt gesprochen? Iß erst auf und hör endlich mit der Schaukelei auf,° sagt der Mann warnend und erzählt.

hör … stop swinging (your legs) once and for all

***Hackepeter** is lean ground beef mixed with various herbs and spices and served raw.

55 Ganz einfach. Ganz einfach ist das. Unsere jugoslawischen Kollegen haben ihre Aufgaben.° Den Haufen fortzuschaffen° gehört nicht zu ihren Aufgaben. Folglich wäre ein Auftrag auszulösen.° Papierkram,° Behördenweg.° Ginge alles noch. Sinds gewöhnt.° Aber: die Bezahlung,° meine Liebe. Die Bezahlung.

Der Mann reibt° nun Daumen° und Zeigefinger aneinander und sagt nur
60 zwei Worte: harte Dollar. Dann lachen beide los, weil sie glauben, verstanden zu haben.

Sie lachen also, und dann, als sie fertiggelacht° haben, fragt die Frau den Jungen: So, nun kommst du dran. Was wolltest du denn sagen?

Papa, wenn das am Greifer so hoch ist, oben,° wie geht das am Dach?
65 Na, wenn der Greifer hochgestellt wird,° vorn der Arm, dann ist der viel höher° als das Dach.

Nein, das mein ich nicht.

Was meinst du dann?

Wenn das oben am Dach, wie das geht?
70 Weißt du, was er meint, fragt der Mann die Frau.

Ich versteh doch nichts davon, sagt die Frau.

Na, weißt du, sagt der Mann freundlich, der Arm ist nicht am Dach festgemacht,° sondern unten. Der Arm kann nur so hoch gehoben werden.° Weit übers Dach.
75 Weiß ich ja, sagt der Junge störrisch.° Das mein ich nicht.

Ja, dann weiß ich nicht, was du willst. Die Mama weiß es auch nicht, sagt der Mann noch schnell.

Der Junge schaut ganz entsetzt.° Fängt an zu weinen.° Da können wir doch nichts dafür, sagt der Mann. Überlegst* dirs noch einmal,° tröstet° die Frau, und
80 sagst* es uns dann, ja? Willst du noch ein Radieschen?

Der Hackepeter ist wirklich ausgezeichnet. Da muß doch irgendwas anderes als sonst dran sein?

Du mußt nicht traurig sein, sagt die Frau und streicht° dem Jungen über den Kopf. Der zieht° eine böse Miene,° tut beleidigt.°
85 Wirklich schade um den Leberkäse, sagt der Mann, indem er ihn beiseite schiebt.° Sind die Gurken immer noch so teuer?

Ja, sagt die Frau. Reich mir bitte mal das Brot.

Na, der Mann lacht, hast dus° dir überlegt, was du wissen willst? Er schaut freundlich auf den Jungen.
90 Ich will wissen, wie das mit dem Dach geht, wenn der hoch ist. Sagt der Junge. Sagt es trotzig.° Fordernd.°

Der Mann schaut seine Frau an. Zuckt° die Schulter. Ich weiß nicht, was du meinst, sagt er.

Wie das mit dem Dach geht, schreit° der Junge. Jetzt wütend.° Verzweifelt.°
95 Wütend aus Verzweiflung, verzweifelt vor Wut.

Schweigen.°

---

*(Du) überlegst . . . und (du) sagst . . .

Marginal glosses:

work / removing
Folglich . . . *Consequently, that would require a work order* / *Paperwork* / *red tape*
Ginge . . . *Everything would be okay. We're used to that.* / *pay*
rubs / thumb

finished laughing

(*up*) *above*

hochgestellt . . . *is raised*
higher

fastened / gehoben . . . *be raised*

stubbornly

horrified / *cry*
Überlegst . . . *think it over* / *comforts*

strokes

pulls / *face* / tut . . . *acts insulted*

beiseite . . . *pushes aside*

du es

defiantly / *compellingly*
shrugs

screams / *enraged* / *desperate*

silence

Die Familie ißt schweigend. Die Gabeln und die Messer klirren° auf den *clink*
Tellern. Der Mann sagt nichts, obwohl der Junge wieder mit den Beinen
schaukelt.

100 Meinst du, ob der Greifer unter das Dach von der Garage paßt, wenn der
Arm hoch ist, fragt endlich nach langem Schweigen die Mutter.

Nein, das ist es wieder nicht, wir sehen es dem kleinen Kerl° schon an. Seine *guy*
Augen, wir sehen seine Augen.

Ist es das? fragt die Mutter.

105 Der Junge schaut sie an mit diesen Augen und sagt: Ja.

Weißt du, sagt der Vater, in der Garage braucht er die Arme nicht oben zu
haben. Da läßt er sie unten. Dann paßt er auch in die Garage rein. Stößt° nicht *bump*
ans Dach. Stößt überhaupt nirgends an. Verstehst du? Läßt die Arme einfach
unten.

110 Ja, sagt der Junge und glaubt wohl jetzt selbst, daß es das war. Wenigstens
das.—Das wenigstens.

C. Die Hauptidee. Was ist Ihrer Meinung nach die Hauptidee der Geschichte?

- was eine deutsche Familie zum Abendbrot ißt
- wie man einen Dreckhaufen fortschafft
- wie man einen Greifer in die Garage fährt
- wer ein kleines Kind verstehen kann
- wie Familienmitglieder einander verstehen und mißverstehen
- die Rolle und die Wichtigkeit des Abendbrots im Familienleben
- wovon eine Familie beim Essen spricht
- ___?___

SALZDAHLUM
Braunschweiger Straße 2
0 53 31 / 7 79 11

D. Wer sagt was? *The omission of quotation marks for direct speech is fairly common in contemporary German stories. After you have read the story at least twice, pencil in such marks („ ") to signal the beginning and end of each quotation. This will help you separate narration from direct speech, and you will see at a glance who is speaking and when.*

E. Dramatisierung. Arbeiten Sie mit zwei anderen Studenten/Studentinnen, und dramatisieren Sie die Geschichte. (*Your work in Activity D will identify direct speech. To make the story easier to follow, as in a script, write the name of the speaker in the margin alongside the quotation:* Vater, Mutter, Junge.)

Um den Tisch im Restaurant

Zum Schreiben: Akt 2. *Write a sequel to* "Verständnis" *by Gerd Künzel. As in the original story, include dialogue with frequent interruptions and changes of subject. You may use some or most of the following options and ideas.*

- Es ist abends, einige Tage (Wochen, Monate) später. Der große Dreckhaufen ist schon (fast, noch nicht) weg. Der Vater hat viel Geld

bekommen. / Der Vater hofft, daß er bald viel Geld bekommen wird.

- Die Familie feiert im Restaurant. Was für ein Restaurant ist es? Gefällt es dem Vater? der Mutter? dem Jungen? Warum (nicht)?
- Was steht auf der Speisekarte? Was bestellt der Vater? die Mutter? der Junge? Was sagt/fragt der Kellner / die Kellnerin? Was sagen die Familienmitglieder (*family members*)?
- Wie ist das Essen, und wie sind die Getränke? Was sagt die Familie darüber? Gibt es Probleme mit der Bedienung oder mit dem Essen?
- Was sagt der Vater über den Job? Hat der Junge noch eine Frage über den Greifer oder den Haufen oder die Garage oder die Bezahlung?
- Hatte der Junge schon Geburtstag? Wenn ja: Was hat er zum Geburtstag gekriegt? Was sagt er darüber?
- Bestellt die Familie auch etwas zum Nachtisch? Haben die Eltern genug Geld dafür?

◄ „Zwei Häuserblöcke mit Wäscheleinen" oder „Vorstadt (II)" von Egon Schiele (1890–1918) Oil on canvas, 1914, 100.5 x 120.5 cm, Sammlung Leopold , Vienna
ERICH LESSING/ART RESOURCE

◄ König Ludwigs Schloß auf der Fraueninsel im Chiemsee
SAM PIERSON/PHOTO RESEARCHERS, INC.

▼ Die Kramgasse bei Nacht in der Schweizer Hauptstadt Bern
MARGOT GRANITSAS/THE IMAGE WORKS

**DIE BUNDESREPUBLIK DEUTSCHLAND
UND LUXEMBURG**

Einwohner Deutschland (1993) : 80 Mio
Luxemburg (1993) : 377 000
Maßstab 2,0 cm = 100 km

✪ Hauptstadt   ● Ort über 100 000
⬙ Regierungssitz   ○ Ort unter 100 000
● Landeshauptstadt

DÄNEMARK

OSTSEE

NORDSEE

Sylt
Westerland
Flensburg
Helgoland
Kiel
SCHLESWIG-
HOLSTEIN
Stralsund
Bad Doberan Rostock Greifswald
Lübeck Wismar MECKLENBURG-
HAMBURG VORPOMMERN Neubrandenburg
Hamburg Schwerin
Bremerhaven

Nordfriesische Inseln
Ostfriesische Inseln

DIE NIEDERLANDE

BREMEN
Oldenburg Bremen
NIEDERSACHSEN LÜNEBURGER
HEIDE

Neuruppin

POLEN

die Havel
die Oder

Osnabrück Stadthagen Hannover Braunschweig BERLIN
Bielefeld Hildesheim Helmstedt Brandenburg Berlin
Münster Hameln Wolfenbüttel Magdeburg Potsdam Frankfurt
Bad Wernigerode SACHSEN- BRANDENBURG
Harzburg Halberstadt
Kleve HARZ Brocken Quedlinburg Dessau Wittenberg Cottbus
Dortmund Hamm Paderborn ANHALT Bitterfeld die Oder
Essen Bochum Soest Göttingen Eisleben Halle
Hagen Kassel Merseburg Leipzig Dresden
Duisburg Wuppertal THÜRINGEN Naumburg SACHSEN die Neiße
Düsseldorf Erfurt Apolda Meißen
Köln Marburg Gotha Weimar Jena
Aachen Bebra Eisenach Gera Chemnitz
Bonn Fulda THÜRINGER WALD Zwickau
NORDRHEIN-WESTFALEN Suhl ERZGEBIRGE
der Rhein

BELGIEN

HESSEN
Koblenz Steinau RHÖN
Wiesbaden Hanau
EIFEL Frankfurt Aschaffenburg der Main Bayreuth
RHEINLAND- Mainz DIE
HUNSRÜCK Darmstadt Würzburg Bamberg TSCHECHEI
LUXEMBURG PFALZ Mannheim Nürnberg BÖHMER WALD
Luxemburg Trier Heidelberg Ansbach BAYERN
SAARLAND Karlsruhe BADEN- Regensburg BAYERISCHER
Saarbrücken Edenkoben WÜRTTEMBERG Ingolstadt WALD
Baden- Stuttgart die Donau Landshut Passau
Baden SCHWÄBISCHE ALB der Isar
FRANKREICH Tübingen Ulm Augsburg München der Inn
VOGESEN SCHWARZWALD Freiburg Chiemsee
Konstanz BAYERISCHE ALPEN Berchtesgaden
Bodensee Murnau Oberstdorf Mittenwald ÖSTERREICH
DIE SCHWEIZ Zugspitze
FRÄNKISCHE ALB
der Neckar
die Mosel
die Fulda
die Ruhr
die Elbe
die Weser
die Saale
die Ems

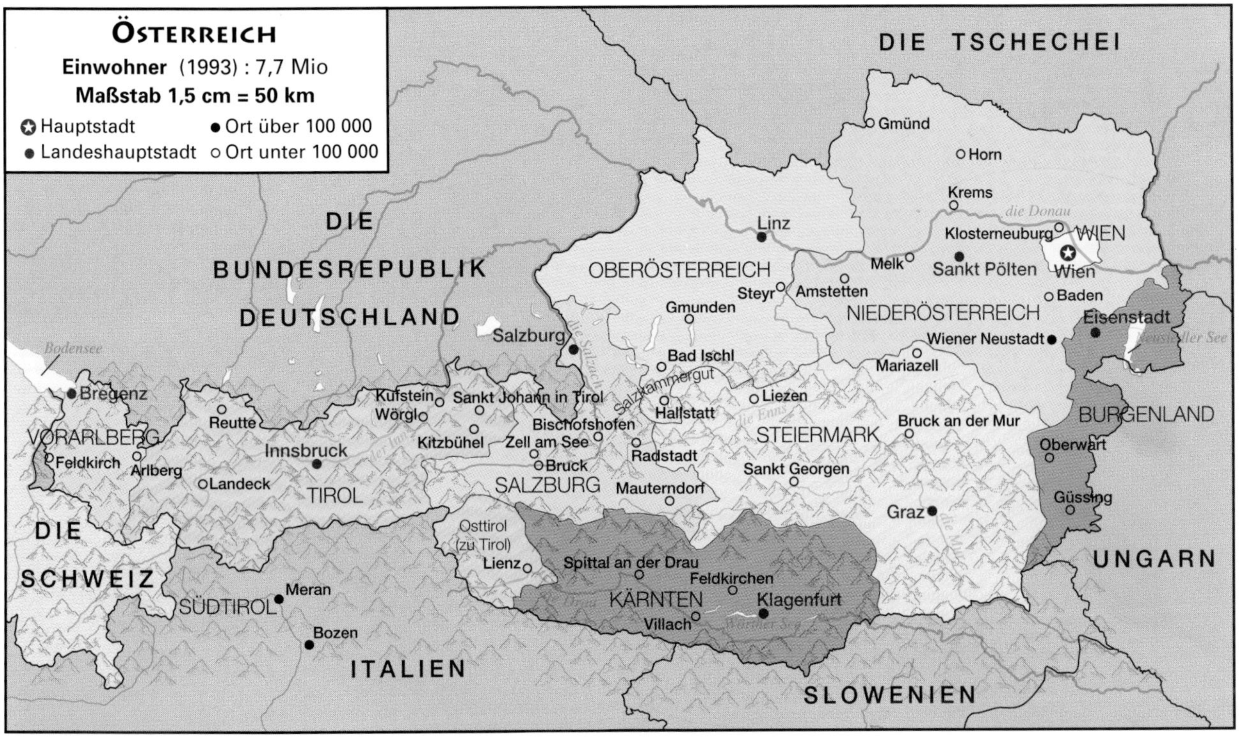

ÖSTERREICH

Einwohner (1993) : 7,7 Mio
Maßstab 1,5 cm = 50 km

✪ Hauptstadt ● Ort über 100 000
● Landeshauptstadt ○ Ort unter 100 000

DIE TSCHECHEI

DIE BUNDESREPUBLIK DEUTSCHLAND

Gmünd
Horn
Krems
die Donau
Linz
Klosterneuburg
WIEN
OBERÖSTERREICH
Wien
Melk
Sankt Pölten
Baden
Steyr
Amstetten
Gmunden
NIEDERÖSTERREICH
Eisenstadt
Salzburg
Bad Ischl
Wiener Neustadt
Salzkammergut
Mariazell
BURGENLAND
Bregenz
Kufstein
Sankt Johann in Tirol
Hallstatt
Liezen
Bruck an der Mur
Neusiedler See
VORARLBERG
Reutte
Wörgl
Bischofshofen
Oberwart
Feldkirch
Arlberg
Kitzbühel
Zell am See
STEIERMARK
Innsbruck
Bruck
Radstadt
Sankt Georgen
Landeck
SALZBURG
Mauterndorf
Güssing
TIROL
Graz
DIE SCHWEIZ
Osttirol (zu Tirol)
UNGARN
Meran
Lienz
Spittal an der Drau
Feldkirchen
SÜDTIROL
KÄRNTEN
Klagenfurt
Bozen
Villach
ITALIEN
SLOWENIEN

DIE SCHWEIZ UND LIECHTENSTEIN

Einwohner
Die Schweiz (1993) : 6,8 Mio
Liechtenstein (1993) : 28 700
Maßstab 2,0 cm = 50 km

✪ Hauptstadt ● Ort über 100 000
● Kantonhauptstadt ○ Ort unter 100 000

DIE BUNDESREPUBLIK DEUTSCHLAND

SCHAFFHAUSEN
Schaffhausen
Kreuzlingen
der Rhein
BASEL (STADT)
THURGAU
Winterthur
Frauenfeld
Basel
Liestal
Baden
ZÜRICH
St. Gallen
St. Margrethen
FRANKREICH
BASEL (LAND)
AARGAU
Herisau
APPENZELL AUSSER-RHODEN
Delemont
Aarau
Zürich
INNER-RHODEN
JURA
SOLOTHURN
die Aare
Zürichsee
Solothurn
Zug
SANKT GALLEN
Biel
LUZERN
ZUG
Einsiedeln
Vaduz
Küßnacht
SCHWYZ
Glarus
LIECHTENSTEIN
Neuchâtel
Luzern
Schwyz
GLARUS
Bad Ragaz
NEUENBURG
Vierwaldstätter See
Stans
Braunwald
ÖSTERREICH
Bern
NIDW.
Altdorf
Neuenburger See
Sarnen
OBW.
Chur
Fribourg
BERNER OBERLAND
Engelberg
URI
Klosters
BERN
Thun
Brienz
Andermatt
Disentis
Davos
Interlaken
GRAUBÜNDEN
Jungfrau
Grindelwald
FREIBURG
Thuner See
St. Moritz
WAADT
Jungfraujoch
Adelboden
Lausanne
Gstaad
TESSIN
Montreux
Brig
Bellinzona
Genf
Sion
Locarno
Genfer See
WALLIS
GENF
Zermatt
Lugano
Matterhorn
die Rhone
Langensee
ITALIEN

NIDW. = NIDWALDEN
OBW. = OBWALDEN

ISLAND

Reykjavik

ATLANTISCHER
OZEAN

NORWEGEN

SCHWEDEN

FINNLAND

Helsinki

Oslo

Stockholm

Tallinn

ESTLAND

LETTLAND

Riga

OSTSEE

LITAUEN

Wilna

Minsk

NORDSEE

Schottland

Nordirland

IRLAND

Dublin

England

Wales

GROSSBRITANNIEN

London

Der Ärmelkanal

Kopenhagen

DÄNEMARK

Den Haag

Brüssel

BELGIEN

DIE NIEDERLANDE

Berlin

DIE
BUNDESREPUBLIK
DEUTSCHLAND

Luxemburg

LUXEMBURG

Prag

DIE TSCHECHEI

(ZU RUSSLAND)

WEISSRUSS

POLEN

Warschau

DIE SLOWAKEI

MOLDA

Kisc

Paris

FRANKREICH

LIECHTENSTEIN

Bern

DIE SCHWEIZ

Wien

ÖSTERREICH

Budapest

UNGARN

RUMÄNIEN

Ljubljana

Venedig

Zagreb

Belgrad

Bukarest

Mailand

ITALIEN

ADRIATISCHES MEER

①

②

③

④

Sarajevo

Skopje

⑤

Tirana

BULGARIE

Sofia

ANDORRA

MONACO

Korsika

VATIKANSTADT

Rom

ALBANIEN

PORTUGAL

Madrid

GRIECHENLAND

Athen

Lissabon

SPANIEN

Mallorca

Sardinien

TYRRHENISCHES
MEER

IONISCHES
MEER

KR

Straße von
Gibraltar

Sizilien

Algier

Tunis

MALTA

MITTELMEER

Rabat

MAROKKO

TUNESIEN

ALGERIEN

Tripolis

LIBYEN

EUROPA, NORDAFRIKA UND DER MITTLERE OSTEN

Maßstab 2,0 cm = 500 km

● Hauptstadt
① SLOWENIEN
② KROATIEN
③ BOSNIEN UND HERZEGOWINA
④ JUGOSLAWIEN
⑤ MAKEDONIEN

● Moskau

RUSSLAND

KASACHSTAN

ARALSEE

USBEKISTAN

KASPISCHES

RAINE

Tiblis ●
GEORGIEN ASERBAIDSCHAN
ARMENIEN
Eriwan ●

Baku ●

MEER

TURKMENISTAN

WARZES MEER

● Ankara

DIE TÜRKEI

Teheran ●

DER IRAN

Nikosia ●
ZYPERN
Beirut ● Damaskus ●
DER LIBANON

SYRIEN

Bagdad ●

DER IRAK

Tel Aviv ● Amman ●
JORDANIEN
TOTES MEER
ISRAEL

Kairo ●

TEN

KUWAIT
Kuwait ●

PERSISCHER GOLF

SAUDI
ARABIEN

EG-LÄNDER (1993)	EINWOHNER (1993)
Belgien	9,9 Mio
Dänemark	5,1 Mio
Deutschland	80 Mio
Frankreich	56,3 Mio
Griechenland	10,1 Mio
Großbritannien	57,4 Mio
Irland	3,5 Mio
Italien	57,7 Mio
Luxemburg	377 000
Niederlande	15 Mio
Portugal	10,3 Mio
Spanien	39,2 Mio

◀ Dämmerlicht nach einem Schneefall in der Schweiz
ULRIKE WELSCH

**„Sitzender Mädchenakt ▶
mit Blumen" von Paula
Modersohn-Becker (1876–1907)**
Oil on canvas, Von-der Heyt-
Museum, Wuppertal, Germany
ERICH LESSING/ART RESOURCE

**◀ „Dolomitenland-
schaft" von Oskar
Kokoschka (1886–
1907)** Showing the
Cima Tre Croci, oil
on canvas, 1913,
79.5 x 120.3 cm,
W51, Sammlung
Leopold, Vienna
ERICH LESSING/ART
RESOURCE

◀ **Hexen im Fasching**
OWEN FRANKEN/STOCK, BOSTON

**„Landschaft mit dem ▶
Kind" von Paul Klee
(1879–1940)**
(1923, 59)
Oil on cardboard,
29 x 42 cm, Musée de
peinture et de sculpture,
Grenoble   ART RESOURCE

◀ **Die Semper-Oper in
Dresden, nach dem
Architekten Gottfried
Semper benannt**
HUGH ROGERS/MONKMEYER
PRESS PHOTO

▲ Die Hallig Hooge, eine kleine Insel an der
Westküste Schleswig-Holsteins J. DOUGLAS GUY

▲ Markttag in Leipzig
HUGH ROGERS/MONKMEYER PRESS PHOTO

◀ Heiligenblut im
Bundesland Kärnten,
Österreich
HERBERT LANKS/MONKMEYER
PRESS PHOTO

14

TREIBEN SIE SPORT?

EINSTIMMUNG

Treiben Sie Sport? Es muß ja nicht so anstrengend (*strenuous*) wie Biathlon sein. Hier konzentrieren sich Sportlerinnen bei einem Biathlon-Wettkampf (*competition*) auf ihre Zielscheiben (*target*), danach (*afterwards*) müssen sie ihre Skier anschnallen (Skier . . . *put on skis*), das Gewehr (*rifle*) umhängen und zum Ziel (*finish*) laufen.

WÖRTER

A. Sport und Spiele

1. Welcher Sport ist ein Wintersport? ein Sommersport? ein Wassersport? ein Zuschauersport?
2. Welchen Sport spielt man mit einem Ball?
3. Welchen Sport kann man ganz allein treiben?
4. Für welchen Sport braucht man einen Partner / eine Partnerin? Mannschaften?
5. Spielen Sie Tennis? Fußball? (oder vielleicht Golf? Football? Volleyball? Baseball?)
6. Haben Sie einmal ein Fußballspiel gesehen? ein Tennisspiel? (oder vielleicht ein Footballspiel? ein Volleyballspiel? ein Baseballspiel?)
7. Treiben Sie Sport? Was ist Ihr Lieblingssport? Warum?
8. Laufen ist ein beliebter Sport in Amerika und auch in Europa. Laufen Sie oft? manchmal? selten? nie?
9. Gehen Sie Rollschuhlaufen? schwimmen? Schlittschuhlaufen? Skilaufen?
10. Wandern Sie gern?

das Schwimmen

der Fußball

das Turnen

das Skilaufen

das Tennis

das Bergsteigen

das Rollschuhlaufen

das Reiten

das Schlittschuhlaufen

das Segeln

das Autorennen

das Laufen

das Wandern

das Angeln

272

WORTSCHATZ

ADJECTIVES AND ADVERBS

allein	alone
begeistert	avid(ly), enthusiastic(ally)
beliebt	popular
berühmt	famous
ernst	serious(ly)
fleißig	diligent(ly), industrious(ly)
(un)gesund	(un)healthy
(un)glücklich	(un)happy; (un)happily
hoch (hoh-)	high(ly)
nächst	next
spannend	exciting
(un)wichtig	(un)important(ly)

NOUNS

der Aufsatz, ⸚e	essay
das Fach, ⸚er	academic subject
die Freizeit	leisure time
der Gang, ⸚e	*here:* gear (*machine*)
die Luft	air; atmosphere
die Mannschaft, -en	team
das Motorrad, ⸚er	motorcycle
die Pause, -n	break; pause; intermission
das Pferd, -e	horse
das Rennen, -	race
das Rollschuhlaufen	rollerskating
das Schlittschuhlaufen	ice skating
das Skifahren,* *auch:* das Skilaufen	skiing
das Spiel, -e	game
der Sport	sport(s)
die Sportart, -en	type of sport
der Sportler, / die Sportlerin, -nen	athlete
die Stelle, -n	position, place
das Tor, -e	(soccer) goal; gate
der Zuschauer, / die Zuschauerin, -nen	viewer, spectator

VERBS

angeln, hat geangelt	to angle, fish
besteigen, hat bestiegen	to climb (*a mountain*)
erklären, hat erklärt	to explain
gewinnen, hat gewonnen	to win
reiten, ist/hat geritten†	to ride (*horseback*)
rennen, ist/hat gerannt†	to run, dash; to (run a) race
schwimmen, ist/hat geschwommen†	to swim
segeln, hat gesegelt	to sail
turnen, hat geturnt	to do gymnastics
vergleichen, hat verglichen	to compare
verlieren, hat verloren	to lose
wandern, ist gewandert	to hike

USEFUL WORDS AND PHRASES

an (erster) Stelle	in (first) place
eine Flasche sein	to be a flop (*said of a person*)
entweder . . . oder	either . . . or
(Rollschuhlaufen, Schlittschuhlaufen, Skilaufen) gehen‡	to go (rollerskating, ice skating, skiing)
Sport treiben, hat getrieben	to go in for sports

***Ski** is pronounced [ʃi].

† Like **fahren,** the verbs **reiten, rennen,** and **schwimmen** usually have **sein** as an auxiliary; used transitively (with a direct object), however, they have **haben** as an auxiliary.

Er ist gestern gelaufen.	*but:* Er hat das dritte Rennen gelaufen.
Ich bin dorthin geritten.	Ich habe das alte Pferd schon geritten.
Sie ist sehr schnell gerannt.	Sie hat die zweiten 400 Meter sehr schnell gerannt.
Du bist langsam geschwommen.	Du hast das Wettschwimmen zu langsam geschwommen.

‡ Note the use of **gehen** with **Rollschuhlaufen, Schlittschuhlaufen,** and **Skilaufen: Ich gehe Rollschuhlaufen.** An alternate construction is this: **Ich laufe Rollschuh (Schlittschuh, Ski).** **Gehen** is frequently used with verbs such as **angeln, schwimmen, tanzen, turnen, wandern,** and so on: **Ich gehe schwimmen.**

Agents from Verbs

A word for the person performing a certain action may be formed from many German verbs, usually by adding **er** to the verb stem for the masculine singular and plural, **erin** for the feminine singular, and **erinnen** for the feminine plural.

INFINITIVE	STEM	AGENT
spielen	spiel	der Spieler, - / die Spielerin, -nen
laufen	lauf	der Läufer, - / die Läuferin, -nen

Note the addition of the umlaut on **Läufer/Läuferin.**

Compounds are common with words such as **Spieler, Läufer, Fahrer: der Fußballspieler, die Schlittschuhläuferin, die Rennfahrerinnen, der Radfahrer.**

B. Sportler und Sportlerinnen

BEISPIEL: Eva schwimmt sehr gut. Sie ist eine gute <u>Schwimmerin</u>.

1. Michael geht oft Skilaufen. Er ist ein guter _____.
2. Erika und Günther gehen gern Schlittschuhlaufen. Erika ist eine gute _____, und Günther ist ein guter _____.
3. Bettina und Petra angeln gern. Sie sind begeisterte _____. (*hint:* angl-)
4. Kurt und Jürgen sind Mitglieder einer Fußballmannschaft. Sie spielen sehr gut Fußball. Sie sind gute _____.
5. Sabine fährt Rennautos. Sie ist _____. (*hint:* Renn + fahren)
6. Karl, Michaela und Christa reiten. Karl ist ein guter _____, und Michaela und Christa sind gute _____.
7. Max fährt Rad. Er ist ein begeisterter _____.
8. Hans-Heinz und Matthias gehen manchmal Rollschuhlaufen, aber sie sind schlechte _____.
9. Anton wandert gern in den Bergen. Anton ist _____.
10. Maria und Anna spielen sehr oft Tennis. Sie sind enthusiastische _____.
11. Peter besteigt hohe Berge, und er nimmt den Sport sehr ernst. Er ist ein begeisterter _____. (*hint:* Berg + steigen)
12. Die kleine Johanna turnt schon seit vier Jahren; sie ist schon eine sehr gute _____.

C. Was für ein Sportler / eine Sportlerin sind Sie? Und andere Studenten/Studentinnen? Fragen Sie sie!

BEISPIEL: Ich bin eine gute Skiläuferin, aber eine schlechte Schwimmerin.
Und du, Richard? Bist du ein guter Skiläufer? ein guter Schwimmer?

D. Wie verbringen Studenten und Studentinnen gern ihre Freizeit? Wandern sie? Treiben sie gern Sport? Schwimmen sie? Segeln sie gern? Reiten sie

manchmal? Lesen sie viel? Schlafen sie oft lang? Gehen sie mit ihren Freunden ins nächste Café? Machen sie einen langen Spaziergang? Gehen sie ins Kino? Gehen sie gern tanzen? Gehen sie auf Partys? __?__ Fragen Sie einige Studenten/Studentinnen, was sie gern tun!

Sprache

Alles klar!

- **Werner und Holgi.** The adventures of the cartoon figures "Werner" and "Holgi" often reflect the lives and interests of the cartoonist Rötger Feldmann, also known as Brösel, and his friend Holger Henze. Henze owns a bar in Kiel. Feldmann frequently bragged about his red Horex motorcycle, Henze about his old red Porsche. They decided to have a race, which took place in real life and which was publicized and reenacted through the comic strip. Many fans attended the race, which "Holgi" won because "Werner" started out in second gear and could not find fourth gear.

  The cartoon text and Feldmann's account of the race in his interview with the magazine

Werner-Karikatur: „Das ging tierisch ab"

entscheidend   *decisive*
geschweige denn   *let alone*
tritt drauf!   *step on it!*

Der Spiegel (**Kontext 1**) reveal examples of his **Plattdeutsch** (*Low German*), which "Werner" fans also enjoy using.

KONTEXT 1

■ ■ ■ ■ ■ ■ ■ ■ ■

Auszüge aus dem „Spiegel"-Interview mit dem Cartoonisten Rötger „Werner" Feldmann

SPIEGEL: 200 000 Menschen haben bei Ihrem Rennen zugesehen, und Sie verlieren mit Ihrem „Red Killer"-Motorrad, weil Sie im zweiten, statt im ersten Gang starten. Wie, fragt man sich im Lande, kann so was passieren?

FELDMANN: Weiß nich.° Es war eine Fehlreaktion,° ein Blackout, . . .

SPIEGEL: Haben Sie vorher nicht geübt°?

FELDMANN: Ich bin mit dem Ding zweimal gefahren, und jedesmal hatten wir wenig Zeit auf der Strecke.° Dann waren da Journalisten dabei, und ich mußte extra langsam fahren, damit° die° das gut sehen, weil die das knipsen° wollten, und wenn die Kiste° langsam fährt, zerlegt sie sich°! Knarz,° Farz,° Bröckel.°

· · ·

FELDMANN: Ich hatte überhaupt nichts getrunken, auch den Tag vorher nur Mineralwasser und Cola. Ich wollte doch für das Rennen fit sein. Ich war einfach zu aufgeregt° und hab dann ja noch auf der halben Strecke immer den vierten Gang gesucht!

SPIEGEL: Wieso das?

FELDMANN: Na ja, ich hab ja nicht gemerkt, daß ich im zweiten Gang angefahren bin. Ich hab gedacht, erster, zweiter, dritter, und jetzt muß der vierte kommen. Deswegen° hab ich immer ausgekuppelt° und den vierten gesucht, dabei bin ich schon im vierten gefahren und der Killer is° die halbe Strecke neben dem Opfer hergerollt.°

nicht / mistake made in the heat of the moment
practiced

course
so that / they
fotografieren / "crate" (motorcycle)
zerlegt ... it falls apart / Creak / sputter / crumble

excited

Therefore / disengaged the clutch
ist
neben ... rolled alongside the victim

A. Auto gegen Motorrad

1. Wie heißt das Motorrad?
2. In welchem Gang ist Feldmann gestartet? Warum?
3. Wie oft ist Feldmann vor dem Rennen mit dem Motorrad gefahren?
4. Warum mußte Feldmann das Motorrad extra langsam fahren, als er die zwei Übungsfahrten gemacht hat?
5. Was passiert mit dem Motorrad, wenn es zu langsam fährt?
6. Was hat Feldmann vor dem Rennen getrunken? Warum?
7. Warum hat er immer den vierten Gang gesucht?
8. War das ein ernstes, richtiges Motorradrennen, oder war es nur zum Spaß?

B. Interview: Motorräder und Rennen. Fragen Sie Ihren Nachbarn / Ihre Nachbarin:

1. Fährst du Motorrad? Warum (nicht)?
2. Warst du je (*ever*) Teilnehmer/Teilnehmerin (*contestant*) bei einem Autorennen, Fahrradrennen oder Marathon? Warum (nicht)? Wenn ja:

Was ist passiert? Hast du das Rennen gewonnen? verloren? Wenn du es
verloren hast, warst du an zweiter Stelle? an dritter Stelle? an vierter Stelle?
an letzter Stelle?

INFORMATIONEN 1

Ordinal Numbers

Cardinal numbers are used in counting; ordinal numbers are adjectives that indicate order or sequence: first, second, third, and so on.

CARDINAL NUMBER		ORDINAL STEM	
eins	acht	erst	acht
zwei	neun	zweit	neunt
drei	zehn	dritt	zehnt
vier	zwanzig	viert	zwanzigst
fünf	hundert	fünft	hundertst
sechs	tausend	sechst	tausendst
sieben		siebt	

der Schnupperkur, -se *introductory
lesson* (schnuppern *to sniff*)

In German, the ordinal stem is made up of the cardinal number plus **t** for numbers up to twenty and the cardinal number plus **st** for the numbers twenty and
above, with these exceptions:

eins → erst
drei → dritt
sieben → siebt (**en** is dropped from the cardinal number)
acht → acht (no change)

Ordinal numbers, like all attributive adjectives, must agree in gender, number,
and case with the nouns they modify. The adjective endings are added to the
ordinal stem.

Wer ist die dritt**e** Schwimmerin?
Wir haben den zweit**en** Radfahrer nicht gesehen.

In English, ordinal numbers are often abbreviated: *1st, 2nd, 3rd, 4th,* . . . In
German, ordinal numbers are abbreviated by placing a period after the numeral:
1., 2., 3., 4., . . .

Den wievielten haben wir heute?* Den **zwölften** Oktober.   (**12.** Oktober)
Wann ist das Wettspiel? Am **vierundzwanzigsten** Mai.   (**24.** Mai)

---

*__Den wievielten haben wir heute?__ is the shortened version of the idiom **den wievielten Tag haben
wir heute.**

ÜBUNGEN 1

A. Daten

A: War gestern der _____ Mai oder der _____ Juni? (31. / 1.)
B: Keiner von beiden! Gestern war der _____ Mai. (30.)

C: Haben wir heute den _____ oder den _____? (7. / 8.)
D: Keinen von beiden! Heute haben wir den _____. (9.)

E: War das Autorennen am _____ Juli? (17.)
F: Nein, am _____ August. (18.)

G: War das Fußballspiel am _____? (25.)
H: Nein, am _____. (29.)

I: Hat Claudia am _____ Dezember Geburtstag? (20.)
J: Nein, am _____ Januar. (27.)

B. Das Pferderennen

1. Gibt es heute das _____ oder _____ Pferderennen des Jahres? (25. / 35.)
2. Feiern wir heute den _____ oder _____ Jahrestag dieses Rennens? (50. / 100.)
3. Das _____ Pferd ist jetzt auf die Rennbahn (*track*) gekommen. (*last*)
4. Ist das _____ oder das _____ Pferd der Favorit? (5. / 12.)
5. Ist Ihr Lieblingspferd jetzt an _____ oder an _____ Stelle? (8. / 9.)

C. Die Schlittschuhläuferin

Die _____ (1.) Schlittschuhläuferin ist jetzt aufs Eis gekommen. Sie ist die _____ (3.) Tochter eines berühmten Eistanzpaars. Am _____ (16.) dieses Monats feiert sie ihren _____ (19.) Geburtstag. Schon am _____ (11.) Februar dieses Jahres hat sie den _____ (5.) Platz in der Weltmeisterschaft in Wien eingenommen (*took*). _____ (*Last*) Monat war sie in Bukarest und _____ (*next*) Monat reist sie nach Moskau.

D. Wer hat welchen Geburtstag an welchem Datum gefeiert? Stellen Sie Ihrem Nachbarn / Ihrer Nachbarin Fragen über die Informationen in der Anzeige. *The list of birthdays on page 279 appeared in a Viennese newspaper in 1993. Note the use of* Jänner *instead of* Januar.

BEISPIEL: S1: Wer hat am 10. Januar Geburtstag?
S2: Heidi Sprung. Wie alt ist sie jetzt?

MÖGLICHE FRAGEN
Wer hat am (*Datum*) Januar Geburtstag?
Welchen Geburtstag hat (*Name*)
   1993 gefeiert?
Wie alt ist (*Name*) jetzt?
Wofür ist (*Name*) bekannt?

Wer war (*Jahr*) Olympiasieger/
   Olympiasiegerin?
Welche Namen kennst du?
  _____?

E. Zum Schreiben: Geburtstage. *Choose one of the persons from the* Geburtstagskalender *in Exercise D. Use the given information to write a brief paragraph about him/her.*

BEISPIEL: Am 10. Januar 1993 hat Guido Kretschmer seinen 40. Geburtstag gefeiert. Heute sollte er . . . Jahre alt sein. 1980 hat dieser Athlet mit 8649 Punkten den Weltrekord aufgestellt. 1976 war dieser deutsche Zehnkämpfer zweiter bei der Olympiade. 1974 war er dritter bei der Weltmeisterschaft. Den Namen Guido Kretschmer kennen wohl alle Leichtathletikfans.

Geburtstags-kalender

9. JÄNNER
Ernst Riedlsperger (30), Ex-Skirennläufer, Kombi-WM-Zweiter 85.
Frenk Schinkels (30), fünffacher Teamfußballer, früher Feyenoord, Halmstadt.

10. JÄNNER
Willy Pürstl (38), Gewinner der Vierschanzentournee 1974/75.
Jan-Age Fjörtoft (26), Fußballer, Rapid, früher Lillehammer.
Heidi Sprung (34), ehemalige Tennisspielerin.
Monika Maierhofer (26), Skirennläuferin.

Guido Kretschmer (40), früherer deutscher Zehnkämpfer, Olympia-Zweiter 1976, WM-Dritter 1974. 1980 Weltrekord/8649 Punkte.

11. JÄNNER
Thomas Wuchterl (27), Handball-Internationaler, derzeit Vogel Wien.
Tracy Caulkins (30), frühere US-Schwimmerin, 1984 Olympiasiegerin über 200 und 400 m Lagen, 1988 mit der Lagenstaffel, fünffache WM.
Claude Criquielion (38), belgischer Profi-Straßen-WM 84.

12. JÄNNER
Helmut Köglberger (47), 28facher Teamfußballer.
Joe Frazier (49), früherer US-Profiboxer, 1964 Olympiasieger im Schwergewicht, 1970 Weltmeister.
Gerhard Hartmann (38), Leichtathlet.
Gunde Svan (31), Skilangläufer, Olympiasieger 1984 in Sarajevo, sechsfacher Weltmeister.

KOMMUNIKATION 1

A. Interview: Daten. Stellen Sie jede Frage an einen Studenten / eine Studentin! Auf deutsch, bitte!

1. What is today's date? What was yesterday? the day before yesterday? What is tomorrow? the day after tomorrow?
2. When is your birthday? Which birthday will you celebrate?
3. When is your friend's birthday? Which birthday will he/she celebrate?
4. What do you want to do the first week of July? the last week of December?

B. Interview: Der nächste Monat. Fragen Sie einen Studenten / eine Studentin, was er/sie an einigen Tagen im kommenden (*coming*) Monat vorhat oder was er/sie tun möchte!

BEISPIEL: S1: Was machst du am ersten?
S2: Ich weiß es noch nicht. Am ersten habe ich nichts vor.
S1: Und am zweiten?
S2: Am zweiten will ich den neuen Film im Century-Kino sehen.
S1: Gehst du am achten zum Basketballspiel?
S2: Vielleicht, aber ich möchte lieber . . .

C. Ihr Kalender: Welche Daten sind Ihnen besonders wichtig? Machen Sie eine Liste! Schreiben Sie alle wichtigen Daten des Jahres auf! Oder: Bringen Sie Ihren Kalender, auf dem (*which*) Sie wichtige Daten aufgeschrieben haben! Erklären Sie, warum Ihnen diese Daten wichtig sind! (*Improvise if you wish.*)

BEISPIEL: Am 3. Januar hat meine Mutter Geburtstag. Am 23. Januar kommen meine Großeltern zu Besuch. Am 2. und 3. Februar gehe ich mit meinen Freunden Skilaufen. Am . . .

---

die EM (Europameisterschaft) *European championship*

-facher   *times, -fold*

Kombi-   *Kombination*

die Lagen (*pl.*)   *prescribed changes of position*

die Lagenstaffel   *relay (swimming) race with prescribed changes of position*

die Leichtathletik   *track and field*

der Leichtathlet, -en (*wk.*) / die Leichtathletin, -nen (*track and field*)   *athlete*

m (der Meter, -)   *meter*

Profi-   *professional*

das Schwergewicht   *heavyweight*

der Sieger, - / die Siegerin, -nen   *victor, winner*

die WM (Weltmeisterschaft)   *world championship*

der Zehnkämpfer, -   *decathlete*

KONTEXT 2

Für meinen Deutsch-Aufsatz habe ich die zweitbeste Note bekommen!

Früher habe ich immer den besten Aufsatz geschrieben!

Beim 100-Meter-Lauf war ich heute ganz schön schnell!

Früher war ich der schnellste Zeitungsjunge der ganzen Stadt!

In der Pause habe ich André beim Schachspielen besiegt!

Früher war ich zehn Jahre lang Schach-Juniorenmeister!

Mein Chemielehrer hat gesagt, ich sei° eine große Flasche!

Früher war ich in allen Fächern immer die allergrößte Flasche . . . ääähhh . . . ich meine . . .

Ach, das hast du mir ja nie gesagt, Franz?!

sei *am (subjunctive form of* bin)

A. Vater und Sohn. *Use information from the cartoon on page 280 to compare the father and son.*

BEISPIEL: **als Aufsatzschreiber:** Der Sohn hat die zweitbeste Note für seinen Deutsch-Aufsatz bekommen. Der Vater hat aber immer den besten Aufsatz geschrieben.

1. als Läufer
2. als Schachspieler
3. als Schüler

B. Eine Dramatisierung. Bilden Sie eine Gruppe zu dritt und dramatisieren Sie die Situation im Cartoon. *First, expand the story. Use the cues to compose various lines for the mother and son that will trigger the given responses from the father. Practice your skit before presenting it to the class.*

BEISPIEL: MUTTER: Meine Schwester Helga hat gestern viel Geld im Lotto gewonnen.
VATER: Ich habe aber einmal mehr Geld im Lotto gewonnen.

MUTTER/SOHN	VATER
viel Geld im Lotto gewinnen	Ich habe aber einmal mehr Geld im Lotto gewonnen.
gut Tennis spielen	Ich habe besser Tennis gespielt.
gute Suppe machen	Meine Mutter hat immer die beste Suppe gemacht.
einen hohen Berg besteigen	Ich habe den höchsten Berg der Welt bestiegen.
weit wandern	Ich bin aber letzten Sommer weiter gewandert.
ein schönes Pferd reiten	Ich reite immer das schönste Pferd.
große Fehler machen	Ich mache immer die größten Fehler.

INFORMATIONEN 2

■ ■ ■ ■ ■ ■ ■ ■ ■ ■ ■ ■ ■ ■ ■ ■ ■ ■

Comparison of Adjectives and Adverbs

There are three degrees of comparison—positive, comparative, superlative—used to express gradation in quality or quantity, or to rate two or more persons or things.

DEGREE				
POSITIVE	schnell	*fast*	schön	*beautiful*
COMPARATIVE	schneller	*faster*	schöner	*more beautiful*
SUPERLATIVE	schnellst-	*fastest*	schönst-	*most beautiful*

Positive Degree

The positive degree is the form of an adjective or adverb that simply describes a noun or a verb.

POSITIVE STEM	**schnell**	*fast*
ATTRIBUTIVE ADJECTIVE	Sehen Sie die **schnellen** Autos?	*Do you see the fast cars?*
PREDICATE ADJECTIVE	Die Autos sind **schnell.**	*The cars are fast.*
ADVERB	Josef fährt sehr **schnell.**	*Josef drives very fast.*

The structure (**genau/nicht**) **so** (+ *adjective or adverb*) **wie** equates or compares similar persons or things with one another.

Fährst du **so schnell wie** ich?	*Do you drive as fast as I do?*
Ich fahre (**genau**) **so schnell wie** Peter.	*I drive (just) as fast as Peter does.*
Mein Auto ist (**nicht**) **so schnell wie** Bernds.	*My car is not as fast as Bernd's.*

Comparative Degree

The comparative degree is used to compare two unequal items or activities. In German the comparative form is made by adding **er** to the adjective or adverb. The case endings of attributive adjectives are added after this **er** ending: **ein schneller*es* Auto, einen schöner*en* Sommer.**

In comparing two unequal persons or things, the word **als** is used after the comparative form of an adjective or adverb, just as the word *than* is used in English.

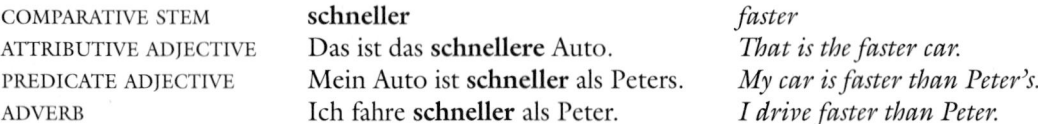

. . . *schicke Brillen* . . .

COMPARATIVE STEM	**schneller**	*faster*
ATTRIBUTIVE ADJECTIVE	Das ist das **schnellere** Auto.	*That is the faster car.*
PREDICATE ADJECTIVE	Mein Auto ist **schneller** als Peters.	*My car is faster than Peter's.*
ADVERB	Ich fahre **schneller** als Peter.	*I drive faster than Peter.*

The word **immer** is used with the comparative form to indicate progression.

Der Rennwagen fährt **immer schneller.**	*The race car goes faster and faster.*
Hans spielt **immer intensiver.**	*Hans plays more and more intensively.*

Superlative Degree

The superlative degree assigns the ultimate rating to a person or thing.

In German, the superlative of any adjective is formed by adding the ending **st** (or **est** if pronunciation is difficult without an **e**). The case endings of attributive adjectives are added to the superlative endings: **unser schnellst*es* Auto, die schönst*e* Zeit.**

The superlative of an adverb is formed with the word **am** (contracted form of **an dem**) plus the superlative stem with an **en** ending: **am schnellst*en*, am schön-st*en*.**

The superlative of a predicate adjective may be formed either with an article plus the attributive adjective form or with the superlative adverb form.

Dieses Pferd ist **das schönste.**   *This horse is the most beautiful (from among a given group).*

Dieses Pferd ist **am schönsten.**   *This horse is most beautiful (in absolute terms).*

SUPERLATIVE STEM	**schnellst-**	*fastest*
ATTRIBUTIVE ADJECTIVE	Das ist das **schnellste** Auto.	*That is the fastest car.*
PREDICATE ADJECTIVE	Dieses Auto ist **das schnellste / am schnellsten.**	*This car is (the) fastest.*
ADVERB	Axel fährt **am schnellsten.**	*Axel drives (the) fastest.*

ALLES KLAR!

Trimm dich! For a number of years the German government has promoted good health through exercise with **trimm dich** ads that appear in various publications. **Trimm dich durch Sport.** = *Keep fit with sports.*

Trimm
Dich.

Die
schönste
Freizeit.

Irregular Forms

Some adjectives and adverbs—especially but not exclusively those with only one syllable—have an umlaut on the stem vowel (**a, o,** or **u**) in both the comparative and superlative degrees.

POSITIVE	COMPARATIVE	SUPERLATIVE
alt	älter	ältest- / am ältesten*
jung	jünger	jüngst- / am jüngsten
gesund	gesünder	gesündest- / am gesündesten*

---

*Note the addition of **e** to help pronunciation: **am gesünd*e*sten.** Adjectives derived from present participles do not add such an **e**: spannen / spannend / am spannendsten.

If an ending that begins with a vowel is added to **hoch,** the **c** is dropped.

POSITIVE	COMPARATIVE	SUPERLATIVE
hoch/hoh-	höher	höchst- / am höchsten

Just as in English, some German adjectives and adverbs have irregular forms in the comparative and superlative degrees.

POSITIVE	COMPARATIVE	SUPERLATIVE	
gut	besser	best- / am besten	*good/well, better, best*
viel*	mehr	meist- / am meisten	*much, more, the most*

The adverb **gern** also has distinct forms in the comparative and superlative degrees.

POSITIVE	COMPARATIVE	SUPERLATIVE	
gern	lieber	am liebsten	*gladly, rather, most (best) of all*

Ich spiele **gern** Tennis.	*I like to play tennis.*
Ich gehe **lieber** Schlittschuhlaufen.	*I prefer to go ice skating.*
Am liebsten gehe ich Skilaufen.	*Most of all I like to go skiing.*

ÜBUNGEN 2

A. Sabine, Petra und Maria

BEISPIEL: schnell laufen →
            Sabine läuft schnell, Petra läuft schneller, aber Maria läuft am
            schnellsten.

1. gut turnen
2. gern wandern
3. vorsichtig fahren
4. fleißig arbeiten
5. oft schwimmen
6. Sport ernsthaft treiben

B. Noch nie

BEISPIEL: Haben Sie das schöne Pferd geritten? →
            Ja, und ich habe noch nie ein schöneres Pferd geritten.

1. Haben Sie das schwere Spiel gewonnen?
2. Haben Sie das spannende Rennen gesehen?
3. Haben Sie den hohen Berg bestiegen?
4. Haben Sie das kleine Boot gesegelt?
5. Haben Sie das schnelle Motorrad gefahren?
6. Haben Sie mit dem berühmten Sportler gesprochen?

---

*When used as attributive adjectives, **viel** and **mehr** do not have adjective endings: **Wir haben viel Zeit und noch mehr Geld.** Similarly, **wenig** and **weniger** do not have adjective endings when used attributively: **Wir haben wenig Zeit und noch weniger Geld.**

C. Entweder . . . oder . . . *Compose sentences about the following pairs of items.*

BEISPIEL: Hund / Auto →
Wir brauchen entweder einen kleineren Hund oder ein größeres Auto.

Handtasche / Dinge	alt
Wohnung / Möbel	billig
Bücherregale / Bücher	groß
Schreibtisch / Computer	klein
Kleider / Schrank	modern
Geld / Auto	teuer
___?___	viel
	wenig
	___?___

„Entweder einen kleineren Hund oder ein größeres Auto . . ."

D. Leute von heute. *Compose sentences about the following groups of people. Use appropriate adjectives to describe each group.*

BEISPIEL: Söhne / Väter →
Die Söhne von heute sind länger, aber nicht größer als ihre Väter.

Töchter / Mütter	begeistert	gesund
Kinder / Eltern	beliebt	intelligent
Frauen / Männer	ernst	neugierig
Sportler und Sportlerinnen /	faul	romantisch
Trainer und Trainerinnen	fleißig	stark

Du bist länger, aber nicht größer!

Die Söhne von heute sind nicht nur länger als ihre Väter . . .

E. Immer . . . *Describe yourself by completing each sentence with* immer *plus an appropriate adverb.*

BEISPIEL: Ich arbeite . . . → Ich arbeite immer fleißiger.

1. Ich gehe . . .
2. Ich lese . . .
3. Ich fahre . . .
4. Ich esse . . .
5. Ich werde . . .
6. Ich treibe . . . Sport.

F. Wie vergleicht man Fritz, Josef und Peter? Jeden Satz auf deutsch, bitte!

Fritz is a fast runner, but he doesn't run as fast as Josef. Josef is a faster runner than Fritz. He runs faster than Fritz, but he doesn't run as fast as Peter. Fritz is a fast runner, Josef is a faster runner, but Peter is the fastest runner. He's always in first place.

KOMMUNIKATION 2

A. Ein Spiel. *Send a member of the class or of your group out of the room while you hide a small object. Then direct him/her toward the object with the positive, comparative, and superlative forms of* eiskalt, kalt, kühl, warm, *and* heiß.

> BEISPIEL: . . . jetzt wird's schon kälter . . . jetzt ist's
> am kältesten . . .

»... warm... wärmer...«

B. Geographie. Fragen Sie andere Studenten und Studentinnen:

> BEISPIEL: S1: Welcher Fluß ist am längsten, der Rhein, der Amazonas oder
> der Nil?
> S2: Ich glaube, der Amazonas.
> S3: Das ist falsch. Der Amazonas ist länger als der Rhein, aber er ist
> nicht so lang wie der Nil. Der Nil ist der längste Fluß.

1. Welche Insel (*island*) ist am größten, Grönland, Madagaskar oder Kuba?
2. Welche Stadt hat die meisten Einwohner, Los Angeles, London oder Mexiko City?
3. Welches Land ist am größten, die USA, China oder Rußland?
4. Welches Land ist am kleinsten, Liechtenstein, Luxemburg oder Belgien?
5. Welcher Berg ist am höchsten, Mount McKinley, Mount Everest oder Mount Shasta?
6. Welcher Ozean ist am größten, der Atlantik, der Pazifik oder der Indische Ozean?

Hoch, höher, am höchsten

C. Der Beste. Man kann manche Leute nur mit Superlativen beschreiben. Beschreiben Sie einen solchen Menschen!

> BEISPIEL: Ich kenne viele nette Menschen, aber mein Onkel John ist
> der netteste. Er hat vielleicht das wenigste Geld, und er
> fährt das älteste Auto, aber . . .

alt	interessant
begeistert	jung
berühmt	klein
ernst	langsam
fleißig	nett
freundlich	neugierig
(un)geduldig	schön
(un)gesund	stark
intelligent	sympathisch

Und jetzt beschreiben Sie sich selbst (*yourself*) in Superlativen!

D. Radio. Lesen Sie die Anzeige für „Radio Fantasy". Schreiben Sie dann eine Anzeige für Ihre Lieblingsradiostation.

RADIO FANTASY, Augsburg
Wir sind höher (höchstes Studio Deutschlands). Wir sind schneller (regional, aktuell). Wi sind jünger (konsequentes Jugendprogramm). Wir sind lauter (Power-Musik).

ERWEITERUNG

Freizeit zu Hause

A. Wie verbringt man gern die Freizeit? Arbeiten Sie mit einem Partner / einer Partnerin zusammen. Fragen Sie einander und machen Sie sich Notizen dabei.

BEISPIEL: Verbringst du deine Freizeit allein zu Hause?
Hast du als Kind deine Freizeit allein zu Hause verbracht?

	JETZT	ALS KIND
Freizeit allein zu Hause verbringen		
kreativ und phantasievoll sein		
gern lesen, fernsehen, __?__		
viel Zeit draußen verbringen		
gern mit anderen zusammen sein		
gern Fußball, Tennis, __?__ spielen		

B. Beim Lesen. *Scan the story for answers to the following questions, then read it again more thoroughly.*

1. Was machen die anderen Kinder?
2. Was will Felix machen?
3. Wohin geht seine Mutter?
4. Wohin geht Felix?
5. Was für eine Stadt baut Felix in seinem Zimmer?
6. Beschreiben Sie die Stadt: Was ist überall? Wer arbeitet an der Tankstelle? Was passiert, wenn es dunkel wird?
7. Wer kommt ins Zimmer?
8. Was hat der Vater in der Hand?

TEXT *Felix, der glückliche Stubenhocker,* Teil 1*

von Monika Seck-Aghte

G eh doch ein bißchen raus, Felix", sagt meine Mutter. „Die Sonne scheint, da ist es eine Sünde,° in der Wohnung zu hocken.°"
„   „Ich will nicht raus", sage ich.

> *sin / zu . . . to sit around*

„Warum denn nicht?" fragt meine Mutter. „Die anderen Kinder spielen auch
5 im Hof."

Zum Beweis° zieht° sie mich ans Küchenfenster.

> *Zum . . . As proof / drags*

Ich lasse meinen Blick wie einen Stein vier Stockwerke tief nach unten fallen.
Dort sehe ich die anderen Kinder aus unserem Block. Timmi fährt auf dem
Skateboard. Sabrina und Juan gucken° ihm zu. Elfi ist in einen Hundehaufen°
10 getreten.° Immer wieder schubbert° sie mit ihrem Schuh über das Rasenstück
zwischen den Mülltonnen.°

> *schauen / dog excrement*
> *stepped / scrapes*
> *garbage cans*

Wieviel schöner kann ich es hier oben haben!

„Ich bleibe hier", sage ich zu meiner Mutter. „Du gehst ja auch nicht runter!
Ich möchte zu Hause bleiben, so wie du. Ich mach auch was Leises,° Ehren-
15 wort.°"

> *was . . . something quiet*
> *word of honor*

Meine Mutter holt tief Luft° und dreht die Augen zur Zimmerdecke.°

> *holt . . . takes a deep breath /*
> *dreht . . . looks at the ceiling*

„Also gut", sagt sie. „Aber daß du Tag für Tag hier oben in der Wohnung
herumhockst—das ist nicht normal."

Dann geht sie ins Schlafzimmer und macht die Tür zu.
20 Auch ich gehe in mein Zimmer.

Einen Moment denke ich nach. Mit dem Schifferklavier° kann ich jetzt nicht

> *accordion*

spielen. Aber ich habe eine andere Idee. Ich baue eine Stadt. Eine Schweinestadt.
Schweine° aus Knete,° Häuser aus Holz.°

> *pigs / playdough / wood*

Meine Mutter schläft und schläft.
25 Ich baue an der Schweinestadt. Überall sind Schweine: in den Läden, auf
den Straßen. Nur an der Tankstelle° nicht; da bedient° ein Krokodil die

> *gas station / serves*

Schweinekunden.

---

* *homebody*

Es wird dunkel. Das Krokodil macht seine Tankstelle zu und geht in ein Bierlokal. Es trinkt fünf Glas Bier und beschimpft° den Wirt.° *swears at / innkeeper*

30 Der Bierlokal-Wirt ist ein kräftiges° Schwein, eines mit Muskelbergen° und *powerful / huge muscles*
Reißzähnen.° Gerade will es dem Krokodil eins auf die Schnauze hauen,° da *fangs / auf . . . coll.: to smack on the snout*
flammt die Deckenlampe° in meinem Zimmer auf.° *ceiling light / flammt . . . auf flares up*

Mein Vater steht in der Tür. In der Hand hält er einen nagelneuen Fußball.

„Der ist für dich", sagt mein Vater. „Mach dich fertig. Ich ziehe mich um,° *ziehe . . . will change my clothes*
35 dann gehen wir beide auf die Bolzwiese.°" *(kicking) field*

C. Zur Diskussion

1. Was macht die Mutter? der Vater? Welche Stereotype über Männer und
   Frauen erkennen (*recognize*) Sie in der Geschichte?
2. Akzeptieren die Eltern ihren Sohn, wie er ist? Wenn nein: Was mögen sie
   nicht an ihm?
3. Ist der Sohn wirklich unnormal? Braucht er wirklich Hilfe? Oder brauchen
   die Eltern Hilfe? Warum?

D. Spekulation: Wie endet die Geschichte? Schreiben Sie einen Schluß. Die
folgenden Fragen geben Ihnen Hinweise (*tips*).

Wie antwortet Felix seinem Vater? Geht er mit ihm raus? Wenn ja: Was
passiert auf dem Fußballfeld? Kann Felix gut Fußball spielen? Kann er schnell
laufen? Hat sein Vater viel Geduld? Sind die anderen Fußballspieler freundlich
zu ihm? Will Felix jetzt Fußballspieler werden? Will er jetzt häufiger (*more frequently*) draußen sein?

Wenn nein: Was will Felix stattdessen tun? Darf er allein im Zimmer
bleiben? Darf er weiter mit seiner Schweinestadt spielen? Was phantasiert er?
Was macht der Vater mit dem Fußball? Kommt die Mutter endlich aus dem
Schlafzimmer?

Freizeit im Freien

A. Wie antwortet Felix seinem Vater? Lesen Sie jetzt den zweiten Teil der
Geschichte. *In what ways does it differ from the ending you wrote to the story in
Activity D of the preceding section?*

TEXT *Felix, der glückliche Stubenhocker, Teil 2*

von Monika Seck-Aghte

„Na? Fertig?" fragt mein Vater, als er aus dem Schlafzimmer kommt. Er hat
jetzt einen dackelfarbenen° Jogging-Anzug an. Den Fußball trägt er *dachshund-colored*
schon unterm Arm.

„Hopp, hopp, dalli, dalli!" sagt er. „Wir müssen los, solange es noch hell ist!"

5   Also gut, denke ich. Wenn ihm so viel daran liegt.° Dann tue ich ihm den Gefallen.°

    Auf der Straße pfeift mein Vater vor sich hin.° Er lacht. Er macht Witze.° Er hat gute Laune.°

    Aber mir stinkt die ganze Sache. Es nieselt,° der Himmel ist grau. Es ist kalt.
10 Und ich muß auf die Bolzwiese. Wie schön wäre° es, jetzt zu Hause bei meiner Schweinestadt zu sein!

    „Geh du ins Tor", sagt mein Vater, als wir bei der Bolzwiese ankommen. Also stelle ich mich ins Tor.

    Der Boden unter meinen Füßen ist weich wie ein Schwamm.° In meinen
15 Jackenkragen° rieselt° Regen. Ich friere.°

    Ich weiß nicht, was ich hier soll.

    „Jetzt paß mal auf°!", sagt mein Vater und lacht. Er legt den Fußball ins Gras und läuft weg. Dann dreht er sich um°
20 und rennt wieder auf den Ball zu. Es sieht komisch aus, wie mein Vater in seinem Dackelanzug über den Rasen fegt.° Jetzt hat er den Ball fast erreicht. Sein Stiefel klatscht° gegen das harte
25 Leder. Der Ball saust auf mich zu° wie eine Kanonenkugel.°

    Es tut einen furchtbaren Schlag.° Mir bleibt die Luft weg. Meine Brust brennt vor Schmerz,° und ich merke, daß ich plötzlich der Länge nach° auf dem Rasen liege.

30   „Du Flasche!" höre ich meinen Vater brüllen.° „Du sollst den Ball doch halten! Halten, verstehst du? Nicht wie ein Mehlsack in der Gegend° herumstehen und dich umschmeißen° lassen!"

    Mühsam° rapple ich mich wieder auf.° Meine Hose ist voller Schlamm,° meine Beine jucken° unter dem nassen Stoff.

35   Scheißspiel,° denke ich.

    Dann sehe ich, daß mein Vater schon wieder Anlauf nimmt.° „Paß auf, was ich dir jetzt für ein Ding hinsemmel*!" ruft er lachend.° Schon saust der Ball zum zweitenmal auf mich zu. Blitzschnell schmeiße° ich mich in die Matsche.° Ich höre, wie das lederne Ding über meinen Kopf hinweg ins Tor zischt.°

40   Als ich wieder aufstehe, bin ich noch mehr mit Schlamm besudelt.° Meine Jacke hängt an mir herunter wie ein nasser Lappen.° Ich drehe mich um und laufe weg, nach Hause.

Wenn . . . *If it really means that much to him.*
favor
pfeift . . . hin *whistles to himself / jokes*
mood
Es . . . *It's drizzling*
would be

sponge

jacket collar / trickles / am freezing

paß . . . auf *watch out*

dreht . . . *turns around*

sweeps

smacks

saust . . . zu *charges*

cannonball

hit

pain / der . . . *lengthwise*

yelling

wie . . . *like a sack of flour all over the place*
knock over
with difficulty / rapple . . . auf *recover* / mud
itch
crappy game
wieder . . . *is having another go at it*
laughing
fall / mud
whizzes
besmeared
dishcloth

---

*Notice the colorful use of language in this phrase: **was ich dir jetzt für ein Ding hinsemmel** (*what I'm now going to dish out to you*). **Die Semmel, -n** is a type of breakfast roll that resembles a Kaiser roll. The father is going to "dish out" the ball like a "**Semmel.**"

B. Der Vater und der Sohn. Vergleichen Sie sie mündlich oder schriftlich.

BEISPIEL: Der Vater ist ein besserer Fußballspieler als der Sohn.

ein guter Fußballspieler	kreativ
gern im Freien	phantasievoll (*imaginative*)
groß	sensibel (*sensitive*)
geduldig	Sport ernst nehmen
glücklich zu Hause	____?____

FOTOTEXT

Drei Bilder von den ältesten Sportarten der Menschheit.

Das Bogenschießen (*archery*) hat man vielleicht schon während der frühen Steinzeit betrieben. Jedenfalls hat man Pfeilspitzen (*arrowheads*) aus der paläolithischen Zeit gefunden. Es gibt kaum eine Kultur, wo man nicht mit Pfeil und Bogen schießt. Heute tut man es hauptsächlich (*mainly*) als Sport. In letzter Zeit ist dieser teure Sport in Deutschland wieder populär.

Viel billiger ist es, wenn man in der Freizeit Leichtathletik (*track and field*) betreibt. Der Langlauf ist bestimmt noch älter als das Bogenschießen. Man braucht nur gute Schuhe. Leichtathletik ist in Deutschland sehr beliebt, weil jeder sie treiben kann. Jeder Stadtteil (*part of town*), jedes Dorf hat einen Sportplatz (*stadium*), auf dem man trainieren kann. Es gibt viele Wettkämpfe (*competitions*), und jeder kann an den regionalen Veranstaltungen (*events*) teilnehmen. Wenn man nicht selber mitmacht, dann besucht man diese Wettbewerbe und feuert seinen Sportverein an (feuert . . . an *cheers for*).

Wenn man den Urlaub auf dem Lande verbringt, dann kann man auch viel wandern, und das ist der billigste und älteste Sport. Für ältere und jüngere Menschen ist er die gesündeste Bewegungsart (*type of body exercise*). Hier wandert eine Familie im Taunus (*a mountainous area not far from Frankfurt/Main*). Sie singt vielleicht das Wanderlied „Wir wandern, wir wandern von einem Ort (*place*) zum andern . . ." Weil die Deutschen gern wandern, gibt es sehr viele deutsche Wanderlieder. Ihre Wälder und Wiesen (*meadows*) haben Wanderwege (*hiking paths*), und man markiert sie jedes Jahr neu.

C. Zur Beschreibung. Beschreiben Sie mündlich oder schriftlich:

1. die Laune des Vaters auf dem Weg zum Fußballplatz
2. die Laune des Sohnes auf dem Weg zum Fußballplatz
3. das Spiel aus der Perspektive des Vaters
4. das Wetter, den Fußballplatz und das Spiel aus der Perspektive des Sohnes

D. Zur weiteren Diskussion: Was wird aus Felix werden?

- Wird er studieren? Wenn ja: Was?
- Wird er viele Freunde und Bekannte haben?
- Was wird er gern am Wochenende machen?
- Was für ein Mann wird er sein? Wird er zum Beispiel offener und freundlicher werden? nachdenklicher (*more reflective*)? später im Leben sportlicher? __?__
- Wird er Musiker werden? Politiker? Autor? Professor? Architekt? Dramatiker? Mechaniker? __?__
- Wird er glücklich sein? Warum (nicht)?

E. Zum Briefeschreiben. Nehmen Sie die Seite des Jungen und schreiben Sie einen Brief an seine Eltern. Warum sollten die Eltern mit ihrem Kind zufrieden sein? Erklären Sie ihnen, was sie an der Persönlichkeit des Jungen nicht verstehen.

- *Include the name of your city and the date, written in German style, in the top right corner.*
- *Make up a last name for the family and begin the letter:* Sehr geehrter Herr __?__! sehr geehrte Frau __?__!
- *End your letter with the phrase* mit freundlichen Grüßen, *then write* Ihr *or* Ihre (*no comma*) *followed by your full name.*

15 Geschichte und Geschichten

Einstimmung

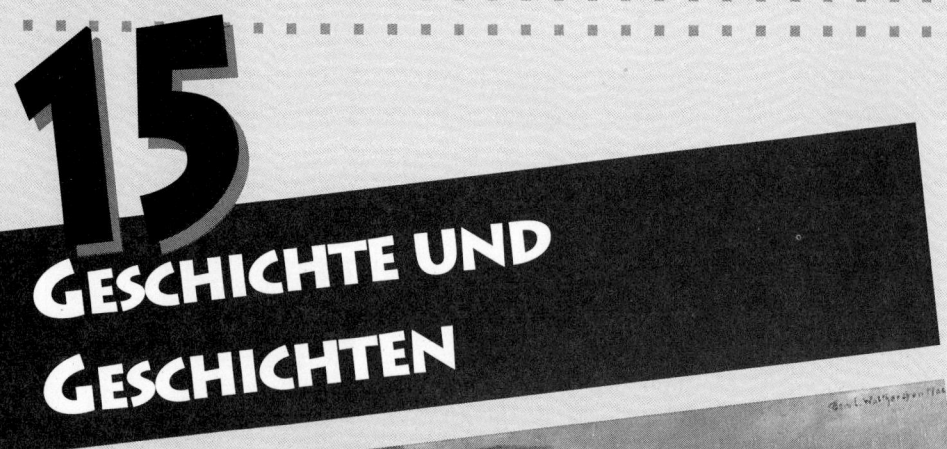

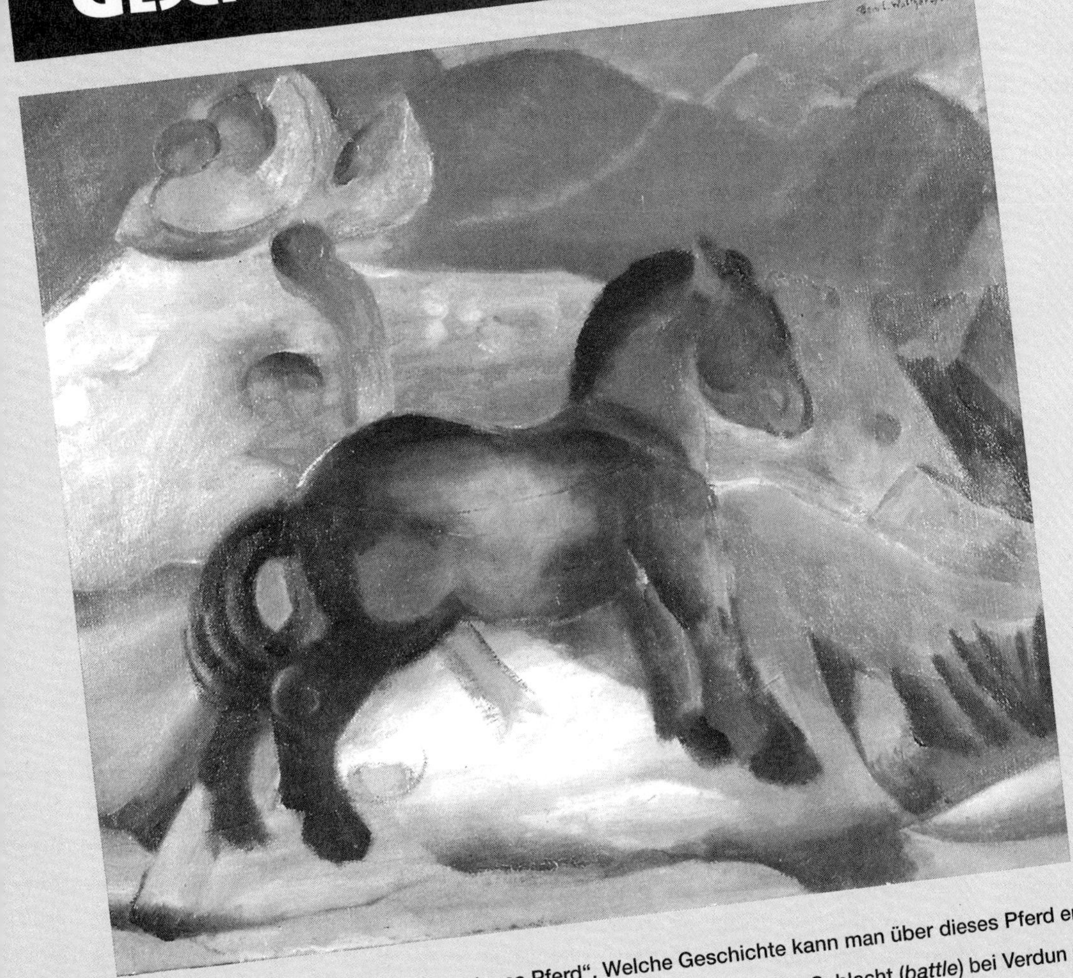

Dieses Gemälde von Franz Marc heißt „Kleines, blaues Pferd". Welche Geschichte kann man über dieses Pferd erzählen? Franz Marc wurde 1880 in München geboren und ist 1916 in der Schlacht (*battle*) bei Verdun ums Leben gekommen. Was wissen Sie über die Geschichte des Ersten Weltkriegs (*WW I*)?

WÖRTER

A. Theater, Film und Kunst

BEISPIEL: S1: Was tun Schauspieler und Schauspielerinnen?
S2: Sie spielen in Theaterstücken.

1. Was ist eine Bühne?
2. Was ist ein Theater?
3. Was ist ein Kino?
4. Was ist ein Theaterstück?
5. Was ist eine Oper?
6. Was tun Regisseure und Regisseurinnen?
7. Was tun Maler und Malerinnen?

a. Das ist ein Schauspiel (eine Komödie, eine Tragödie usw.).
b. Das ist ein Gebäude für Filme.
c. Sie führen die Regie eines Films oder eines Theaterstücks.
d. Sie malen Bilder.
e. Das ist ein Drama, aber man singt die Rollen.
f. Man singt, tanzt oder spielt Theaterstücke darauf.
g. Dort sieht man Opern, Schauspiele, Ballette usw.

Elke Maria Wollmann (Agnes)
und Timmy Martin Haberger (Albrecht) in
„**Agnes Bernauer**"

Foto: Tomas Liebig

theater

STAATSTHEATER
BRAUNSCHWEIG

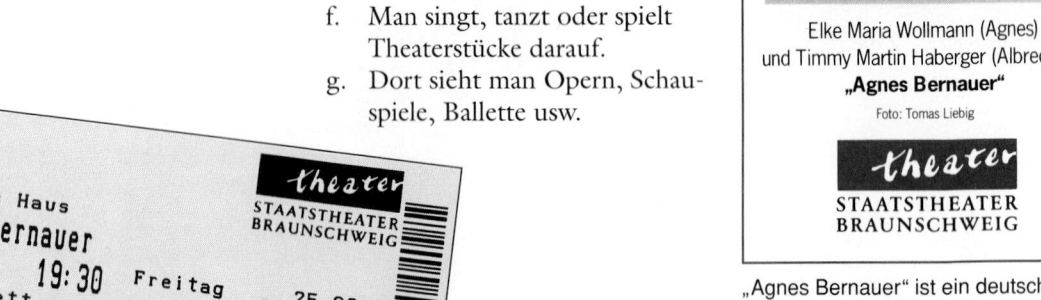

Für welchen Tag und welches Datum war diese Theaterkarte? Wieviel hat sie gekostet? Für welche Reihe und für welchen Platz war diese Eintrittskarte? War sie für das erste oder zweite Parkett? links oder rechts?

„Agnes Bernauer" ist ein deutsches Trauerspiel (Tragödie) von Friedrich Hebbel. Wer spielt die Rolle der Agnes? Wer spielt die Rolle des Albrecht? In welchem Theater kann man dieses Stück sehen?

B. Woran haben Sie Interesse?

1. Verbringen Sie gern Ihre Freizeit in Museen oder Galerien? Gefällt Ihnen der französische Impressionismus? der deutsche Expressionismus? die Kunst der italienischen Renaissance? chinesische Kunst? afrikanische Kunst? die Kunst der Antike (*ancient world*)? moderne Kunst? ____?

WORTSCHATZ

ADJECTIVES AND ADVERBS

bewundernswert	admirable
früher	former(ly), earlier
trotzdem	nevertheless
tüchtig	capable; capably
zunächst	for the time being

NOUNS

der Beruf, -e	profession
die Bühne, -n	stage
die Fabrik, -en	factory
das Konzert, -e	concert
die Kunst, ⸚e	art
der Lehrer, - / die Lehrerin, -nen	teacher, instructor
der Maler, - / die Malerin, -nen	painter, artist
das Märchen, -	fairy tale
das Mitglied, -er	member
die Oper, -n	opera
der Regisseur, -e / die Regisseurin, -nen	(stage or film) director
der Schauspieler, - / die Schauspielerin, -nen	actor/actress
das Theater, -	theater
das (Theater)stück, -e	(theater) play
der Wald, ⸚er	forest
das Werk, -e	(*piece of*) work
die Wissenschaft, -en	science, study

VERBS

beginnen, begann,* hat begonnen	to begin
fressen (frißt), fraß, hat gefressen†	to eat
führen, hat geführt	to lead, conduct, direct
lehren, hat gelehrt	to teach
loben, hat gelobt	to praise
malen, hat gemalt	to paint
sammeln, hat gesammelt	to collect
treten (tritt), trat, ist/hat getreten	to step; to kick
um·ziehen, zog um, ist umgezogen	to move, change one's residence
verkaufen, hat verkauft	to sell
verlassen (verläßt), verließ, hat verlassen	to leave

USEFUL WORDS AND PHRASES

die Regie führen, hat geführt	to direct (*a play or film*)
geboren sein/werden‡	to be born
Karriere machen, hat gemacht	to be successful in a career
Klavier spielen, hat gespielt	to play the piano
mit (fünfzehn)	at (the age of fifteen)
zum (ersten) Mal	for the (first) time

---

*Beginning with this chapter, the past-tense form (third-person singular) of each strong or irregular weak verb will be listed after the infinitive.

† The verb **fressen** is normally used with regard to animals, **essen** with regard to people.

‡ With regard to living persons, **geboren** is appropriate with either **sein** or **werden** as an auxiliary.

Das Kind ist am 8. März geboren. ⎫
Das Kind wurde am 8. März geboren. ⎭ *The child was born on March 8.*

Concerning persons no longer living, only **werden** is correct as an auxiliary.

Der Autor wurde am 5. Mai 1817 geboren. *The author was born on May 5, 1817.*

2. Wie oft gehen Sie ins Theater? Welche Art von Theater haben Sie besonders gern? Komödie? Drama? Ballett? Oper?

3. Gehen Sie gern ins Kino? Wer ist Ihr Lieblingsfilmschauspieler? Ihre
Lieblingsfilmschauspielerin? Sehen Sie manchmal deutsche Filme? Kennen
Sie vielleicht die Werke von Wim Wenders („Paris, Texas", „Himmel über
Berlin")? Sehen Sie manchmal alte deutsche Filme auf Videokassette zu
Hause?

4. Sind Sie Musikfan? Was für Musik hören Sie am liebsten? klassische
Musik? Country-Western? Jazz? Rock? Pop?   ?   Kennen Sie Werke von
Haydn? Mozart? Beethoven? Brahms? Schubert? Kennen Sie Opern von
Richard Strauss oder Richard Wagner? Wer ist Ihr Lieblingssänger / Ihre
Lieblingssängerin? Ist er/sie vielleicht Opernsänger/Opernsängerin?
Rocksänger/Rocksängerin?   ?

C. Interview: Interessen. Stellen Sie jede Frage in Übung B an einen Studenten /
eine Studentin! Benutzen Sie die du-Form!

DIE
DINOSAURIER
SIND ZURÜCK

**NATURKUNDEMUSEUM
LEIPZIG
05.03 - 17.05**
Lortzingstr. 3
(Friedrich-Engels-Platz)
7010 Leipzig
Tel: 0941/29 14 12
Täglich von 10 bis 18 Uhr

Present Participles as Adverbs and Adjectives

The present participle of a verb is formed by adding **d** to the infinitive. This
form may be used as an adverb or, by adding the appropriate endings, as an
attributive adjective.

INFINITIVE	singen
PRESENT PARTICIPLE	sing**end**
ADVERB	Die Jungen treten **singend** auf die Bühne.
	The boys step onto the stage singing.
ATTRIBUTIVE ADJECTIVE	Die **singenden** Jungen treten auf die Bühne.
	The singing boys step onto the stage.

D. Auf der Bühne

BEISPIEL: S1: Wie kommen die Mädchen auf die Bühne? (lachen)
S2: Die Mädchen kommen lachend auf die Bühne.
S3: Wer kommt auf die Bühne?
S4: Die lachenden Mädchen kommen auf die Bühne.

1. Wie sitzt der Schauspieler auf dem Sessel? (rauchen)
2. Wie liegt die Schauspielerin auf dem Bett? (lesen)
3. Wie verlassen die Kinder die Bühne? (tanzen)
4. Wie tritt der Tenor auf die Bühne? (singen)

E. Dialog: Einladung ins Theater. Wählen Sie ein Stück vom Spielplan auf
Seite 297 und laden Sie einen Studenten / eine Studentin zum Theater ein.
Geben Sie ihm/ihr alle Informationen: was, von wem, an welchem Tag, an

welchem Datum, um wieviel Uhr, wo. Vielleicht hat der Student / die Studentin Fragen darüber. Möchte er/sie mit Ihnen ins Theater gehen?

> Hättest du Lust, ... ?
> Hast du heute / morgen / am Dienstagabend etwas vor?
> Es gibt (am Dienstagabend) ein Stück von (Dürrenmatt) (im Stadttheater).
> Kennst du schon („Die Physiker") von (Dürrenmatt)? __?__

Demnächst

Donnerstag, 26. März:
theater café molière, 20.30 Uhr:
ALEX PORTNER
Schauspiel und Zauberei
Freitag, 27. März:
Stadttheater, 19.30 Uhr:
Premiere: *DIE NASHÖRNER*
Schauspiel von Eugene Ionesco
theater café molière, 20.30 Uhr:
CASANOVA AUF SCHLOß DUX
Stück von Karl Gassauer
Pfarrsaal St. Peter und Paul, 20
Uhr: *VORSICHT TRINKWASSER !*
Stück von Woody Allen

die Nashörner (*pl.*)   *rhinoceroses*
der Pfarrsaal   *parish hall*
die Zauberei   *magic*

F. Gesprächsthema: alte Filme. Sprechen Sie mit einem Partner / einer Partnerin über die alten Filme. Welchen Film kann man an welchem Tag sehen? Wie lange dauert der Film? In welchem Jahr ist der Film erschienen? Wissen Sie, woher der Film kommt? Wer spielt die Hauptrollen in diesem Film? Haben Sie diese Schauspieler/Schauspielerinnen in anderen Filmen gesehen? Wenn ja: In welchen? Wer ist der Regisseur / die Regisseurin? Kennen Sie andere Filme von ihm/ ihr?

Welchen Film möchten Sie am liebsten sehen? Warum? Überzeugen Sie Ihren Partner / Ihre Partnerin, daß Sie beide diesen Film unbedingt sehen sollten.

VIDEOTHEK

Samstag — TV & RADIO WOCHE
DEINE, MEINE, UNSERE
Mit Lucille Ball, Henry Fonda
Regie: Melville Shavelson (1968)   105 Min.

Samstag — TV & RADIO WOCHE
DER MÖRDER DIMITRI KARAMASOFF
Mit Fritz Kortner, Anna Sten
Regie: Fedor Ozep (SW, 1931)   90 Min.

Samstag — TV & RADIO WOCHE
DIE VÖGEL
Mit Tippi Hedren, Rod Taylor
Regie: Alfred Hitchcock (1962)   115 Min.

Mittwoch — TV & RADIO WOCHE
OBER, ZAHLEN!
Mit Hans Moser, Paul Hörbiger
Regie: E.W. Emo (SW, 1957)   90 Min.

SPRACHE

KONTEXT 1

Clara Schumann

Clara Schumann (geborene Wieck) spielte mit neun ihr erstes großes Klavierkonzert auf der Bühne. Das war im Leipziger Gewandhaus. Dieses Konzert bildete den Anfang zu einer bewundernswerten Karriere. Clara lernte Robert Schumann beim Klavierunterricht kennen, und die beiden verliebten sich.° Clara mußte Robert aber heimlich° treffen, denn Claras Vater, der Musiklehrer Friedrich Wieck, wollte diese Freundschaft verhindern.° „Der junge Komponist Robert ist nichts für meine Tochter", meinte er. Trotzdem heirateten Clara und Robert 1840.

Beide machten Karriere: Clara als Pianistin, Robert als Komponist. Sie hatten acht Kinder, von denen ein Kind nur ein Jahr lang lebte. Nach Roberts Tod° (1856) mußte Clara die sieben Kinder allein großziehen. Sie setzte aber auch ihre Karriere fort und feierte in ganz Europa Erfolge.° Clara Schumann, die° auch als Lehrerin und Komponistin bekannt ist, gehört zu den bedeutendsten Klaviervirtuosen des 19. Jahrhunderts.

der Reinentwurf . . . *final printing*

verliebten . . . *fell in love / secretly prevent*

death

successes / who

Falsche Informationen. *Each of the following sentences contains at least one factual error. Make all necessary corrections.*

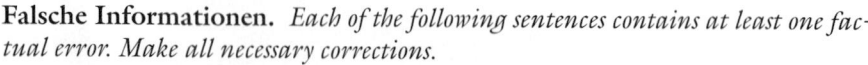

BEISPIEL: Clara Wieck spielte mit ~~zwanzig~~ ihr erstes ~~Violin~~konzert.
                                   neun   Klavier

1. Clara lernte Robert Schumann im Leipziger Gewandhaus kennen.

2. Claras Mutter wollte die Freundschaft verhindern.

3. Clara und Robert heirateten nie.

4. Beide machten Karriere: Clara als Violinistin, Robert als Pianist.

5. Clara und Robert hatten nur ein Kind.

6. Nach Claras Tod mußte Robert das Kind allein großziehen.

Alles klar!

Die neuen Gesichter der Deutschen Mark. German paper money differs from that in the United States, for example, in that the bill for each denomination is printed in a different color and in a slightly different size. The East and West German monetary systems included coins and notes of exactly the same denominations. In the late 1980s, in an effort planned long before unification, the (West) German **Bundesbank** began to issue new bank notes, including the hitherto unknown 200-mark note. The notes feature completely new faces and designs and even more protection against counterfeiting.

DM-SCHEIN	GESICHT	LEBEN	BERUF	FARBE	GRÖSSE (mm)
5	Bettina von Arnim	1785–1859	Schriftstellerin, Dichterin	grünlichgelb	62 × 122
10	Carl Friedrich Gauß	1777–1855	Mathematiker, Astronom, Geodät, Physiker	bläulichviolett	65 × 130
20	Annette von Droste-Hülshoff	1797–1848	Dichterin	grün	68 × 138
50	Balthasar Neumann	1687–1753	Architekt, Baumeister	olivbraun	71 × 146
100	Clara Schumann	1819–1896	Pianistin, Lehrerin, Komponistin	rötlichblau	74 × 154
200	Paul Ehrlich	1854–1915	Mediziner, Chemiker	rotorange	77 × 162
500	Maria Sibylla Merian	1647–1717	Künstlerin, Naturforscherin (*naturalist*)	rotpurpur	80 × 170
1000	Jacob und Wilhelm Grimm	1785–1863 1786–1859	Sammler deutschen Sprach- und Kulturguts, Sprachwissenschaftler (*linguists*)	rötlichbraun	83 × 178

Informationen. Arbeiten Sie mit einem Partner / einer Partnerin. Stellen Sie einander Fragen über die Informationen.

MÖGLICHE FRAGEN
Wer erscheint auf dem (200-)Mark-Schein?
Auf welchem Schein sieht man (Clara Schumann)?
Wann lebte (Annette von Droste-Hülshoff)?
Was war (Jacob Grimm) von Beruf?
Welche Farbe hat der (5-)Mark-Schein?
Wie groß ist der (100-)Mark-Schein? (mm = Millimeter)

A. von Droste-Hülshoff
Paul Ehrlich

Maria Sibylla Merian

INFORMATIONEN 1

■ ■ ■ ■ ■ ■ ■ ■ ■ ■ ■ ■ ■ ■ ■ ■ ■ ■ ■

Past Tense

You are familiar with the present and present perfect tenses of weak, strong, and irregular weak verbs. You are also familiar with the past-tense forms of **haben** (**hat** + endings) and **sein** (**war** + endings). The past tense is sometimes called the "simple past" because it—like the present—is a simple tense, consisting only of the conjugated verb form.

	PRESENT TENSE
WEAK VERB	Sie **wohnt** in Weimar.
STRONG VERB	Sie **kommt** aus Berlin.
IRREGULAR WEAK VERB	Was **bringt** sie nach Weimar?

	PRESENT PERFECT TENSE
WEAK VERB	Sie **hat** in Weimar **gewohnt.**
STRONG VERB	Sie **ist** aus Berlin **gekommen.**
IRREGULAR WEAK VERB	Was **hat** sie nach Weimar **gebracht?**

	PAST TENSE
WEAK VERB	Sie **wohnte** in Weimar.
STRONG VERB	Sie **kam** aus Berlin.
IRREGULAR WEAK VERB	Was **brachte** sie nach Weimar?

In German, the present perfect tense ("conversational past") is more common in conversation; the past tense ("narrative past") is preferred in writing or in more formal speech, particularly to relate a chain of past events. Whichever tense is used, the meaning is the same.

Ich **bin** nach Deutschland **gereist.**
Ich **reiste** nach Deutschland.   *I traveled to Germany.*

Past Tense: Weak Verbs

The past tense of weak verbs is formed by adding the past endings, which begin with **t,** to the verb stem. Note that the **ich** and **er, sie, es** forms are the same.

As in the present tense, an **e** is inserted between the verb stem and the past ending when pronunciation would otherwise be difficult: **ich arbeitete, ich öffnete, es regnete.**

wohnen			
ich	wohn**te**	wir	wohn**ten**
du	wohn**test**	ihr	wohn**tet**
er sie es	wohn**te**	sie	wohn**ten**
Sie wohn**ten**			

Past Tense: Modals

The past tense of modals is formed by adding the past endings of weak verbs to the verb stem minus any umlaut. Note that the past stem of **mögen** is **moch.** You are already familiar with the past-tense forms of **sollen** and **wollen.**

INFINITIVE	**dürfen**	**können**	**mögen**	**müssen**	**sollen**	**wollen**
PAST STEM	durf	konn	moch	muß	soll	woll
ich	durfte	konnte	mochte	mußte	sollte	wollte
du	durftest	konntest	mochtest	mußtest	solltest	wolltest
er sie es	durfte	konnte	mochte	mußte	sollte	wollte
wir	durften	konnten	mochten	mußten	sollten	wollten
ihr	durftet	konntet	mochtet	mußtet	solltet	wolltet
sie	durften	konnten	mochten	mußten	sollten	wollten
Sie	durften	konnten	mochten	mußten	sollten	wollten

Sentences with modals in the past tense are formed just as in the present tense, with the modal in the appropriate verb position and the infinitive of the main verb at the end.

> Wir **konnten** die Schauspieler nicht **sehen.** *We couldn't see the actors.*

In spoken as well as in written German, the past tense of modals is generally preferred over the present perfect.

ÜBUNGEN 1

A. In Deutschland. Eine Gruppe amerikanischer Studenten verbrachte zwei Wochen in Deutschland. Was sagten sie darüber? Ersetzen Sie: ich, sie [*pl.*], Thomas.

1. Wir wollten ein Konzert hören.
2. Wir mußten einige Kunstsammlungen sehen.
3. Wir konnten in die Oper gehen.
4. Wir durften eine Schokoladenfabrik besuchen.
5. Wir sollten einen Tag im Wald wandern.
6. Wir mochten die Staus auf der Autobahn nicht.

B. Fragen über die Reise. Stellen sie zwei Fragen über jeden Satz in Übung A.

BEISPIEL: Wolltest du ein Konzert hören?
Wolltet ihr ein Konzert hören?

FOTOTEXT

Der Expressionismus war auch in Deutschland eine einflußreiche (*influential*) Kunstbewegung (*art movement*). Viele Künstler des Expressionismus übten mehr als einen Künstlerberuf (*profession in the arts*) aus (übten . . . aus *pursued*) Manche kamen aus dem Ausland und trafen sich in Berlin, Dresden oder München.

Auch Paula Modersohn-Becker malte Selbstporträts. Welches stellt sie selbst (*herself*) dar (stellt . . . dar *portrays*) und welches eine Landfrau?

Oskar Kokoschka zum Beispiel stammte aus Österreich, lebte aber schon vor dem Ersten Weltkrieg in Berlin und besuchte oft München. Er war Maler, Graphiker und Dichter. Später war er Professor an der Kunstakademie in Dresden. Welches der Bilder ist sein Selbstbildnis?

Franz Marc war auch ein expressionistischer Maler und Graphiker. Er zog Tiere für seine Werke vor (zog . . . vor *preferred*). Sie symbolisierten für ihn die Unschuld (*innocence*) und das mysteriöse Leben der Natur. Wie viele Tiere können Sie außer dem Reh (*deer*) erkennen (*recognize*)?

C. Oskar Kokoschka

BEISPIEL: S1: Wer war Oskar Kokoschka?
S2: Er war ein berühmter Künstler.

1. Wann lebte er? / . . . von 1886 bis 1980
2. Woher stammte er? / . . . aus Österreich
3. Wo studierte er? / . . . in Wien
4. Wo lehrte er? / . . . an der Kunstakademie in Dresden
5. Wohin reiste er? / . . . nach Afrika
6. Wo wohnte er von 1934 bis 1938? / . . . in Prag
7. Was mußte er 1938 machen? / . . . Prag verlassen
8. Wo wohnte er, nachdem er Prag verlassen hatte? / . . . in England

D. Wer war Paul Klee?

Paul Klee _____ (stammen) aus der Schweiz und _____ (leben) von 1879 bis 1940. Er _____ (studieren) Malerei in München, in Italien und in Paris. 1914 _____ (reisen) er nach Tunis. Er _____ (machen) auch Reisen nach Sizilien und Ägypten. Er _____ (lehren) am Bauhaus und _____ (produzieren) über 9 000 Kunstwerke. Er _____ (wollen) die Natur nicht realistisch malen, sondern er _____ (experimentieren) mit Farben und Formen und _____ (malen) die innere Welt.

E. Paula Modersohn-Becker, Vorläuferin (*forerunner*) des deutschen Expressionismus. Erzählen Sie diese kleine Biographie auf deutsch!

Paula Modersohn-Becker lived from 1876 to 1907. She came (stemmed) from Dresden and studied in Berlin, London, and Bremen. Later she lived in Worpswede, in the vicinity of Bremen, where she painted many landscapes (**Landschaftsbilder**). Often she traveled to Paris. There she studied the works of the great (**großen**) French painters.

KOMMUNIKATION 1
■ ■ ■ ■ ■ ■ ■ ■ ■ ■ ■ ■ ■ ■

A. Interview: Als Kind . . . Bilden Sie Fragen und stellen Sie sie an einen Studenten / eine Studentin!

BEISPIEL: müssen / immer früh nach Hause gehen →
S1: Mußtest du als Kind immer früh nach Hause gehen?
S2: Ja, ich mußte immer um neun Uhr nach Hause gehen. / Nein, ich konnte nach Hause gehen, wann ich wollte.

1. wollen / immer im Park spielen
2. können / gut schwimmen
3. mögen / Pizza und Cola
4. dürfen / oft ins Kino gehen
5. sollen / dein Zimmer saubermachen (*clean*)
6. müssen / an Schultagen früh ins Bett gehen

B. Wie war alles, als Sie jünger waren?

1. Woher stammt Ihre Familie?
2. Wo wohnten Sie als Kind? Schneite es dort im Winter? Regnete es viel im Sommer?
3. Mit wem spielten Sie besonders gern?
4. Wohin reisten Sie mit Ihrer Familie?
5. Wen besuchten Sie gern während der Schulferien?
6. Mußten Sie als Teenager im Sommer arbeiten? Verdienten Sie viel Geld?

C. Eine kleine Autobiographie. Benutzen Sie unter anderem (*among others*) Ideen von Übungen A und B, und schreiben Sie über Ihr Leben! Lesen Sie den anderen Studenten und Studentinnen vor, was Sie geschrieben haben!

angeln	kaufen	machen	tanzen
arbeiten	kennenlernen	reden	turnen
besichtigen	kochen	reisen	übernachten
besuchen	lachen	sagen	verdienen
campen	leben	segeln	wandern
fotografieren	lernen	spielen	wohnen
fragen	lieben	stören	?

KONTEXT 2

■ ■ ■ ■ ■ ■ ■ ■ ■

Die Brüder Grimm

„Unsere Märchen haben uns berühmt gemacht." Das meinte Wilhelm Grimm über sein Lebenswerk und das seines Bruders Jacob. Weniger bekannt ist, daß die Brüder bedeutende Gelehrte° und Begründer° der germanistischen Sprachwissenschaft gewesen sind.   *scholars / founders*

Die Brüder Grimm wurden in Hanau geboren und studierten in Marburg. Sie lebten zunächst in Kassel, wo sie ihre ersten Berufsjahre als Bibliothekare verbrachten. Dort sammelten sie alte Märchen, Sagen und Rechtstexte.° Später   *legal texts* wohnten sie in Göttingen, wo sie Professoren wurden und zu den „Göttinger Sieben" gehörten. Diese Gruppe von Professoren wollte ein demokratisches Deutschland. 1841 zogen die Brüder nach Berlin um, wo beide Professoren und Mitglieder der Akademie der Wissenschaften waren. Jacob Grimm war 1848 Mitglied der Frankfurter Nationalversammlung, des ersten freigewählten° deutschen   *freely elected* Parlaments. 1854 begannen die Brüder Grimm mit der Herausgabe° des   *publication* „Deutschen Wörterbuchs." Das Werk wurde erst 1960, hundert Jahre später, beendet.° Die zweite Auflage° hat jetzt den Buchstaben° E erreicht.   wurde . . . beendet *was completed / edition / letter*

Eine Chronik. *Number the following events in chronological order, the first event that took place being number 1.*

DIE BRÜDER GRIMM

_____ wohnten in Göttingen

_____ wurden Mitglieder der Akademie der Wissenschaften

_____ arbeiteten als Bibliothekare

_____ studierten in Marburg

_____ gingen nach Kassel

_____ begannen ihre Arbeit am „Deutschen Wörterbuch"

_1_ wurden in Hanau geboren

_____ sammelten deutsche Werke

_____ gehörten zu einer politischen Gruppe

_____ zogen nach Berlin um

INFORMATIONEN 2

■ ■ ■ ■ ■ ■ ■ ■ ■ ■ ■ ■ ■ ■ ■ ■ ■

Past Tense: Strong Verbs

The past endings of strong verbs are the same as the present endings, except in the first- and third-person singular. The verb stem differs, however, in the past and present tenses.

kommen { present verb stem: **komm**
{ past verb stem: **kam**

kommen			
ich	kam	wir	kam**en**
du	kam**st**	ihr	kam**t**
er sie es	kam	sie	kam**en**
Sie kam**en**			

Past Tense: Irregular Weak Verbs

Irregular weak verbs have the same past endings as regular weak verbs, but, like strong verbs, the verb stem in the past differs from that in the present tense. **Bringen** and **denken** also have stem consonant changes: **brachte, dachte.**

bringen			
ich	brach**te**	wir	brach**ten**
du	brach**test**	ihr	brach**tet**
er sie es	brach**te**	sie	brach**ten**
Sie brach**ten**			

Principal Parts

The three principal parts of verbs are the infinitive, the past-tense form of the third-person singular, and the auxiliary plus past participle.

	I	II	III
WEAK VERB	wohnen,	wohnte,	hat gewohnt
STRONG VERB	kommen,	kam,	ist gekommen
IRREGULAR WEAK VERB	bringen,	brachte,	hat gebracht

The principal parts of weak verbs are regular and predictable; those of strong verbs must be learned individually. Many strong verbs have a different stem vowel in each of the three principal parts: **finden, fand, hat gefunden.** By knowing the principal parts, you will be able to form all the various tenses of the verb. The following list includes the strong verbs you have learned so far.

	INFINITIVE	(THIRD-PERSON SINGULAR) PRESENT	PAST	AUXILIARY	PAST PARTICIPLE
WEAK	wohnen		wohnte	hat	gewohnt
IRREGULAR WEAK	bringen		brachte	hat	gebracht
	denken		dachte	hat	gedacht
	haben	(hat)	hatte	hat	gehabt
	kennen		kannte	hat	gekannt
	rennen		rannte	ist	gerannt
	wissen	(weiß)	wußte	hat	gewußt
STRONG	anfangen	(fängt an)	fing an	hat	angefangen
	anrufen		rief an	hat	angerufen
	anziehen		zog an	hat	angezogen
	bieten		bot	hat	geboten
	bleiben		blieb	ist	geblieben
	empfehlen	(empfiehlt)	empfahl	hat	empfohlen
	erscheinen		erschien	ist	erschienen
	essen	(ißt)	aß	hat	gegessen
	fahren	(fährt)	fuhr	ist/hat	gefahren
	finden		fand	hat	gefunden
	geben	(gibt)	gab	hat	gegeben
	gefallen	(gefällt)	gefiel	hat	gefallen
	gehen		ging	ist	gegangen

	INFINITIVE	(THIRD-PERSON SINGULAR) PRESENT	PAST	AUXILIARY	PAST PARTICIPLE
STRONG	genießen		genoß	hat	genossen
	geschehen		geschah	ist	geschehen
	gewinnen		gewann	hat	gewonnen
	halten	(hält)	hielt	hat	gehalten
	hängen		hing	hat	gehangen
	heißen		hieß	hat	geheißen
	helfen	(hilft)	half	hat	geholfen
	kommen		kam	ist	gekommen
	laufen	(läuft)	lief	ist	gelaufen
	lesen	(liest)	las	hat	gelesen
	liegen		lag	hat	gelegen
	nehmen	(nimmt)	nahm	hat	genommen
	reiten		ritt	ist/hat	geritten
	schlafen	(schläft)	schlief	hat	geschlafen
	schreiben		schrieb	hat	geschrieben
	schwimmen		schwamm	ist/hat	geschwommen
	sehen (sieht)		sah	hat	gesehen
	sein (ist)		war	ist	gewesen
	singen		sang	hat	gesungen
	sitzen		saß	hat	gesessen
	sprechen	(spricht)	sprach	hat	gesprochen
	springen		sprang	ist	gesprungen
	stehen		stand	hat	gestanden
	steigen		stieg	ist	gestiegen
	tragen	(trägt)	trug	hat	getragen
	treffen	(trifft)	traf	hat	getroffen
	treiben		trieb	hat	getrieben
	treten	(tritt)	trat	ist/hat	getreten
	trinken		trank	hat	getrunken
	tun	(tut)	tat	hat	getan
	vergleichen		verglich	hat	verglichen
	verlassen	(verläßt)	verließ	hat	verlassen
	verlieren		verlor	hat	verloren
	verzeihen		verzieh	hat	verziehen
	waschen	(wäscht)	wusch	hat	gewaschen
	werden	(wird)	wurde	ist	geworden

The past-tense forms of verbs with separable or inseparable prefixes are the same as those of the corresponding basic verbs.

kommen	kam	ist	gekommen
ankommen	kam an	ist	angekommen
bekommen	bekam	hat	bekommen

In the past tense, as in the present tense, the separable prefix is attached to the verb in dependent clauses but detached in independent clauses.

> Im September **fing** Hans den neuen Job **an**.
> Es war September, als Hans den neuen Job **anfing**.

ÜBUNGEN 2

A. Eine Woche in Berlin. Erzählen Sie die Geschichte im Singular!

> BEISPIEL: Wir fuhren mit dem Zug nach Berlin. →
> Ich fuhr mit dem Zug nach Berlin.

Wir blieben eine Woche dort. Wir gingen in gemütliche Restaurants und aßen Berliner Spezialitäten. Wir gingen die berühmte Straße „Unter den Linden" entlang und tranken am Alexanderplatz Kaffee. Wir verbrachten einen Tag in den Museen, und am Abend sahen wir ein Theaterstück. Jeden Tag nahmen wir die S-Bahn, wohin wir wollten. Am letzten Tag schrieben wir Postkarten am Bahnhof, dann stiegen wir in den Zug ein. Als wir die Stadt verließen, wußten wir, daß wir eines Tages zurückkommen wollten.

B. „Rotkäppchen" von den Brüdern Grimm. Hier ist die Handlung, Schritt für Schritt (*step by step*). Erzählen Sie sie als Geschichte im Imperfekt!

1. Rotkäppchen hat bei ihren Eltern gewohnt.
2. Ihre Großmutter hat im Wald gewohnt.
3. Die Großmutter hat das Kind geliebt.
4. Sie hat dem Mädchen ein rotes Käppchen geschenkt.
5. Eines Tages ist die Großmutter krank geworden.
6. Rotkäppchens Mutter hat gesagt: „Bring deiner Großmutter diesen Kuchen und diese Flasche Wein!"
7. Rotkäppchen hat das Haus verlassen.
8. Einige Minuten später hat sie einen Wolf im Wald getroffen.
9. Sie hat dem Wolf von ihrer kranken Großmutter erzählt.
10. Der Wolf ist zum Haus der Großmutter gelaufen.
11. Er hat an die Tür geklopft.
12. Dann ist er ins Haus gegangen.
13. Der Wolf hat die Großmutter gefressen und ist in ihr Bett gestiegen.
14. Rotkäppchen ist dann ins Haus gekommen.
15. Der Wolf hat auch das Rotkäppchen gefressen.
16. Später hat ein Mann das Kind und die Großmutter aus dem Wolf herausgeholt.
17. Die Großmutter hat dann den Wein getrunken und den Kuchen gegessen.

Rotkäppchen: Deutschlands meistgekaufter Camembert wünscht guten Appetit.

C. Was hat Helga in ihr Tagebuch (*diary*) geschrieben? Auf deutsch, bitte!

Because it rained almost the entire weekend, I spent Saturday in the art museum. I especially liked the modern works. Most of all, I liked the works of Franz Marc, especially his horses. About four o'clock I went into the **Museumscafé.** There I met several of my friends. We talked about art and also about the bad weather. Later I sat at home, watched television, and read.

KOMMUNIKATION 2

A. Interview: Gestern. Fragen Sie einen Studenten / eine Studentin, was er/sie gestern alles gemacht hat. Stellen Sie Ihre Fragen im Perfekt! Notieren Sie die Antworten, die Sie hören!

> BEISPIELE: Wohin bist du gestern gegangen?
> Wen hast du dort gesehen?
> Was hast du gemacht?

bleiben	finden	helfen	nehmen	schwimmen	trinken
essen	geben	kommen	reiten	sprechen	verlieren
fahren	gehen	laufen	schlafen	tragen	?
fernsehen	gewinnen	lesen	schreiben	treffen	

B. Ein Tag im Leben eines Studenten / einer Studentin. Schreiben Sie im Imperfekt die Ergebnisse Ihres Interviews in Übung A! Lesen Sie den anderen Studenten und Studentinnen Ihre Geschichte vor!

> BEISPIEL: Steve Johnson blieb gestern nicht zu Hause. Er verließ seine Wohnung um halb acht und ging . . .

C. „Trivia." *Choose a category and ask a question about it. (You must know the answer.) Whoever answers correctly may ask a question in the same or in a different category. If you switch, announce the category before asking your question.*

> BEISPIEL: S1: Film: Wer spielte die Rolle von Scarlett O'Hara in dem Film „Gone with the Wind"?
> S2: Vivien Leigh spielte die Rolle von Scarlett O'Hara in dem Film „Gone with the Wind". Literatur: Wer schrieb „Buddenbrooks"?
> S3: Thomas Mann schrieb „Buddenbrooks". Wer schrieb . . . ?

Film	Musik	gewinnen	singen
Kunst	Sport	malen	spielen
Literatur	?	Regie führen	tanzen
		sagen	?
		schreiben	

ERWEITERUNG

Familiengeschichte

A. Was geschah? *As you read the poem, think about the following questions. Then answer them completely after you have read the poem at least twice.*

1. Wer kam jeden Sonntagmorgen zu dem Großvater?
2. Was bereitete er für seine Gäste?
3. Was sagte er am Tisch?
4. Was erklärte die Mutter den Kindern?
5. Wie oft nahm der Großvater die Kinder ins Caféhaus?
6. Wie hieß das Café?
7. Was brachte die Kellnerin dem Großvater und seinen Enkelkindern?
8. Wie bezahlte der Großvater?

TEXT *Familiennachrichten*

von Hans Jacobus

M ein Großvater sagte
jeden Sonntagmorgen
am Kopf seines großen
Eichentisches°   *oak table*
5   „Eßt nur, Kinder, eßt!"
Er bereitete° uns immer   *prepared*
frische Käsebrötchen
mit Mostrich°   *mustard*
„er hat Familiensinn°"   *sense of family*
10   erklärte uns die Mutter

Mein Großvater sagte
einmal im Monat
am Rande eines kleinen
Caféhaus-Tisches
15   „Eßt nur, Kinder, eßt!"
Die Kellnerin von

„Zuntz selige Witwe"°   *name of café: Zuntz's Deceased*
brachte uns dann immer   *(Late) Widow*
zwei kleine Kuchenstücke
20   und ihm
ein Glas Wasser
er bezahlte mit
kleinen Münzen°   *coins; here: change*
„der hat Familiensinn!"
25   lobte uns die Kellnerin
einmal im Monat

B. Zur Diskussion

1. Warum lobte die Kellnerin die Kinder und den Großvater?
2. War der Großvater arm oder reich?
3. Der Großvater sagte: „Eßt nur, Kinder". Gab es wirklich viel zu essen?
4. Was meinen Sie? Waren die Kinder auch arm, oder ging es ihnen finanziell besser als dem Großvater?

C. Poesie und Prosa. Rewrite the poem as a paragraph with standard capitalization and punctuation. Which format, poetry or prose, is easier for you to understand? Which format conveys more meaning to you?

D. Gesprächsthema: Er/Der hat Familiensinn. Was bedeutet Ihrer Meinung nach „Familiensinn"? Wie zeigte der Großvater „Familiensinn"? Geben Sie konkrete Beispiele, die dieses Wort erklären.

E. Zum Schreiben: Wer hatte in Ihrer Familie oder unter Ihren Freunden „Familiensinn"? Woher wußten Sie das als Kind? Wie zeigte dieser Mensch Familiensinn? Schreiben Sie ein gereimtes oder ungereimtes Gedicht (*poem*) oder einen kurzen Aufsatz (*composition*) über diesen Menschen. Benutzen Sie das Imperfekt.

FOTOTEXT

Ein Großvater hält sein Enkel-
töchterchen hoch, schüttelt (*shakes*)
es ein bißchen und sagt:
„Spannenlanger (*long and skinny*)
  Hansel,
nudeldicke (*round and plump*) Dirn'.
Geh'n wir in'n Garten,
schütteln wir die Birn' (*pears*).
Schüttel' ich die großen,
schüttelst du die kleinen,
wenn das Säckel (*bag*) voll ist,
geh'n wir wieder heim (*home*)."

Die Welt von gestern

A. Gestern und heute. *Read through the essay on page 312 once; then go through it again, this time listing each separate point the author makes about the world of yesterday. Opposite each point, write what the author is saying indirectly about the world of today.*

BEISPIELE:	GESTERN	HEUTE
	Die Kinder hatten Respekt vor den Alten.	Die Kinder haben keinen Respekt vor den Alten.
	Die Kinder waren noch Kinder.	Die Kinder sind keine Kinder mehr.

TEXT *Als ich noch jung war*

von Werner Schmidli

Als ich noch jung war, da hatten wir Respekt vor den Alten.° Als ich noch jung war, da waren die Kinder noch Kinder und haben zugehört, wenn man ihnen etwas sagte. Man hat gehorcht° und den Mund gehalten,° wenn die Erwachsenen° redeten. Als ich jung war, hat man nicht soviel Wert°
5   aufs Äußere° gelegt, die Mädchen waren noch Mädchen und die Frauen wußten, wo ihr Platz ist. Die jungen Männer waren noch Männer und wußten, was sie wollten. Da hat man die Nachbarn gekannt. Da war nicht alles so hygienisch, und wir leben immer noch.

Als ich jung war, mußte man nicht Angst haben, überfahren zu werden,°
10 wenn man auf die Straße ging. Die Luft war nicht verpestet,° die Flüsse waren noch sauber, der Sommer war noch ein richtiger Sommer, im Winter hatten wir Schnee° und das Holz° verfaulte° nicht in den Wäldern.

Als ich jung war, hatten wir noch Anstand.° In der Straßenbahn standen wir auf, am Sonntagmorgen ging die Familie in die Kirche, am Nachmittag spazieren
15 und wenn einer krank war, dann war er wirklich krank.

Als ich jung war, da war der Franken° noch ein Franken und wenn wir etwas wollten, haben wir zuerst gefragt. Als ich jung war, da waren wir nicht so verweichlicht.° Wir hatten gute Zähne. Das Obst war gesund und die Milch fetter.° Wir lebten gesünder. Da hat man noch Kartoffeln gegessen und Huhn° gab es
20 nur am Sonntag.

    Als ich jung war, war alles anders!
    Die Bauern° waren noch Bauern.
    Die Leute hatten Zeit.
    Eine Familie war eine Familie.
25 Handarbeit wurde geschätzt.°
    An Weihnachten° hatten wir immer Schnee.
    In den Städten konnte man wohnen.
    Kinder waren ein Segen.°
    Die Zimmer waren größer.
30 Man wußte, was man den Eltern schuldig ist.°

old people

obeyed / den . . . kept quiet
adults / value
outward appearance

überfahren . . . to be run over
polluted

snow / wood / rotted

good manners

Swiss franc

pampered / creamier
chicken

farmers

wurde . . . was valued
Christmas

blessing

schuldig . . . owes

B. Diskussionsthema: War die Welt gestern besser, oder ist sie heute besser?
Use your notes from Activity A, and argue each point one way or the other. Who in the class or in the group agrees with you? Who disagrees? Why?

BEISPIELE: S1: Ich stimme dem Autor zu. Früher hatten Kinder mehr
                Respekt vor den Alten.
            S2: Das stimmt. Großeltern wohnten bei der Familie. Die Kinder
                halfen ihnen und lernten von ihnen.
            S3: Ja, junge und alte Leute hatten miteinander mehr Kontakt. Es
                gab mehr Respekt vor den Alten und Liebe für alle.

S4: Ich akzeptiere das nicht ganz. Früher zeigten Kinder Respekt, weil sie das mußten.

S5: Ja, Eltern waren autoritär. Die Kinder gehorchten (*obeyed*), ohne nachzudenken.

S6: Ich bin der Meinung, daß heute viele Familien toleranter sind. Kinder dürfen sagen, was sie meinen. Wenn sie Respekt und Liebe zeigen, tun sie das, weil sie das wollen und nicht, weil sie das müssen.

AUSDRÜCKE ZUR DISKUSSION

Ich stimme (jemandem) (nicht) zu.

Das stimmt (nicht).

Ich akzeptiere das (nicht).

Ich glaube, daß . . .

Ich glaube das nicht.

Ich meine, . . .

Ich bin (nicht) der Meinung, daß . . .

Meiner Meinung nach . . .

Eine moderne Fabel

A. Vor und beim Lesen. *The past tense is used frequently in German literature, as it is in the following short story. Being able to recognize past-tense forms, particularly those of strong verbs, will prove a valuable skill in your reading of German. Think about and answer the following questions as you read the story.*

1. Lesen Sie den Titel! Wer sind die Hauptfiguren der Geschichte?
2. Von welchem Sprichwort (*proverb*) erzählt der Autor?
3. Die Geschichte fängt an: Es gab einmal . . . Glauben Sie, daß die Geschichte wahr (*true*) oder märchenhaft (*like a fairy tale*) ist?
4. Warum war der Verkäufer berühmt? Was konnte er tun?
5. Warum wollte der Verkäufer einem Elch (*elk*) eine Gasmaske verkaufen?
6. Brauchte der Elch zuerst eine Gasmaske? Warum (nicht)?
7. Wann brauchten die Elche Gasmasken? Warum?

TEXT *Der Verkäufer und der Elch*

von Franz Hohler

Kennt ihr das Sprichwort „Dem Elch eine Gasmaske verkaufen"? Das sagt man im Norden von jemandem, der sehr tüchtig° ist, und ich möchte jetzt erzählen, wie es zu diesem Sprichwort gekommen ist.   *capable*

5   Es gab einmal einen Verkäufer, der° war dafür berühmt, daß er allen alles verkaufen konnte. Er hatte schon einem Zahnarzt eine Zahnbürste verkauft, einem Bäcker ein Brot und einem Obstbauern° eine Kiste° Äpfel.   *who*   *fruit grower / box, crate*

„Ein wirklich guter Verkäufer bist du aber erst", sagten seine Freunde zu ihm, „wenn du einem Elch eine Gasmaske verkaufst."

10 Da ging der Verkäufer so weit nach Norden, bis er in einen Wald kam, in dem° nur Elche wohnten. — *which*

„Guten Tag", sagte er zum ersten Elch, den° er traf, „Sie brauchen bestimmt — *that*
eine Gasmaske."

„Wozu?" fragte der Elch. „Die Luft ist gut hier."

„Alle haben heutzutage° eine Gasmaske", sagte der Verkäufer. — *nowadays*

15 „Es tut mir leid", sagte der Elch, „aber ich brauche keine."

„Warten Sie nur", sagte der Verkäufer, „Sie brauchen schon noch eine."

Und wenig später begann er mitten in dem Wald, in dem nur Elche wohnten,
eine Fabrik° zu bauen.° — *factory / build*

„Bist du wahnsinnig°?" fragten seine Freunde. — *crazy*

20 „Nein", sagte er, „ich will nur dem Elch eine Gasmaske verkaufen."

Als die Fabrik fertig° war, stiegen soviel giftige Abgase° aus dem Schornstein,° — *finished / giftige . . . toxic gases / smokestack*
daß der Elch bald zum Verkäufer kam und zu ihm sagte: „Jetzt brauche ich eine
Gasmaske."

„Das habe ich gedacht", sagte der Verkäufer und verkaufte ihm sofort eine.

25 „Qualitätsware!" sagte er lustig.

„Die andern Elche", sagte der Elch, „brauchen jetzt auch Gasmasken. Hast
du noch mehr?" (Elche kennen die Höflichkeitsform° mit „Sie" nicht.) — *polite form*

„Da habt ihr Glück", sagte der Verkäufer, „ich habe noch Tausende."

„Übrigens°", sagte der Elch, „was machst du in deiner Fabrik?" — *by the way*

30 „Gasmasken", sagte der Verkäufer.

B. Diskussionsthema: Die Moral der Geschichte. Jede Fabel hat eine Moral.
Glauben Sie, daß diese Geschichte eine Moral hat? Wenn ja: Welche? Wenn nein:
Warum nicht? *Cite specific examples or explain specific events in the story to back up
your response.*

- Wenn man tüchtig genug ist, kann man verkaufen, was man will.
- Wo ein Wille ist, ist auch ein Weg.
- Wo es keinen Bedarf (*need*) gibt, muß man einen schaffen.
- Man muß sich immer vor Verkäufern/Verkäuferinnen hüten (*beware*).
- ___?___

C. Eine Dramatisierung: Der Verkäufer und der Elch. Bilden Sie Gruppen
und dramatisieren Sie die Geschichte für die anderen Studenten und Studentinnen! *Embellish and alter the story any way you wish.*

D. Rollenspiel: Sind Sie ein guter Verkäufer / eine gute Verkäuferin?
Bringen Sie etwas in den Unterricht (*class*), was (*that*) Sie nicht mehr brauchen!
Überzeugen (*Convince*) Sie einen Studenten / eine Studentin, daß er/sie dieses
Ding braucht, daß er/sie es einfach haben muß! Verkaufen Sie es ihm/ihr!
Vergessen Sie nicht: alles auf deutsch!

16

WAS SIND SIE VON BERUF?

EINSTIMMUNG

Hier stellt ein Autode-

signer einen Modell-

sportwagen her (stellt . . . her *produces*). Seine Kinder finden den Beruf, den ihr Vater ausübt, sehr

interessant. Sie sprechen gern von den Modellen, die er baut. Dann stellen sie sich vor (*pretend*), wie

sie mit diesem Wagen losbrausen (*take off*) und mühelos alle Autos überholen (*pass*) können.

WÖRTER

A. Berufe und Erwartungen. Sprechen Sie mit anderen Studenten und Studentinnen über ihre Berufspläne und Erwartungen.

BEISPIEL: S1: Welchen Beruf möchtest du vielleicht ausüben?
S2: Ich möchte Anwalt/Anwältin werden.
S1: Warum? Was erwartest du von diesem Beruf?
S2: Als Anwalt/Anwältin kann ich . . .

BERUFE
Anwalt/Anwältin
Arzt/Ärztin
Designer/Designerin
Elektroniker/Elektronikerin
Fotograf/Fotografin
Hoteldirektor/Hoteldirektorin
Lehrer/Lehrerin
Maler/Malerin
Musiker/Musikerin
Physiker/Physikerin
Pilot/Pilotin
Politiker/Politikerin
Polizist (*wk.*)/Polizistin
Regisseur/Regisseurin
Schauspieler/Schauspielerin
Schriftsteller/Schriftstellerin
Tierarzt/Tierärztin
Zahnarzt/Zahnärztin
___?___

ERWARTUNGEN
ein Vermögen verdienen
in einem Büro/Labor arbeiten
vielen Leuten helfen
viele interessante Leute treffen
mit Kindern und jungen Leuten
    arbeiten
mit neuen Ideen arbeiten
häufig reisen
mit Tieren (Katzen, Pferden,
    Hunden) arbeiten
viel Spaß haben
andere Leute glücklich machen
kreativ sein
besonders tüchtig sein
meine Talente bei meiner Arbeit
    benutzen
die Natur schützen
etwas Gutes für die Gesellschaft
    tun
große Verantwortung tragen
___?___

B. Ihre berufliche Zukunft / Ihr zukünftiger Beruf. An welchem Bereich haben Sie Interesse? Haben Sie zum Beispiel Interesse an Biologie? an Botanik? an Chemie? an Elektronik? an Informatik (*computer science*)? an Maschinenbau (*mechanical engineering*)? an Medizin? an Physik? an Politik? an der Filmindustrie? an der Modeindustrie (*fashion industry*)? am Bauwesen (*construction*)? am Theater? ___?___ Warum? Schreiben Sie einen kurzen Aufsatz darüber.

BEISPIEL: Ich habe Interesse an . . . , weil . . . Damit kann ich . . .

WORTSCHATZ

ADJECTIVES AND ADVERBS

häufig	frequent(ly)
schlimm	bad
täglich	daily
überrascht	surprised
zukünftig	future

NOUNS

der Abschied, -e	farewell, parting (*from someone*)
der Anwalt, ⸚e / die Anwältin, -nen	lawyer
die Ausbildung, -en	training, education
der Bereich, -e	field; area
die Berufsberatung	career counseling
der Boden, ⸚	ground; floor
das Büro, -s	office
die Ehe, -n	marriage
der Elektroniker, - / die Elektronikerin, -nen	electronics technician, specialist
der Engel, -	angel
die Erwartung, -en	expectation
der Flug, ⸚e	flight
die Gesellschaft, -en	society
die Gleichberechtigung	equal rights
die Kraft, ⸚e	strength, power, force
das Licht, -er	light
das Lied, -er	song
die Mauer, -n	wall
das Mißverständnis, -se	misunderstanding
der Stein, -e	stone
der Tierarzt, ⸚e / die Tierärztin, -nen	veterinarian
die Tüchtigkeit	ability, competence
der Unterricht	instruction, class(es)
das Vermögen, -	fortune
das Verständnis	understanding
das Vorstellungs- gespräch, -e	job interview

VERBS

bauen, hat gebaut	to build
beobachten, hat beobachtet	to observe
besitzen, besaß, hat besessen	to own, possess
brechen (bricht), brach, hat gebrochen	to break
erwarten, hat erwartet	to expect
fliegen, flog, ist/hat geflogen	to fly
schaffen, schuf, hat geschaffen	to make, create
schaffen, hat geschafft	to manage, accomplish
schießen, schoß, hat geschossen	to shoot
schützen, hat geschützt	to protect
wählen, hat gewählt	to choose

USEFUL WORDS AND PHRASES

eine Familie ernähren, hat ernährt	to feed/support a family
einen Beruf aus·üben, hat ausgeübt	to practice a profession
es eilig haben	to be in a hurry
im Freien	outdoors
(jemanden) vorstellen, hat vorgestellt	to introduce (*someone*)
keine Ahnung (haben)	(to have) no idea
(mir) Spaß* machen	to be fun (for me)
Spaß* haben	to have fun
(jemandem) über die Schul- tern gucken, hat geguckt	to look over (*someone's*) shoulder
wenn alles klappt	if everything works out

*The gender of **Spaß** is masculine: **der Spaß**.

C. Gesprächsthema: Beruf, Ehe oder Partnerschaft, Kinder, . . . Was ist
Ihrer Meinung nach die Rolle eines Mannes / einer Frau? Sprechen Sie mit
anderen Studenten/Studentinnen darüber. Wer soll zum Beispiel in einer Ehe
oder in einer Partnerschaft einen Beruf ausüben? Geld verdienen? die Familie
ernähren? Verantwortung für die Kinder haben? einkaufen? kochen? waschen? die
Hausarbeit machen? Was ist wichtig in einer Ehe oder Partnerschaft? Liebe?
Geduld? Tüchtigkeit? Verständnis? __?__ Warum?

Alles klar!

**Gleichberechtigung. Männer und Frauen sind
gleichberechtigt. —Grundgesetz** (*Constitution*),
Artikel 3, Absatz 2. Since 1980, discrimination in
the workplace on the basis of gender has been forbidden in Germany. Progress toward equality has
been made, but some forms of injustice still exist.
Educational opportunities for women have im-
proved. About half of those graduating from an
academic secondary school (*Gymnasium*) are female, and over 40 percent of university students are
women.

However, women are offered fewer apprentice-
ships than men and also tend to become unemployed more readily than do men. In the field of
civil service, men and women do receive equal pay
for equal work; in other areas, however, male
workers tend to earn more than their female counterparts who perform the same tasks. As one ad
cleverly indicates, **Gleichberechtigung** is not yet a
reality but a goal that preferably would be achieved
right away (**gleich**) rather than later (**als später**).
How do you interpret the second ad?

Und wo Sie leben? Gibt es Gleichberechtigung in Ihrem Land? Gibt es Gleichberechtigung
in der Gesellschaft? in der Politik? im Beruf? Erklären Sie Ihre Antworten.

Adjectives as Nouns

Many adjectives, such as **der Deutsche / die Deutsche,** may function as nouns. Such an adjective, called an "adjectival noun," is capitalized but maintains the same ending it would have as an attributive adjective. The adjective itself is used as a noun, and the noun it would otherwise modify is omitted: **das Kleine (***das kleine Kind***), die Kleinen (***die kleinen Kinder***).** Adjectival nouns are often used in situations in which English uses the word *one* or *ones:* **das Kleine** (*the little one*).

Haben Sie **mit den Kleinen** gesprochen?	*Did you talk to the little ones?*
Der Reisende war nach der Zugfahrt sehr müde.	*The traveler was very tired after the train trip.*

A neuter adjectival noun often indicates a thing or concept.

Das Geld war für ihn **das Wichtigste.**	*Money was the most important thing to him.*

D. Beim Arzt

Es ist halb zehn. Der Arzt hat schon den ersten Patienten gesehen. _____ (*Many sick ones*) sitzen noch und warten. Eine Mutter sitzt neben _____ (*her little* [*child*]). Jemand zeigt _____ (*the smoking* [*woman*]) das Schild, auf dem (*which*) die Wörter „Rauchen verboten" stehen. Niemand spricht, aber _____ (*the most important* [*thing*]) ist, daß sie alle die Hilfe bekommen, die (*which*) sie brauchen. Und _____ (*the best thing*) ist, daß die Krankenversicherung (*health insurance*) für die Patienten bezahlt.

E. Und Sie? Was ist für Sie das Wichtigste im Leben? das Schönste? das Liebste? das Beste? das Schlimmste? __?__ Warum?

BEISPIEL: Für mich ist Freiheit das Wichtigste im Leben, weil . . .

Ausbildung	Gesundheit	Liebe
Beruf	Gleichberechtigung	Macht (*power*)
Ehe	für alle	Natur
Freiheit	Hunger	Träume
Geduld	Kinder	__?__
Geld	Krieg (*war*)	

SPRACHE

∎∎∎∎∎∎∎∎∎∎∎∎∎∎∎∎∎∎∎∎∎∎∎∎∎∎∎∎∎∎∎∎∎∎∎
∎∎∎∎∎∎∎∎∎∎∎∎∎∎∎∎∎∎∎∎∎∎∎∎∎∎∎∎∎∎∎∎∎∎∎

KONTEXT 1

∎∎∎∎∎∎∎∎∎∎

A. Wovon spricht der Autor in dem Lied? *Before you read the lyrics to the song, study the following sentences. Notice how two sentences have been joined into one through the use of a "relative pronoun," a form of* der, die, *or* das *that is equivalent to "that" or "which" in English. Also notice the word order of the "relative clause."*

1. Das Lied spricht vom **Licht.** Wir sehen **das Licht** nicht.
   Das Lied spricht vom **Licht, das** wir nicht sehen.
2. Die Herzen (*hearts*) begreifen (*appreciate*) jede **Hand. Die Hand** gibt.
   Die Herzen begreifen jede **Hand, die** gibt.
3. Jedes Kind braucht einen **Engel. Der Engel** schützt es und hält es.
   Jedes Kind braucht einen **Engel, der** es schützt und der es hält.

Find and circle seven other examples of relative pronouns in the lyrics to the song on page 321.

B. Wer sind „sie"? Was bedeutet Ihrer Meinung nach das Pronomen „sie" im Lied? Bedeutet es alle Engel? alle guten Menschen?   __?__

C. Was steht im Text? Suchen Sie die Antwort auf jede Frage im Text. *Find all the phrases that answer each question, then restate the information in your own words.*

1. Wie behandeln (*treat*) wir Menschen „sie"?
2. Warum braucht jedes Kind einen Engel?

D. Was meinen Sie? Was bedeutet Ihrer Meinung nach dieser Satz: „Aus unsern Mauern stammt der erste Stein."

- Wir Menschen bauen Mauern. Wir fangen mit einem einzigen Stein an.
- Wer ohne Sünde (*sin*) ist, darf den ersten Stein werfen (*throw*). Der erste Stein stammt aus den Mauern, die wir Menschen bauen.
- Wenn wir keine Mauern bauen, können wir uns besser verstehen (uns . . . *get along better*). Mit dem ersten Stein fängt das Mißverständnis an.
- __?__

Jedes Kind braucht einen Engel

von Klaus Hoffmann

Sie sind der Anfang und das Licht
doch wir sehn es nicht
sie sind das Wort, das niemals bricht
doch wir verstehn es nicht

sie haben Herzen
die* begreifen jede Hand, die gibt
und öffnen sich dem*
der sich zeigt
und ihnen Liebe gibt

sie sind das Wasser und die Kraft
doch wir beugen° sie   *deflect, bend*
die Kraft, die neues Leben schafft
doch wir beschneiden° sie   *cut back*

sie haben Augen
die* können viele Sonnen sehn
doch wer sie bricht
der* wird in ihnen
seinen Schatten° sehn   *shadow*

Jedes Kind braucht einen Engel
der es schützt und der es hält
jedes Kind braucht einen Engel
der es auffängt,° wenn es fällt   *catches*

sie sind der Boden, der uns trägt
doch wir belächeln sie
das Grün, das aus den Zweigen° schlägt°   *branches / shoots*
doch wir zerbrechen° sie   *destroy*

sie sind die Zukunft
doch wir sperren ihre Träume ein°   sperren . . . ein   *lock up*
und sehen fassungslos,°   *aghast*
aus unsern Mauern stammt der erste
Stein

Der Berliner Klaus Hoffmann ist Sänger, Texter, Musiker und Schauspieler. „Es gibt Lieder von ihm, die mich wirklich in der Seele treffen." Das hat Konstantin Wekker, ein anderer deutscher Sänger, über Hoffmann gesagt. Mir ist das auch passiert. Darum möchte ich Euch diesen Titel vorstellen.

---

*These definite articles without nouns are called demonstrative pronouns and will be treated in the **Wörter** section of Chapter 17. Notice the different English equivalents for such pronouns.

die begreifen jede Hand. . .	*They appreciate each hand, . . .*
und öffnen sich **dem**	*and open themselves to him/her*
die können viele Sonnen sehen	*They can see many suns.*
der wird . . . seinen Schatten sehen	*That one will see his/her shadow.*

INFORMATIONEN 1

■ ■ ■ ■ ■ ■ ■ ■ ■ ■ ■ ■ ■ ■ ■ ■ ■ ■

Relative Pronouns

A relative pronoun begins a relative clause and refers to a noun (called the antecedent) in the main clause.

MAIN CLAUSE   RELATIVE CLAUSE

Das ist **ein Film, den** wir unbedingt sehen müssen.

That is a movie that we absolutely must see.

MAIN CLAUSE   RELATIVE CLAUSE

Das ist **ein Schauspieler, dessen Namen** ich vergessen habe.

That's an actor whose name I've forgotten.

The relative pronoun has the same forms as the definite article, except that an **en** ending is added to the dative plural and to all forms in the genitive case. In the masculine and neuter genitive, the **s** is doubled before the **en** ending: **dessen.**

	MASCULINE	FEMININE	NEUTER	PLURAL
NOMINATIVE	der	die	das	die
ACCUSATIVE	den	die	das	die
DATIVE	dem	der	dem	denen
GENITIVE	des**sen**	deren	des**sen**	deren

When you form a relative clause in German, it is important to remember these points.

1. Unlike English, the relative pronoun is never omitted in German: **der Mann, den ich gesehen habe** (*the man I saw*).
2. A relative clause is set off by commas.
3. A relative clause, like other dependent clauses, ends with the conjugated verb.
4. The relative pronoun must agree with the *antecedent* in *gender and number.*
5. The *case* of the relative pronoun depends on its *function within the relative clause*—that is, whether it is a subject (nominative), a direct object (accusative), an indirect object (dative), a prepositional object (accusative, dative, or genitive depending on the preposition and/or verb), or whether it expresses a type of possessive relationship (genitive).
6. Like other prepositional objects, the relative pronoun follows the preposition in a phrase: **der Job, über den wir gesprochen haben,** . . .

| FEMININE | (SUBJECT) |
| SINGULAR | NOMINATIVE |

Wer ist **die Frau, die** mit Herrn Köhler spricht?
Who is the woman talking with Mr. Köhler?

| MASCULINE | (DIRECT OBJECT) |
| SINGULAR | ACCUSATIVE |

Ist das **der Sportler, den** Sie kennen?
Is that the athlete you know?

| MASCULINE | (PREPOSITIONAL OBJECT) |
| SINGULAR | ACCUSATIVE |

Der Autor, an den ich denke, ist weltberühmt.
The author I'm thinking about is world famous.

| NEUTER | (OBJECT OF DATIVE VERB) |
| SINGULAR | DATIVE |

Das Mädchen, dem diese Theaterkarte gehört, ist leider krank.
Unfortunately, the girl to whom this theater ticket belongs is sick.

| PLURAL | (PREPOSITIONAL OBJECT) |
| | DATIVE |

Die Leute, von denen wir sprachen, stammen aus der Schweiz.
The people we talked about come from Switzerland.

| PLURAL | (POSSESSIVE) |
| | GENITIVE |

Wir kennen zwei **Kinder, deren Eltern** arbeitslos sind.
We know two children whose parents are unemployed.

ÜBUNGEN 1

A. Was interessiert Sie?

BEISPIEL: eine Sprache → Das ist eine Sprache, die mich interessiert.

1. ein Beruf
2. ein Film
3. eine Stadt
4. ein Land
5. ein Sport
6. ein Dorf

B. Wessen Namen haben Sie vergessen?

BEISPIEL: der Mann →
           Das ist der Mann, dessen Namen ich vergessen habe.

1. die Anwältin
2. das Geschäft
3. die Schule
4. das Mädchen
5. der Elektroniker
6. die Tierärzte (Das sind . . .)

C. Wie kann man das noch sagen?

BEISPIEL: Das ist der Beruf, den ich eines Tages ausüben will. →
Eines Tages will ich diesen Beruf ausüben.

1. Das ist die Ausbildung, die ich zuerst haben muß.
2. Das ist das Gehalt, das ich in Zukunft verdienen will.
3. Das ist die Verantwortung, die ich in diesem Beruf tragen werde.
4. Das ist das Büro, in das ich jeden Tag gehen werde.
5. Das sind die Leute, mit denen ich täglich arbeiten werde.
6. Das sind die Erwartungen, die ich von meinem Traumberuf habe.

D. Minigespräche

A: Ich brauche eine gute Ausbildung für den Job, _____ ich haben will.
B: Die Ausbildung, von _____ du sprichst, kostet aber viel Geld.

C: Wer hat das Auto gekauft, _____ deine Eltern früher besessen haben?
D: Das war ein alter Freund, mit _____ mein Vater einmal gearbeitet hatte.

E: Wie kann ich eine Familie mit dem Geld ernähren, _____ ich als Kellner verdiene?
F: Das weiß ich auch nicht. Vielleicht sollten Sie einen Job suchen, in _____ Sie mehr Geld verdienen können.

E. Wer sind diese Leute? *Look at the drawing and use a relative clause to make up information, verbally or in writing, about each of the persons or animals.*

BEISPIEL: Frau Schramm ist eine Frau, mit der Herr Kleist manchmal ins Theater geht.

Frau Schramm   Herr Kleist   Max Schilling   Herr und Frau Braun   Jutta Baumann

F. Wer sind sie eigentlich? Vergleichen Sie Ihre Sätze in Übung E mit denen der anderen Studenten/Studentinnen in Ihrer Gruppe.

> BEISPIEL: S1: Frau Schramm ist eine Frau, mit der Herr Kleist manchmal ins Theater geht.
> S2: Ich sage, Frau Schramm ist eine berühmte Schriftstellerin, deren Bücher sehr beliebt sind.
> S3: Ich glaube, Frau Schramm ist eine Tierärztin, die auf dem Land wohnt.

KOMMUNIKATION 1

A. Leute, Orte (*places*) **und Dinge**

> BEISPIEL: S1: Nenne eine Stadt, die du besuchen möchtest!
> S2: Berlin ist eine Stadt, die ich besuchen möchte.
> S1: Nenne einen Autor, dessen Bücher du lesen möchtest!
> S2: Thomas Mann ist ein Autor, dessen Bücher ich lesen möchte.

ein Auto	besitzen
ein Autor / eine Autorin	besuchen
ein Buch	danken
ein Film	empfehlen
ein Land	fotografieren
eine Person	helfen
ein Restaurant	kennenlernen
ein Sänger / eine Sängerin	sehen
eine Stadt	wohnen
___?___	___?___

B. Fotos und Bilder. *Bring a snapshot, postcard, and/or magazine picture to class. Be prepared to tell about it and to answer questions.*

> BEISPIELE: S1: Hier ist ein Foto von meinem Bruder Michael, der jetzt in Minneapolis wohnt. Und das ist seine Frau Emily, die in einer Bank arbeitet.
> S2: Wer ist der Junge?
> S1: Das ist Jason. Er ist Emilys Sohn und der Stiefsohn meines Bruders.
> S3: Hier ist ein Bild von einem Auto, das ich eines Tages kaufen möchte.
> S4: Wieviel kostet dieses Auto?

KONTEXT 2

■ ■ ■ ■ ■ ■ ■ ■ ■ ■

Monika Schultze, Kommunikationselektronikerin

Wann begann Dein Interesse für diesen Beruf?

„Elektronik hat mich schon früh interessiert, mit sechs oder sieben Jahren." Monikas Bruder hatte in seiner Freizeit elektronische Schaltungen° gebastelt.° Bevor Monika ihre eigenen Radios und andere Schaltungen baute, hatte sie oft ihrem Bruder über die Schultern geguckt.

circuits
put together

Wie hast Du Deine Stelle bekommen?

„Ich habe Abitur* gemacht. Im letzten Schuljahr gab es in der Schule eine Berufsberatung. Dort bekam ich Informationen über den Beruf ‚Kommunikationselektroniker/in'. Das Arbeitsamt hat mir dann verschiedene Firmen genannt, die freie Ausbildungsplätze hatten. Ich habe mich bei mehreren beworben°". Nachdem die Firma Bayer Monika eingeladen hatte, prüfte° man sie in Mathematik und Physik. „Dann gab es ein persönliches Vorstellungsgespräch. Kurze Zeit später bekam ich den Platz."

mich . . . beworben applied /
tested

Was passiert, wenn eine Frau einen Männerberuf lernt?

„Ich habe mich nie gefragt: Ist das ein Männerberuf oder ein Frauenberuf? Die Arbeit ist genau dieselbe." Nachdem Monika den Platz in der Firma Bayer bekommen hatte, hat sie sofort in der Werkstatt begonnen: feilen, sägen° und bohren.° Erst im zweiten Lehrjahr haben die Lehrlinge° Schaltungen aufgebaut, nachdem jeder schon einen Schraubstock° und einen Platinenhalter° gebaut hatte. „Wir arbeiten in allen Bereichen der Firma: Dreieinhalb Jahre dauert die Ausbildung. Ich bin im Moment das einzige Mädchen in diesem Bereich. Die Jungen akzeptieren mich. Die Ausbilder° in der Werkstatt waren erst skeptisch. Die haben gedacht: ‚Ein Mädchen, was kann die schon schaffen?' —Dann habe ich gezeigt, was ich konnte. Sie waren überrascht, daß ich die Arbeit genauso gut oder besser gemacht habe."

sawing
drilling / apprentices
vice / platen rest

trainers

A. Zum Verständnis: Was ist vorher passiert? *Put the clauses on page 327 in chronological order, by numbering them 1–8. Number 1 is the event that happened first.*

---

*The **Abitur** is an exam taken by students at the end of their study at a **Gymnasium** (*academic secondary school*).

Bevor Monika einen Platz in der Firma Bayer bekam,

_____ hatte sie mit dem Berufsberater / der Berufsberaterin gesprochen.

_____ hatte sie ihrem Bruder über die Schultern geguckt.

_____ hatte sie sich bei mehreren Firmen beworben.

_____ hatte sie Radios und andere Schaltungen gebaut.

_____ hatte das Arbeitsamt verschiedene Firmen genannt, die freie Ausbildungsplätze hatten.

_____ hatte sie Informationen über den Beruf bekommen.

_____ hatte sie Abitur gemacht.

B. Was ist nachher passiert? _Number the clauses in the correct sequence. The first event that happened is number 1._

Nachdem die Firma Bayer Monika eingeladen hatte,

_____ bekam sie den Platz.

_____ baute sie Schaltungen auf.

_____ gab es ein persönliches Vorstellungsgespräch.

_____ begann sie in der Werkstatt.

_____ prüfte man sie in Mathematik und Physik.

_____ baute sie einen Schraubstock und einen Platinenhalter.

C. Was denken Sie davon?

1. Interessiert Sie Elektronik? Wenn ja: Seit wann? Wenn nein: Warum nicht?
2. Haben Sie als Kind Ihrem Vater/Bruder/__?__ oder Ihrer Mutter/Schwester/__?__ über die Schultern geguckt? Warum?
3. Gab es an Ihrer High-School Berufsberatung?
4. Hatten Sie einmal ein Vorstellungsgespräch? Bei welcher Firma? Haben Sie dort einen Job bekommen?
5. Sind Sie überrascht, wenn Sie Frauen in traditionellen Männerberufen sehen? Warum (nicht)?

INFORMATIONEN 2
■ ■ ■ ■ ■ ■ ■ ■ ■ ■ ■ ■ ■ ■ ■

Past Perfect Tense

TIME	past		present	future
	←——————————————————————————————→			
TENSE	past perfect	present perfect (conversational) _or_ past (narrative)	present	present _or_ future

When talking about a past event, it is sometimes necessary to explain what happened before the past event began. The past perfect tense describes an event in the more distant past, as compared with another more recent past event.

PAST PERFECT TENSE
Ich **hatte** schwer **gearbeitet.**
I had worked hard.

PRESENT PERFECT TENSE
Dann **bin** ich nach Italien **gefahren.**

PAST TENSE
Dann **fuhr** ich nach Italien.
Then I went to Italy.

Past Perfect Tense: Formation

The construction of the past perfect tense parallels that of the present perfect, except that the *past tense* of the auxiliary **haben** or **sein** is required instead of the present.

PAST PERFECT TENSE WITH **haben**		PAST PERFECT TENSE WITH **sein**	
ich hatte gelernt	wir hatten gelernt	ich war gekommen	wir waren gekommen
du hattest gelernt	ihr hattet gelernt	du warst gekommen	ihr wart gekommen
er sie } hatte gelernt es	sie hatten gelernt	er sie } war gekommen es	sie waren gekommen
Sie hatten gelernt		Sie waren gekommen	

Sie **hatte** schon Deutsch **gelernt,**
    als sie nach Deutschland fuhr.
Er **war** nach Europa **gefahren,**
    bevor er sein Studium begann.

She had already learned German
    when she went to Germany.
He had gone to Europe before he
    began his studies.

The past perfect tense of modals is formed with the past tense of **haben** plus a double infinitive.

Hatte sie wirklich nach Hause
    gehen wollen?

Had she really wanted to go home?

Past Perfect Tense: Usage

The past perfect tense is not used in isolation but, rather, in a context in which one past action precedes another. When two past events are reported in the same sentence, the more distant event is described by the past perfect tense, and the more recent event by the present perfect or past tense. These events are often related by a subordinating conjunction such as **bevor, als,** or **nachdem.**

Herr Kleist **hatte** die Zeitung
    schon **gelesen,** bevor er ins
    Bett ging.

Mr. Kleist had already read the
    newspaper before he went to bed.

Als sie in meinem Alter waren, **hatten** meine Eltern schon **geheiratet.**	*When they were my age, my parents had already married.*
Nachdem sie **aufgestanden war,** ist Maria direkt in die Küche gegangen.	*After she had gotten up, Maria went directly into the kitchen.*

ÜBUNGEN 2

A. Der Zeitunterschied (*Time difference*). Sie wohnen in Frankfurt, und Ihre Freundin Anne wohnt in New York. Was Anne gestern alles machte, hatten Sie schon sechs Stunden früher gemacht.

BEISPIEL: Anne stand gestern morgen auf und trank eine Tasse Kaffee.
Ich war schon aufgestanden und hatte eine Tasse Kaffee getrunken.

1. Anne fuhr in die Stadt und ging ins Büro.
2. Sie arbeitete schwer, dann verbrachte sie eine Stunde im Restaurant.
3. Sie kam wieder nach Hause und las Zeitung.
4. Sie sah einen Film im Fernsehen, dann ging sie ins Bett.

B. Was hatte jede Person machen müssen, bevor sie ausgehen konnte?

BEISPIEL: Ariane mußte arbeiten. →
Ariane hatte arbeiten müssen, bevor sie ausgehen konnte.

1. Ich mußte einen Brief schreiben.
2. Du mußtest ein Buch lesen.
3. Wir mußten essen.
4. Ihr mußtet Wäsche waschen.
5. Andreas mußte seinen Vater anrufen.
6. Sie mußten das Mittagessen kochen.

C. Ich/du: verheiratet, aber nie zusammen

BEISPIEL: aufstehen / frühstücken →
Als ich aufstand, hattest du schon gefrühstückt.

1. ins Büro treten / arbeiten
2. nach Hause kommen / ins Restaurant gehen
3. an die Kasse gehen / die Lebensmittel bezahlen
4. zum Flughafen fahren / abfliegen
5. in Berlin ankommen / die Stadt verlassen

D. Was sagen Jakob und Karin über ihre Eltern? Auf deutsch, bitte!

JAKOB: When my father was my age, he had already studied in America.

KARIN: My father had had to work at eighteen. At twenty my parents had already married. My mother had wanted to become a teacher, but she had to stay home with the children.

E. Bevor und nachdem. *Write or tell four things that you did before you left home today and four things you did after you left home.*

BEISPIELE: Bevor ich heute mein Haus verließ, war ich in die Küche gegangen und hatte mir Tee gemacht. Ich . . .

Nachdem ich heute mein Haus verlassen hatte, ging ich ins Café und traf dort einen alten Freund. Ich . . .

FOTOTEXT

Die Architektin Frau Niemeyer bespricht hier mit einem Assistenten ein Projekt für ein Einfamilienhaus.

A: Gestern hat der Kunde Ackermann angerufen. Er war überrascht, daß wir den Elektriker noch nicht bestellt haben.

FN: Ich habe es täglich versucht und habe nur seinen Anrufbeantworter (*answering machine*) erreicht.

A: Herr Ackermann wollte noch einige Änderungen (*changes*) für das Bad, in dem nun doch die Toilette sein soll. Eine niedrige (*low*) Mauer soll sie vom Waschbecken (*sink*) und der Badewanne (*bath tub*) trennen (*separate*).

FN: Das schaffen wir leicht, er spart sogar einige Kosten: eine extra Tür, ein zweites Waschbecken, längere Rohre (*pipes*) für die sanitären Anlagen (*bathroom fix-tures*), eine Lampe und so weiter.

A: Gut, ich werde den Plan ändern. Frau Niemeyer, hier kommt gerade eine Meldung auf unserem Fax.

FN: Prima, sie ist vom Elektriker. Er kann in vierzehn Tagen in Ackermanns Haus anfangen.

KOMMUNIKATION 2

A. Interview: In welchem Alter?

BEISPIEL: S1: Wie alt warst du, als du dein erstes Buch bekamst?
S2: Mit sechs hatte ich schon mein erstes Buch bekommen.

1. deine erste Reise machen
2. zum ersten Mal Karten spielen
3. zum ersten Mal mit dem Rad fahren
4. zum ersten Mal ins Kino gehen
5. deinen ersten Job bekommen
6. dein Studium anfangen

B. Situationen. *Work with a partner. One of you writes an excuse in reply to* Situation 1, *the other in reply to* Situation 2. *Then practice and dramatize both conversational exchanges for the class.*

Situation 1: Dein Freund / Deine Freundin sagt: „Wo warst du? Wir haben schon eine halbe Stunde auf dich gewartet. Du hast gesagt: ‚Ich werde um halb acht vor dem Kino sein.‘ Jetzt ist es zehn nach acht, und der Film hat schon lange angefangen."

Situation 2: Dein Freund / Deine Freundin sagt: „Gestern hast du mich nicht angerufen. Du hast vorgestern zu mir gesagt: ‚Ich werde dich bestimmt morgen früh anrufen und dir die Pläne fürs Wochenende sagen.‘ Gestern bin ich den ganzen Tag zu Hause geblieben, und ich habe gar nichts von dir gehört."

ERWEITERUNG

Beruf und Kinder

A. Wer ist Beppo? Was wissen Sie von ihm und seiner Welt? *Make a chart similar to the model on the next page, but leave considerable space between the items. As you read the story, jot down pertinent notes about each person or group of persons. Alongside the information from the story, add your own personal comments, reactions, or thoughts.*

BEISPIEL: Beppo | Vater ist in Hamburg. | Vater und Sohn wohnen wohl nicht zusammen. Mein Vater . . .

	INFORMATIONEN	KOMMENTAR
Beppo		
Mitschüler/Mitschülerinnen		
Lehrer		
Mutter		
Geschwister		
Vater: Aussehen		
Vater: berufliches Leben		
Vater: als Beppos Vater		

After you have read the story and completed the chart, share with another student your notes concerning three of the people.

TEXT *Sein Vater ist Direktor*

von Barbara Noack

Im Unterricht fragt der Lehrer die Kinder nach dem Beruf ihrer Väter. (Warum Lehrer das tun? Keine Ahnung. Wahrscheinlich zur Förderung° sozialer Unterschiede.)   *zur . . . for promoting*

Nacheinander° stehen die Kinder auf und sagen „Friseur", „Metzger-   *one after another*
5 meister",° „Tierarzt", „Postbote",° „Gärtner", „Anwalt".   *master butcher* / mail carrier*

Beppo sagt: „Mein—mein Vati ist in Hamburg."

Alle Kinder lachen.

Der Lehrer sagt: „Ich habe nicht gefragt, *wo* dein Vater ist, sondern *was* er ist, kannst du nicht zuhören?

10 Beppo kriegt heiße Ohren und ein Gefühl wie im Kettenkarussell.° Er stot-   *merry-go-round*
tert: „Direktor. Er ist Direktor."

„Direktor von was?" bohrt° der Lehrer.   *probes*

---

*The traditional German guild system provides for solid, on-the-job professional training. A **Metz-germeister,** as opposed to a **Metzger,** for example, is authorized to train apprentices, either in his own shop or in a large packing plant.

Noch einmal Kettenkarussell. „Vom Flughafen." Beppo setzt sich erschöpft,° während sein Nachbar aus der Bank° schießt und traditionsbewußt „Schwa-
15 nenapothekenbesitzer" kräht.°

In der Pause fragt der Drogistensohn: „Wenn dein Vati Direktor vom Hamburger Flughafen ist, dann kriegt ihr doch sicher Rabatt° aufs Fliegen?"

„Klar", sagt Beppo.

„Überallhin?"

20 „Bis Texas. Und noch weiter."

„Mei, o mei! Klasse!!!" Die meisten von Beppos Mitschülern kennen das Fliegen nur von Sonntagsbesuchen im Flughafenrestaurant. Sie haben die Düsenklipper° beim Landen und Starten gesehen, nicht aber die große weite Welt, die zwischen Start und Landung liegt.

25 Beppo kennt sie—dank seinem Vater. Mit Rabatt. So einen Vater müßte man haben!

Am nächsten Samstag früh zieht Beppo seine guten Hosen und den gelben Pulli an, denn gleich nach der Schule wird ihn seine Mutter zum Flugplatz fahren: Alle zwei Monate verbringt er ein Wochenende bei seinem Vater in Ham-
30 burg.

Beppos Mutter ist Ärztin. Eine fabelhafte,° bewundernswerte° Frau. Alle loben ihre Tüchtigkeit. Wie sie das schafft—drei Kinder und die Praxis! Von seinem Vater spricht keiner. Als ob es ihn gar nicht mehr gäbe.° Als Beppo klein war, hat er noch bei ihnen gewohnt. Das war eigentlich ganz schön. Wenigstens
35 einer, der immer für ihn Zeit hatte.

Beppo fliegt zu seinem Vater nach Hamburg. Er sieht ihn schon von weitem— groß, hager,° mit dem unvermeidlichen° Pfeifenhaken° im Gesicht.

Beppo grinst ihm entgegen,° bis ihm die Tränen° kommen.

„Hallo, Vati . . ."

40 „Hallo, mein Junge . . ."

Süßer Tabakgeruch,° rauher Stoff,° Arme, die seinen mageren Rücken beinah zerknicken.° Mit einem Koffer-Boy, auf den sie seine Reisetasche laden,° rasen sie durch die Gänge und ihrer Verlegenheit° davon.

Auf dem Parkplatz steht ein Superwagen. „Sagenhaft",° staunt° Beppo.
45 „Wieviel PS?"

„Zweihundertvierzig. Eine 6,4-Liter-V-8-Maschine." Noch einmal „Sagenhaft!!!" und „Fahren wir damit zum Hafen?"

Nebeneinander lehnen sie an der Reling der Barkasse, umflogen von klagenden Möwen, dickbauchigem Tuten und . . . Fernweh.°
50 Beppo erzählt von der Schule, von seinen Geschwistern und seinem selbstgebauten Staudamm.° Sein Vater erzählt von geschäftlichen Verhandlungen,° in denen er gerade steckt.

„Wenn alles klappt, verdiene ich dabei ein Vermögen. Dann fliegen wir beide nach Afrika auf Safari."

55 „Aber ohne Schießen", sagt Beppo.

(glosses, right margin)

exhausted
bench
crows

discount

jet airliners

fabulous / admirable

es . . . gäbe *there were*

gaunt / inevitable / pipe hook
grinst . . . *grins at him / tears*

tobacco smell / rauher . . . *coarse fabric*
snap apart / load
embarrassment
awesome / says (in amazement)

der Barkasse . . . *of the launch, surrounded by complaining seagulls, "potbellied hooters" (foghorns), and . . . wanderlust*
dam / negotiations

„Nebeneinander lehnen sie an der Reling der Barkasse, . . . “

Als es zu regnen beginnt, zieht der Vater seinen Trenchcoat an und nimmt Beppo mit hinein.

Für abends hat er einen Tisch bei Sellner bestellt. Beppo strahlt über kauende° Backen° hinweg seinen Vater so zufrieden an,° wie der es sich wünscht.
60 Einmal gehen Leute an ihrem Tisch vorbei dem Ausgang° zu—sehr schicke Leute. „Das sind alte Freunde von mir“, sagt der Vater und ruft sie an.

„Oh, hallo, Piet . . . geht's denn?“ sagen sie rasch, ohne Lächeln,° und sind schon vorbei, ehe er ihnen seinen jüngsten Sohn vorstellen kann.

„Sie haben es eilig“, sagt er, „ich nehme es ihnen nicht übel.° Noch
65 vorgestern hatten wir einen großen Abend zusammen.“ Trotzdem hat seine gute Stimmung° einen Knacks,° er beginnt zu trinken.

Beppo sagt besorgt:° „Laß uns heimfahren. Ich bin müde.“

Und sein Vater sagt: „Ich habe meine alte Wohnung aufgegeben. Sie war viel zu groß für mich. Bis die neue fertig ist, wohne ich bei einer Bekannten.“ Beppo
70 ist es egal, in welcher Wohnung, auf welchem Sofa er schläft, solange sein Vater sich darüber freut, ihn bei sich zu haben.

Ein langes, lustiges Junggesellenfrühstück° am nächsten Morgen. Danach fängt schon der Abschied an, obgleich° die Maschine erst am späten Nachmittag geht.

Sie fahren ziellos° durch die leeren, trüben° Sonntagsstraßen, trödeln° ein
75 Stück an der Elbe* entlang, beobachten Schiffe, werden immer einsilbiger,° Eis

chewing / cheeks / strahlt . . . an
  beams at
exit

smiling

nehme . . . *don't take offense at it*

mood / crack
anxiously

bachelor breakfast
although
aimlessly / gloomy / dawdle
immer . . . *more uncommunicative*

---

*The Elbe river flows through Hamburg, a major German port. See the color map of Germany.

und Coca schmecken nicht mehr so richtig. Beppo sucht die Hand seines Vaters.

„Es war schön", sagt er.

Der Abschied endlich ist fast eine Erlösung° vom langen Fürchten vor dem Abschied.   *relief*

80 „Wir fliegen nach Afrika", sagt der Vater. „Vergiß nicht, wir fliegen bestimmt. Gleich morgen besorge ich Prospekte° und schicke sie dir. Okay?"   *brochures*

„Okay", sagt Beppo und winkt° zurück, solange er noch etwas von dem winkenden großen Mann im karierten° Sakko° sehen kann. Und er weiß, wie dem jetzt zumute ist.°   *waves* / *checked / sport jacket* / wie . . . = wie es dem jetzt geht

85 Er weiß noch viel mehr, worüber er mit niemandem sprechen wird, auch nicht mit seiner Mutter und den Geschwistern, mit denen schon gar nicht. Er weiß mehr, als für seine neun Jahre erträglich° ist: *bearable*

Das Auto mit 240 PS wird sein Vater jetzt dorthin zurückbringen, wo er es für dieses Wochenende gemietet hat, um Beppo zu imponieren.° Die großen   *impress*
90 Geschäfte mit Riesengewinnen° gibt es nicht. Und niemals den gemeinsamen° Flug nach Afrika. Wovon denn?   *huge profit / joint*

Das Geld für dieses üppige° Wochenende hat er geborgt°—vielleicht von der Dame, in deren Wohnung er jetzt wohnt. Er ist schon lange ohne feste Anstellung.° Und seine schicken Freunde von einst, die rasch, ohne Lächeln, an ihrem   *lavish / borrowed* / Beruf
95 Tisch vorübergingen, wollen seine alten schicken Freunde nicht mehr sein, nachdem er sein Vermögen mit ihnen durchgebracht hat.

In den Augen der Gesellschaft, in den Augen seiner eigenen Frau und seiner Kinder—außer Beppo—ist er ein Taugenichts,° ein Versager,° ein abgeschriebener,° alternder Playboy.   *good-for-nothing / failure* / *used up*

100 Beppo ist ja nicht dumm. Er hört, wie man über seinen Vater redet, wenn man glaubt, er hört es nicht. Vielleicht stimmt das auch alles, was sie über ihn sagen. Trotzdem ist er ein guter Vati, ein viel umgänglicherer° als all die Väter, die bloß° an ihren Beruf denken und Vermögen anschaffen und so stolz auf ihre Titel sind—Professor, Bürovorsteher,° Schwanenapothekenbesitzer . . .   *obliging* / *simply* / *office manager*

105 Beppos Vater hatte immer Zeit für Beppo und so viel Geduld—welcher Vater hat das schon?

Ich hab' ihn lieb, denkt Beppo. Und darum und weil die Menschen bloß vor Menschen Achtung° haben, die reich sind oder einen Titel führen, und weil Beppo genauso stolz wie die anderen Jungen in seiner Klasse auf seinen Vati sein   *respect*
110 möchte, hat er ihn zum Direktor vom Hamburger Flughafen ernannt. Ist das nun eine schlimme Lüge°?   *lie*

Ja, schon, aber nur, wenn sie herauskommt. Hamburg ist weit . . .

B. Gesprächsthema: Ein zukünftiges Vermögen. Diskutieren Sie mit anderen Studenten/Studentinnen Ihre Zukunftspläne: Wenn alles klappt, werde ich ein Vermögen verdienen. Dann werde ich . . . (nie mehr arbeiten, ein großes Haus auf einer Insel kaufen, . . .)

C. Zum Schreiben: Aus Ihrem eigenen Leben. *The following modified statements from the story suggest points of departure for writing about events and/or people from your own life. The questions that follow each statement provide a starting point. Choose one idea and develop it as a short composition. Use the past tense.*

- Im Unterricht fragte mein Lehrer / meine Lehrerin uns Kinder nach dem Beruf unserer Väter / unserer Mütter / unserer Eltern. Wie antworteten Sie darauf? Und die anderen Kinder? War es peinlich (*embarrassing*) für Sie, oder waren Sie sehr stolz darauf? Warum?

- Wie sie das schaffte—Kinder und einen Beruf! Kannten Sie so eine Frau? Wer war sie? Wie machte sie das alles?

- Der Abschied war endlich fast eine Erlösung vom langen Fürchten vor dem Abschied. Von wem mußten Sie einmal Abschied nehmen? Warum? Warum hatten Sie Angst vor diesem Abschied?

- Ein wirklich üppiges Wochenende war es. Mit wem haben Sie so ein Wochenende verbracht? Wo? Was machten Sie alles?

- In den Augen der Gesellschaft war er/sie . . ., aber in meinen Augen war mein Vater / meine Mutter / mein __?__ / meine __?__ . . . Warum sahen Sie diesen Menschen anders, als andere Leute ihn sahen?

- Beppos Vater hatte immer Zeit für Beppo und so viel Geduld—welcher Vater hat das schon? Wer hatte immer Zeit und Geduld für Sie? Wie verbrachten Sie Ihre Zeit zusammen?

FOTOTEXT

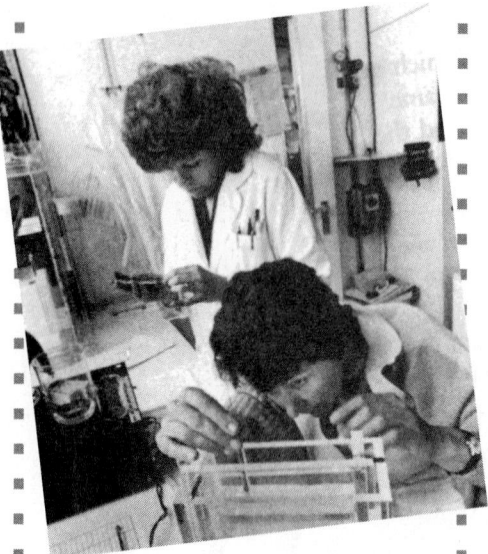

Basel, Schweiz: Welchen Beruf üben diese Frauen aus? Sind sie noch Studentinnen? Arbeiten sie in einem Labor oder in einer Fabrik? Prüft (*tests*) die eine Frau eine Spritze (*syringe*)? Viele Instrumente der Ärzte und Ärztinnen in aller Welt kommen aus der Schweiz.

17

WIE IST DAS STUDENTENLEBEN?

EINSTIMMUNG

Dieser Hörsaal in Hannover ist dicht besetzt (*fully occupied*), obwohl die Studenten nicht verpflichtet (*required*) sind, zu den Vorlesungen zu gehen. In welchen Fächern gibt es auch an Ihrer Lehranstalt (*institution*) so viele Studenten? Wie können Sie sich das erklären? Ist der Professor so beliebt? Ist es ein Fach, das jeder belegen muß, oder kennen Sie andere Gründe (*reasons*)?

WÖRTER

A. Das Studentenleben. Lesen Sie über Peter, dann beschreiben Sie, was auf jedem Bild passiert!

Wochentags steht Peter um sieben Uhr auf. Er duscht sich, rasiert sich und putzt sich die Zähne. Er zieht sich schnell an, kämmt sich, und dann beeilt er sich auf seinem Weg (*way*) zur Uni. Er geht in die Mensa und setzt sich zu Freunden an einen Tisch. Die unterhalten sich schon und trinken Kaffee. Nachdem Peter gefrühstückt hat, geht er in die Bibliothek und beschäftigt sich mit seiner Arbeit.

BEISPIEL: 1. Peter duscht sich.

1.

2.

3.   4.   5.   6.   7.

B. Was kann man über Erika sagen? Welcher Satz beschreibt jedes Bild?

1.   2.   3.   4.   5.

    a. Sie hat sich gestern erkältet.
    b. Sie ärgert sich über ihre Noten.
    c. Sie muß sich häufig bei Veranstaltungen (*events*) vorstellen.
    d. Sie fürchtet sich vor Prüfungen.
    e. Sie erinnert sich an jeden Termin.
    f. Sie interessiert sich für Naturwissenschaften.
    g. Sie fühlt sich unwohl, wenn sie zuviel ißt.

6.   7.

WORTSCHATZ

Studien-Info-Tag an der Uni

ADJECTIVES AND ADVERBS

(un)angenehm	(un)pleasant(ly)
leicht	easy; easily
(un)zufrieden	(dis)satisfied

NOUNS

die Bibliothek, -en	library
die Gegenwart	present (*time*)
das Hauptfach, ⸚er	major (*at a university*)
der Hörsaal, *pl.* Hörsäle	lecture hall
der Kurs, -e	(academic) course
die Mensa, *pl.* Mensen	student cafeteria
die Note, -n	grade
die Prüfung, -en	test, exam
der Schüler, - / die Schülerin, -nen	pupil, student
die Studiengebühren (*pl.*)	tuition fees
das Studium, *pl.* Studien	study, studying
das System, -e	system
das Tempo, -s	pace, tempo
die Vergangenheit	past
der Vogel, ⸚	bird
die Vorlesung, -en	lecture

PRONOUN

selbst *or* selber	myself, yourself, himself, herself, itself, oneself, ourselves, yourselves, themselves

REFLEXIVE VERBS

sich an·ziehen, zog an, hat angezogen	to dress, put on clothes
sich ärgern, hat geärgert (über)	to be annoyed (about)
sich beeilen, hat beeilt	to hurry
sich beschäftigen, hat beschäftigt (mit)	to be concerned (with), occupy oneself (with); to keep busy (with)
sich duschen, hat geduscht	to take a shower
sich entschließen, entschloß, hat entschlossen	to decide
sich erinnern, hat erinnert (an + *acc.*)	to remember
sich erkälten, hat erkältet	to catch a cold
sich freuen, hat gefreut (auf + *acc.*); (über + *acc.*)	to be pleased; *with* auf: to look forward to; *with* über: to be happy about
sich fühlen, hat gefühlt	to feel (*some way*)
sich fürchten, hat gefürchtet (vor + *dat.*)	to be afraid (of)
sich gewöhnen, hat gewöhnt (an + *acc.*)	to get used (to)
sich interessieren, hat interessiert (für)	to be interested (in)
sich kämmen, hat gekämmt	to comb one's hair
sich (*dat.*) leisten, hat geleistet	to afford
sich (*dat.*) (die Zähne) putzen, hat geputzt	to brush (one's teeth)
sich rasieren, hat rasiert	to shave (oneself)
sich setzen, hat gesetzt	to sit (oneself) down
sich unterhalten (unterhält), unterhielt, hat unterhalten	to talk, converse
sich verstehen, verstand, hat verstanden (mit)	to get along (with)
sich vor·stellen, hat vorgestellt	to introduce oneself; *with dat. reflex.:* to imagine

OTHER VERBS

belegen, hat belegt	to take, register for
bemerken, hat bemerkt	to notice
klagen, hat geklagt (über + *acc.*)	to complain (about)
lassen (läßt), ließ, hat gelassen	to leave; to let, allow
zählen, hat gezählt (zu + *dat.*)	to count (as)

USEFUL WORDS AND PHRASES

an der Zeit sein	to be about time
der Durchschnitt: die Durchschnittsnote	average: average grade
Lust haben: ich habe (keine) Lust dazu	to want, feel like (*doing something*); I (don't) want to do that, I (don't) feel like doing that
sich (un)wohl fühlen	to feel (un)well
weder . . . noch . . .	neither . . . nor . . .

Demonstrative Pronouns

A demonstrative pronoun is used to point out a person, place, thing, or an idea that has been mentioned previously or is understood in some context: *that one, this one, those, these,* and so on. The definite article is often used as a demonstrative pronoun, with the same forms as those of the relative pronoun.

	MASCULINE	FEMININE	NEUTER	PLURAL
NOMINATIVE	der	die	das	die
ACCUSATIVE	den	die	das	die
DATIVE	dem	der	dem	**denen**
GENITIVE	**dessen**	**deren**	**dessen**	**deren**

Wie vergleichen sich Ihre Noten mit **denen** anderer Studenten?
How do your grades compare with those of other students?

The demonstrative pronoun is often used for emphasis, instead of the personal pronoun. It is frequently used, even without emphasis, in colloquial German conversation.

Der ist besonders nett.
He is particularly nice.

Die möchte ich kennenlernen.
I would like to get acquainted with her.

C. Minidialoge. Benutzen Sie Demonstrativpronomen!

A: Was meinst du über die neue Bibliothek?
B: _____ ist sehr schön. Ich will jeden Tag dort arbeiten.

C: Hast du den neuen Hörsaal für Psychologie gesehen?
D: Ja, _____ ist wirklich groß und modern.

E: Ist das die neue Mensa?
F: Ja, ist _____ nicht schön? _____ gefällt mir sehr.

G: Wie finden die Studenten das Tempo hier an der Uni?
H: _____ ist mir angenehm, aber andere können sich daran nicht leicht gewöhnen.

D. An der Uni

1. Wie hoch sind die Studiengebühren pro Jahr?
2. Wer trägt die Kosten Ihres Studiums?
3. Haben Sie einen Job nebenbei (*besides*)?
4. Haben Sie ein Stipendium (*scholarship*)?

5. Was ist Ihr Hauptfach?
6. Welche Kurse belegen Sie?

Anglistik* (*English language and literature*)
Anthropologie
die bildenden Künste (*fine arts*)
Biologie
Botanik*
Chemie
Erziehungswissenschaften (*educational sciences*)
Finanzwesen
Geologie

Germanistik* (*German language and literature*)
Geschichte
Ingenieurwissenschaft
Kommunikationswesen
Mathematik[†]
Medizin
Musik[†]
Physik[†]
Politikwissenschaft/Politologie
Psychologie

Rechtswissenschaft/Jura (*law*)
Romanistik (*Romance languages and literatures*)
Sozialwissenschaften/Soziologie
Theologie
Umweltforschung (*environmental studies*)
Wirtschaftswissenschaften (*economics*)
Zoologie
____?____

E. Was meinen Sie über das amerikanische Universitätssystem?

1. Wie ist das Arbeitstempo? zu schnell? angenehm? zu langsam?
2. Gibt es zu viele Prüfungen?
3. Soll man Noten bekommen? Warum (nicht)?
4. Muß man immer pauken (*cram*)?
5. Sind zu viele Studenten in den Vorlesungen?
6. Sind die Professoren und Professorinnen freundlich?
7. Sind die Kosten für den Durchschnittsstudenten zu hoch?
8. Sind Sie mit Ihren Professoren zufrieden? mit Ihren Kursen? mit den anderen Studenten? mit dem Prüfungssystem? mit Ihren Noten?

Alles klar!

Studienplätze. German universities and higher learning institutions are experiencing overcrowded conditions as never before. In the winter semester of 1992, for example, 1.8 million students filled facilities officially intended for 850,000. Students not only fill lecture halls and laboratories beyond capacity, but they must also vie for extremely limited housing, which has always been difficult to obtain. Those who can, live at home, even if it means commuting long distances to class.

Not all institutions are suffering from a huge influx of students, however. Many of the eastern universities actually advertise available **Studienplätze** in an attempt to attract students. Although a number of instructors have transferred from western to eastern universities, few students have followed suit. The western universities continue to attract great numbers of students from all over Germany.

---

*Pronounce with stress on the second-to-last syllable: Angl**í**stik, Bot**á**nik, German**í**stik.
[†] Pronounce with stress on the last syllable: Mathemat**í**k, Mus**í**k, Phys**í**k.

SPRACHE

KONTEXT 1

Ein Tag im Park

Heute ist es sehr schön im Park. Obwohl Professor Schubert einen Anzug trägt, will er nicht den ganzen Tag im Hörsaal oder im Labor an der Universität verbringen. Er will lieber im Freien arbeiten. Er sitzt auf einer Parkbank und liest. Auf der Schulter hält er ein Bücherregal voller Bücher. Er hört die Vögel singen und auch die Rockmusik von einem Radio. Aber das stört ihn nicht.

Otto Riesen ist Rockmusiker und auch Student. Heute stand er spät auf, weil er keine Vorlesung hatte. Er duschte sich nicht, rasierte sich nicht, frühstückte nicht und putzte sich die Zähne nicht. Er zog sich schnell an: sein schwarzes T-Shirt, seine Jeans und seine schwarzen Stiefel. Er verließ sein Zimmer und nahm sein Radio mit. Jetzt geht er im Park spazieren, das Radio auf der Schulter, eine Zigarette im Mund und die freie Hand in der Tasche. Sieht er den Professor auf der Parkbank lesen? Sieht er den Baum und die Blumen? Nein, er sieht fast nichts, weil er noch so schläfrig ist. Hört er die Vögel singen? Nein, das auch nicht, weil seine Musik so laut ist. Er ist gern in seiner eigenen Welt.

Eberhard Holz

A. Was hat der Professor heute morgen wohl gemacht?

BEISPIEL: sich duschen → Heute morgen hat sich der Professor wohl geduscht.

sich rasieren
sich die Zähne putzen
sich anziehen
sich kämmen
frühstücken
sich beeilen

B. Zwei Männer. Vergleichen Sie mündlich oder schriftlich die Männer im Cartoon. *Use the text, the cartoon, and your own imagination to suggest as many differences as you can in their appearances, likes and dislikes, daily habits, interests, family lives, and so on.*

BEISPIEL: Der eine Mann hört gern Musik; der andere Mann liest gern.
Der jüngere Mann . . . ; der ältere Mann . . .

INFORMATIONEN 1

■ ■ ■ ■ ■ ■ ■ ■ ■ ■ ■ ■ ■ ■ ■ ■ ■ ■

Reflexive Pronouns: Accusative and Dative

A reflexive pronoun relates back to the subject of a sentence: The subject and the reflexive pronoun indicate the same person or thing.

ACCUSATIVE	Ich wasche **mich.**	*I'm washing myself.*
DATIVE	Ich wasche **mir** die Hände.	*I'm washing my hands.*
		(lit., I'm washing for myself the hands.)

If the subject of a sentence acts upon itself, the direct object takes the form of an accusative reflexive pronoun.

SUBJECT	VERB	DIRECT OBJECT	
Ich	wasche	mich.	*I'm washing (myself).*
Sie	wäscht	sich.	*She's washing (herself).*

When a verb that is used reflexively has a direct object other than a reflexive pronoun, the reflexive pronoun becomes an indirect object and therefore must be in the dative case.

SUBJECT	VERB	INDIRECT OBJECT	DIRECT OBJECT
Du	kaufst	deiner Freundin	ein neues Buch.

You're buying your friend a new book.

SUBJECT	VERB	INDIRECT OBJECT	DIRECT OBJECT
Du	kaufst	**dir**	ein neues Buch.

You're buying yourself a new book.

The dative reflexive pronoun is frequently used when a specific part of the body is the direct object in a sentence.

Ich wasche **mich.**	*I'm washing myself.*
but: Ich wasche **mir** die Hände.	*I'm washing my hands.*
Du wäschst **dir** das Gesicht.	*You're washing your face.*
Wir putzen **uns** die Zähne.	*We're brushing our teeth.*

In English, the reflexive pronoun is formed by adding the suffix *self* or *selves* to a personal pronoun: *himself, ourselves.* In German the accusative and dative forms of the reflexive pronouns are the same as those of the personal pronouns, except in the third-person singular and plural and the second-person formal. There is a single form for these exceptions: **sich.** Unlike **Sie, Ihnen,** and **Ihr,** the reflexive pronoun **sich** is not capitalized when it refers to the second-person formal.

PRONOUNS					
Personal Nominative		*Reflexive Accusative*		*Reflexive Dative*	
ich	wir	mich	uns	mir	uns
du	ihr	dich	euch	dir	euch
er sie es	sie	sich	sich	sich	sich
Sie		sich		sich	

The plural reflexive pronouns are often used to indicate reciprocal action; in this sense, they mean *each other* or *one another* rather than *ourselves, yourselves,* or *themselves.*

> Wir treffen **uns** um vier Uhr. *We'll meet (each other / one another) at four o'clock.*

The word **selbst** or **selber** emphasizes that the subject alone is responsible for the action. Either word may be used for any person, singular or plural, to mean *myself, yourself, herself, himself, itself, ourselves, yourselves,* or *themselves.* These words are often, although not necessarily, used along with reflexive pronouns.

> Er ist **selbst** Künstler. *He's an artist himself.*
> Ich schreibe die Arbeit **selbst** (**selber**). *I'll write the paper myself (all by myself).*
> Ich fühle **mich selbst** (**selber**) nicht wohl. *I don't feel well myself.*

Word Order

The reflexive pronoun usually follows the verb or the subject, depending on the sentence type.

After the verb:

> SUBJECT-VERB STATEMENT Die Studenten treffen **sich.**

After the subject:

IMPERATIVE STATEMENT	Setzen Sie **sich**!
YES/NO QUESTION	Müssen Sie **sich** immer beeilen?
INTERROGATIVE WORD QUESTION	Worüber ärgerst du **dich**?
ELEMENT-VERB-SUBJECT STATEMENT	Morgens wäscht er **sich**.
SUBORDINATE CLAUSE	Ich möchte wissen, ob ihr **euch** an den Namen des Professors erinnert.
RELATIVE CLAUSE	Wo ist der Student, der **sich** nicht wohl fühlt?

In sentences with inverted word order, **sich** usually comes directly after the verb, unless the subject is a pronoun.

Interessiert sich { Renate / die Frau / deine Schwester } für Politik?

Nein, für Politik interessiert sie **sich** nicht.

Reflexive Verbs

Many German verbs can be used reflexively.

NONREFLEXIVE
Darf ich Ihnen Herrn Braun **vorstellen**?   *May I introduce Mr. Braun to you?*

REFLEXIVE
Ich möchte **mich vorstellen**.   *I'd like to introduce myself.*

When used reflexively, some verbs take on a different meaning.

(DATIVE) REFLEXIVE
Ich kann **mir** das gar nicht **vorstellen**.   *I can't imagine that at all.*

ÜBUNGEN 1

A. Dialog: Was ist mit Hanni los? Wählen Sie die richtigen Reflexivverben, und benutzen Sie dann die richtigen Formen!

sich beeilen	sich fühlen	sich gewöhnen
sich erkälten	sich fürchten	sich leisten

WOLF: Was ist mit dir los? _____ du _____ nicht wohl?

HANNI: Ich habe _____ gestern _____. Und ich kann _____ nicht an diese Uni _____. Ich muß _____ immer _____. Und ich _____ _____ ständig vor schlechten Noten.

WOLF: Kannst du die Arbeit nicht einen Abend lang vergessen?

HANNI: Nein, ich kann _____ das einfach nicht _____.

B. Dialog: Darf ich helfen?

BEISPIEL: S1: Darf ich dir beim Einkaufen helfen?
S2: Danke, das kann ich selber (*oder* selbst) machen.

1. Soll ich dir beim Autowaschen helfen?
2. Kann ich dir helfen, das Abendessen zu kochen?
3. Darf ich deinem Bruder beim Saubermachen seines Zimmers helfen?
4. Wollt ihr, daß ich euch beim Hausputz helfe?

C. Wie steht's mit Hans? Wie steht's mit Ihnen (im Singular und dann im Plural)?

BEISPIEL: Um vier Uhr geht Hans . . .   Er . . . →
Um vier Uhr gehe ich . . .   Ich . . .
Um vier Uhr gehen wir . . .   Wir . . .

Um vier Uhr geht Hans ins Café, wo er sich mit einigen Freunden trifft. Er versteht sich gut mit diesen Freunden und unterhält sich gern mit ihnen. Er setzt sich gleich an ihren Tisch und bestellt einen Kaffee und ein Stück Apfelkuchen. Er freut sich nicht nur, seine Freunde zu sehen, sondern er freut sich auch auf den Kuchen, denn er hat schon Hunger.

D. Ich . . . Und du? Und ihr?

BEISPIEL: Ich kaufe mir ein neues Buch. →
Kaufst du dir auch ein neues Buch?
Kauft ihr euch auch ein neues Buch?

1. Ich hole mir ein Buch aus der Bibliothek.
2. Ich kann mir keine neuen Bücher leisten.
3. Ich denke mir, daß Bücher sehr teuer sind.
4. Ich wasche mir die Hände, nachdem ich gearbeitet habe.
5. Ich putze mir die Zähne nach dem Essen.

KOMMUNIKATION 1
■ ■ ■ ■ ■ ■ ■ ■ ■ ■ ■ ■

A. Interview: Das Studentenleben. Fragen Sie einen Studenten / eine Studentin:

1. wie er/sie sich jetzt fühlt
2. ob er/sie sich häufig erkältet
3. worüber er/sie manchmal klagt
4. wovor er/sie sich fürchtet
5. womit er/sie sich gern beschäftigt
6. wofür er/sie sich interessiert
7. woran er/sie sich immer erinnert
8. mit wem er/sie sich gern unterhält
9. mit wem er/sie sich gut versteht

B. Rollenspiel: Mutter/Vater und Kind. Nehmen Sie an, daß Sie eine Mutter / ein Vater sind. Geben Sie Ihrem Kind Befehle (*instructions*)! Ihr Partner / Ihre Partnerin spielt die Rolle des bösen Kindes.

BEISPIEL: sich setzen →
    M/V: Setz dich an den Tisch und iß dein Brot!
       K: Warum soll ich mich an den Tisch setzen? Ich will nicht! Ich will hier vorm Fernseher essen.

1. sich die Hände waschen
2. sich die Zähne putzen
3. sich kämmen
4. sich eine Jacke anziehen
5. sich beeilen
6. sich mit dem Buch beschäftigen

FOTOTEXT

Anna denkt: Mal sehen, ob am Schwarzen Brett (*bulletin board*) Wohnungsangebote (*apartments for rent*) sind. Wohnungsgesuch (*apartment wanted*), Wohnungsgesuch, Untermieter oder Zimmerkamerad (*roommate*), Wohnungsgesuch, —ah, hier ein Angebot: Schöne Studentenwohnung in Steinbach, Bahnhofstraße, gleich bei der S-Bahn-Haltestelle, Bad, Wohnzimmer mit Schlafnische (*sleeping corner*) und Kochgelegenheit (*cooking facilities*) im dritten Stock. Das ist bestimmt ein ausgebauter (*converted*) Boden (*attic*) gleich unterm Dach (*roof*) mit winzigen (*tiny*) Dachluken (*skylights*); heiß im Sommer, kalt im Winter. Also, weitersuchen! . . . Jetzt suche ich schon eine halbe Stunde und habe kein weiteres Wohnungsangebot gefunden. Blöd (*idiotic*), diese Wohnungsknappheit (*scarcity of apartments*) in Frankfurt. Ich werde doch mal in Steinbach anrufen, mal sehen, ob ich mir die Wohnung leisten kann.

Studenten genießen (*enjoy*) den sonnigen Tag am Brunnen (*fountain*) der Universität in Frankfurt am Main, bevor sie wieder in den Hörsaal oder in die Bibliothek müssen, um mehr zu lernen. Viele bekannte Professoren unterrichten (*teach*) hier. Frankfurt ist eng (*closely*) mit der deutschen Literatur verknüpft (*linked*). Johann Wolfgang von Goethe wurde hier am 28. August 1749 geboren; heute ist hier die vollständigste (*most complete*) Sammlung (*collection*) der Exil-Literatur von 1933–1945.

KONTEXT 2

The quotation on the back of the following entry ticket offers a surprise, since Casanova (1724–1798) is widely known for his sexual exploits, not for his scholarly endeavors.

HERZOG AUGUST BIBLIOTHEK WOLFENBÜTTEL

Bibliotheca Augusta

Nr. 042067   5,— DM   Zeughaus

Diese Karte berechtigt zur einmaligen Besichtigung der Bibliotheca Augusta, des Lessinghauses und des Zeughauses.

„Ich verbrachte acht Tage in dieser Bibliothek, die ich nur verließ, um zum Essen und zum Schlafen in meinen Gasthof zu gehen. Ich kann diese acht Tage zu den glücklichsten meines Lebens zählen, denn ich war nicht einen Augenblick mit mir selber beschäftigt; ich dachte weder an die Vergangenheit noch an die Zukunft, und mein Geist, der sich vollständig in die Arbeit versenkt hatte, konnte die Gegenwart nicht bemerken. Ich habe seitdem zuweilen gedacht, daß vielleicht das Leben der Seligen etwas Ähnliches sein könnte.''

Giacomo Casanova in seinen Erinnerungen über einen Besuch in der Bibliothek 1764.

der Augenblick, -e *moment*

berechtigen *to entitle (the bearer of the ticket)*

etwas Ähnliches *something similar*

die Seligen *those who have died and gone to heaven*

das Zeughaus *arsenal, armory*

zuweilen *from time to time*

A. Was hat Giacomo Casanova über seinen Besuch in der Herzog August Bibliothek geschrieben?

1. Wie viele Tage verbrachte er in der Bibliothek?
2. Warum mußte er während dieser Zeit die Bibliothek verlassen?
3. Was dachte er über die Zeit, die er in der Bibliothek verbrachte?
4. Woran dachte er nicht, während er in der Bibliothek war?
5. Was konnte sein Geist (*mind*) nicht bemerken? Warum?
6. Was hat er seitdem zuweilen (*at times*) gedacht?

B. Warum gehen Sie in die Bibliothek? Gehen Sie dorthin,

um zu lernen?	um Zeitschriften (*periodicals*) zu suchen?
um zu lesen?	um die Vergangenheit zu vergessen?
um Ruhe zu finden?	um nicht an die Zukunft zu denken?
um zu schlafen?	um dort Leute zu treffen?
um nachzudenken?	um einen Aufsatz zu schreiben?
um Bücher zu suchen?	um Forschung zu betreiben (*to do research*)?
	____?____

State four reasons why you go to the library: Ich gehe in die Bibliothek, . . .

INFORMATIONEN 2

▪ ▪ ▪ ▪ ▪ ▪ ▪ ▪ ▪ ▪ ▪ ▪ ▪ ▪ ▪ ▪

zu Plus Infinitive

In English the infinitive usually includes the word *to: to work*. In German the infinitive is a single word, usually consisting of the verb stem plus the ending **en: arbeiten.** As in English, however, German sentences may include an *infinitive phrase*—that is, the preposition **zu** plus an infinitive: **zu arbeiten.** Such infinitive constructions appear at the end of a sentence and may complement most German verbs.

Es kostet viel **zu reisen.**	*It costs a lot to travel.*
Ich finde es schwer **zu arbeiten.**	*I find it hard to work.*

An *infinitive clause* is a dependent clause that includes the construction **zu** plus an infinitive with other sentence units, such as a direct object. The infinitive clause is separated from the introductory or main clause by a comma.

INTRODUCTORY CLAUSE	INFINITIVE CLAUSE
Er hat keine Zeit,	**mehr Geld zu verdienen.**
He hasn't time to earn more money.	

Separable Prefix Verbs

In an infinitive phrase or clause, a separable prefix verb appears as one word, with **zu** between the prefix and verb.

> Finden Sie es schwer **anzufangen?**
> Wir nutzen die Zeit, das Land besser **kennenzulernen.**

um . . . zu Plus Infinitive

The addition of the word **um** before an infinitive clause lends the meaning *in order* (*to do something*). The infinitive clause beginning with **um** answers the question **warum?**

> Er hat versucht, einen besseren Job **zu finden.**
> *He tried to find a better job.*
> **Was** hat er versucht? Einen besseren Job zu finden.
>
> Er hat lange studiert, **um** einen besseren Job **zu finden.**
> *He studied a long time (in order) to find a better job.*
> **Warum** hat er lange studiert? Um einen besseren Job zu finden.

The subject of an infinitive clause beginning with **um** is the same as that of the introductory clause. Therefore, if a reflexive verb is used in an infinitive clause, the reflexive pronoun must agree with the subject of the introductory clause.

> **Ich** brauche einen Kamm, um **mich** zu kämmen.

Verbs Plus Infinitive Without *zu*

In addition to the modals, a few other verbs are used with infinitives without **zu.** The more common of these verbs are: **sehen, hören, lassen, lehren,** and **lernen.**

PRESENT TENSE
Wir **sehen** die Studenten **arbeiten.**   *We see the students working**
Ich **lerne** Spanisch **lesen.**   *I'm learning to read Spanish.*

PAST TENSE
Wir **hörten** sie **klagen.**   *We heard them complaining.**

FUTURE TENSE
Wirst du mich Englisch   *Will you teach me to speak*
   sprechen lehren?   *English?*

---

*Note the contrast between the German sentences with **sehen** and **hören** plus an infinitive, and the English equivalents with *see* and *hear* plus a gerund (*-ing* form of the verb).

PRESENT PERFECT TENSE*

Er **hat** uns unsere Musik **spielen lassen.**   *He let us play our music.*

ÜBUNGEN 2

A. Was findet man schön?

BEISPIELE: wir / spazierengehen → Wir finden es schön spazierenzugehen.

ich / auf einem See segeln → Ich finde es schön, auf einem See zu segeln.

1. Franz / angeln
2. die Familie / im Wald wandern
3. die Schüler / mitmachen
4. Ute / einen Berg besteigen
5. ich / in die Oper gehen
6. wir / sich mit Freunden unterhalten

B. Was ist nicht immer leicht?

BEISPIEL: die Arbeit anfangen→
Es ist nicht immer leicht, die Arbeit anzufangen.

1. viele Formulare ausfüllen
2. auf dem Land wohnen
3. die Sprache verstehen

4. die Stadt verlassen
5. alles bemerken
6. gute Noten bekommen

C. Warum?

BEISPIEL: ich / arbeiten / Geld verdienen → Ich muß arbeiten, um Geld zu verdienen.

1. die Studentin / lernen / besser Englisch sprechen
2. viele amerikanische Studenten / einen Job suchen / die Studiengebühren bezahlen
3. wir / ins Kino gehen / den neuen Film sehen
4. man / eine solide Ausbildung bekommen / einen guten Beruf ausüben

D. Was tut man in der Bibliothek?

BEISPIEL: Wir lernen dort Deutsch. (lesen) → Wir lernen dort Deutsch lesen.

1. Man sieht da oft Studenten. (lesen)
2. Wir hören in der Bibliothek andere Studenten. (sprechen)
3. Man läßt uns dort in Ruhe. (arbeiten)
4. Mein Freund lehrt mich dort manchmal Schach (*chess*). (spielen)

---

*In the present perfect tense, the verbs **lehren** and **lernen** are not generally used in double infinitive constructions. Instead, an infinitive plus past participle is preferred.

Sie **haben** mich Deutsch **sprechen gelehrt.**   *You taught me to speak German.*
Ich **habe** Deutsch **lesen gelernt.**   *I've learned to read German.*

E. Was passiert im Hörsaal? / Was wird im Hörsaal passieren?

BEISPIELE: Meine Freunde lassen mich nie allein sitzen. (Perfekt) →
Meine Freunde haben mich nie allein sitzen lassen.

Die Professorin lehrt uns Deutsch lesen. (Futur) →
Die Professorin wird uns Deutsch lesen lehren.

1. Wir hören die Professorin sprechen. (Perfekt)
2. Wir sehen die Professoren die Mensa verlassen. (Perfekt)
3. Die Professorin läßt uns in Gruppen arbeiten. (Futur)
4. Wir lernen alle besser Deutsch sprechen. (Futur)

F. Erweiterungen. Arbeiten Sie mit zwei oder drei Studenten und Studentinnen zusammen! Erweitern Sie die Sätze! Benutzen Sie Ihre eigenen Ideen!

BEISPIEL: Es war an der Zeit, . . .
S1: Es war an der Zeit, Deutsch zu lernen.
S2: Es war an der Zeit, dieses Jahr Deutsch zu lernen.
S3: Es war an der Zeit, dieses Jahr auf der Uni Deutsch zu lernen.
S4: Es war an der Zeit, dieses Jahr zusammen auf der Uni Deutsch zu lernen.

1. Es war manchmal schwer, . . .
2. Es war oft nötig, . . .
3. Wir hatten oft Lust, . . .
4. Es war oft billiger, . . .

KOMMUNIKATION 2
■ ■ ■ ■ ■ ■ ■ ■ ■ ■ ■ ■ ■ ■

A. Wie viele Stunden . . . ? Wieviel Zeit . . . ? Fragen Sie einen Studenten / eine Studentin:

1. wie viele Stunden er/sie täglich schläft
2. wie viele Stunden er/sie täglich arbeitet
3. wieviel Zeit er/sie braucht, um sich zu duschen und zu frühstücken
4. wieviel Zeit er/sie braucht, um vom Studentenheim oder von seiner/ihrer Wohnung zum Deutschunterricht zu kommen
5. wieviel Zeit er/sie täglich hat, um sich mit Freunden zu unterhalten
6. wieviel Freizeit er/sie täglich haben möchte, um zu machen, was er/sie will

B. Wie verbringt der Student / die Studentin seine/ihre Zeit? *Report the information you obtained in Exercise A to your group or to the class. Or, relate the information in a brief paragraph.*

C. Pläne: Wozu haben Sie sich entschlossen? Und die anderen Studenten und Studentinnen?

BEISPIELE: S1: Ich habe mich entschlossen, diesen Sommer einen
Job zu suchen, mein Geld zu sparen und dann im
Herbst eine Reise nach Europa zu machen. Und du?
Was für Pläne hast du gemacht?

S2: Ich habe mich entschlossen, . . .

ERWEITERUNG

Lernen und Wissen

A. Zum Nachdenken. Denken Sie über die folgenden Fragen nach. Machen Sie dann eine Tabelle wie im Beispiel und schreiben Sie ein paar Notizen auf. *Feel free to approach the questions with a sense of seriousness, lightheartedness, or zaniness.*

1. Wollen Sie manchmal alles Mögliche wissen? Was möchten Sie besonders wissen? (wie . . . , woher . . . , warum . . . usw.)
2. Möchten Sie oft etwas Neues lernen? Gibt es eine Sportart, die Sie vielleicht treiben möchten? Gibt es einen Kurs an der Uni, den Sie einmal nur zum Vergnügen (*pleasure*) belegen möchten?
3. Wollen Sie manchmal etwas, was Sie schon wissen, vergessen? Möchten Sie zum Beispiel ein Lied oder eine Telefonnummer oder eine Erinnerung vergessen? Warum? Wollen Sie je (*ever*) alles, was Sie wissen, vergessen? Mit anderen Worten, wollen Sie gar nichts mehr wissen? Warum (nicht)?

BEISPIEL:

WAS ICH WISSEN WILL	WAS ICH LERNEN MÖCHTE	WAS ICH VERGESSEN WILL

B. Viel Spaß beim Lesen! Lesen Sie jetzt die Geschichte von Peter Bichsel. *Although the story is long, you should not find it difficult to read. You will notice repeated phrases throughout the story; you will also notice the restatement of certain phrases and sentences but with changes in word order. Read the entire story first just for pleasure from beginning to end, then go back to reread for more thorough comprehension.*

DAS WETTER

Vorhersage: Heiter, nur teilweise Wolkenfelder. Temperaturen bis 24 Grad.

TEXT *Der Mann, der nichts mehr wissen wollte*

von Peter Bichsel

„Ich will nichts mehr wissen", sagte der Mann, der nichts mehr wissen wollte.

Der Mann, der nichts mehr wissen wollte, sagte: „Ich will nichts mehr wissen."

Das ist schnell gesagt.

5 Das ist schnell gesagt.

Und schon läutete° das Telefon.   *rang*

Und anstatt das Kabel aus der Wand zu reißen,° was er hätte tun sollen,°   *rip / hätte . . . should have done*
nahm er den Hörer° ab und sagte seinen Namen.   *receiver*

„Guten Tag", sagte der andere.

10 Und der Mann sagte auch: „Guten Tag."

„Es ist schönes Wetter heute", sagte der andere.

Und der Mann sagte nicht: „Ich will das nicht wissen", er sagte sogar: „Ja
sicher, es ist sehr schönes Wetter heute."

Und dann sagte der andere noch etwas.

15 Und dann sagte der Mann noch etwas.

Und dann legte er den Hörer auf die Gabel,° und er ärgerte sich sehr, weil er   *here: hook*
jetzt wußte, daß es schönes Wetter ist.

Und jetzt riß er doch das Kabel aus der Wand und rief: „Ich will auch das
nicht wissen, und ich will es vergessen."

20 Das ist schnell gesagt.

Das ist schnell gesagt.

Denn durch das Fenster schien die Sonne, und wenn die Sonne durch das
Fenster scheint, weiß man, daß schönes Wetter ist. Der Mann schloß die Läden,°   *here: shutters*
aber nun schien die Sonne durch die Ritzen.°   *cracks*

25 Der Mann holte Papier und verklebte° die Fensterscheiben° und saß im   *covered / window panes*
Dunkeln.

Und so saß er lange Zeit, und seine Frau kam und sah die verklebten Fenster
und erschrak.° Sie fragte: „Was soll das?"   *was startled*

„Das soll die Sonne abhalten°", sagte der Mann.   *shut out*

30 „Dann hast du kein Licht", sagte die Frau.

„Das ist ein Nachteil", sagte der Mann, „aber es ist besser so, denn wenn ich keine Sonne habe, habe ich zwar kein Licht, aber ich weiß dann wenigstens nicht, daß schönes Wetter ist."

35 „Was hast du gegen das schöne Wetter?" sagte die Frau, „schönes Wetter macht froh."

„Ich habe", sagte der Mann, „nichts gegen das schöne Wetter, ich habe überhaupt nichts gegen das Wetter. Ich will nur nicht wissen, wie es ist."

„Dann dreh wenigstens das Licht an°", sagte die Frau, und sie wollte es andrehen, aber der Mann riß die Lampe von der Decke° und sagte: „Ich will auch

40 das nicht mehr wissen, ich will auch nicht mehr wissen, daß man das Licht andrehen kann."

Da weinte° die Frau.

Und der Mann sagte: „Ich will nämlich gar nichts mehr wissen."

Und weil das die Frau nicht begreifen° konnte, weinte sie nicht mehr und ließ

45 ihren Mann im Dunkeln.

Und da blieb er sehr lange Zeit.

Und die Leute, die zu Besuch kamen, fragten die Frau nach ihrem Mann, und die Frau erklärte ihnen: „Das ist nämlich so, er sitzt nämlich im Dunkeln und will nämlich nichts mehr wissen."

50 „Was will er nicht mehr wissen?" fragten die Leute, und die Frau sagte: „Nichts, gar nichts mehr will er wissen. Er will nicht mehr wissen, was er sieht— nämlich wie das Wetter ist.

Er will nicht mehr wissen, was er hört—nämlich was die Leute sagen.

Und er will nicht mehr wissen, was er weiß—nämlich wie man das Licht

55 andreht.

So ist das nämlich", sagte die Frau.

„Ah, so ist das", sagten die Leute, und sie kamen nicht mehr zu Besuch.

Und der Mann saß im Dunkeln.

Und seine Frau brachte ihm das Essen.

60 Und sie fragte: „Was weißt du nicht mehr?"

Und er sagte: „Ich weiß noch alles", und er war sehr traurig,° weil er noch alles wußte.

Da versuchte ihn seine Frau zu trösten° und sagte: „Aber du weißt doch nicht, wie das Wetter ist."

65 „Wie es ist, weiß ich nicht", sagte der Mann, „aber ich weiß immer noch, wie es sein kann. Ich erinnere mich an sonnige Tage."

„Du wirst es vergessen", sagte die Frau.

Und der Mann sagte:

„Das ist schnell gesagt.

70 Das ist schnell gesagt."

Und er blieb im Dunkeln, und seine Frau brachte ihm täglich das Essen, und der Mann schaute auf den Teller und sagte: „Ich weiß, daß das Kartoffeln sind, ich weiß, daß das Fleisch ist, und ich kenne den Blumenkohl;° und es nützt alles nichts, ich werde immer alles wissen. Und jedes Wort, das ich sage, weiß ich."

75 Und als seine Frau ihn das nächste Mal fragte: „Was weißt du noch?" da sagte

Marginal glosses:

dreh . . . an *turn on*

ceiling

cried

grasp

sad

console

cauliflower

er: „Ich weiß viel mehr als vorher, ich weiß nicht nur, wie schönes Wetter und wie schlechtes Wetter ist, ich weiß jetzt auch, wie das ist, wenn kein Wetter ist. Und ich weiß, daß, wenn es ganz dunkel genug ist, daß es dann immer noch nicht dunkel genug ist.“

80   „Es gibt aber Dinge, die du nicht weißt“, sagte seine Frau und wollte gehen, und als er sie zurückhielt, sagte sie: „Du weißt nämlich nicht wie ‚schönes Wetter‘ auf chinesisch heißt“, und sie ging und schloß die Tür hinter sich.

Da begann der Mann, der nichts mehr wissen wollte, nachzudenken.° Er   *to reflect*
konnte wirklich kein Chinesisch, und es nützte ihm nichts, zu sagen: „Ich will
85   auch das nicht mehr wissen“, weil er es ja noch gar nicht wußte.

„Ich muß zuerst wissen, was ich nicht wissen will“, rief der Mann und riß das Fenster auf und öffnete die Läden, und vor dem Fenster regnete es, und er schaute in den Regen.

Dann ging er in die Stadt, um sich Bücher zu kaufen über das Chinesische,
90   und er kam zurück und saß wochenlang hinter diesen Büchern und malte chine-   *characters*
sische Schriftzeichen° aufs Papier.

Und wenn Leute zu Besuch kamen und die Frau nach ihrem Mann fragten, sagte sie: „Das ist nämlich so, er lernt nämlich jetzt Chinesisch, so ist das nämlich.“

95   Und die Leute kamen nicht mehr zu Besuch.

Es dauert aber Monate und Jahre, bis man das Chinesische kann, und als er es endlich konnte, sagte er:

„Ich weiß aber immer noch nicht genug. Ich muß alles wissen. Dann erst kann ich sagen, daß ich das alles nicht mehr wissen will.
100   Ich muß wissen, wie der Wein schmeckt, wie der schlechte schmeckt und wie der gute.

Und wenn ich Kartoffeln esse, muß ich wissen, wie man sie anpflanzt.

Ich muß wissen, wie der Mond° aussieht, denn wenn ich ihn sehe, weiß ich   *moon*
noch lange nicht, wie er aussieht, und ich muß wissen, wie man ihn erreicht.
105   Und die Namen der Tiere° muß ich wissen und wie sie aussehen und was sie   *animals*
tun und wo sie leben.“

Und er kaufte sich ein Buch über die Kaninchen° und ein Buch über die   *rabbits*
Hühner° und ein Buch über die Tiere im Wald und eines über die Insekten.   *chickens*

Und dann kaufte er sich ein Buch über das Panzernashorn.°   *(armored) rhinoceros* *
110   Und das Panzernashorn fand er schön.

Er ging in den Zoo und fand es da, und es stand in einem großen Gehege°   *enclosure*
und bewegte sich° nicht.   bewegte . . . *moved*

Und der Mann sah genau, wie das Panzernashorn versuchte° zu denken und   *tried*
versuchte, etwas zu wissen, und er sah, wie sehr ihm das Mühe° machte.   *effort*
115   Und jedesmal, wenn dem Panzernashorn etwas einfiel,° rannte es los vor   *occurred*
Freude,° drehte° zwei, drei Runden im Gehege und vergaß dabei, was ihm einge-   *joy / turned*
fallen war, und blieb dann lange stehen—eine Stunde, zwei Stunden—und rannte, wenn es ihm einfiel, wieder los.

---

*Note that this particular type of rhinoceros does not exist.

Und weil es immer ein kleines bißchen zu früh losrannte, fiel ihm eigentlich
120 gar nichts ein.

„Ein Panzernashorn möchte ich sein", sagte der Mann, „aber dazu ist es jetzt
wohl zu spät."

Dann ging er nach Hause und dachte an sein Nashorn.

Und er sprach von nichts anderem mehr.

125 „Mein Panzernashorn", sagte er, „denkt zu langsam und rennt zu früh los,
und das ist recht so", und er vergaß dabei, was er alles wissen wollte, um es nicht
mehr wissen zu wollen.

Und er führte° sein Leben weiter wie vorher.   *led*

Nur, daß er jetzt noch Chinesisch konnte.

C. Zur Diskussion der Geschichte

1. Was wollte der Mann nicht mehr wissen? Beantworten Sie diese Frage mit
   spezifischen Beispielen aus dem Text. Was meinen Sie: Warum wollte der
   Mann das nicht mehr wissen?
2. Wie reagierte die Frau auf das Benehmen (*behavior*) ihres Mannes?
3. Was lernte der Mann, was er vorher nicht konnte? Wer hatte die Idee, das
   zu tun?
4. Was lernte der Mann vom Nashorn?

D. Charakterisierung und Hauptidee

1. Welche Adjektive beschreiben Ihrer Meinung nach den Mann? Warum?
   seine Frau? Warum?

idiotisch	lustig (*funny*)	(un)ruhig
intelligent	neugierig	schwach (*weak*)
(un)interessant	(un)normal	seltsam (*strange*)
klug (*clever*)	philosophisch	verrückt (*crazy*)
lächerlich (*ridiculous*)	(un)praktisch	___?___
langweilig	(un)realistisch	

2. Was ist Ihrer Meinung nach die Hauptidee der Geschichte?
   a. Man lernt, solange man lebt.
   b. Man sollte sich Amnesie nicht wünschen.
   c. Es ist unmöglich, alles oder gar nichts zu wissen.
   d. Intelligenz ist ein Geschenk, und man soll es beim Lernen und beim Wissen genießen.
   e. ___?___

E. Zum Schreiben: Ein Dialog.
Schreiben Sie einen Dialog, in dem die Frau jemandem erklärt, was mit ihrem Mann los ist. Wählen Sie zuerst den Gesprächspartner / die Gesprächspartnerin der Frau.

der Chef / die Chefin (*boss*) des Mannes
das Haustier (der Hamster, die Katze, der Hund, der Vogel, ___?___)
ihr Kind
ihr Nachbar / ihre Nachbarin
ihr Psychiater / ihre Psychiaterin
___?___

The person you choose as a dialogue partner will have an influence on the dialogue itself, such as on the types of questions that might be asked, the comments or suggestions that might be offered, and the balance of the conversation: Who does all, most, some, none of the talking? Feel free to be creative and inventive.

F. Eine Dramatisierung.
Arbeiten Sie mit einem Partner / einer Partnerin und dramatisieren Sie den Dialog, den Sie in Aktivität D geschrieben haben.

18

WAS SAGT MAN DAZU?

nnitz setzt Signale
rlebenskampf des Standortes
egion, sowie des ganzen La

Was sagt man zu

Demonstrationen?

Hier in Bonn findet eine große Demonstration statt. Seit der Vereinigung Deutschlands ist Berlin wieder die Hauptstadt, aber Bonn soll Verwaltungszentrum (*administrative center*) bleiben. Deshalb wird man hier auch noch weiterhin demonstrieren. Es gibt immer Probleme, die Protestaktionen aus-lösen (*trigger*), mögen sie politischer, sozialer, ökologischer, ökonomischer oder kultureller Art sein.

WÖRTER

Zur Diskussion: Wahrheit und Phantasie. Woher bekommen Sie Ihre Informationen und Ideen? Wie finden sie die folgenden Quellen (*sources*) von Informationen und Neuigkeiten (*unofficial news*)? Warum?

QUELLEN
alltägliches Plaudern
Anzeigen für Produkte
persönliche Bemerkungen und
  Beobachtungen
Boulevardzeitungen (sensatio-
  nelle Zeitungen mit Gesell-
  schaftsklatsch)
Comics
Dokumentarfilme im Fernsehen
persönliche Eindrücke
Klatsch
Lehrbücher (*textbooks*)
Literatur (Gedichte, Geschichten,
  Märchen usw.)
Nachrichten (*news*) im Fernsehen
Propagandafilme, -artikel,
  -poster usw.
Tageszeitungen
Talk-Shows im Radio/Fernsehen
Wochenzeitschriften wie „Der
  Spiegel" oder „Time"
  ___?___

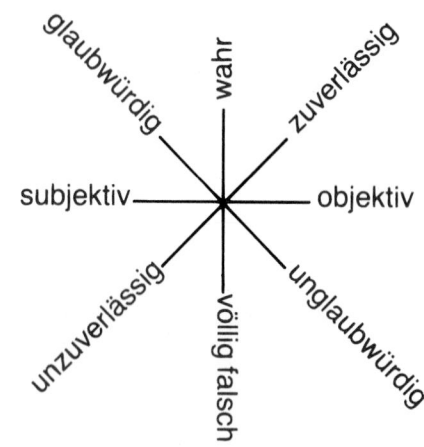

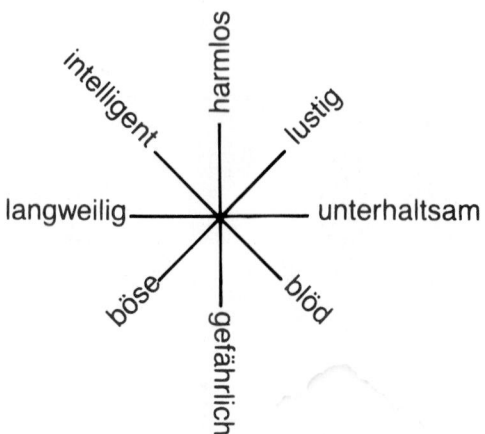

WORTSCHATZ

ADJECTIVES AND ADVERBS

ängstlich	fearful(ly), anxious(ly)
friedlich	peaceful(ly)
(un)höflich	(im)polite(ly)
merkwürdig	curious(ly); odd(ly); noticeable; noticeably
unterhaltsam	entertaining
weiterhin	continue (to do it), go on (doing it); from now on
(un)zuverlässig	(un)trustworthy

NOUNS

der Eindruck, ⸚e	impression
die Jahreszeit, -en	season
die Krankheit, -en	disease, illness
die Lage, -n	situation, location
der Ort, -e	place
die Phantasie, -n	imagination
die Wahrheit, -en	truth
die Wirklichkeit	reality

VERBS

einladen (lädt ein), lud ein, hat eingeladen	to invite
erfinden, erfand, hat erfunden	to invent
grüßen, hat gegrüßt	to greet
klatschen, hat geklatscht	to gossip
meiden, mied, hat gemieden	to avoid
plaudern, hat geplaudert	to chat
statt·finden, fand statt, hat stattgefunden	to take place
verbieten, verbot, hat verboten	to forbid
sich verhalten (verhält), verhielt, hat verhalten	to behave
sich verstecken, hat versteckt	to hide oneself
wünschen, hat gewünscht	to wish
zeichnen, hat gezeichnet	to draw

USEFUL WORDS AND PHRASES

alles Mögliche	everything possible
durch Zufall	by accident

»Was würden Sie sagen, wenn ich Ihnen einen Stuhl anbiete?«

SPRACHE

KONTEXT 1

Wie verhalten sich die Nachbarn?

Was würden Ihre Nachbarn sagen oder tun, wenn Sie bei sich eine große Party mit vielen Leuten und lauter Musik hätten? Würden sie nichts tun oder sagen? sofort die Polizei anrufen? Sie anrufen und Ihnen ihre Meinung sagen? zu Ihnen kommen und eine Flasche Wein für Sie mitbringen? __?__ Und wenn Sie krank wären? Was würden die Nachbarn sagen oder tun? gar nichts? Ihnen Hühner-brühe° bringen? Sie anrufen und „gute Besserung" wünschen? Ihnen eine Karte mit vielen Wünschen zur baldigen Genesung° schicken? __?__

> *chicken broth*
> baldigen . . . *speedy recovery*

    Die folgende Anzeige vom Bundesministerium für Jugend, Familie, Frauen und Gesundheit ist in deutschen Illustrierten erschienen.

Sie haben AIDS. Was sagen Ihre Nachbarn?

Stellen Sie sich vor, Sie wären° HIV-infiziert, oder Sie hätten° bereits die Krankheit AIDS.

> *were / were to have*

    Was würden Ihre Nachbarn sagen? Würden sie Sie auch weiterhin freundlich grüßen? Würden sie auch weiterhin mit Ihnen über alles Mögliche plaudern?

    Oder würden sie den eigenen Kindern verbieten, mit Ihren Kindern zu spielen? Oder sich ängstlich hinter den Tür-Spionen° verstecken, wenn Sie das Treppenhaus° betreten?

> *peephole in the door*
> *staircase*

    Stellen Sie sich jetzt vor, Ihr Nachbar / Ihre Nachbarin wäre HIV-infiziert. Wie würden Sie sich verhalten?

Diskussionsthema: Wie würden Sie sich verhalten, wenn Ihr Nachbar / Ihre Nachbarin eine schwere Krankheit hätte?

    Ich würde ihm/ihr (nicht) helfen, weil . . . Ich könnte (*could*) vielleicht . . . und . . .
    Ich würde ihn/sie (nicht) weiterhin freundlich grüßen, weil . . .

Ich würde über ihn/sie (nicht)
  klatschen, weil . . .
Ich würde (nicht) weiterhin
  mit ihm/ihr plaudern,
  weil . . .
Ich würde gar nichts tun,
  weil . . .
Ich würde ihn/sie (nicht)
  meiden, weil . . .
Ich würde meinen Kindern
  (nicht) verbieten, mit
  ihm/ihr zu sprechen,
  weil . . .
Kranke sollten sich (nicht) verstecken, weil . . .
  ?

INFORMATIONEN 1

The Subjunctive

Just as in English, there are three moods in German: the indicative, which
expresses facts; the imperative, which is used to issue commands or to make
requests; and the subjunctive, which is used for expressing unrealizable wishes,
hypothetical situations, and polite requests.

INDICATIVE	Sie sind so neugierig.	*You are so curious.*
IMPERATIVE	Seien Sie nicht so neugierig!	*Don't be so curious.*
SUBJUNCTIVE II	Wären Sie nur nicht so neugierig!	*Were you only not so curious!*
	Wenn Sie nur nicht so neugierig wären!	*If only you weren't so curious!*

There are two forms of the subjunctive in German: Subjunctive I and Subjunctive
II. The latter is used more frequently; in spoken German you will frequently hear
Subjunctive II forms of **haben, sein, werden,** and the modals.

Subjunctive II Stems and Personal Endings

The Subjunctive II stem is derived from the past stem—the second principal
part—of the verb. An umlaut is added to the past stem vowels **a, o,** and **u** of
most strong and irregular weak verbs: **war** → **wär; zog** → **zög; wurde** →
würde. The present tense of Subjunctive II is formed with the subjunctive stem
plus the subjunctive personal endings. Notice that the **e** is already part of the subjunctive stem of weak and irregular weak verbs and even of the auxiliary verb
haben and the strong verb **werden.**

haben, hatte, hat gehabt ↓ **hätte**				sein, war, ist gewesen ↓ **wär**				werden, wurde, ist geworden ↓ **würde**	
ich	hätte	wir	hätten	ich	wäre	wir	wären	ich würde	wir würden
du	hättest	ihr	hättet	du	wärest	ihr	wäret	du würdest	ihr würdet
er sie es	hätte	sie	hätten	er sie es	wäre	sie	wären	er sie es	würde	sie würden
Sie hätten				Sie wären				Sie würden	

Wenn wir nur mehr Geld **hätten**!
If we only had more money!

Wenn sie nur zu Hause **wäre**!
If she only were at home!

Wenn Sie nur daran denken **würden**!
If only you would think about it!

If a modal has an umlaut in the infinitive, it takes an umlaut in the subjunctive. You are already familiar with the subjunctive forms of **sollen** and **wollen,** which are the same as the past forms **sollte** and **wollte,** and with those of **mögen (möchte).**

INFINITIVE	PAST		SUBJUNCTIVE II
dürfen	durfte	→	dürfte
können	konnte	→	könnte
mögen	mochte	→	möchte
müssen	mußte	→	müßte
sollen	sollte	→	sollte
wollen	wollte	→	wollte

The Subjunctive II stems of other strong and irregular weak verbs are listed in the appendix of this book, along with their principal parts.

Wishful Thinking

The subjunctive often expresses situations that are unlikely or unrealizable: If only such-and-such were the case or would happen. The subjunctive of **wünschen** (*to wish*) often introduces such a thought.

Wenn ich nur mehr Geld hätte!   *If only I had more money!*
Wenn er nur mitkommen würde!   *If only he would come along!*
Ich wünschte (nur), wir hätten   *I (only) wish we had more time.*
    mehr Zeit.
or: Ich wünschte (nur), daß wir   *I (only) wish that we had more*
    mehr Zeit hätten.   *time.*

Hypothetical or Unreal Situations

Statements that involve speculation about how things would or might be in hypothetical, or as yet unreal, situations are also expressed in the subjunctive.

Wenn ich mehr Geld hätte!
  Dann würde/könnte ich mir ein Rennauto kaufen!

*If only I had more money! Then I
  would/could buy myself a race car.*

or: Wenn ich mehr Geld hätte,
  würde/könnte ich mir ein Rennauto kaufen!

*If I had more money, I would/
  could buy myself a race car.*

gleich gibt's Saures   *you're going
  to get it*

die Stromrechnung, -en   *electric
  bill*

Und jetzt zu Ihnen: Was würde Ihr Vogel (Ihre Katze, Ihr Hund, Ihr Pferd, Ihr Goldfisch, der Hund des Nachbarn, die Katze der Nachbarn, __?__) Ihnen sagen, wenn er/sie/es sprechen könnte?

als ob Clauses

Opinions introduced with **als ob** (*as if*) are also expressed in the subjunctive.

Er spricht, als ob er Wiener **wäre.**
Sie tut, als ob sie hier zu Hause **wäre.**

He talks as if he were Viennese.
She acts as if she were at home here.

Polite Requests

Requests, suggestions, and invitations may be expressed in either the indicative or the subjunctive. The subjunctive simply makes the statement softer and somewhat more polite.

SUBJUNCTIVE II

Könnten Sie mir das Buch zeigen?
Could you show me the book?

Dürfte ich mit euch sprechen?
Might I speak with you?

Hättest du Lust, mit mir Kaffee zu trinken?
Would you feel like having coffee with me?

Würden Sie heute abend zu uns kommen?
Would you come to our house tonight?

INDICATIVE

Können Sie mir das Buch zeigen?
Can you show me the book?

Darf ich mit euch sprechen?
May I speak with you?

Hast du Lust, mit mir Kaffee zu trinken?
Do you feel like having coffee with me?

Kommen Sie heute abend zu uns?
Will you come to our house tonight?

Subjunctive II: Past Tense

There is only one past tense in Subjunctive II, a compound tense made up of the Subjunctive II form of the auxiliary **haben** or **sein** and a past participle.

Wenn ich dich nur **gesehen hätte**!   *If only I had seen you!*
Wenn wir nur länger **geblieben wären**! *If only we had stayed longer!*

The past tense of Subjunctive II is used to express wishes that did not come true or hypothetical situations that did not happen.

ÜBUNGEN 1

A. Man sollte immer höflich sein.

BEISPIEL: Darf ich Ihnen Herrn Busch vorstellen? →
             Dürfte ich Ihnen Herrn Busch vorstellen?

1. Hast du Lust, etwas zu trinken?
2. Dürfen wir euch zum Kaffee einladen?
3. Können Sie mir bitte eine Tasse Kaffee bringen?
4. Kannst du mir sagen, wie spät es ist?
5. Sind Sie so freundlich, mir das Programmheft zu zeigen?
6. Könnt ihr bitte langsamer sprechen?

B. Wie würde man höflich fragen?

BEISPIEL: Gehen Sie mit mir ins Konzert? →
             Würden Sie mit mir ins Konzert gehen?

1. Treffen Sie uns in der Konzerthalle?
2. Kaufst du die Karten?
3. Geht ihr bitte auch ins Konzert?
4. Stellen Sie uns den Sänger vor?
5. Gebt ihr uns ein Programmheft?
6. Trinkst du ein Glas Wein mit mir?

C. Was würden sich die Studenten und Studentinnen wünschen?

BEISPIEL: Erika kann nie gute Noten bekommen. →
        ERIKA: Ich wünschte, daß ich gute Noten bekommen könnte!
        oder: Ich wünschte, ich könnte gute Noten bekommen!

1. Jakob kann sich kein neues Auto leisten.
2. Peter kann nächstes Jahr nicht in Amerika studieren.
3. Helga kann ihren Freund diesen Sommer nicht heiraten.
4. Sabine kann ihre Freundin in der Schweiz nicht besuchen.

D. Wenn wir nur schon in Österreich wären!

BEISPIEL: Wir sind nicht in Österreich. Wir sprechen nicht Deutsch. →
            Wenn wir in Österreich wären, würden wir Deutsch sprechen.

1. Wir sind nicht in Innsbruck. Wir laufen nicht den ganzen Winter Ski.
2. Wir sind nicht in Wien. Wir gehen nicht ins Burgtheater.
3. Wir sind nicht in Salzburg. Wir wandern nicht im Salzkammergut.
4. Wir können es uns nicht leisten. Wir verbringen nicht den ganzen Sommer
   in Österreich.

E. Was hätten Sie letztes Jahr geändert? Bilden Sie mindestens sechs Sätze. Die Liste wird Ihnen helfen.

BEISPIEL: Hätte ich nur letztes Semester schwerer gearbeitet!

arbeiten	klatschen	verbringen
einladen	meiden	sich verhalten
fahren	schaffen	verkaufen
gewinnen	stattfinden	verlieren
helfen	verbieten	___?___

KOMMUNIKATION 1

A. Wünsche. Benutzen Sie die **du**-Form und fragen Sie Ihren Nachbarn / Ihre Nachbarin, ob er/sie manchmal wünschte,

1. daß er/sie nicht Student/Studentin geworden wäre. Warum (nicht)?
2. daß er/sie ein anderes Hauptfach gewählt hätte. Warum (nicht)?
3. daß er/sie auf eine andere Universität gegangen wäre. Warum (nicht)?
4. daß er/sie Französisch statt Deutsch gelernt hätte. Warum (nicht)?
5. daß er/sie Klavier spielen gelernt hätte. Warum (nicht)?

B. Gesprächsthemen: Wenn nur . . . ! Fragen Sie Studenten und Studentinnen in Ihrer Gruppe, was sie machen würden:

1. wenn sie mehr Zeit hätten
2. wenn sie genug Geld hätten
3. wenn sie nicht studierten
4. wenn sie sich nicht wohl fühlten
5. wenn sie in Europa wären
6. wenn sie weltberühmt wären

Jot down their answers; then report to the class on two students.

C. Gesprächsthema: Wie andere Leute sich verhalten

BEISPIEL: S1:   Mein Freund tut, als ob er der intelligenteste Mensch auf der
            ganzen Welt wäre. Ich meine, er . . .

               S2:   Ja, ich weiß genau, was du meinst. Ich habe eine Schwester, die
            auch sehr intelligent ist, und sie spricht, als ob ich der
            dümmste Mensch auf der Welt wäre.

mein (Stief)bruder	sieht aus, als ob	der ärmste Mensch auf der Welt wäre
mein Freund	spricht, als ob	attraktivste
meine Freundin	tut, als ob	dümmste
meine (Stief)mutter	verhält sich, als ob	intelligenteste
mein Nachbar	_?_	reichste
meine Nachbarin		immer krank wäre
mein Professor		gesund
meine Professorin		froh
mein (Stief)vater		keine Zeit (für mich) hätte
_?_		viel/kein Geld hätte
		viele/keine Freunde hätte
		_?_

D. Aufsatzthema: Wenn ich letzten Sommer mehr Zeit und Geld gehabt
hätte, . . . Wo hätten Sie den Sommer verbracht? Warum? Was hätten Sie alles
gemacht? gesehen? Wohin wären Sie gegangen? gefahren? Wen hätten Sie
mitgenommen? Warum?

E. Zum Schreiben: Alles wäre . . . , wenn . . . Schreiben Sie einen kurzen
Aufsatz, in dem Sie eine bessere (schönere, friedlichere, _?_) Welt beschreiben.
Use the following patterns for ideas and as models.

Alles wäre . . . , wenn . . .

    Die Welt (die Erde, der Planet, unser Land, _?_) wäre . . . , wenn . . .
    Menschen (Männer, Frauen, Kinder, Amerikaner und Amerikanerinnen,
        Studenten und Studentinnen, _?_) wären . . . , wenn . . .

DIE ABENDE WÄREN
FRIEDLICHER, WENN ER SEINEN
EIGENEN FERNSEHER HÄTTE...

KONTEXT 2

▪ ▪ ▪ ▪ ▪ ▪ ▪ ▪ ▪ ▪

Der folgende Artikel ist auf der Kinderseite der „Wolfenbütteler Zeitung"
erschienen. Für wen wurde er geschrieben?

Der Erfinder der Comics

Ihr kennt bestimmt den „Struwwelpeter.°" Das war so ungefähr die erste Bildergeschichte, die gezeichnet wurde. Und zwar vor ungefähr 100 Jahren. Und
Bildergeschichten mit etwas Text nennt man Comics. Der Mann, der also die
Comics erfunden hat, hätte im Juni Geburtstag gehabt. Am 13. Juni 1809 wurde
Heinrich Hoffmann geboren. Er war eigentlich Arzt. Dichter und Zeichner
wurde er nur durch Zufall. Einmal wollte er seinen Kindern zu Weihnachten°
etwas schenken. Er hatte keine Idee, was es sein könnte. Schließlich° malte er
ihnen eine lustige Geschichte auf. So entstand° der „Struwwelpeter", eines der
erfolgreichsten° Kinderbücher der Welt.

tousle-head (" shock-headed Peter")

Christmas
endlich
erschien
most successful

A. Die Geschichte der Bildergeschichten

1. Wie heißt die erste Bildergeschichte, die gezeichnet wurde?
2. Wann ist die erste Bildergeschichte erschienen?
3. Wie nennt man eine Bildergeschichte mit etwas Text?
4. Von wem wurden die Comics erfunden?
5. Wann hätte dieser Mann Geburtstag gehabt?
6. Wann wurde er geboren?
7. Was war er von Beruf?
8. Wie wurde er Dichter und Zeichner?

B. Comics. Fragen Sie die Studenten/Studentinnen in Ihrer Gruppe:

1. wie ihre Lieblingscomics heißen
2. von wem ihre Lieblingscomics gezeichnet werden
3. in welcher Zeitung oder Zeitschrift diese Comics
   erscheinen
4. warum sie diese Comics so gern haben

Sieh einmal, hier steht er
pfui, der Struwwelpeter!
An den Händen beiden
ließ er sich nicht schneiden
seine Nägel fast ein Jahr;
kämmen ließ er nicht sein Haar.
Pfui, ruft da ein jeder:
Garstger Struwwelpeter!

garstger   *nasty, horrible*

INFORMATIONEN 2

Passive Voice

The active voice, in which the subject is the agent of the action, is commonly used in writing but is especially preferred in speaking.

> Ein berühmter Künstler **hat** dieses Bild **gemalt.**
>
> *A famous artist painted this picture.*

The passive voice, in which the subject is acted on by some agent, occurs more frequently in written language.

> Dieses Bild **wurde** von einem berühmten Künstler **gemalt.**
>
> *This picture was painted by a famous artist.*

FOTOTEXT

„Guten Tag, ich bin Ihre Burgführerin (*tour guide*), Frau Zumach. Sie werden von mir herzlich auf unserer Ruine Alt-Dahn im Pfälzer Wald (*Palatine Forest*) willkommen geheißen. Alt-Dahn wird seit 1127 als Name für eine Ministerialenfamilie (*family of chancery officials*) erwähnt (*mentioned*). Die Burg wurde oft verändert (*changed*), aber der schmale Turm (*tower*) vor dem zweigeschossigen (*two-story*) Palas wurde mit Steinen gebaut, die in der staufischen (*time of the Staufen dynasty*) Architektur verwendet (*used*) wurden. Es wird angenommen, daß die Burg eine Zweiturmanlage war, bevor sie zerstört (*destroyed*) wurde. Im 13. Jahrhundert wurde sie eine Lehensburg (*fief castle*) des Bischofs von Speyer."

Formation and Tenses

The passive voice is formed with the auxiliary **werden.** The five tenses in the passive voice can be divided into two groups: (1) simple tenses: present and past; and (2) compound tenses: present perfect, past perfect, and future.

The passive voice in simple tenses is formed with the present or past tense of **werden** in the appropriate verb position and the past participle of the main verb at the end of the sentence.

PRESENT PASSIVE
Die Postkarte **wird geschrieben.** *The postcard is being written.*

PAST PASSIVE
Die Postkarte **wurde geschrieben.** *The postcard was being written.*

The passive voice in the perfect tenses is formed with the present or past tense of **sein,** as an auxiliary of **werden,** and the past participle of the main verb plus **worden.** It is important to remember the following two points.

1. **Sein** is not used as the verb *to be* but as the auxiliary to the perfect tenses of **werden.**
2. In the passive construction, **worden**—not **geworden**—is the past participle of **werden: Der Brief ist geschrieben worden** (*the letter was written*).

PRESENT PERFECT PASSIVE
Die Briefe **sind** nicht **gelesen worden.** *The letters weren't (haven't been) read.*

PAST PERFECT PASSIVE
Die Briefe **waren** nicht **gelesen worden.** *The letters had not been read.*

Passive sentences may also contain modals. The constructions are formed according to the same principles used for active sentences.

PRESENT PASSIVE WITH MODAL
Die Wohnung **muß geputzt werden.** *The apartment must be cleaned.*

PAST PASSIVE WITH MODAL
Der Artikel **könnte** von ihm **geschrieben worden sein.** *The article could have been written by him.*

A sentence in the future passive contains two forms of **werden:**

1. a present-tense form of **werden** as the future auxiliary and
2. the infinitive (**werden**) in the final position following the past participle of the main verb.

FUTURE PASSIVE
Der Film **wird diskutiert werden.** *The film will be discussed.*

The agent of a passive sentence is generally expressed with **von.**

Dieses Buch wurde **von** Thomas Mann geschrieben. *This book was written by Thomas Mann.*

Impersonal Usage

The passive voice without a real subject is commonly used in German signs and notices.

> Hier wird Englisch gesprochen.　　*English is spoken here.*

Sometimes **es** functions as the nonspecific subject of a passive sentence.

> Es wird überall erzählt, daß diese　　*Everyone says that this woman is*
> Frau sehr reich sein soll.　　　　　*supposed to be very rich.*

When the sentence does not open with **es,** the grammatical subject (**es**) is dropped.

> Überall wird erzählt . . .

Alternatives to the Passive Voice

The following constructions are frequently used as alternatives to the passive voice. With the exception of the construction with **man,** the subject in these sentences does not perform the action directly but is acted upon.

> **man** PLUS ACTIVE VOICE
> **Man kann** diese Tür leicht　　　*One can easily close this door.*
> 　**schließen.**

> **sein** PLUS **zu** PLUS ACTIVE INFINITIVE
> Diese Tür **ist** leicht **zu schließen.**　　*This door is easy to close.*

> REFLEXIVE USE OF VERBS
> Diese Tür **schließt sich** leicht.　　*This door closes easily (is easily*
> 　　　　　　　　　　　　　　　*closed, is easy to close).*

> **sich lassen** PLUS ACTIVE INFINITIVE
> Diese Tür **läßt sich** leicht　　　*This door can be closed easily. (lit.,*
> 　**schließen.**　　　　　　　　　*This door lets itself be closed*
> 　　　　　　　　　　　　　　*easily.)*

ÜBUNGEN 2

A. Wer ist der Mann hinter der Brille (*glasses*)?

BEISPIEL:　Der Mann sieht andere Menschen. →
　　　　　Andere Menschen werden von ihm gesehen.

1. Der Mann zeichnet Bildergeschichten.
2. Er fotografiert alte Kirchen.
3. Er schreibt lange Briefe.

SEHEN
UND GESEHEN WERDEN
OPTIK AM KLEISTPARK
HAUPTSTRASSE 158
1000 BERLIN 62
☎ 781 32 60

Der Mann sieht, und er wird gesehen.

4. Er singt deutsche Lieder.
5. Er meidet keine Probleme.
6. Er lädt oft Freunde zu sich ein.

B. Wie hat man das getan? Wie ist das getan worden?

Der undressierte Mann

bleifrei   *lead-free*
undressiert *unconditioned, undis-*
           ciplined

BEISPIEL: Man hat die Figur mit einem Bleistift gezeichnet. →
           Die Figur ist mit einem Bleistift gezeichnet worden.

1. Man hat den Brief mit einem Kugelschreiber geschrieben.
2. Man hat das Bild mit Ölfarben gemalt.
3. Man hat die neuen Häuser aus Holz (*wood*) gebaut.
4. Man hat die Dekorationen aus Papier gemacht.
5. Man hat das Lied *à cappella* gesungen.
6. Man hat das Ballett in Masken getanzt.

C. Was? Das wollen wir wirklich wissen.

BEISPIEL: Was muß der Mann tun?
           Was muß getan werden?

1. Was soll der Kunde dafür kaufen?
2. Was kann der Werksarzt dazu sagen?
3. Was kann der Arzt dagegen
   verschreiben?
4. Was darf der Arbeiter mitbringen?
5. Was muß der Ingenieur dazu
   schicken?
6. Was sollen wir dabei machen?

„Was gemacht werden muß, wissen wir jetzt, aber wir wissen nicht, womit!"

KOMMUNIKATION 2

Was meinen die Österreicher/Österreicherinnen? Was sagen Sie dazu?
Arbeiten Sie in einer Kleingruppe. Erklären Sie mit eigenen Worten, was jeder
Mensch meint. Machen Sie persönliche Bemerkungen dazu.

BEISPIEL: Sport →

S1: Die Siegerehrung wird im Fernsehen nicht mehr gezeigt.
Einige Zuschauer meinen, daß sie auch zur Übertragung
gehört.

S2: Ich bin auch dieser Meinung. Wenn ein Sportler oder eine
Sportlerin ein Spiel gewinnt, ist die Siegerehrung für ihn/sie
und sein/ihr Land sehr wichtig. Man soll diesen Moment auch
im Fernsehen genießen.

S3: Ich bin kein(e) Sportgegner(in), aber die Siegerehrung interessiert mich gar nicht. Man sollte sie nicht im Fernsehen sehen
müssen.

IHRE MEINUNG
zum ORF-Programm

(0222) 52 100/
2280, 2281 DW

Rufen Sie zwischen 20 und 23 Uhr an

Sport
Wann werden diese Antisportler am Küniglberg endlich begreifen, daß eine Siegerehrung auch zu einer Übertragung gehört? Fein, daß es Kabel-TV gibt!
Karl-Heinz Veit, Innsbruck

ORF-Programm
Der ORF kauft anscheinend keine neuen Filme mehr, sonst würde er nicht dauernd diese gräßlichen alten Schinken wiederholen.
Norman Schadler, Innsbruck

Alf
Ich hätte gerne, daß der „Alf" im Vormittagsprogramm wiederholt wird.
Julia Müller,1090 Wien

Cinema Paradiso
Vielen Dank für diesen anspruchsvollen Film im Hauptabendprogramm – er war großartig.
Gertrud Schuch, 4040 Linz

Lindenstraße
Ich finde es gemein, daß der ORF die Beginnzeiten dieser Serie schon zum x-ten Mal ändert. Warum können denn andere Serien immer zum gleichen Zeitpunkt ausgestrahlt werden?
Maria Ressl, 3251 Purgstall

Prominente bitten zu Tisch
Jeden Tag werden uns in den Medien Hungernde in aller Welt gezeigt. Dann bringt der ORF die Sendung „Prominente bitten zu Tisch" – zynischer geht es wohl nicht mehr.
Marie Holger, 1130 Wien

anscheinend *apparently*

anspruchsvoll *high-quality; sophisticated*

Antisportler/Antisportlerin
(besser:) Sportgegner/Sportgegnerin (Fußballgegner, Fernsehgegner usw.)

ausstrahlen *to broadcast*

begreifen *to grasp*

gemein *terrible, horrible*

gräßlich *awful*

ORF Österreichischer Rundfunk
(*radio and TV broadcasting station*)

der Schinken, - *here: clichéed film*

die Siegerehrung *awards ceremony*

die Übertragung *broadcast*

wiederholen *to repeat*

 ERWEITERUNG

Jahreszeiten

A. Welche Jahreszeit? *The following ideas are contained in the poem "Marktlage" on page 376. As you read these sentences, what season of the year comes to mind?*

Die frischen Gemüse und Kräuter° sollen alle gekauft werden. — *herbs*

Südfrüchte,° Schlangengurken° und Kopfsalate° werden wie Bananen erstaunlich° billiger verschleudert.° — *citrus fruits / long cucumbers / lettuce / amazingly / sold (at very low prices)*

Die leeren° Flaschen müssen gestapelt° werden. — *empty / stored, piled*

Winterkleider werden gesichtet.° — *sorted out*

Bald werden die oberen° Knöpfe° geschlossen. — *top / buttons*

 FOTOTEXT

Klaus und Robert fahren durch das herbstliche Karlsruhe und wären lieber im Süden.

K: Wenn diese Fahrräder doch Flugzeuge wären und wir zu den Kanarischen Inseln fliegen könnten.

R: Dann flögen wir jetzt über das Mittelmeer, sähen Gibraltar unter uns liegen, kämen an die Nordwestküste Afrikas und wären in wenigen Minuten am warmen Strand.

K: Noch besser wäre es, wenn wir nach Australien flögen, da hört jetzt der Frühling auf. Wir hätten den Sommer wieder vor uns.

R: Schön wär's!

B. Zum Lesen. *Read the poem as many times as necessary to achieve an understanding of the picture the author is trying to create. You will notice that phrases and
ideas run together without punctuation and often without verbs. It may help to
rewrite each idea in the poem with the punctuation and syntax of a regular sentence
and to add the verb if it is missing.*

TEXT *Marktlage**

von Nicolas Born

Was ist los?
Die Hunde gebärden sich° heute   gebärden . . . *are acting*
wie toll.°   *crazy*
Die Bewegungen° der Hauswartsfrau°   *movements / janitor's wife*
5 ergeben° wieder Reglosigkeit.°   *result in / motionlessness*

Auf dem Markt ist Leben
all die frischen Gemüse und Kräuter
sollen gekauft werden.
Der Fischstand geschlossen
10 das Angebot° an Frischfleisch groß.   *offering*
Südfrüchte billiger
Schlangengurken Kopfsalat billiger
erstaunlich wie Bananen
verschleudert werden.
15 Kohl° billig Tomaten teuer   *cabbage*
Paprikaschoten° gehn aus   *peppers*
Chicorée erst in vierzehn Tagen.

Die leeren Flaschen müssen
gestapelt werden, wie Winterkleider
20 gesichtet. Bald werden
die oberen Knöpfe geschlossen.
Die Hunde streunen°   *stray*
die Autos parken länger im Dunkeln.
Über den ersten Schnee gehen alte Damen
25 an der Seite alter Herren.
Merkwürdig ist der Winter
bevor er kommt.

ALLEGRA
Stilles Wasser
aus den Bündner Alpen

**state of the market*

C. Zum Schreiben: „Merkwürdig ist die Jahreszeit, bevor sie kommt." Wie würden Sie Ihre Lieblingsjahreszeit (den Winter, den Frühling, den Sommer oder den Herbst) dort beschreiben, wo Sie wohnen? Welche Anzeichen (*signs*) gibt es, daß diese Jahreszeit kommt? Schreiben Sie ein gereimtes oder ungereimtes Gedicht oder einen kurzen Aufsatz darüber.

Phantasie

A. Stil. *"Die runde lnsel" by Franz Hohler is written with Subjunctive I, which is not often used in conversation but occurs frequently in printed German, particularly in newspaper articles. You will have no trouble recognizing Subjunctive I forms and understanding the story if you first read the explanation.*

Subjunctive I

Subjunctive I has the same personal endings as Subjunctive II, but the stems differ. Whereas Subjunctive II comes from the *second* principal part of the verb, Subjunctive I derives directly from the infinitive. The Subjunctive I stem is therefore the same as the infinitive stem.

Subjunctive I is generally used only in the third-person singular. Because most of the Subjunctive I forms are the same or nearly the same as those of the present-tense indicative, Subjunctive II is usually preferred in the other persons to avoid ambiguity. There is no difference in meaning, and it is acceptable to alternate between the two forms, substituting Subjunctive II for Subjunctive I.

Sein is one verb that is frequently used in all forms in Subjunctive I. The subjunctive personal endings are added to the stem, except in the first- and third-person singular.

	I II III				I II III		
PRINCIPAL PARTS	haben, hatte, hat gehabt				sein, war, ist gewesen		
	↓				↓		
SUBJUNCTIVE I STEM	hab				sei		
SUBJUNCTIVE PERSONAL ENDINGS	ich	habe	wir	haben	ich sei	wir	seien
	du	habest	ihr	habet	du seiest	ihr	seiet
	er sie es	habe	sie	haben	er sie es sei	sie	seien
		Sie haben				Sie seien	

Like Subjunctive II, Subjunctive I has one past tense that is formed with the appropriate Subjunctive I form of **haben** or **sein** plus the past participle.

Der Mann hat mir erzählt, er **habe** eine Reise nach Indien **gemacht.** Er **sei** dort acht Jahre lang **geblieben.**	*The man told me he took a trip to India. He stayed there eight years.*

Uses of Subjunctive I. The subjunctive is frequently seen in written reportage in which indirect speech rather than direct quotation is used to report someone else's words or thoughts. It may signal a neutral stance on the part of the reporter.

Die Leute fragen, was man gegen das Problem tun **könne.** Manche Politiker sagen aber, es **gebe** kein Problem.	*People are asking what can be done about the problem. Some politicians are saying, however, there is no problem.*

Wishes and suggestions expressed in speeches or on greeting cards are sometimes rendered in Subjunctive I, as are mathematical suppositions.

Lang **lebe** die Freiheit! **Möge** das neue Jahr Ihnen viel Glück bringen! In dieser Gleichung **sei** „x" . . .	*Long live freedom! May the new year bring you much happiness. In this equation, "x" is (stands for)* . . .

B. Vor dem Lesen: Erste Eindrücke

1. Franz Hohler was born in 1943 in Biel, Switzerland. After having read his **„Der Verkäufer und der Elch"** in Chapter 15, what impressions might you have about **„Die runde Insel,"** even before you read it?
2. Read the first sentence of the story and notice the use of Subjunctive I in both the past and present tenses. Why do you think the subjunctive is used? What clue does this provide about the rest of the story? Will the story be told from a first- or second-hand perspective?
3. Skip now to the last sentence of the story. Why do you think it is in the indicative? What does it tell you about the content of the story?

C. Phantasie und Wirklichkeit. Lesen Sie jetzt die ganze Geschichte und machen Sie sich dabei Notizen. Was könnte in Wirklichkeit passieren oder sein? Was könnte nur in der Phantasie passieren oder sein?

WIRKLICHKEIT	PHANTASIE
Jemand war auf einer Insel im Indischen Ozean.	Alles ist auf der Insel rund.

TEXT *Die runde Insel*

von Franz Hohler

Kürzlich hat mir ein Bekannter erzählt, er sei auf einer Insel im Indischen Ozean gewesen, auf der alles rund sei. Schon die Insel selbst habe einen kreisförmigen° Umriß,° und wenn man vom Kursschiff° an Land gehen wolle, werde man in runden Booten° abgeholt. Auf der Insel gebe es weder Eisenbahnen° noch Trams oder Autos, sondern das einzige Verkehrsmittel° seien große Kugeln.° Man müsse aber aufpassen,° daß man nichts verwechsle,° denn auch die Häuser seien kugelförmig,° was den Vorteil habe, daß man sie jederzeit woanders hinstellen könne. Allerdings° sehe man keinen lebendigen Menschen, sondern nur Kugeln. Es gebe kleine Kugeln, die zwitschernd° in der Luft herumflögen,° eine eher elliptische Kugel habe er miauen° gehört, ferner° habe er einmal eine Kugel gesehen, die rund herum mit geschwungenen° Zeichen° bedruckt° gewesen sei, und andere Kugeln seien um sie herumgestanden, wahrscheinlich sei es ein Buch oder eine Zeitung gewesen. Dann sei er aber in eine der lesenden Kugeln eingestiegen und an einen andern Ort der Insel gefahren. Dort sei ihm plötzlich aufgefallen,° daß sich sein Bauch° seltsam° zu wölben° begann, und da habe er die erste Gelegenheit benützt, um wieder mit einem runden Boot in ein Kursschiff zu gelangen, und als dieses davongefahren sei, habe er erst bemerkt, daß die Insel wie eine Halbkugel zum Wasser herausschaute° und daß sich alle Kugeln auf der Kuppe° der Insel versammelt° hatten und ihm nachblickten.°

Der Kapitän habe ihm nachher gesagt, er könne von Glück reden, denn diese Insel sehe man nur ganz selten, wahrscheinlich sei sie gar nicht festgewachsen,° sondern habe auch unter dem Wasser die Form einer Halbkugel. Der Mann, der mir das erzählt hat, ist aber sonst nicht gerade zuverlässig, und ich weiß nicht recht, ob ich ihm das alles glauben soll.

circular / outline / oceanliner
boats
Züge / means of transportation
spheres / watch out / mix up
spherical
mind you
chirping
flew around / meowing / further
curved / marks
printed

(it) occurred / stomach / strangely
to bulge out

looked out / (domed) top / gathered
ihm . . . watched him go

attached (to the bottom of the sea)

A. Kugeln

1. Wer hat dem Autor die Geschichte erzählt? Wo ist dieser Mensch angeblich (*supposedly*) gewesen?
2. Wie wird man abgeholt, wenn man vom Schiff an Land gehen will?
3. Was ist das einzige Verkehrsmittel auf der Insel?
4. Was sieht man auf der Insel?
5. Warum hat der Besucher die Insel verlassen?
6. Warum kann der Besucher von Glück reden?
7. Glaubt der Autor diesem Menschen? Warum (nicht)?

Helgoland ist keine Phantasieinsel, es gibt sie wirklich. Sie sehen hier nur ihren freistehenden Felsen „Lange Anna". Doch die Insel ist die größte und die berühmteste Deutschlands. Man sagt, sie sei früher viel größer gewesen. 1711 sei das Witte Kliff untergegangen (*sank into the ocean*), und 1721 sei der Verbindungsdamm (*connecting strip of land*) zwischen Düne und Insel gebrochen. Helgoland sei schon in der Steinzeit bewohnt gewesen, man habe auch heidnische (*pagan*) Kultstätten der Friesen gefunden. 1826 sei Helgoland zum Seebad geworden und seitdem von vielen Gästen besucht worden. Man verwendet (*uses*) moderne Einrichtungen (*facilities*). Seit 1972 gewinnt man (*obtain*) das Trinkwasser durch eine Entsalzungsanlage (*desalination facility*) aus Meerwasser, aber Autos sind immer noch auf dieser Insel verboten.

B. Zum Sprechen und Schreiben: Orte

1. Beschreiben Sie einem Partner / einer Partnerin einen Ort, den Sie einmal in Wirklichkeit oder in der Phantasie besucht haben!
2. Schreiben Sie, was Ihr Partner / Ihre Partnerin von einem Ort erzählt hat! Sie können den Bericht (*report*) im Indikativ oder im Konjunktiv (*subjunctive*) schreiben!

VOCABULARY

Abbreviations

acc.	accusative	*infor. pl.*	informal plural
adj.	adjective	*infor. sg.*	informal singular
adv.	adverb	*lit.*	literally
coll.	colloquial	*past part.*	past participle
coord. conj.	coordinating conjunction	*pl.*	plural
dat.	dative	*poss. adj.*	possessive adjective
d.o.	direct object	*prep.*	preposition
for.	formal	*sg.*	singular
gen.	genitive	*subord. conj.*	subordinating conjunction
indef. art.	indefinite article	*wk.*	weak noun
indef. pron.	indefinite pronoun		

Chapter References

The chapter number is listed after the translation of those words or phrases that appear in the **Wortschatz**.

GERMAN-ENGLISH

A

ab from; as of; **ab München** (leaving) from München; **ab 2 Uhr** as of 2 o'clock

der Abend, -e evening; **am Abend** in the evening, every evening, at night; **gestern abend** yesterday evening, last night; **guten Abend!** good evening **1**; **heute abend** this evening, tonight **2**; **abends** (in the) evenings **2**

das Abendbrot supper, evening meal; **zum Abendbrot** for supper

das Abendessen, - dinner, evening meal **13**

das Abendkleid, -er evening gown

aber but, however **2**

ab·fahren (fährt ab), fuhr ab, ist abgefahren to depart, leave **5**

ab·fliegen, flog ab, ist abgeflogen to depart (*by plane*), take off

die Abgase (*pl.*) exhaust, fumes

abgespannt tired, weary

ab·halten (hält ab), hielt ab, hat abgehalten to block, stop (*the sun*)

ab·holen to pick up

Abitur: das Abitur machen *to pass the examination given at the end of sec-*ondary school (**Gymnasium**)

ab·nehmen (nimmt ab), nahm ab, hat abgenommen to take off, take away; **den Hörer abnehmen** to pick up the telephone; **darf ich Ihnen den Schirm abnehmen?** may I take your umbrella?

ab·reisen, ist abgereist to depart (on a trip) **7**

der Absatz, ⸚e paragraph

der Abschied, -e farewell, parting (*from someone*) **16**; **Abschied nehmen** to say good-bye

der Abschleppwagen, - tow truck

das Abteil, -e (train) compartment **5**

ab·warten (+ *acc.*) to wait for (*something to happen*)

ach! oh!

ach so! oh, I see!

acht eight **1**

die Achtung respect; **Achtung haben vor (+ *dat.*)** to respect (*someone*)

achtzehn eighteen **1**

achtzig eighty

der Ackerboden farmland

ADAC = Allgemeiner Deutscher Automobil-Club General Automobile Association of Germany

das Adjektiv, -e adjective

die Adresse, -n address

(das) Afrika Africa

aggressiv aggressive

(das) Ägypten Egypt

ägyptisch Egyptian

ah! ah!, oh!

ähnlich similar(ly); **etwas Ähnliches** something similar

Ahnung: keine Ahnung haben to have no idea **16**

die Akademie, -n academy

aktiv active(ly)

die Aktivität, -en activity

aktuell actual(ly), current(ly)

akzeptieren to accept

alaaf *traditional greeting during Carnival in Cologne*

der Alexanderplatz well-known square in Berlin

der Alkohol alcohol

all die (+ *pl.*) all those

alle (*pl.*) all **13**

allein(e) alone **14**; **schon allein(e)** particularly; **allein lassen** to leave alone

allerdings however

allergrößt- very largest

alles everything; **alles Gute!** best wishes, all the best 1; **alles in Ordnung?** everything all right? 4; **alles klar!** everything's OK!; **alles Mögliche** everything possible 18; **alles zusammen** everything together

allgemein general(ly)

alltäglich everyday 18

das Alltagsleben everyday life

die Alpen (*pl.*) the Alps (*mountains*)

als (*subord. conj.*) as; when 8; than

als ob (*subord. conj.*) as if

also so; well 5; therefore

alt old 1

die Alten (*pl.*) old people

das Alter, - age; **in welchem Alter** at what age

alternd aging

der Amazonas the Amazon River

(das) Amerika America 3

der Amerikaner, -/ die Amerikanerin, -nen American (*person*) 2

amerikanisch American

an (+ *acc./dat.*) at, up to 11

an·bauen to plant, grow (*something*)

andächtig solemn, attentive(ly)

andere (*pl.*) other (*adj.*); (et)was **anderes** something else

(sich) ändern to change, alter

anders different(ly); **es kommt anders** it doesn't turn out as planned

an·drehen to turn on (*light*)

aneinander together; one against the other

die Anekdote, -n anecdote

an·fahren (fährt an), fuhr an, ist angefahren to start a car

der Anfang, ⸚e beginning

an·fangen (fängt an), fing an, hat angefangen to begin

an·fordern to request

angeblich alleged(ly)

das Angebot, -e offer, supply

angeln to angle, fish 14

das Angeln fishing

angenehm pleasant(ly) 17

die Anglistik English studies

die Angst, ⸚e fear; **Angst haben vor** (+ *dat.*) to be afraid of 11

ängstlich fearful(ly), anxious(ly) 18

an·kommen, kam an, ist angekommen to arrive 5

die Ankunft arrival

die Ankunftszeit, -en arrival time

Anlauf nehmen to get ready (*to do something*)

an·pflanzen to plant, grow (*something*)

an·probieren to try on 8

die Anregung, -en stimulus, idea

an·rufen, rief an, hat angerufen to call up, phone 8

sich an·sammeln to accumulate

an·schaffen, schuf an, hat angeschafft to acquire

anscheinend apparently

der Anschluß, *pl.* **Anschlüsse** connection

an·schreien, schrie an, hat angeschrie(e)n to yell at

die Ansicht, -en view

anspruchsvoll high-quality; sophisticated

der Anstand good manners

(an)statt (+ *gen.*) instead of 12

die Anstellung employment, job

an·stoßen (stößt an), stieß an, hat angestoßen to bump against

anstrengend strenuous(ly)

die Anthropologie anthropology

das Antibiotikum, *pl.* **Antibiotika** antibiotic

die Antiquität, -en antique

der Antisportler, - / die Antisportlerin, -nen person not interested in sports

an·tun: das kannst du mir nicht antun you can't do that to me

die Antwort, -en answer

antworten (+ *dat.*) to answer (to) 10; **antworten auf** (+ *acc.*) to respond to 11

der Anwalt, ⸚e / die Anwältin, -nen lawyer 16

das Anzeichen, - sign, indication

die Anzeige, -n ad, advertisement 12

an·ziehen, zog an, hat angezogen to put on, pull on 8; **sich an·ziehen** to dress, put on clothes 17

der Anzug, ⸚e man's suit 8

der Apfel, ⸚ apple 13

der Apfelkuchen, - apple cake

der Apfelsaft, ⸚e apple juice

der Apfelstrudel, - apple strudel

die Apotheke, -n pharmacy 10

der Apotheker, - / die Apothekerin, -nen pharmacist 10

Appetit: guten Appetit! enjoy your meal! 13

(der) April April 1

die Arbeit, -en work 11

arbeiten to work, study 2; **arbeiten an** (+ *dat.*) to work on 11

das Arbeitsamt, ⸚er government

employment office

arbeitslos unemployed

das Arbeitstempo, -s pace of work

der Architekt, -en (*wk.*) / **die Architektin, -nen** architect

die Architektur architecture

sich ärgern (über + *acc.*) to be annoyed (about) 17

der Arm, -e arm 8

arm poor(ly) 6

die Art, -en type, kind, sort

der Artikel, - article 12; section

die Artischocke, -n artichoke

das Arzneimittel drug

der Arzt, ⸚e / die Ärztin, -nen (medical) doctor 9

(das) Aschenputtel Cinderella

(der) Aschermittwoch Ash Wednesday

das Aspirin aspirin

der Assistent, -en (*wk.*) / **die Assistentin, -nen** assistant

das Atelier, -s (artist's) studio, workshop

der Athlet, -en (*wk.*) / **die Athletin, -nen** athlete

der Atlantik Atlantic Ocean

atmen to breathe

die Atmosphäre, -n atmosphere

der Atommüll nuclear waste

die Atomwaffe, -n nuclear weapon

die Attraktion, -en attraction

attraktiv attractive

auch also, too 1

auf (+ *acc./dat.*) on, upon, onto 11; **auf deutsch** in German 3; **auf Urlaub** on vacation 7; **auf Wiederhören** good-bye (*on telephone*) 9; **auf Wiedersehen** good-bye 1

auf·bauen to build up, erect

auf·fallen (fällt auf), fiel auf, ist aufgefallen to strike (*someone's attention*)

auf·fangen (fängt auf), fing auf, hat aufgefangen to catch

auf·flammen to light up

die Aufgabe, -n task, job

auf·geben (gibt auf), gab auf, hat aufgegeben to give up

auf·gehen, ging auf, ist aufgegangen to open up

aufgeregt excited(ly)

sich auf·halten (hält auf), hielt auf, hat aufgehalten to stop over

auf·hören to stop (*doing something*)

die Auflage, -n edition

auf·machen to open

auf·passen to watch out, pay attention

sich auf·rappeln to struggle to stand up

aufrecht: (etwas) aufrecht erhalten to maintain (*something*)

aufregend exciting, thrilling

der Aufsatz, ⸚e composition, essay 14

der Aufsatzschreiber, - / die Aufsatzschreiberin, -nen essay writer

das Aufsatzthema, *pl.* **Aufsatzthemen** composition theme

auf·schreiben, schrieb auf, hat aufgeschrieben to write down

auf·stehen, stand auf, ist aufgestanden to get up

der Auftrag, ⸚e order, commission

das Auge, -n eye 8

Augenblick: einen Augenblick just a moment

(der) August August 1

aus (+ *dat.*) out of, from (*origin*) 10; made of; **er kommt aus Berlin** he comes from Berlin 2; **aus Glas** made of glass

die Ausbildung, -en training, education 16

der Ausbildungsplatz, ⸚e on-the-job training position

der Ausdruck, ⸚e expression

die Ausdrucksform, -en form of expression

der Ausflug, ⸚e excursion, outing, short trip

ausführlich detailed

aus·füllen to fill out 9

der Ausgang, ⸚e exit

ausgedehnt extensive

aus·gehen, ging aus, ist ausgegangen to go out

ausgewählt (*adj.*) select, choice

ausgezeichnet excellent(ly)

aus·kuppeln to disengage the clutch, shift into neutral

aus·packen to unpack

sich aus·ruhen to rest

aus·sehen (sieht aus), sah aus, hat ausgesehen to appear, look (*some way*) 5

außer (+ *dat.*) except, besides, apart from 10

aus·sprechen (spricht aus), sprach aus, hat ausgesprochen to pronounce

aus·steigen, stieg aus, ist ausgestiegen to get out, get off, disembark 5

die Ausstellung, -en exhibition

aus·strahlen to broadcast, telecast

der Australier, - / die Australierin, -nen Australian (*person*)

aus·üben to practice, pursue (*a profession*) 16; **einen Beruf ausüben** to practice, pursue a profession 16

der Ausweis, -e ID, identification card

der Auszug, ⸚e excerpt

das Auto, -s car 3

die Autobahn, -en freeway

der Autobus, -se bus

Auto fahren (fährt Auto), fuhr Auto, ist Auto gefahren to drive a car 4

der Autofahrer, - / die Autofahrerin, -nen driver

automatisch automatic(ally)

der Autor, -en / die Autorin, -nen author

das Autorennen, - car race

autoritär authoritarian

das Autowaschen car washing

die Axt, ⸚e axe

B

der Bach, ⸚e creek

die Backe, -n cheek

backen (bäckt), backte, hat gebacken to bake

der Bäcker, - / die Bäckerin, -nen baker 10

die Bäckerei, -en bakery 10

die Backsteingotik brick Gothic (architecture)

das Bad, ⸚er bath(room) 9

baden to bathe

die Bahn, -en train (system)

der Bahnhof, ⸚e train station 5

die Bahnstrecke, -n stretch of railroad line

bald soon 3

der Balkon, -e balcony, deck 11

der Ball, ⸚e ball

das Ballett, -e ballet

die Banane, -n banana 13

der Band, ⸚e volume (*of books*)

die Bank, -en bank 10

die Bar, -s bar, nightclub

bar: bar zahlen to pay cash

das Bärenkostüm, -e bear costume

die Barkasse (motor)launch

barmherzig charitable, charitably

der Baseball baseball

das Baseballspiel, -e baseball game

basieren (auf + dat.) to base (on)

der Basketball basketball

der Basketballschuh, -e basketball shoe

das Basketballspiel, -e basketball game

basteln to tinker; to work on a hobby

der Bauch, ⸚e belly

bauen to build 16

der Bauer, -n (*wk.*) / **die Bäuerin, -nen** farmer, peasant

die Baufirma, *pl.* **Baufirmen** construc-

tion firm

der Baum, ⸚e tree 7

der Baumeister, - building contractor

baumeln to dangle

die Baustelle, -n construction site

das Bauwesen building industry, engineering

bayerisch Bavarian

(das) Bayern Bavaria

der Beamte, -n (ein Beamter) / die Beamtin, -nen official, civil servant 4

beantworten to answer (*something*)

der Bedarf need, demand

bedeuten to mean, signify 13

bedeutend renowned, important

bedienen to serve, wait on

die Bedienung, -en service

das Bedienungsgeld, -er (money paid for) service

bedrucken to imprint

sich beeilen to hurry 17

beenden to end

der Befehl, -e order, command

begeistert avid(ly), enthusiastic(ally) 14

der Beginn the beginning, start

beginnen, begann, hat begonnen to begin 15

die Beginnzeiten (*pl.*) starting times

beglückwünschen to congratulate

begreifen, begriff, hat begriffen to understand, comprehend

der Begründer, - / die Begründerin, -nen founder

begrüßen to greet, welcome

behandeln to treat

der Behördenweg, -e bureaucratic process

bei (+ *dat.*) with; near; at the home of 10

beide both 12; **keiner von beiden** neither one

der Beifahrersitz, -e passenger seat (*in a car*)

beige beige

das Bein, -e leg 8

beinah(e) almost

Beinbruch: Hals und Beinbruch! break a leg!

das Beisammensein (social) gathering

beiseite to the side, out of the way

das Beispiel, -e example; **zum Beispiel** for example

der Beitrag, ⸚e contribution

bekannt known 12

der Bekannte, -n (ein Bekannter) / die Bekannte, -n acquaintance 9 die **Bekanntschaft, -en** acquaintance, friendship

beklemmend stifling, oppressive

bekommen, bekam, hat bekommen to get, receive 5

belächeln to smile (*about something*)

belegen to take, register for 17

belegt covered

belegtes Brot open-face sandwich 13

(das) **Belgien** Belgium

belgisch Belgian

beliebt popular 14

bemerkbar noticeable

bemerken to notice 17

die **Bemerkung, -en** observation, remark

das **Benehmen** behavior

benutzen to use

das **Benzin** gasoline

beobachten to observe 16

die **Beobachtung** observation

bequem comfortable, comfortably

die **Beratung, -en** consultation

das **Beratungstelefon, -e** telephone consultation

berechtigen to entitle

der **Bereich, -e** field, area 16

bereiten prepare

bereits already

der **Berg, -e** mountain 7

das **Bergsteigen** mountain climbing

die **Bergwelt** mountain world

der **Bericht, -e** report

Berliner (*adj.*) (from) Berlin

der **Berliner, -** / die **Berlinerin, -nen** person from Berlin

der **Beruf, -e** profession 15; **einen Beruf ausüben** to practice a profession 16; **was sind Sie von Beruf?** what is your profession?

beruflich professional(ly), on/for business

die **Berufsberatung** career counseling 16

der **Berufsplan, ⁼e** career plan

beruhen: das beruht auf Gegenseitigkeit that is mutual, the same here

berühmt famous 14

berühren to touch

sich **beschäftigen (mit)** to be concerned (with), occupy oneself (with); to keep busy (with) 17

beschimpfen to call names

beschlagnahmen to seize, confiscate

beschließen, beschloß, hat beschlossen to decide, determine

beschneiden, beschnitt, hat beschnitten

to restrict, cut down

beschränkt limited

beschreiben, beschrieb, hat beschrieben to describe 6

die **Beschreibung, -en** description

besichtigen to have a look at; to visit 7

die **Besichtigung, -en** viewing

besiedelt settled, populated

besitzen, besaß, hat besessen to own, possess 16

das **Besondere** special feature

besonders especially 6; **etwas/nichts Besonderes** something/nothing special 7

besorgt worried, concerned

besser better

Besserung: gute Besserung! get well soon!

bestehen, bestand, hat bestanden (aus) to consist (of) 13

besteigen, bestieg, hat bestiegen to climb (*a mountain*) 14

bestellen to order 13

bestimmt certain(ly); definite(ly)

der **Bestseller, -** bestseller

der **Besuch, -e** visit; company 6; **zu Besuch kommen** to come for a visit 6

besuchen to visit 3

besudeln to soil

der **Betonteil, -e** piece of cement

betreiben, betrieb, hat betrieben to do, conduct; **Forschung betreiben** to do research

betreten (betritt), betrat, hat betreten to enter

das **Bett, -en** bed 11

beugen to bend

bevor (*subord. conj.*) before 8

(sich) **bewegen** to move

die **Bewegung, -en** movement, motion

der **Beweis, -e** proof; **zum Beweis** as proof

die **Bewerbung, -en** application

bewundern to admire

bewundernswert admirable 15

bezahlen to pay (*something*) 11

die **Bezahlung, -en** payment

die **Bibliothek, -en** library 17

der **Bibliothekar, -e** / die **Bibliothekarin, -nen** librarian

das **Bier, -e** beer 5

das **Bierlokal, -e** pub

bieten, bot, hat geboten to offer 13

das **Bild, -er** picture 11

bilden to form

bildend: die bildenden Künste visual arts

die **Bildergeschichte, -n** picture story, cartoon

billig cheap(ly), inexpensive(ly) 7

die **Billion, -en** trillion

bimmeln to jingle, ring

die **Biographie, -n** biography

die **Biologie** biology

bis (+ *acc.*) until, up to; **bis dann** until then 8

bislang so far, up to now

bißchen: ein bißchen a little 9

bitte please; you're welcome; here you are; that's all right 1; **bitte schön** you're very welcome 1; **bitte sehr** you're very welcome 1; **wie, bitte?** what's that? what did you say? 1

bitten, bat, hat gebeten (um + *acc.*) to ask (*somebody*) for something; **zu Tisch bitten** to invite for dinner

das **Blatt, ⁼er** leaf; page

blau blue 2; **ins Blaue fahren** to go off into the blue

bläulichviolett bluish-purple

bleiben, blieb, ist geblieben to remain, stay 4; **zu Hause bleiben** to stay at home; **alles bleibt stehen** everything stops; **mir bleibt die Luft weg** I can't catch my breath

bleifrei unleaded

der **Bleistift, -e** pencil 2

der **Blick, -e** look, glance 12

blitzschnell fast as lightning

der **Block, ⁼e** block

blöd(e) dumb

die **Blödheit** stupidity

blond blond

bloß (*coll.*) merely, only

die **Blume, -n** flower 6

das **Blumengeschäft, -e** flower shop

der **Blumenhändler, -** / die **Blumenhändlerin, -nen** florist

der **Blumenkohl** cauliflower

der **Blumenladen, ⁼** flower shop

der **Blumenstrauß,** *pl.* **Blumensträuße** flower bouquet

die **Bluse, -n** blouse 8

die **Blutspende, -n** blood donation

der **Blutspender, -** / die **Blutspenderin, -nen** blood donor

die **Bockwurst, ⁼e** type of hot dog

der **Boden, ⁼** ground, floor 16

die **Bohne, -n** bean 13

bohren to drill

das **Bonbon, -s** candy

das **Boot, -e** boat

böse bad, naughty; angry; angrily 1; **sei**

mir nicht böse don't be angry with me

die **Botanik** botany

die **Boulevardzeitung, -en** tabloid

brauchen to need 4

braun brown 2

brav good, well-behaved 1

brechen (bricht), brach, hat gebrochen to break 16

das **Bremssystem, -e** the brake system

der **Brief, -e** letter 4

das **Briefeschreiben** letter writing

die **Briefmarke, -n** postage stamp 4

das **Briefpapier** stationery

die **Briefpost** first-class mail

die **Brieftasche, -n** wallet 4

der **Briefwechsel, -** correspondence

die **Brille, -n** (eye)glasses

bringen, brachte, hat gebracht to bring 5

das **Brot, -e** bread 5; **belegtes Brot** open-face sandwich 13; **das Käsebrot** cheese sandwich 5; **das Wurstbrot** sausage sandwich 5

das **Brötchen, -** roll 9

die **Brotsorte, -n** type of bread

die **Brücke, -n** bridge 7

der **Bruder, ⸚** brother 6

brüllen to bawl; to roar, shout

die **Brust, ⸚e** chest

die **Brutalität, -en** brutality

das **Buch, ⸚er** book 2

das **Bücherregal, -e** bookshelf 11

Buchhandel: im Buchhandel erhältlich obtainable through a bookstore

der **Buchhändler, -** / die **Buchhändlerin, -nen** bookseller

die **Buchhandlung, -en** bookstore

die **Bühne, -n** stage 15

die **Bundesbahn** (German) Federal Railway

die **Bundesbank** (German) Federal Bank

das **Bundesland, ⸚er** German state

der **Bundesminister, -** / die **Bundesministerin, -nen** (German) Federal Minister

die **Bundesrepublik Deutschland** Federal Republic of Germany

die **Bundesstraße, -n** (German) federal highway

bunt colored, bright(ly)

der **Bürger, -** citizen

das **Büro, -s** office 16

der **Bürovorsteher, -** / die **Bürovorsteherin, -nen** office manager

die **Bürste, -n** brush

der **Bus, -se** bus 3

der **Busfahrer, -** / die **Busfahrerin, -nen** bus driver

die **Butter** butter 9

C

das **Café, -s** café 7

das **Caféhaus, ⸚er** café, coffee shop

campen to camp

der **Cappuccino, -s** cappuccino (*type of Italian coffee*)

der **Cartoon, -s** cartoon

die **Cassette, -n** (audio)cassette

CDU = Christlich-Demokratische Union Christian Democratic Union (*German political party*)

(das) **Celsius** centigrade

der **Champagner** champagne

der **Champignon, -s** champignon (*mushroom*)

die **Chance, -n** chance

die **Charakterisierung, -en** characterization

charmant charming

der **Chef, -s** / die **Chefin, -nen** boss, employer

die **Chemie** chemistry

der **Chemielehrer, -** / die **Chemielehrerin, -nen** chemistry teacher

die **Chemikalie, -n** chemical

der **Chicorée** chicory

der **Chilene, -n** (*wk.*) / die **Chilenin, -nen** Chilean (*person*)

(das) **China** China

der **Chinese, -n** (*wk.*) / die **Chinesin, -nen** Chinese (*person*) 6

(das) **Chinesisch** Chinese (*language*)

chinesisch Chinese (*adj.*)

der **Christ, -en** (*wk.*) / die **Christin, -nen** Christian (*person*)

Christlich-Demokratische Union Christian Democratic Union (*major German political party*)

Christlich-Soziale Union Christian Social Union (*German political party*)

die **Chrysantheme, -n** chrysanthemum

der **Circus, -se** circus

das **Clownkostüm, -e** clown costume

Co. = Compagnie, Kompanie

die **Cola, -s** cola 5

der **Computer, -** computer 2

die **Computerfirma,** *pl.* **Computerfirmen** computer company

der **Computertisch, -e** computer table

die **Cowboystiefel** (*pl.*) cowboy boots

CSU = Christlich-Soziale Union Christian Social Union (*German political party*)

D

da there 2; **da drüben** over there 2

dabei with respect to; in doing so; at the same time; with that

dabei·bleiben, blieb dabei, ist dabeigeblieben to stay with it 11

dabei·sein, war dabei, ist dabeigewesen to be there, be present

das **Dach, ⸚er** roof

dadurch through that/it, by that/it

dafür for that/it; **dafür können wir nichts** we can't help that

dagegen against that/it

daheim at home

dahinter behind that/it

dalli! (*coll.*) hurry up!

damals at that time

die **Dame, -n** lady

damit with that/it; (*subord. conj.*) so that

danach after that/it

der **Däne, -n** / die **Dänin, -nen** Danish (*person*)

daneben next to that/it

(das) **Dänemark** Denmark

dänisch Danish

dank (+ *gen. or dat.*) thanks to, owing to

Dank: vielen Dank many thanks

danke thank you, thanks 1; **danke schön** thank you very much 1; **danke sehr** thank you very much 1; **gut, danke** fine, thank you 1

danken (+ *dat.*) to thank 10

dann then 5; **bis dann** until then 8

daran on that/it; of that/it; to that/it; **ihm liegt daran** it is important to him

darauf of that/it; on (top of) that/it; to that/it

daraus from that/it; of that/it

darüber about that/it

darum around that/it; because of that/it

darunter under that/it

das that, this

da·sitzen, saß da, hat dagesessen to sit around

daß (*subord. conj.*) that 8

dasselbe: derselbe, dieselbe, dasselbe, *pl.* **dieselben** the same

das **Datum,** *pl.* **Daten** date

dauern to last, take (*time*) 3

dauernd constantly

der **Daumen**, - thumb

davon from that/it

davon·fahren (**fährt davon**), **fuhr davon, ist davongefahren** to go away, depart

dazu for that/it; to that/it; with that/it

dazwischen between those/them

DB = Deutsche Bundesbahn German Federal Railway

die **DDR = Deutsche Demokratische Republik** German Democratic Republic (*name of former East Germany*)

die **Debatte**, -n debate

die **Decke**, -n blanket; ceiling

die **Deckenlampe**, -n ceiling lamp

defekt defective

definieren to define

dein your (*infor. sg.*) 6

die **Dekoration**, -en decoration

dekorieren to decorate

demnächst in the near future, very soon

die **Demokratie**, -n democracy

demokratisch democratic

die **Demonstration**, -en demonstration

denken, dachte, hat gedacht to think; **denken an** (+ *acc.*) to think of, about 11

denn (*coord. conj.*) for, because 2; *as particle:* **ist das denn Dieter Götz?** is that Dieter Götz (then)?

derzeit at the/that time

der **Designer**, - / die **Designerin**, -nen designer

deswegen because of that/it

der **Detektiv**, -e detective

(das) **Deutsch** German (*language*) 3; **auf deutsch** in German 3

deutsch German

der **Deutsche**, -n (ein **Deutscher**) / die **Deutsche**, -n German (*person*) 3

die **Deutsche Bundesbahn** German Federal Railway

die **Deutsche Bundesbank** German Federal Bank

die (ehemalige) **Deutsche Demokratische Republik** / (former) German Democratic Republic

(das) **Deutschland** Germany 3

deutschsprachig German-speaking

der **Deutschunterricht** German lesson

(der) **Dezember** December 1

der **Dialekt**, -e dialect

der **Dialog**, -e dialogue

der **Diamant**, -en (*wk.*) diamond

die **Diät**, -en diet

der **Dichter**, - / die **Dichterin**, -nen poet 10

dick thick(ly), fat 13

die **Diele**, -n hall, hallway 11

dienen to serve 13

der **Dienstag** Tuesday 1

dienstags (on) Tuesdays 2

dieser, diese, dieses, diese this, *pl.* these; that, *pl.* those 7

das **Ding**, -e thing

der **Dinosaurier**, - dinosaur

direkt direct(ly)

der **Direktor**, -en / die **Direktorin**, -nen director

die **Diskussion**, -en discussion

das **Diskussionsthema**, -s *pl.* **Diskussionsthemen** topic of discussion

diskutieren (**über** + *acc.*) to discuss

die **Disziplin**, -en discipline

die **DM** (**D-Mark, Deutsche Mark**) German mark

doch: kommen Sie doch vorbei! *a word used to soften commands:* why don't you come by 5

der **Doktor**, -en / die **Doktorin**, -nen doctor

der **Dokumentarfilm**, -e documentary film

der **Dollar**, -s U.S. dollar

der **Dom**, -e cathedral 7

die **Donau** Danube (River)

die **Donaustadt**, ⸚e city on the Danube River

der **Donnerstag** Thursday 1

donnerstags (on) Thursdays 2

das **Doppel**, - double (*game of tennis*)

das **Doppelbett**, -en double bed

das **Doppelzimmer**, - double room 9

das **Dorf**, ⸚er town, village 7

(das) **Dornröschen** Sleeping Beauty

dort there 2

dorthin there, to that place

die **Dose**, -n metal container, can, tin

Dr. = Doktor

das **Drama**, *pl.* die **Dramen** drama

der **Dramatiker**, - / die **Dramatikerin**, -nen playwright

dramatisch dramatic

dramatisieren to dramatize

die **Dramatisierung**, -en dramatization

dran: ich bin dran it's my turn; **da muß etwas dran sein** there must be something to it

drängeln (*coll.*) to push, jostle

drauf·treten (**tritt drauf**), **trat drauf, hat draufgetreten** to step on it

draußen outside

der **Dreck** dirt

der **Dreckhaufen**, - pile of dirt

drehen to turn; (**eine**) **Runde drehen** (*coll.*) to run (once) around

drei three 1

dreieinhalb three and a half

dreimal three times

dreißig thirty

dreizehn thirteen 1

drin (*coll.*) in it; inside

dritt: zu dritt three of us/you

die **Drogerie**, -n drugstore 10

der **Drogist**, -en (*wk.*) / die **Drogistin**, -nen druggist 10

drüben: da drüben over there 2

drücken to press, push

drumherum around it

du you (*infor. sg.*); **wie heißt du?** what's your name? 1

der **Duft**, ⸚e fragrance

dumm dumb, stupid(ly)

dunkel dark(ly), dim(ly) 12

das **Dunkel** darkness; **im Dunkeln** in the dark

die **Dunkelkammer**, -n darkroom

dünn thin(ly)

durch (+ *acc.*) through 7; **durch Zufall** by accident 18

durch·bringen, brachte durch, hat durchgebracht to spend, squander

durchfahren (**durchfährt**), **durchfuhr, hat durchfahren** (+ *acc.*) to drive through

durchleuchten to shine through, illuminate; to x-ray

der **Durchschnitt: die Durchschnittsnote** average: average grade 17

dürfen (**darf**), **durfte, hat gedurft** to be allowed to, may, be permitted to 6

der **Durst** thirst 5; **Durst haben** to be thirsty 5

durstig thirsty

sich **duschen** to take a shower 17

der **Düsenklipper**, - jet plane

E

eben just (now) 10; **eben nicht** not at all

die **Ecke**, -n corner 7

der **Ecktisch**, -e corner table

egal: es ist (**uns**) **egal** it doesn't matter to (us), (we) don't care 10

ehe before

die **Ehe**, -n marriage 16

ehemalig former

das **Ehepaar**, -e married couple

das **Ehrenwort**, -e word of honor

ehrlich honest(ly)

das Ei, -er egg 9

eigen own 12

eigenartig strange, peculiar

das Eigenheim, -e privately owned home

die Eigenschaft, -en quality

eigentlich actual(ly) 7

das Eigentum, *pl.* **Eigentümer** property, possession

eilig: es eilig haben to be in a hurry 16

der Eilzug, ̈-e fast train

ein paar a few 3

einander one another, each other

der Einbauschrank, ̈-e built-in closet

der Eindruck, ̈-e impression 18

einfach simple, simply; **ganz einfach** very simple

einfach oder hin und zurück? one-way or round-trip? 5

ein·fallen: es ist ihm eingefallen he remembered

das Einfamilienhaus, ̈-er one-family house

einige (*pl.*) a few, several 12

der Einkauf, ̈-e purchase

ein·kaufen to shop; **einkaufen gehen** to go shopping 8

das Einkaufen shopping 8; **beim Einkaufen** while shopping

die Einkaufsliste, -n shopping list

ein·laden (lädt ein), lud ein, hat eingeladen to invite 18

die Einladung, -en invitation

der Einlaß admittance

einmal once 8; **noch einmal** once more; **haben Sie einmal …?** have you ever…?; **einmal (Sauerbraten)** one order of (sauberbraten) 13; **es gab einmal …** once upon a time there was …

einmalig once only, single

eins one 1

ein·schlafen (schläft ein), schlief ein, ist eingeschlafen to fall asleep; go to sleep

ein·senden to send in

einsilbig sein to talk very little

ein·sperren to jail, lock up

einst long ago

ein·steigen, stieg ein, ist eingestiegen to get in, board 5

die Eintrittskarte, -n admission ticket

der Eintrittspreis, -e price of admission

der Einwohner, - inhabitant 12

das Einzelzimmer, - single room 9

einzig only

das Eis ice cream; ice

das Eisen iron

die Eisenbahn, -en train

eiskalt freezing cold

das Eiswasser ice water

der Elch, -e elk, moose

elegant elegant(ly) 12

die Elektronik electronics

der Elektroniker, - / die Elektronikerin, -nen electronic technician 16

elektronisch electronic

elf eleven 1

elliptisch elliptic(al)

die Eltern (*pl.*) parents 6

der Empfangschef, -s / die Empfangschefin, -nen desk clerk (*in a hotel*) 9

empfehlen (empfiehlt), empfahl, hat empfohlen to recommend 9

das Ende, -n end

enden to end

endlich finally 15

die Energie energy

der Engel, - angel 16

(das) England England

der Engländer, - / die Engländerin, -nen English (*person*)

(das) Englisch English (*language*) 3; **auf englisch** in English 3

das Enkelkind, -er grandchild

das Entchen, - duckling

die Ente, -n duck

entgegen toward

enthusiastisch enthusiastic(ally)

entlang along, alongside

entscheidend decisive

sich entschließen, entschloß, hat entschlossen to decide 17

entschuldigen to excuse; **entschuldigen Sie, bitte …** please excuse me …

Entschuldigung excuse me 1

entsetzt horrified

entstehen, entstand, ist entstanden to come into being

enttäuschend disappointing

entweder … oder either … or 14

er he; it

die Erdbeere, -n strawberry 13

die Erde earth

erfinden, erfand, hat erfunden to invent 18

der Erfinder, - / die Erfinderin, -nen inventor

der Erfolg, -e success

erfolgreich successful(ly)

erfrischend refreshing(ly) 13

ergeben, ergab, hat ergeben to yield

das Ergebnis, -se result

erhältlich available

die Erholung rest, recuperation

sich erinnern (an + *acc.*) to remember 17

die Erinnerung, -en memory

sich erkälten to catch a cold 17

die Erkältung, -en cold 9

erkennen, erkannte, hat erkannt to recognize

erklären to explain 14

erlauben to permit

erlaubt allowed, permitted 10

erleben to experience

das Erlebnis, -se experience

erlesen choice

die Erlösung, en relief

die Ermäßigung, -en discount

ernähren to feed, support (*a family*) 16

ernennen, ernannte, hat ernannt to appoint

ernst serious(ly) 14

ernsthaft serious(ly)

die Erotik eroticism

erraten (errät), erriet, hat erraten to guess

erreichen to reach 12

erscheinen, erschien, ist erschienen to appear, seem 12

erschöpft exhausted

erschrecken (erschrickt), erschrak, ist erschrocken to be startled

erst only, just; first 6

erstaunlich amazing

ersten: zum ersten Mal for the first time 15

erträglich bearable

ertrinken, ertrank, ist ertrunken to drown

der Erwachsene, -n (ein Erwachsener) / die Erwachsene, -n adult

erwähnen to mention

erwarten to expect 16

die Erwartung, -en expectation 16

erwartungsvoll full of expectation

erweitern to expand, widen

die Erweiterung, -en expansion

erzählen to tell, relate 9

der Erzähler, - / die Erzählerin, -nen narrator

die Erzählung, -en story, narration

es it; **es geht um …** it concerns …, it's a question/matter of …; **es gibt** (+ *acc.*) there is, there are 7; **es ist (uns)**

ganz egal it doesn't matter to (us) 10; **es geht mir gut** I'm fine 1; **es schmeckt (mir)** it's delicious, it tastes good (to me) 13; **es tut mir leid** I'm sorry 9; **es tut mir weh** it hurts 9

der Espresso, -s espresso (*strong Italian coffee*)

essen (ißt), aß, hat gegessen to eat 4

das Essen, - food, meal 12

der Eßtisch, -e dining table

das Eßzimmer, - dining room 11

das Eßzimmerfenster, - dining room window

die Etage, -n floor, story

etwa approximately

etwas something 3; **etwas anderes** something else; **etwas Besonderes** something special 7; **etwas Billigeres** something cheaper; **etwas gern haben** to like something 3; **etwas Neues** something new

euer your (*infor. pl.*) 6

der EuroCity-Zug, ⸚e EuroCity train

(das) Europa Europe

die Europafahne, -n European flag

europäisch European

die Europameisterschaft, -en European championship

evangelisch Protestant

exotisch exotic

experimentieren to experiment

der Export, -e export

das Exportbier, -e export beer

exportieren to export

der Express express (*train*)

der Expressionismus Expressionism

extra in addition, extra

das Exzerpt, -e excerpt

F

fabelhaft wonderful

die Fabrik, -en factory 15

das Fach, ⸚er academic subject 14

das Fachgeschäft, -e small specialty store

die Fahne, -n flag

fahren (fährt), fuhr, ist/hat gefahren to travel, go; to drive 4

fahrend traveling

der Fahrer, - / die Fahrerin, -nen driver

der Fahrersitz, -e driver's seat

die Fahrkarte, -n (travel) ticket 5

der Fahrkartenschalter, - ticket counter

der Fahrpreis, -e fare

das Fahrrad, ⸚er bicycle

das Fahrradrennen, - bicycle race

der Fahrschein, -e (*travel*) ticket

die Fahrschule, -n driving school

die Fahrt, -en drive, trip 7

fallen (fällt), fiel, ist gefallen to fall

falsch wrong(ly), incorrect(ly), false(ly)

die Familie, -n family 6

Familienbesitz: im Familienbesitz family-owned

das Familienfoto, -s family photo

die Familiengeschichte family history

das Familienleben family life

das Familienmitglied, -er family member

der Familiensinn feeling for / sense of family

fantastisch, *also:* **phantastisch** fantastic(ally), fabulous(ly)

das Farbbild, -er color photo

die Farbe, -n color 7

der Farbfernseher, - color television set

das Farb-TV color television

der Fasching carnival time (*southern Germany*)

das Faschingskostüm, -e carnival costume

die Faschingszeit, -en carnival time

das Faß, *pl.* **Fässer** vat, barrel

fassungslos perplexed, speechless

fast almost 3

die Fas(t)nacht carnival time (*Switzerland*)

faszinierend fascinating

faul lazy, lazily 1

(der) Februar February 1

fegen to sweep

die Fehlanzeige, -n lost cause

der Fehler, - mistake 12

die Fehlreaktion, -en wrong reaction

feierlich solemn; festive

feiern to celebrate 8

feilen to file, rasp

fein fine; delicate

feindlich hostile

das Feld, -er field

das Felsmassiv, -e rock formation

das Fenster, - window 11

der Fensterladen, ⸚ (*window*) shutter

die Fensterscheibe, -n windowpane

die Ferien (*pl.*) vacation, holiday(s) 11

der Ferienplatz, ⸚e vacation spot

fern far

ferner furthermore

fern·schauen to watch TV

fern·sehen (sieht fern), sah fern, hat ferngesehen to watch TV 8

das Fernsehen television

der Fernseher, - TV (set) 11

das Fernweh yearning for distant places

fertig finished, ready

fertig·lachen to finish laughing

sich fertig·machen, machte fertig, hat fertiggemacht to get ready

fest firm(ly)

festgewachsen firmly rooted

fest·halten (hält fest), hielt fest, hat festgehalten to hold on

das Festival, -s festival

festlich festive

fest·machen to fix

der Festplatz, ⸚e place/location of festival

fett fat

das Fieber, - fever; **ich habe Fieber** I have a fever

der Film, -e film, movie 4

der Filmemacher, - / die Filmemacherin, -nen filmmaker

die Filmindustrie, -n movie industry

der Filmstar, -s movie star

die Finanz, *pl.* Finanzen finance

finanziell financial(ly)

das Finanzwesen financial system

finden, fand, hat gefunden to find 5

der Finger, - finger

die Firma, *pl.* Firmen company, firm

der Fisch, -e fish 13

das Fischgericht, -e fish dish

fit sein to be fit

flämisch Flemish

die Flasche, -n bottle 4; **eine Flasche sein** (*coll.*) to be a flop (*said of a person*) 14

das Fleisch meat 13

fleißig diligent(ly), industrious(ly) 14

fliegen, flog, ist/hat geflogen to fly 16

fließen, floß, ist geflossen to flow

der Flohmarkt, ⸚e flea market

die Flöte, -n flute

der Flug, ⸚e flight 16

der Flughafen, ⸚ airport 4

das Flughafenrestaurant, -s airport restaurant

der Flugplatz, ⸚e airport

die Flugreise, -n airplane trip

der Flugschein, -e airplane ticket 7

das Flugzeug, -e airplane

der Fluß, *pl.* die Flüsse river 7

folgen, ist gefolgt (+ *dat.*) to follow (after) 10

folgend following

folglich consequently

das Footballspiel, -e (*American*) football game

fordernd demanding

die **Förderung, -en** advancement; support

die **Form, -en** form

das **Formular, -e** form 9

formulieren to formulate, form

die **Forschung, -en** research; **Forschung betreiben** to conduct research

fort·schaffen to remove, cart away

fort·setzen to continue

das **Foto, -s** photo 2

das **Fotoalbum**, *pl.* **Fotoalben** photo album

das **Fotogeschäft, -e** camera store

der **Fotograf, en** (*wk.*) / die **Fotografin, -nen** photographer

fotografieren to photograph 7

die **Frage, -n** question

fragen to ask; to question 2

der **Franken, -** franc (*Swiss currency*)

(das) **Frankreich** France

der **Franzose, -n** (*wk.*) / die **Französin, -nen** French (*person*) 6

französisch French

(das) **Französisch** French (*language*)

die **Frau, -en** Mrs.; Ms. 1; woman; wife 2

der **Frauenberuf, -e** women's job

die **Frauenliteratur** women's literature

das **Frauenmagazin, -e** women's magazine

das **Fräulein** Miss 1; young girl

frei free(ly); vacant 9; **ist dieser Platz (noch) frei?** is this seat (still) vacant? 5

Freien: im Freien outdoors 16

freigewählt established through free elections

die **Freiheit, -en** freedom

der **Freistaat, -en** free state

der **Freitag** Friday 1; **freitags** (on) Fridays 2

die **Freizeit** leisure time 14

das **Freizeitzentrum**, *pl.* **Freizeitzentren** recreation center

der **Fremdenführer, -** / die **Fremdenführerin, -nen** tour guide

der **Fremdenverkehr** tourism

das **Fremdenverkehrsamt, ̈-er** tourist bureau

fressen (frißt), fraß, hat gefressen to eat 15; to gobble up

die **Freude, -n** joy, happiness; **vor Freude** for joy

sich **freuen** to be pleased; sich **freuen auf** (+ *acc.*) to look forward to 17;

sich **freuen über** (+ *acc.*) to be happy about 17

der **Freund, -e** / die **Freundin, -nen** friend; boyfriend/girlfriend 6

freundlich friendly 1

die **Freundschaft, -en** friendship

der **Frieden** peace

friedlich peaceful(ly) 18

frieren, fror, hat gefroren to freeze; **ich friere** I am cold

frisch fresh(ly) 12

das **Frischfleisch** fresh meat

der **Friseur, -e** / die **Friseurin, -nen** hairdresser

froh happy, glad 1

fröhlich cheerful(ly)

der **Früchtekuchen, -** fruit cake

früh early; **morgen früh** tomorrow morning

früher former(ly); earlier, in the past 15

das **Frühjahr** spring

das **Frühjahrsquartal, -e** (*academic*) spring quarter

das **Frühjahrssemester, -** spring semester

der **Frühling, -e** spring 1

das **Frühstück, -e** breakfast 9

frühstücken to eat breakfast 9

das **Frühstücksbuffet, -s** breakfast buffet

das **Frühstückszimmer, -** breakfast room 9

sich **fühlen** to feel (*some way*); **ich fühle mich (nicht) wohl** I (don't) feel well 17

führen to lead 15; **die Regie führen** to direct (*a play or film*)

sich **füllen** to become full, fill up

fünf five 1

fünffach five times, fivefold

fünfzehn fifteen 1

fünfzig fifty

funktionieren to function, work

für (+ *acc.*) for 7; **was für?** what kind(s) of?

furchtbar terrible, terribly

sich **fürchten (vor** + *dat.*) to be afraid (of) 17

das **Fürstentum, ̈-er** principality

der **Fuß, ̈-e** foot 8; **zu Fuß gehen** to go on foot, walk 2

der **Fußball, ̈-e** soccer; *pl.* soccer balls 14

der **Fußballabend, -e** evening of soccer

der **Fußballer, -** / die **Fußballerin, -nen** soccer player

das **Fußballfeld, -er** soccer field

der **Fußballgegner, -** / die **Fußballgegnerin, -nen** person who doesn't like soccer

die **Fußballmannschaft, -en** soccer team

der **Fußballplatz, ̈-e** soccer field

das **Fußballspiel, -e** soccer game, match

der **Fußballspieler, -** / die **Fußballspielerin, -nen** soccer player

die **Fußbodenheizung, -en** underfloor heating

der **Fußgängerzone, -n** pedestrian zone

das **Futur** future tense

G

die **Gabel, -n** fork 13

die **Galerie, -n** gallery

der **Gang, ̈-e** gear (*machine*) 14; corridor, hall

ganz quite, entire(ly), complete(ly); **die ganze Zeit** all the time; very; **nicht ganz** not quite; **ganz einfach** very simple (simply); **ganz allein** all alone; **in ganz Europa** all over Europe; **die ganze Nacht** all night long; **die ganze Familie** the entire family

gar nicht/nichts not/nothing at all 6

die **Garage, -n** garage

garantieren to guarantee

der **Garten, ̈** garden 3

der **Gartenzwerg, -e** garden troll (*figurine*)

die **Gasmaske, -n** gas mask

der **Gast, ̈-e** guest 9

das **Gästezimmer, -** guest room

der **Gasthof, ̈-e** restaurant; inn

die **Gaststätte, -n** restaurant; café

gebacken baked 13

sich **gebärden** to behave

das **Gebäude, -** building 7

geben (gibt), gab, hat gegeben to give 9; **es gibt** (+ *acc.*) there is/are 7; **was gibt's Neues?** what's new?

das **Gebiet, -e** region, area 12

gebildet educated

geborene *before last name:* maiden name; *lit.* born

geboren sein/werden to be born 15

die **Gebühr, -en** fee

die **Geburtsstadt, ̈-e** place of birth

der **Geburtstag, -e** birthday 10; **ich habe Geburtstag** it's my birthday 10; **zum Geburtstag** for (one's) birthday 10

der **Geburtstagsgruß, ̈-e** birthday greeting

der **Geburtstagskalender, -** birthday calendar

die **Geburtstagsparty, -s** birthday party

die **Geburtsurkunde, -n** birth certificate

der **Gedanke, -n** (*wk.*) thought

das **Gedicht, -e** poem

die **Geduld** patience 12

geduldig patient(ly) 5

gedünstet steamed; stewed 13

geehrt: Sehr geehrte Frau / Sehr geehrter Herr … Dear Mrs./Mr. … (*salutation in formal letter*)

gefährlich dangerous(ly)

gefallen (gefällt), gefiel, hat gefallen (+ *dat.*) to please 10

das **Gefühl, -e** feeling 6

gefüllt stuffed 13

gegen (+ *acc.*) against, toward; around (*with time*) 7

Gegenseitigkeit: das beruht auf Gegenseitigkeit the feeling is mutual; same here

die **Gegenwart** present 17

das **Gehalt, ⸚er** salary

das **Gehege, -** fenced-in area (*as in a zoo*)

das **Geheimnis, -se** secret

gehen, ging, ist gegangen to go; to walk 2; **einkaufen gehen** to go shopping 8; **es geht mir gut** I'm fine 1; **es geht mir nicht gut** I'm not doing well; I don't feel well 1; **wie geht es dir?** (*infor. sg.*) / **wie geht es Ihnen?** (*for.*) how are you? 1; **wie geht's?** how's it going? 1; **wohin gehen Sie?** where are you going (to)?; **zu Fuß gehen** to go on foot 2

gehorchen to obey

gehören (+ *dat.*) to belong to 10

der **Geist** mind, spirit

gekocht boiled 13

gelb yellow 2

das **Geld** money 4

die **Gelegenheit, -en** opportunity

der **Gelehrte, -n** (**ein Gelehrter**) / die **Gelehrte, -n** scholar

gelingen, gelang, ist gelungen (+ *dat.*) to succeed; **der Hackepeter ist dir gelungen** your steak tartare turned out delicious

gemein in common; mean; **ich finde es gemein** I think it's mean

gemeinsam together; in common

gemischt mixed 13

das **Gemüse, -** vegetable 10

der **Gemüseladen, ⸚** greengrocer's (shop)

der **Gemüsesalat, -e** vegetable salad

die **Gemüsesorte, -n** kind of vegetable

die **Gemüsesuppe** vegetable soup

gemütlich cozy, cozily; comfortable, comfortably; genial(ly) 11

genau exact(ly)

genauso exactly like

die **Generation, -en** generation

genießen, genoß, hat genossen to enjoy 12

genug enough 3

genügen to be sufficient; **mir genügt es** it's enough for me

genügend sufficient

geöffnet (*past part. of* öffnen)

die **Geographie** geography

die **Geologie** geology

das **Gepäck** baggage, luggage 4

gerade straight; just 6; exactly; **sich gerade halten** to stand up straight; *lit.* to hold oneself straight

geradeaus straight ahead 5

geräuchert smoked

geräumig spacious, roomy

gereimt: ein gereimtes Gedicht a poem that rhymes

das **Gericht, -e** dish, course 13

gerieben grated

germanisch Germanic

die **Germanistik** Germanic studies

germanistisch Germanistic

gern (*with verb*): gladly, like to; **Ute reist gern** Ute likes to travel 3

(etwas) **gern haben** to like (*something*) 3

gesammelt: die gesammelten Werke collected works (*of an author*)

das **Geschäft, -e** shop, business 10

geschäftlich relating to business

der **Geschäftsmann, pl. die Geschäftsleute** / die **Geschäftsfrau, -en** businessperson 10

geschehen (geschieht), geschah, ist geschehen to happen 12

das **Geschenk, -e** present, gift 9

die **Geschichte, -n** story; history 10

geschlossen closed

die **Geschmacksfrage, -n** question of taste

geschweige denn let alone

die **Geschwister** (*pl.*) siblings, brother(s) and sister(s) 6

geschwungen curved

gesellig sociable

die **Gesellschaft, -en** society 16

(die) **Gesellschaft mit beschränkter Haftung (GmbH)** limited liability company (Ltd.)

das **Gesicht, -er** face 8

gesichtet werden to be sighted

das **Gespräch, -e** conversation 12

der **Gesprächspartner, - /** die **Gesprächspartnerin, -nen** interview partner

das **Gesprächsthema, pl. Gesprächsthemen** topic of conversation

gestern yesterday 7

gestorben (sein) (to have) died

(un)gesund (un)healthy 14

die **Gesundheit** health

geteilt divided

das **Getränk, -e** drink, beverage 12

die **Getränkekarte, -n** list of beverages

getrennt separate(ly); **zusammen oder getrennt?** together or separate (*checks*)?

der **Gewinn, -e** profit

gewinnen, gewann, hat gewonnen to win 14

sich **gewöhnen** (**an** + *acc.*) to get used (to) 17

die **Gewohnheit, -en** habit

gewöhnlich usual(ly); **wie gewöhnlich** as usual

das **Gewürz, -e** spice, seasoning

giftig poisonous, toxic

die **Gitarre, -n** guitar

das **Glas, ⸚er** glass 13

die **Glasflasche, -n** glass bottle

glauben to believe; (+ *dat.*) to believe (*a person*) 10

glaubwürdig credible

gleich right away, direct(ly); equal; **zum gleichen Zeitpunkt** at the same time

gleichberechtigt having equal rights

die **Gleichberechtigung, -en** equal rights 16

gleichfalls: danke, gleichfalls the same to you

gleichzeitig at the same time

die **Gleittür, -en** sliding door

Glück: viel Glück! good luck 1

glücklich happy, happily 14

der **Glückliche, -n** (**ein Glücklicher**) / die **Glückliche, -n** lucky one (*person*)

der **Glückwunsch: herzlichen Glückwunsch! / herzliche Glückwünsche!** sincere congratulations!

(die) **GmbH = Gesellschaft mit beschränkter Haftung** limited liability company

das **Gold** gold

golden golden

das **Golf** golf

Gott: grüß Gott! hello! (*used in southern Germany and Austria*)

das Grab, ⸚er grave

der Grabstein, -e tombstone

der Grad, -e degree

das Gramm, -e gram (*metric measure*)

das Gras, ⸚er grass

gräßlich horrible, horribly

grau gray 2

greifbar touchable

greifen, griff, hat gegriffen to grasp, grip, seize

der Greifer, - gripping device (*as on a crane*)

die Grenze, -n border 12

grenzenlos without limits

der Grieche, -n (*wk.*) / **die Griechin, -nen** Greek (*person*)

griechisch Greek

grinsen to grin

die Grippe, -n influenza, flu 9

(das) Grönland Greenland

der Groschen, - groschen (*Austrian coin*)

groß big, large; tall 1

großartig magnificent(ly)

(das) Großbritannien Great Britain

die Größe, -n size 8; **welche Größe tragen Sie?** what size do you wear? 8

die Großeltern (*pl.*) grandparents 6

die Großmutter, ⸚ grandmother 6

der Großvater, ⸚ grandfather 6

groß·ziehen, zog groß, hat großgezogen to bring up (*a child*)

grüezi! hello! (*Switzerland*)

grün green 2; **etwas Grünes** something green

der Grund, ⸚e reason

das Grundgesetz, -e constitution

das Grünland grassland

grünlichgelb greenish-yellow

die Grünpflanze, -n green plant 11

die Gruppe, -n group

die Gruppenarbeit, -en group work

der Gruß, ⸚e greeting; regards; **herzliche Grüße** kind regards

grüßen to greet 18

der Guatemalteke, -n (*wk.*) / **die Guatemaltekin, -nen** Guatemalan (*person*)

gucken to look; **(jemandem) über die Schultern gucken** to look over (*someone's*) shoulder 16

die Gurke, -n cucumber 13

gurten to buckle up

gut good; well 1; **gut, danke** fine, thanks 1; **gute Nacht** good night 1;

gute Reise! have a good trip 5; **guten Abend** good evening 1; **guten Appetit** enjoy your meal 13; **guten Morgen** good morning 1; **guten Tag** good day, hello 1; **es geht mir (nicht) gut** I am (not) feeling well 1; **alles Gute!** best wishes, all the best! 1

gütig kind(ly)

H

das Haar, -e hair 8

die Haarbürste, -n hairbrush 4

haben (hat), hatte, hat gehabt to have 3; **etwas gern haben** to like something 3

der Hackepeter, - steak tartare, seasoned ground beef

der Hafen, ⸚ harbor 7

die Haftung, -en liability

halb half 5; **es ist halb zwei** it's one-thirty, *lit.* half of two 5

die Halbkugel, -n dome

hallo hi, hello 1

der Hals, ⸚e neck; throat; **Hals und Beinbruch!** break a leg!

die Halsschmerzen (*pl.*) sore throat

halten (hält), hielt, hat gehalten to hold; to keep; to stop 5; **sich gerade halten** to stand up straight; *lit.* to hold oneself straight

hämmern: mein Kopf hämmert my head is throbbing

die Hand, ⸚e hand 8

die Handarbeit, -en work done by hand

die Handelskammer, -n chamber of commerce

der Händler, - / **die Händlerin, -nen** shopkeeper, merchant 10

die Handlung, -en business, shop, store; action 10; plot

die Handtasche, -n purse, handbag 4

hängen, hing, hat gehangen to hang, be suspended 11

hängen, hat gehängt to hang up 11

harmlos harmless, innocent

hart hard

(der) Harz mountain range in central Germany

der Haß hatred

hassen to hate

häßlich ugly

die Häßlichkeit ugliness

hauen to hit, beat

der Haufen, - heap, pile

häufig frequent(ly) 16

Haupt- major; central; main; capital

der Hauptbahnhof, ⸚e central station

das Hauptfach, ⸚er major (*at a university*) 17

die Hauptidee, -n main idea

die Hauptrolle, -n leading role

die Hauptsprache, -n main language

die Hauptstadt, ⸚e capital city

das Hauptwesen, - essential character

das Haus, ⸚er house 10; **nach Hause** (toward) home 10; **zu Hause** (at) home 10

die Hausarbeit household chores

die Hausaufgabe, -n homework

das Häuschen, - little house; **aus dem Häuschen sein** to be beside oneself

hausgemacht homemade 13

der Haushalt, -e household

der Haushaltstag, -e day reserved for household chores

der Hausputz housecleaning

das Haustier, -e pet

die Haustür, -en (front) house door

das Heft, -e notebook 2

heim home; **wir müssen heim** we have to go home

das Heim, -e house, home

heim·fahren (fährt heim), fuhr heim, ist heimgefahren to drive home

heimlich secret(ly)

der Heimwerker, - / **die Heimwerkerin, -nen** person who works out of his/her home

heiraten to marry 12

heiß hot(ly) 9

heißen, hieß, hat geheißen to be called 2; **ich heiße ...** my name is ... 1; **wie heißt du?** / **wie heißen Sie?** what's your name? 1

die Hektik extreme rush; stress

hektisch hectic; hectically

helfen (hilft), half, hat geholfen (+ *dat.*) to help 10

hell light (*in color*) 11

das Hemd, -en shirt 8

her (*direction toward speaker*); **hin und her** back and forth; **wo kommt Ute her?** where does Ute come from?; **gib das her!** give that to me!

heraus out of (*in direction toward speaker*)

die Herausgabe, -n rare publication; edition

der Herausgeber, - / **die Herausgeberin, -nen** publisher

heraus·holen to get out, fetch out

heraus·kommen, kam heraus, ist herausgekommen to come out (*toward* *the speaker*) 5

heraus·schauen to look, peek out

heraus·stecken to stick out (of)

der **Herbst, -e** fall, autumn 1

die **Herbstferien** (*pl.*) fall vacation

herein·kommen, kam herein, ist hereingekommen to come in

der **Heringssalat** herring salad (*type of potato salad with pieces of red beets and herring*)

der **Herr, -en** (*wk.*) Mr.; gentleman, sir 1

herrlich wonderful(ly), splendid(ly) 13

herrschen to rule, reign; **es herrscht Ruhe** it is quiet

herum around; **rund herum** all around

herum·fahren (fährt herum), fuhr herum, ist herumgefahren to travel/drive around

herum·fliegen, flog herum, ist herumgeflogen to fly around

herum·hocken to sit around

herum·stehen, stand herum, hat herumgestanden to stand around

herunter·hängen, hing herunter, hat heruntergehangen to hang down; **der Mantel hängt an mir herunter** the coat is hanging down my body

hervor out of

das **Herz, -en** heart

herzhaft hearty

herzlich cordial(ly); **herzlich willkommen** welcome!; **herzliche Grüße** best regards; **herzliche Glückwünsche zum Geburtstag!** happy birthday!

herzlichst: Herzlichst, (+ *signature*) cordially (*closing to an informal letter*)

das **Heu** hay

heute today 2; **heute abend** this evening, tonight 2

heutig current, present

heutzutage nowadays

hier here 2

hierher over here

die **Hilfe, -n** help, aid

der **Himmel, -** sky; heaven

hin (*direction away from speaker*); **hin und zurück** back and forth; round-trip

hin und her back and forth

hinauf up, upstairs

hin·deuten auf (+ *acc.*) to point to; to refer to

hinein·gehen, ging hinein, ist hineingegangen to go inside (*away from the*

speaker) 5

hin·fahren (fährt hin), fuhr hin, ist hingefahren to travel away (*from the speaker*); to travel out (*toward a definite destination*) 5

hin·gehören to belong (there)

hin·stellen to put down, place

hinten: da hinten back there

hinter (+ *acc./dat.*) behind 11

hinweg away

der **Hinweis, -e** advice, instruction; **Hinweise geben** to give tips

hin·wollen: wo wollen Sie hin? = **wohin wollen Sie?** where do you want to go?

hoch (hoh-) high(ly) 14; **Hände hoch!** hands up!

(das) **Hochdeutsch** standard German (*language*)

hochinteressant extremely interesting

hoch·stellen to extend up; to place upright

die **Hochzeit, -en** wedding

die **Hochzeitsreise, -n** honeymoon trip

der **Hochzeitstag, -e** wedding anniversary

hocken to sit around

der **Hof, ⸚e** yard

hoffen to hope

hoffentlich hopefully

hoffnungslos hopeless(ly)

höflich polite(ly) 18

die **Höflichkeitsformel, -n** polite phrase

der **Höhepunkt, -e** climax

holen to get, fetch 9

das **Holz** wood

die **Holzkiste, -n** wooden crate

hören to hear 2; **Radio hören** to listen to the radio 2

der **Hörer, -** (telephone) receiver; **den Hörer auflegen** to put down the receiver, hang up

der **Hörsaal,** *pl.* **Hörsäle** lecture hall 17

die **Hose, -n** (pair of) pants 8

das **Hotel, -s** hotel 9

der **Hotelangestellte, -n (ein Hotelangestellter) / die Hotelangestellte, -n** hotel employee

der **Hoteldirektor, -en / die Hoteldirektorin, -nen** hotel manager

das **Hotelzimmer, -** hotel room

hübsch pretty

der **Hubschrauber, -** helicopter

der **Hügel, -** hill 12

hügelig hilly 12

das **Huhn, ⸚er** chicken

die **Hühnerbrühe, -n** chicken broth

der **Humor** humor

der **Hund, -e** dog 11

der **Hundehaufen, -** dog excrement

hundert hundred

der **Hunger** hunger 5; **Hunger haben** to be hungry 5

hungernd starving

hungrig hungry

der **Husten** cough

der **Hut, ⸚e** hat 8

hygienisch hygienic(ally)

I

ich I

ideal ideal(ly)

idealistisch idealistic(ally)

die **Idee, -n** idea

idiotisch idiotic, idiotically

Ihr your (*for.*) 6

ihr you (*infor. pl.*); her; its; their 6

die **Illustrierte, -n** illustrated magazine

immer always 4

das **Imperfekt** simple past tense

imponieren to make an impression

die **Importindustrie, -n** import industry

der **Impressionismus** Impressionism

in (+ *acc./dat.*) in; on (*street*), into 11; **er wohnt in Innsbruck** he lives in Innsbruck

indem (*coord. conj.*) while; as; by (*doing something*)

der **Inder, - / die Inderin, -nen** (East) Indian (*person*)

(das) **Indien** India

indirekt indirect(ly)

der **Indische Ozean** Indian Ocean

die **Industrie** industry

die **Industriestadt, ⸚e** industrial city

das **Industriezentrum,** *pl.* **Industriezentren** industrial center

der **Infinitiv** infinitive (*form*)

infiziert infected

(die) **Informatik** computer science

die **Information, -en** information

der **Ingenieur, -e / die Ingenieurin, -nen** engineer

der **Ingenieurstudent, - (*wk.*) / die Ingenieurstudentin, -nen** engineering student

die **Ingenieurwissenschaften** (*pl.*) engineering

die **Initiative, -n** initiative

die **Injektion, -en** injection

inner- inside, internal

das **Innere** interior
das **Insekt, -en** insect
die **Insel, -n** island 7
intelligent intelligent(ly) 1
die **Intelligenz** intelligence
der **Intendant, -en** (*wk.*) / die **Intendantin, -nen** theater director
intensiv intensive(ly)
der **Intensivkurs, -e** intensive course
der **InterCity-Zug (IC-Zug)** InterCity train
interessant interesting(ly) 1
das **Interesse, -n an etwas/jemandem** (*dat.*) **haben** to be interested in something/someone
interessieren to interest 7
sich **interessieren (für)** to be interested (in) 17
international international(ly)
das **Interview, -s** interview
intim intimate
die **Investition, -nen** investment
der **Iraner, -** / die **Iranerin, -nen** Iranian (*person*)
irgend- any/some (*emphatic*)
irgendeiner somebody
irgendwas anything
irgendwie somehow
irgendwo somewhere 10
(das) **Irland** Ireland
(das) **Italien** Italy
der **Italiener, -** / die **Italienerin, -nen** Italian (*person*)
(das) **Italienisch** Italian (*language*)
italienisch Italian
iwo (*coll.*) no, not at all

J

ja yes 3; **ja, bitte?** what can I do for you?
die **Jacke, -n** jacket 8
der **Jackenkragen, -** jacket collar
der **Jäger, -** / die **Jägerin, -nen** hunter
der **Jägerball, ≃e** hunters' ball
das **Jahr, -e** year 5; **pro Jahr** per year; **in den 50er Jahren** in the fifties
der **Jahrestag, -e** anniversary
die **Jahreszeit, -en** season 18
das **Jahrhundert, -e** century
der **Jänner** January (*Austria*)
(der) **Januar** January 1
der **Japaner, -** / die **Japanerin, -nen** Japanese (*person*)
japanisch Japanese
jaulen to howl
der **Jazz** jazz
je ever, at any time

die **Jeans** (*pl.*) jeans 8
jeder, jede, jedes each, every 7
jederzeit at any time
jedesmal every time
jemand someone, somebody 6
jetzt now 2
jeweils each
der **Job, -s** job
der **Jogginganzug, ≃e** jogging suit
der **Joggingschuh, -e** jogging shoe
der **Joghurt** yogurt
das **Journal, -e** journal, magazine
der **Journalist, -en** (*wk.*) / die **Journalistin, -nen** journalist
(die) **Journalistik** journalism
jucken to itch
der **Judokämpfer, -** / die **Judokämpferin, -nen** judo wrestler
die **Jugend** youth; young people
die **Jugendherberge, -n** youth hostel
(der) **Juli** July 1
jung young 1
der **Junge, -n** (*wk.*) boy 6
das **Junggesellenfrühstück, -e** bachelors' breakfast
(der) **Juni** June 1
der **Juniorenmeister, -** / die **Juniorenmeisterin, -nen** junior champion
der **Junior-Paß** junior pass
(die) **Jura** science of law
das **Juwel, -en** jewel
das **Juweliergeschäft, -e** jewelry store

K

das **Kabel, -** cable
das **Kabel-TV** cable television
der **Kaffee** coffee 2
die **Kaffeekanne, -n** coffeepot
die **Kaffeesorte, -n** brand/type of coffee
die **Kaffeestube, -n** café, coffee shop
der **Kakao** hot chocolate
das **Kalbsschnitzel** veal cutlet
der **Kalender, -** calendar
die **Kalorie, -n** calorie
kalt cold(ly) 8
die **Kaltfront, -en** cold front
die **Kamera, -s** camera 4
der **Kamm, ≃e** comb 4
sich **kämmen** to comb one's hair 17
(das) **Kanada** Canada
der **Kanadier, -** / die **Kanadierin, -nen** Canadian (*person*)
der **Kanal, ≃e** (TV) channel
der **Kanaltunnel, -** tunnel through the (English) Channel
das **Kaninchen, -** rabbit

das **Kännchen, -** (*small*) pot
die **Kanonenkugel, -n** cannon ball
der **Kanton, -e** (Swiss) canton
die **Kantonshauptstadt, ≃e** canton capital
die **Kaper, -n** caper (*spice*)
der **Kapitän, -e** captain
das **Kapitel, -** chapter
das **Käppchen, -** hooded cape, small cap
kaputt broken
kaputt·gehen, ging kaputt, ist kaputtgegangen to break
kariert checkered
die **Karikatur, -en** caricature
der **Karneval** (*time of*) Carnival, Mardi Gras
der **Karnevalsorden, -** Carnival medal
der **Karnevalsverein, -e** Carnival club
die **Karriere, -n** career; **Karriere machen** to be successful in a career 15
die **Karte, -n** ticket; card; **Karten spielen** to play cards
der **Kartenpreis, -e** cost of ticket
der **Kartenverkauf** ticket sale
die **Kartoffel, -n** potato 13
der **Kartoffelsalat** potato salad
die **Kartoffelsuppe** potato soup
der **Käse** cheese 5
das **Käsebrot, -e** cheese sandwich 5
das **Käsebrötchen, -** cheese sandwich (*on a roll*)
der **Käsekuchen, -** cheesecake
das **Kasino, -s** gambling casino
die **Kasse, -n** checkout counter; cash register
die **Katastrophe, -n** catastrophe
die **Katze, -n** cat 11
kauen to chew
kauend chewing
Kauf: (etwas) in Kauf nehmen to put up (*with something*)
kaufen to buy 3
das **Kaufhaus, ≃er** department store 8
die **Kaufleute** (*pl.*) merchants
kaum hardly 9
kein no, not a, not any
der **Keller, -** basement
das **Kellerfenster, -** basement window
der **Kellner, -** / die **Kellnerin, -nen** server, waiter/waitress 9
(das) **Kenia** Kenya
kennen, kannte, hat gekannt to know, be acquainted with 4
kennen·lernen to get to know, become acquainted with; to make (*somebody's*) acquaintance 6

die **Keramikindustrie** pottery industry

der **Kerl**, -e guy, fellow

die **Kerze**, -n candle

das **Kettenkarussell**, -s (*type of*) merry-go-round

das **Kilo: Kilogramm** kilogram (1000 grams)

der **Kilometer** kilometer (1000 meters)

das **Kind**, -er child 2

das **Kindchen**, - small child, baby

das **Kinderbuch**, ¨er children's book

die **Kindergeschichte**, -n children's story

das **Kinderlied**, -er children's song

das **Kinderprofil**, -e child's profile

die **Kinderseite**, -n children's page (*in a newspaper*)

das **Kinderspiel**, -e child's play; game for children

kindisch childish

kindlich childlike

das **Kino**, -s movie theater 11

der **Kiosk**, -e kiosk, newspaper stand

die **Kirche**, -n church 7

die **Kirsche**, -n cherry 13

die **Kirschtorte**, -n cherry cake

die **Kiste**, -n crate

klagen (**über** + *acc.*) to complain (about) 17

klagend lamenting, wailing

klappen: wenn alles klappt if everything works out 16

klar clear; of course; **alles klar!** everything's OK!

die **Klarinette**, -n clarinet

die **Klasse**, -n class; **eine Fahrkarte zweiter Klasse** second-class ticket

das **Klassenzimmer**, - classroom

klassisch classical

klatschen to gossip 18; to splash, slosh

das **Klavier**, -e piano

das **Klavierkonzert**, -e piano concerto

der **Klavierunterricht** piano lesson(s)

der **Klaviervirtuose**, -n (*wk.*) / die **Klaviervirtuosin**, -nen piano virtuoso

das **Kleid**, -er dress; *pl. also:* clothes 8

die **Kleidung** clothing

das **Kleidungsstück**, -e article of clothing 8

klein little, small 1

der **Kleine**, -n (**ein Kleiner**) / die **Kleine**, -n little one

die **Kleingruppe**, -n small group

die **Klimaanlage**, -n air conditioning

klingeln to ring (*a bell*); **das Telefon klingelt** the telephone is ringing

die **Klinik**, -en clinic

klirren to clatter

klopfen (**an** + *acc.*) to knock (on) 11

der **Klops**, -e dumpling; **Königsberger Klopse** meatballs with capers

klug intelligent(ly)

der **Knabe**, -n young boy

knackig crisp

Knacks: einen Knacks haben (*coll.*) to be slightly damaged

knapp scarce(ly), barely

der **Knauf**, ¨e knob

die **Knete**, -n modeling clay

das **Knie**, - knee

knipsen to take a snapshot

der **Knoblauch** garlic

der **Knopf**, ¨e button

das **Kochbuch**, ¨er cookbook

kochen to cook, boil 9

das **Koffein** caffeine

der **Koffer**, - suitcase 4

der **Kohl** cabbage

der **Kollege**, -n (*wk.*) / die **Kollegin**, -nen colleague

Köln Cologne

komfortabel comfortable, comfortably

komisch funny, odd, strange

kommen, kam, ist gekommen to come 2; **er kommt aus Berlin** he comes from Berlin 2; **er kommt nach Berlin** he's coming to Berlin; **woher kommen Sie?** where are you from?; **das kommt mir ... vor** that seems ... to me 12

kommend: im kommenden Monat next month

die **Kommode**, -n dresser, chest of drawers 11

die **Kommunikation**, -en communication

die **Komödie**, -n comedy

die **Kompanie**, -n company, firm

das **Kompliment**, -e compliment

der **Komponist**, -en (*wk.*) / die **Komponistin**, -nen composer

die **Konfession**, -en religion; denomination

der **Konflikt**, -e conflict

der **Konformist**, -en (*wk.*) conformist

der **Konjunktiv** subjunctive

konkret concrete(ly)

können (kann), konnte, hat gekonnt to be able to, can 6

konsequent consequent(ly)

konservativ conservative(ly)

der **Kontakt**, -e contact

der **Kontext**, -e context

der **Kontinent**, -e continent

kontrollieren to check 5

konventionell conventional(ly)

das **Konzept**, -e concept

das **Konzert**, -e concert 15

die **Konzerthalle**, -n concert hall

die **Konzertkarte**, -n concert ticket

der **Konzertsaal**, *pl.* **Konzertsäle** concert hall

Kooperation: in Kooperation mit ... in cooperation with ...

der **Kopf**, ¨e head 8

der **Kopfsalat**, -e lettuce

die (**Kopf**)**schmerzen** (*pl.*) (head)ache 9

der **Korb**, ¨e basket

der **Körper**,- body 8

korrekt correct(ly)

die **Kosmetik** cosmetics

kosten to cost 4; to try (*food*), taste; **wieviel kostet das?** how much does that cost?

die **Kosten** (*pl.*) cost(s)

kostenlos free of charge

köstlich delicious(ly); **etwas Köstliches** something delicious

die **Köstlichkeit**, -en delicacy

das **Kostüm**, -e costume; woman's suit 8

die **Kraft**, ¨e strength, power, force 16

kräftig strong; hearty

krank sick 4

das **Krankenhaus**, ¨er hospital

die **Krankenversicherung**, -en health insurance

der **Krankenwagen**, - ambulance

die **Krankheit**, -en illness, disease 18

das **Kraut**, ¨er herb

die **Krawatte**, -n tie

kreativ creative(ly)

die **Kreditkarte**, -n credit card

die **Kreide** chalk 2

kreisförmig circular

das **Kreuz**, -e cross

der **Krieg**, -e war

kriegen to receive, get

die **Krokette**, -n croquette

das **Krokodil**, -e crocodile

die **Kruste**, -n crust

(das) **Kuba** Cuba

die **Küche** kitchen; cuisine 11

der **Kuchen**, - cake 6; **ein Stück Kuchen** a piece of cake

das **Küchenfenster**, - kitchen window

das **Kuchenstück**, -e piece of cake

die **Kugel**, -n ball, globe, sphere

kugelförmig ball-shaped

der **Kugelschreiber**, - ballpoint pen 2

die **Kuh**, ⸚**e** cow
kühl cool(ly) 9
der **Kuhstall**, ⸚**e** cowshed
die **Kultur**, -en culture
die **Kulturgeschichte** cultural history
das **Kulturgut** cultural heritage
das **Kulturland**, ⸚**er** land of culture
die **Kulturstadt**, ⸚**e** cultural city
die **Kulturszene**, -n cultural scene
der **Kulturtourist**, -en (*wk.*) / die **Kulturtouristin**, -nen tourist interested in cultural aspects
der **Kunde**, -n (*wk.*) / die **Kundin**, -nen customer 8
das **Kundenzentrum**, *pl.* die **Kundenzentren** customer service center
die **Kunst**, ⸚**e** art 15; die **bildenden Künste** visual arts
das **Kunstdruckpapier** special paper used for artwork
der **Künstler**, - / die **Künstlerin**, -nen artist
künstlerisch artistic
der **Kunstschatz**, ⸚**e** art treasure
das **Kunstwerk**, -e work of art
der **Kupferschmied**, -e coppersmith
die **Kuppe**, -n mountaintop
der **Kurier**, -e courier
der **Kurs**, -e (academic) course 17
das **Kursschiff**, -e ship sailing a certain course on a regular schedule
kurz short(ly) 8
kürzlich recent(ly)
die **Kusine**, -n cousin (*female*) 6

L

das **Labor**, -s laboratory
das **Lächeln** smile
lachen to laugh 2; **lachen über** (+ *acc.*) to laugh about 11
das **Lachen** laughter
lachend laughing(ly)
lächerlich ridiculous(ly)
der **Laden**, ⸚ store 10; **Tante-Emma-Laden** (*coll.*) small family-run store
die **Lage**, -n situation; location 18
die **Lagenstaffel**, -n medley relay
das **Lamm**, ⸚**er** lamb
die **Lampe**, -n lamp 11
das **Land**, ⸚**er** country, land 3; state
das **Landbrot**, -e country bread, farm bread
landen to land
das **Landen** landing
die **Landeshauptstadt**, ⸚**e** capital city of a state
die **Landessprache**, -n native language

das **Landleben** country life
der **Landmensch**, -en (*wk.*) country person
die **Landschaft**, -en scenery, landscape 7
der **Landschinken**, - country ham
die **Landung**, -en landing
lang long; tall 3; **wie lange** how long
langsam slow(ly) 12
langweilig boring 2
der **Lärm** noise
lassen (**läßt**), **ließ**, **hat gelassen** to leave; to let, allow 17; **in Ruhe lassen** to leave alone
der **Lastkraftwagen**, - truck
der **Lastwagen**, - truck
der **Lastzug**, ⸚**e** truck and trailer
laufen (**läuft**), **lief**, **ist/hat gelaufen** to run 4
der **Läufer**, - / die **Läuferin**, -nen runner
die **Laune**, -n mood; **er hat gute Laune** he is in a good mood
laut loud(ly)
läuten to ring
der **Lautsprecher**, - loudspeaker
leben to live 2
das **Leben**, - life
lebendig alive
die **Lebensmittel** (*pl.*) groceries 10
das **Lebensmittelgeschäft**, -e grocery store
das **Lebenswerk**, -e life's work; opus
der **Leberkäse** *type of sausage-based pâté*
das **Leder** leather
ledern (*adj.*) leather
die **Lederwaren** (*pl.*) leather goods
leer empty
legen to lay, put down, place 11
lehnen to lean
das **Lehrbuch**, ⸚**er** textbook
lehren to teach 15
der **Lehrer**, - / die **Lehrerin**, -nen teacher, instructor 15
das **Lehrjahr**, -e year of apprenticeship
der **Lehrling**, -e apprentice, trainee
leicht easy; easily 17
der **Leichtathlet**, -en (*wk.*) / die **Leichtathletin**, -nen track and field athlete
die **Leichtathletik** track and field sports
leid: es tut mir leid I'm sorry 9
leider unfortunately 3
sich **leisten** (+ *dat.*) to afford 17
die **Leistung**, -en accomplishment
das **Leitungswasser** tap water
lernen to learn, study 2

lesen (**liest**), **las**, **hat gelesen** to read 4; **Zeitung lesen** to read a/the newspaper 4
das **Lesen** reading
der **Leser**, - / die **Leserin**, -nen reader
der **Leserbrief**, -e letter to the editor
letzt last 7
leuchten to shine
die **Leute** (*pl.*) people 3
liberal liberal(ly)
das **Licht**, -er light 16
lieb dear, sweet(ly)
lieb·haben to love
die **Liebe**, -n love
der **Liebe**, -n (**ein Lieber**) / die **Liebe**, -n dear person, loved one; **mein Lieber / meine Liebe** my dear
die **Liebelei**, -en flirtation
lieben to love 6
lieber (*comparative form of* **gern**): rather, prefer to; **Hans arbeitet gern, aber er spielt lieber Tennis** Hans likes to work, but he'd rather play tennis 3
der **Liebling**, -e darling, sweetheart
Lieblings- favorite
(der) **Lieblings(autor)** favorite (author)
das **Liebste**, -n dearest (*thing*)
das **Lied**, -er song 16
liegen, **lag**, **hat gelegen** to lie, be situated 11
liegen·bleiben, **blieb liegen**, **ist liegengeblieben** to remain behind
die **Limonade** soft drink; lemonade
die **Linguistik** linguistics
links left; **nach links** to the left 5
die **Liste**, -n list
listig crafty; craftily, cunning(ly)
der **Liter**, - liter (*metric measurement*)
die **Literatur**, -en literature
der **Literaturverlag**, - publisher of literature
die **Lobby**, -s (*political*) lobby
loben to praise 15
löchrig full of holes
der **Löffel**, - spoon 13
der **Lohn**, ⸚**e** reward
sich **lohnen** to be worthwhile; **das lohnt sich nicht** it's not worth the trouble
die **Lokomotive**, -n locomotive
los: was ist los? what's going on? what's the matter?; **wir müssen los** we must be off
das **Los**, -e lottery ticket
los·rennen, **rannte los**, **ist losgerannt** to run off

die **Lotterie, -n** lottery
der **Lotteriegewinn, -e** lottery prize
das **Lotto, -** lotto
die **Luft** air; atmosphere 14
der **Luftwiderstand** air resistance
die **Lüge, -n** lie, fib
die **Lungenentzündung** pneumonia
Lust: Lust haben: ich habe (keine) Lust dazu to want, to feel like (*doing something*): I (don't) want to do that, I (don't) feel like doing that 17
lustig funny, amusing
das **Lustspiel, -e** comedy

M

machen to do; to make 3; **eine Reise machen** to take a trip; **es macht Spaß** it is fun; **mach dich fertig** get ready
die **Macht, ⁼e** power, force
das **Mädchen, -** girl 6
das **Magazin, -e** magazine
die **Magenschmerzen** (*pl.*) stomachache
der **Magnet, -e** magnet
Mahlzeit! enjoy your meal! 13
(der) **Mai** May 1
(das) **Mailand** Milan (Italy)
mal just (*emphatic word*); **nicht mal** not even
das **Mal: zum (ersten) Mal** for the (first) time 15
malen to paint 15
der **Maler, - / die Malerin, -nen** painter, artist 15
die **Malerei** (*art of*) painting
man one, you, they, people 2
mancher, manche, manches, manche many a, *pl.* some 7
manchmal sometimes 3
die **Manieren** (*pl.*) manners
der **Mann, ⁼er** man; husband 2
der **Männerberuf, -e** male profession
die **Männerstimme, -n** man's voice
die **Mannschaft, -en** team 14
der **Mantel, ⁼** coat 8
das **Märchen, -** fairy tale 15
märchenhaft like a fairy tale; magical
die **Mark, -** German mark (*unit of currency*)
die **Marke, -n** stamp; sign
das **Markstück, -e** one-mark piece
der **Markt, ⁼e** market
der **Marktplatz, ⁼e** marketplace 7
die **Marmelade, -n** jam
marschieren to march
(der) **März** March 1
das **Marzipan** marzipan (*almond paste*)
die **Maschine, -n** machine

der **Maschinenbau** (field of) mechanical engineering
die **Maske, -n** mask
der **Maskenball, ⁼e** masked ball, fancy-dress ball
die **Mathematik** mathematics
der **Mathematiker, - / die Mathematikerin, -nen** mathematician
matriarchalisch matriarchal
der **Matsche**, *also:* **die Matsche** mud
die **Mauer, -n** wall 16
die **Maus, ⁼e** mouse
der **Mechaniker, - / die Mechanikerin, -nen** mechanic
der **Mechanismus**, *pl.* **Mechanismen** mechanism
die **Medien** (*pl.*) media
das **Medikament, -e** medicine, medication 9
die **Medizin** medicine
der **Mediziner, - / die Medizinerin, -nen** physician
der **Medizinstudent, -en** (*wk.*) / die **Medizinstudentin, -nen** medical student
das **Meer, -e** sea, ocean 7
das **Meeting, -s** meeting
der **Mehlsack, ⁼e** flour sack
mehr more; **nicht mehr** no more, no longer; **nie mehr** never again
mehrere several
die **Mehrwertsteuer, -n** value-added tax
meiden, mied, hat gemieden to avoid 18
mein my 6
meinen to mean, have an opinion 7
die **Meinung, -en** opinion 10; (**meiner) Meinung nach** in (my) opinion 10
meist most; **am meisten** most of all
meistens mostly
der **Meister, - / die Meisterin, -nen** master
meistgekauft most-purchased
die **Mensa**, *pl.* die **Mensen** student cafeteria 17
der **Mensch, -en** (*wk.*) human being 6
die **Menschenmasse, -n** mass of people
die **Menschenmenge, -n** crowd (*of people*)
der **Mercedes** Mercedes (*automobile*)
merken to notice
merkwürdig noticeable; strange, odd 18
das **Messer, -** knife 13

die **Messestadt, ⁼e** *city known for trade fairs*
das **Metall, -e** metal; **aus Metall** made of metal
der **Meter, -** meter
die **Methode, -n** method
der **Metzger, - / die Metzgerin, -nen** butcher
der **Metzgermeister, - / die Metzgermeisterin, -nen** master butcher
der **Mexikaner, - / die Mexikanerin, -nen** Mexican (*person*)
(das) **Mexiko** Mexico
MEZ = Mitteleuropäische Zeit Central European Time
miauen to meow
mieten to rent 7
das **Mietshaus, ⁼er** apartment building 11
mikroskopisch microscopic(ally)
die **Milch** milk
die **Milliarde, -n** billion
die **Million, -en** million
der **Millionär, -e / die Millionärin, -nen** millionaire
mindestens at least
das **Mineralwasser, ⁼** mineral water
die **Minibar, -s** snackbar
der **Minidialog, -e** minidialogue
das **Minigespräch, -e** miniconversation
minus minus; **minus 2 Grad Celsius** 2 degrees Celsius below freezing
die **Minute, -n** minute
Mio. = Million
mischen to mix
das **Mißverständnis, -se** misunderstanding 16
mißverstehen, mißverstand, hat mißverstanden to misunderstand
mit (+ *dat.*) with; in the company of; by (*transportation*) 10; **mit (fünfzehn)** at (the age of) fifteen 15
mit·arbeiten to participate
mit·bringen, brachte mit, hat mitgebracht to bring along
miteinander together
das **Mitglied, -er** member 15
mit·kommen, kam mit, ist mitgekommen to come along
mit·machen to join in; to go along with
mit·nehmen (nimmt mit), nahm mit, hat mitgenommen to take along 5
der **Mitschüler, - / die Mitschülerin, -nen** classmate
der **Mittag, -e** midday
das **Mittagessen, -** lunch, midday meal 13; **zum Mittagessen** for lunch

die **Mittagspause, -n** lunch break

die **Mitte** middle; **in der Mitte** in the middle

mitteleuropäisch Central European

mitten in the middle of

die **Mitternacht** midnight

mitternächtlich (*adj.*) at midnight

mittler: mittleren Alters (*of*) middle age

der **Mittwoch** Wednesday 1; **mittwochs** (on) Wednesdays 2

die **Möbel** (*pl.*) furniture 11

mobil mobile; **mobile Versorgung** mobile home-care

die **Mode, -n** fashion

die **Modeindustrie** fashion industry

modern modern

mögen (mag), mochte, hat gemocht to like 6; **ich möchte** would like to 6

möglich possible 11; **alles Mögliche** all sorts of things 18

die **Möhre, -n** carrot 13

der **Moment, -e** moment; **(einen) Moment!** just a moment!

der **Monat, -e** month 7

das **Monatsticket, -s** monthly pass

der **Mond, -e** moon

der **Montag** Monday 1; **montags** (on) Mondays 2

die **Moral** moral

der **Mordgedanke, -n** (*wk.*) murderous thought

der **Morgen, -** morning; **guten Morgen!** good morning 1; **heute morgen** this morning

morgen tomorrow 2

morgen früh tomorrow morning 2

morgens (in the) mornings 2

der **Mörtel** mortar, grout

(das) **Moskau** Moscow

der **Mostrich** mustard

das **Motiv, -e** motive; design

das **Motorrad, -er** motorcycle 14

das **Motorradrennen, -** motorcycle race

die **Möwe, -** seagull

müde tired 5

muhen to moo

mühsam laborious(ly), with difficulty

die **Mülltonne, -n** trash can

(das) **München** Munich

der **Mund, -er** mouth 8

mündlich oral(ly), verbal(ly) 11

die **Münze, -n** coin

das **Museum,** *pl.* **Museen** museum 7

die **Musik** music 2; **Musik studieren** to study music 2

der **Musiker, -** / die **Musikerin, -nen** musician

der **Musikfan, -s** music fan

die **Musikkappelle, -n** band

der **Musiklehrer, -** / die **Musiklehrerin, -nen** music teacher

die **Musikstadt, -e** city of music

das **Musikzentrum,** *pl.* **Musikzentren** music center

müssen (muß), mußte, hat gemußt to have to, must 6

die **Mutter, -** mother 6

die **Mutti, -s** mommy

N

na well

nach (+ *dat.*) after, according to; to (*geographical place*) 10; **er reist nach Berlin** he's traveling to Berlin 2; **nach Hause** (toward) home 10; **(meiner) Meinung nach** in (my) opinion 10; **Viertel nach** a quarter past 5

der **Nachbar, -n** (*wk.*) / die **Nachbarin, -nen** neighbor 6

nach·blicken to follow someone with one's eyes

nachdem (*subord. conj.*) after 8

nach·denken, dachte nach, hat nachgedacht to think about; **(etwas) zum Nachdenken** (*something*) to think about

nachdenklich pensive(ly)

nacheinander one after the other

nach·fahren (fährt nach), fuhr nach, ist nachgefahren (+ *dat.*) to ride behind someone

nachher afterward

der **Nachmittag, -e** afternoon 5

nachmittag(s) afternoon(s) 5

die **Nachrichten** (*pl.*) news (report)

die **Nachspeise, -n** dessert

nächst next; closest 14

die **Nacht, -e** night; **gute Nacht** good night 1; **die ganze Nacht** all night long

der **Nachteil, -e** disadvantage

der **Nachtisch, -e** dessert 13

nachts nights 2

nagelneu brand new

nah(e) close(ly)

Nähe: in der Nähe von near, in the vicinity of 10

naiv naive

der **Name, -n** (*wk.*) name 6; **wie ist Ihr Name?** what is your name?

nämlich namely, that is (to say) 7

närrisch crazy, crazily

die **Nase, -n** nose 8

das **Nashorn, -er** rhinoceros

naß wet

die **Nationalität, -en** nationality

das **Nationaltheater, -** national theater

die **Natur** nature

das **Naturkundemuseum,** *pl.* **Naturkundemuseen** museum for natural history

natürlich natural(ly); of course 6

der **Naturpark, -s** nature park

die **Naturwissenschaften** (*pl.*) natural science

neben (+ *acc./dat.*) next to, beside 11

nebenbei besides

nebeneinander next to one another

der **Neffe, -n** (*wk.*) nephew 6

nehmen (nimmt), nahm, hat genommen to take 4; **Platz nehmen** to take a seat 5

nein no 3

nennen, nannte, hat genannt to name 8

nett nice(ly) 1

neu new 2

Neues: was gibt's Neues? what's new?

das **Neueste** latest news

neugierig curious(ly) 1

neun nine 1

neunzehn nineteen 1

neunzig ninety 1

der **Nicaraguaner, -** / die **Nicaraguanerin, -nen** Nicaraguan (*person*)

nicht not 3; **nicht schlecht** not bad 1; **noch nicht** not yet

die **Nichte, -n** niece 6

nichts nothing, *in neg. sentence:* anything 3; **gar nichts** nothing at all

nichts Besonderes nothing special

nie never 4

niedrig low

niemals never

niemand no one, nobody 6

nieseln to drizzle; **es nieselt** it is drizzling

der **Nigerianer, -** / die **Nigerianerin, -nen** Nigerian (*person*)

der **Nil** Nile (River)

nirgends nowhere

nobel noble

noch yet; else; still; **noch (ein Koffer)** another, one more (suitcase); **weder ... noch** neither ... nor 17; **noch nicht** not yet

nochmal once again 8

die **Nockerln** (*pl.*) small dumplings

(das) **Nordamerika** North America

(das) **Norddeutschland** Northern Germany

der **Norden** north; **im Norden** in the north; **nach Norden** (*in the direction of*) north

die **Nordsee** North Sea

normal normal(ly)

der **Norweger**, - / die **Norwegerin**, **-nen** Norwegian (*person*)

die **Note**, **-n** grade 17

der **Notfall**, ⸚e emergency

notieren to note, write down

nötig necessary 5

die **Notiz**, **-en** note; **Notizen machen** to take notes

(der) **November** November 1

die **Nudel**, **-n** noodle

null zero 1

die **Nummer**, **-n** number

nun well, now

nur only 3; (**nur**) **einen Augenblick** (just) a moment

(das) **Nürnberg** Nuremberg

der **Nußkuchen**, - nut cake

nützen (+ *dat.*) to be of use (to) 10

O

ob (*subord. conj.*) whether, if 8

das **Obdach** shelter

obdachlos homeless

ober upper

der **Ober**, - waiter

die **Oberfläche**, **-n** surface

der **Oberkellner**, - / die **Oberkellnerin**, **-nen** headwaiter

die **Oberleitung**, **-en** overhead wires

obgleich (*subord. conj.*) although

objektiv objective(ly)

das **Obst** fruit 10

der **Obstbauer**, **-n** / die **Obstbäuerin**, **-nen** fruit grower

die **Obstsorte**, **-n** type of fruit 10

obwohl although

oder (*coord. conj.*) or 2

offen open(ly); public; **mir bleibt der Mund offen stehen** I am speechless

die **Öffentlichkeit** (the) public

öffnen to open; **sich öffnen** to open up 4

oft often 4

ohne (+ *acc.*) without 7

das **Ohr**, **-en** ear 8

die **Ohrenschmerzen** (*pl.*) earache

okay okay

(der) **Oktober** October 1

das **Oktoberfest** October festival (*celebrated in Munich every year*)

die **Oma**, **-s** grandma

der **Onkel**, - uncle 6

der **Opa**, **-s** grandpa

die **Oper**, **-n** opera 15

die **Opernmusik** opera music

der **Opernsänger**, - / die **Opernsängerin**, **-nen** opera singer

das **Opfer**, - victim

die **Opposition** opposition

die **Optik**, **-en** optics

optimistisch optimistic(ally)

die **Orange**, **-n** orange 13

orange orange 2

Ordnung: alles in Ordnung? everything all right? 4

der **Ort**, **-e** place 18

der **Ossi**, **-s** *person from former East Germany*

der **Ostdeutsche**, **-n** (**ein Ostdeutscher**) / die **Ostdeutsche**, **-n** East German (*person*)

der **Osten** east

das **Osterfest**, **-e** Easter holiday

der **Ostermontag**, **-e** Easter Monday (*a holiday in Germany*)

(das) **Ostern** Easter

(das) **Österreich** Austria 3

der **Österreicher**, - / die **Österreicherin**, **-nen** Austrian (*person*) 3

österreichisch Austrian

östlich (to the) east

die **Ostsee** Baltic Sea; der **Ostseehandel** commerce and trade of the Baltic Sea area

oval oval

der **Ozean**, **-e** ocean

P

das **Paar**, **-e** couple

ein **paar** a few

das **Päckchen**, - small parcel; pack

das **Paket**, **-e** package 9

das **Papier**, **-e** paper 2; **ein Blatt Papier** a piece of paper

die **Papiergirlande**, **-n** paper streamer / garland

der **Papierkram** red tape, paperwork

die **Paprikaschote**, **-n** bell pepper

der **Paprikastreifen**, - slice of bell pepper

das **Paradies** paradise

das **Parfum**, **-s** perfume

die **Parfümerie**, **-n** perfume store

der **Park**, **-s** park 7

die **Parkbank**, ⸚e park bench

der **Parkbesucher**, - / die **Parkbesucherin**, **-nen** park visitor

parken to park

das **Parkett** orchestra seat section (*theater*)

der **Parkplatz**, ⸚e parking lot

das **Parlament** parliament

die **Partei**, **-en** political party

der **Partner**, - / die **Partnerin**, **-nen** partner

die **Partnerschaft**, **-en** partnership

die **Party**, **-s** party 8

der **Paß**, *pl.* **Pässe** pass; passport 4

passen (+ *dat.*) to fit 10

passieren, ist passiert to happen 7

der **Patient**, **-en** (*wk.*) / die **Patientin**, **-nen** patient

patriarchalisch patriarchal(ly)

pauken to cram

die **Pause**, **-n** break; pause; intermission 14

der **Pazifik** Pacific Ocean

peinlich embarrassing(ly)

das **Penizillin** penicillin

die **Pension**, **-en** bed and breakfast place

das **Perfekt** present perfect tense

die **Person**, **-en** person; **pro Person** per person

der **Personenkraftwagen**, - passenger car

persönlich personal(ly)

die **Persönlichkeit**, **-en** personality

die **Perspektive**, **-n** perspective

pessimistisch pessimistic(ally)

der **Pfannkuchen**, - pancake

die **Pfarre**, **-n** parish

der **Pfarrsaal**, *pl.* **Pfarrsäle** parish hall

pfeifen, pfiff, hat gepfiffen to whistle

der **Pfeifenhaken**, - crooked pipe

der **Pfennig**, **-e** German pfennig

das **Pferd**, **-e** horse 14

das **Pferderennen**, - horse race

die **Pferdestärke**, **-n** horse power

der **Pfirsich**, **-e** peach

die **Pflanze**, **-n** plant

die **Pflaume**, **-n** plum 13

das **Pfund**, **-e** pound

die **Phantasie**, **-n** fantasy 18

phantasieren to fantasize

phantasievoll imaginative(ly)

phantastisch, *also:* **fantastisch** fantastic(ally), fabulous(ly)

das **Phantom**, **-e** phantom

philosophisch philosophical(ly)

die **Physik** physics

der **Pianist**, **-en** (*wk.*) / die **Pianistin**, **-nen** pianist

das **Picknick**, **-s** picnic 12

pikant spicy

der **Pilot, -en** (*wk.*) / die **Pilotin, -nen** pilot

das **Pils** Pils, Pils(e)ner beer

die **Pirouette, -n** pirouette

die **Pistole, -n** pistol

die **Pizza, -s** pizza 13

der **PKW = Personenkraftwagen** passenger car

das **Plakat, -e** poster, sign

die **Plakette, -n** badge, button

der **Plan, ⸚e** plan 7

planen to plan

der **Planet, -en** (*wk.*) planet

das **Plastik** plastic

(das) **Plattdeutsch** Low German (*language*)

der **Platte, -n** (*wk.*) (*coll.*): **einen Platten haben** to have a flat tire

der **Platz, ⸚e** seat, place 5; **Platz nehmen** to take a seat 5; **ist dieser Platz (noch) frei?** is this seat (still) free/vacant? 5

plaudern to chat 18

die **Plockwurst, ⸚e** *type of* (*hard*) *sausage*

plötzlich suddenly

der **Plural, -e** plural

die **Poesie** poetry

das **Pökelfleisch** salted meat

der **Pole, -n** (*wk.*) / die **Polin, -nen** Pole

die **Politik** politics

der **Politiker, -** / die **Politikerin, -nen** politician

die **Politikwissenschaften** (*pl.*) political science

politisch political(ly)

die **Politologie** political science

die **Polizei** police

der **Polizeiwagen, -** police car

das **Polohemd, -en** polo shirt

die **Popgruppe, -n** pop (singer) group

der **Porsche** Porsche (*automobile*)

die **Portion, -en** portion, serving

das **Porträt, -s** portrait

der **Portugiese, -n** (*wk.*) / die **Portugiesin, -nen** Portuguese (*person*)

das **Porzellan** china, porcelain

das **Porzellangeschäft, -e** chinaware store

die **Post** mail; post office 9

das **Postamt, ⸚er** post office

der **Postbeamte, -n** (**ein Postbeamter**) / die **Postbeamtin, -nen** postal official

der **Postbote, -n** (*wk.*) / die **Postbotin, -nen** mail carrier

das **Poster, -** poster

das **Postfach, ⸚er** post office box

das **Postgiro, -s** checking account (*with post office banking services*)

die **Postkarte, -n** postcard

die **Postleitzahl, -en** zip code

das **Postpaket, -e** postal package

(das) **Prag** Prague

praktisch practical(ly)

(das) **Präsens** present tense

der **Präsident, -en** (*wk.*) / die **Präsidentin, -nen** president

die **Praxis,** *pl.* **Praxen** practice

das **Präzisionsinstrument, -e** precision instrument

der **Preis, -e** price 12

preiswert reasonably priced 8

die **Premiere, -n** first (theatrical) performance

prima! great! 7

privat private(ly)

die **Privateinfahrt, -en** private driveway

pro per

probieren to try

das **Problem, -e** problem

problematisch problematic(ally)

das **Produkt, -e** product

die **Produktion, -en** production

produzieren to produce

der **Professor, -en** / die **Professorin, -nen** professor 2

der/die **Profi, -s** professional (in sports)

der **Profiboxer, -** / die **Profiboxerin, -nen** professional boxer

das **Programm, -e** program

das **Programmheft, -e** (printed) program

das **Projekt, -e** project

der **Prominente, -n** (**ein Prominenter**) / die **Prominente, -n** socialite, VIP

das **Pronomen, -** pronoun

der **Propagandafilm, -e** propaganda film

die **Prosa** prose

der **Prospekt, -e** prospectus

das **Prozent, -e** percent, percentage

prüfen to check, examine

die **Prüfung, -en** test, exam 17

das **Prüfungssystem, -e** testing system

PS = Pferdestärke horsepower

der **Psychiater, -** / die **Psychiaterin, -nen** psychiatrist

die **Psychologie** psychology

das **Publikum** public; audience

der **Pudding, -s** pudding

der **Pulli, -s** sweater

der **Pullover, -** pullover, sweater 8

der **Punkt, -e** point

putzen to clean (*the house, etc.*); **sich** (*dat.*) (**die Zähne**) **putzen** to brush (*one's teeth*) 17

Q

der **Quadratkilometer** (*in some areas:* **das**), **-** square kilometer

der **Quadratmeter, -** square meter

die **Qualität, -en** quality

die **Qualitätsware, -n** quality merchandise

das **Quartal, -e** (academic) quarter

das **Quartier, -e** (living) quarter, lodgings

die **Quelle, -n** source

quengeln to nag, pester; whine

quietschen to squeak, squeal

das **Quiz, -** quiz

R

der **Rabatt, -e** discount

das **Rad, ⸚er** *auch:* **Fahrrad** bicycle 10; wheel

rad·fahren (**fährt Rad**), **fuhr Rad, ist radgefahren** to ride a bicycle

das **Radfahren** bicycling

das **Radieschen, -** radish

das **Radio, -s** radio 11; **Radio hören** to listen to the radio 2

der **Rand, ⸚er** edge 12

ranzig rancid

der **Rappen, -** Swiss currency

(das) **Rapunzel** Rapunzel

rasch quick(ly)

rasen, ist gerast to race, chase

der **Rasen, -** lawn

das **Rasenstück, -e** patch of lawn

der **Rasierapparat, -e** razor 4

sich **rasieren** to shave 17

rasten to rest

die **Raststätte, -n** rest area

der **Rat,** *pl.* **Ratschläge** advice, suggestion

das **Rathaus, ⸚er** city hall 7

(das) **Rätoromanisch** Rhaeto-Romanic (*language*)

der **Ratschlag, ⸚e** advice

der **Rattenfänger, -** rat catcher; Pied Piper

rauchen to smoke 6

rauh rough

der **Raum, ⸚e** space, room, area

raus (*in the direction of*) outside

raus·gehen, ging raus, ist rausgegangen to go outside

reagieren to react

die **Reaktion, -en** reaction

realistisch realistic(ally)

die **Rechnung, -en** bill

recht right(ly), proper(ly); **nicht recht** not quite

recht·geben (gibt recht), gab recht, hat recht gegeben (+ *dat.*) to agree (*with someone*); **ich gebe ihnen recht** I agree with them

rechts: nach rechts to the right

der **Rechtstext, -e** legal text

die **Rechtswissenschaft, -en** legal science, law

das **Redaktionsbüro, -s** editorial office

reden to talk, converse 7

die **Redoute, -n** (fancy-dress) ball

das **Reflexivverb, -en** reflexive verb

das **Regal, -e** shelf 11

der **Regalschrank, ⸚e** cabinet with shelves

der **Regen, -** rain

die **Regie** (theatrical) direction; **Regie führen** to direct 15

regional regional(ly)

der **Regisseur, -e / die Regisseurin, -nen** (stage or film) director 15

registrieren to register

die **Reglosigkeit** immobility

regnen to rain 9; **es regnet** it's raining 9

reiben, rieb, hat gerieben to rub; to grate

das **Reich, -e** realm

reich rich(ly) 11

reichen to hand; to reach for

reichhaltig lavish, abundant

die **Reichsbahn** (former) German railroad system

der **Reichstag** *historic German parliament; parliament building in Berlin*

die **Reihe, -n** row

rein (*in the direction of*) inside

rein·kommen, kam rein, ist reingekommen to come inside

der **Reis** rice

die **Reise, -n** trip 3; **gute Reise!** have a good trip! 5

das **Reisebuch, ⸚er** travel book

das **Reisebüro, -s** travel agency

die **Reisefreiheit, -en** freedom to travel

die **Reisegeschwindigkeit, -en** cruising speed

reisen, ist gereist to travel 2; **er reist nach Berlin** he's traveling to Berlin 2

der **Reisende, - (ein Reisender) / die Reisende, -n** traveler

der **Reisepaß, (*pl.*) Reisepässe** passport 4

der **Reiseplan, ⸚e** itinerary

die **Reisetasche, -n** travel bag

reißen, riß, hat gerissen to tear; **wenn alle Stricke reißen** if all else fails

der **Reißzahn, ⸚e** fang

reiten, ritt, ist/hat geritten to ride (*on horseback*) 14

der **Rekord, -e** record (*in sports*)

der **Rekordschütze, -n** record archer/marksman

relativ relative(ly)

die **Religion, -en** religion

die **Reling, -s** railing

das **Rennauto, -s** racing car

die **Rennbahn, -en** race track

rennen, rannte, ist/hat gerannt to run, dash; to (run a) race 14

das **Rennen, -** race 14

der **Rennfahrer, - / die Rennfahrerin, -nen** race driver

der **Rennwagen, -** racing car

reparieren to repair

der **Reporter, - / die Reporterin, -nen** reporter

die **Republik, -en** republic

reservieren to reserve 9

der **Respekt** respect

das **Restaurant, -s** restaurant 12

retten to save

das **Rezept, -e** recipe

der **Rhein** Rhine (River)

das **Rheinland** Rhineland (*specifically: area around Cologne*)

richten (an + *acc.*) to direct

richtig correct(ly), proper(ly)

die **Richtung, -en** direction; **(in) Richtung …** in the direction of/toward …

riechen to smell; **riech mal!** smell!

rieseln to trickle

riesig gigantic, enormous(ly) 12

das **Rinderfilet, -s** filet mignon

der **Rinnstein, -e** gutter

riskant daring(ly); risky

die **Ritze, -n** crack, gap

der **Rock, ⸚e** skirt 8

die **Rockmusik** rock music

der **Rocksänger, - / die Rocksängerin, -nen** rock singer

rodeln to ride a sled

die **Rolle, -n** role

das **Rollenspiel, -e** role play

der **Roller, -** scooter

der **Rollschuh, -e** rollerskate

Rollschuh laufen (läuft Rollschuh), lief Rollschuh, ist/hat Rollschuh gelaufen to rollerskate

das **Rollschuhlaufen** rollerskating 14; **Rollschuhlaufen gehen** to go rollerskating 14

(das) **Rom** Rome

der **Roman, -e** novel

die **Romanistik** Romance studies

romantisch romantic 1

die **Röntgenaufnahme, -n** X-ray

rosarot pink 2

die **Rose, -n** rose

der **Rosenmontag** Monday before Ash Wednesday

der **Rosenmontagszug, ⸚e** traditional carnival parade

rosten to rust

rot red 2

(das) **Rotkäppchen** Little Red Riding Hood

rötlichblau reddish-blue

der **Rotwein, -e** red wine

die **Routine, -n** routine

der **Rücken, -** back

das **Rückgaberecht, -e** right to return (merchandise)

rufen, rief, hat gerufen to call (out)

die **Ruhe** peace and quiet 7; **(jemanden) in Ruhe lassen** to leave (*somebody*) alone

ruhen to rest

ruhig calm(ly) 12

das **Ruhrgebiet** industrial area around the Ruhr River

der **Rumäne, -n** (*wk.*) / die **Rumänin, -nen** Rumanian (*person*)

(das) **Rumpelstilzchen** Rumpelstiltskin

rund round 13; about

die **Runde, -n** group; turn

rundherum all around

der **Russe, -n** (*wk.*) / die **Russin, -nen** Russian (*person*)

(das) **Rußland** Russia

S

der **Saal**, *pl.* **Säle** large room, hall

die **Saaltür, -en** door to hall

die **Sache, -n** thing; affair

die **Sachertorte, -n** special Viennese chocolate cake

der **Saft, ⸚e** juice 13

saftig juicy

sagen to say 2

sagenhaft fabulous

die **Sahne** (whipped) cream

die **Salami** salami sausage

der **Salat, -e** salad; lettuce 12

das **Salatbesteck, -e** salad servers

die **Salatschale, -n** salad bowl

sammeln to collect 15

der Sammler, - / die Sammlerin, -nen collector

der Samstag Saturday 1

samstags (on) Saturdays 2

der Sand sand

die Sandale, -n sandal

sandig sandy

der Sandkuchen, - pound cake

sanft soft(ly), light(ly) 12

der Sänger, - / die Sängerin, -nen singer

Sankt (St.) Saint (St.) (+ *name*)

der Satz, ⸚e sentence

sauber clean

sauber·machen to clean

das Saubermachen cleaning

sauer sour; **gleich gibt's Saures** (*coll.*) now you'll get it!

der Sauerbraten, - marinated pot roast

das Sauerkraut sauerkraut (*cured cabbage*)

sausen to rush, whiz

(das) Schach chess

das Schachspielen playing chess

der Schachspieler, - / die Schachspielerin, -nen chess player

schade what a pity

der Schaden, ⸚ damage

schaffen, schuf, hat geschaffen to create, make 16

schaffen to manage, accomplish 16

der Schaffner, - / die Schaffnerin, -nen (train) conductor 5

schälen to peel

die (Schall)platte, -n record

die Schaltung, -en circuit

der Schatten, - shadow

schätzen to treasure

schauen to look 5; **schauen auf** (+ *acc.*) to look at 11

das Schaufenster, - display window

die Schaukelei, -en swinging

schaukeln to swing; to rock back and forth

der Schaum, ⸚e foam

die Schaumkrone, -n whitecap (*on waves*)

das Schauspiel, -e play

der Schauspieler, - / die Schauspielerin, -nen actor/actress 15

die Scheibe, -n slice; disk

scheinen to shine; to appear

schenken to give (as a present) 9

scheu shy 1

schick chic, good-looking

schicken to send 7

schieben, schob, hat geschoben to push

das Schienennetz, -e total track (*railroad system*)

schießen, schoß, hat geschossen to shoot 16

das Schießen shooting

das Schiff, -e ship

das Schifferklavier, -e accordion

das Schild, -er sign

der Schilling, -e *Austrian currency unit*

der Schinken, - ham

der Schirm, -e umbrella 9

schlafen (schläft), schlief, hat geschlafen to sleep 4

schläfrig tired, sleepy

der Schlafsack, ⸚e sleeping bag

das Schlafzimmer, - bedroom

der Schlag, ⸚e blow

schlagen (schlägt), schlug, hat geschlagen to hit, beat; **das Grün schlägt aus den Zweigen** leaves are coming out of the branches

der Schlamm mud

die Schlangengurke, -n long cucumber

schlapp weak(ly)

schlecht bad(ly), poor(ly) 1; **nicht schlecht** not bad 1; **etwas Schlechtes** something bad

schließen, schloß, hat geschlossen to close

schließlich finally

schlimm bad 16

das Schlimmste the worst (*thing*)

der Schlitten, - sled

das Schlittenfahren sledding

das Schlittschuhlaufen ice skating 14; **Schlittschuhlaufen gehen** to go ice skating 14

der Schlittschuhläufer, - / die Schlittschuhläuferin, -nen ice skater

das Schloß, *pl.* **Schlösser** castle 7

schluchzen to sob

der Schluck, -e swallow, gulp; **beim ersten Schluck** at the first gulp

der Schluß, *pl.* **Schlüsse** end; **Schluß jetzt!** this is it!

der Schlüssel, - key 4

schmackhaft tasty, tastily

schmecken (+ *dat.*) to taste; **es schmeckt mir** it's delicious; it tastes good (*to me*) 13

(sich) schmeißen, schmiß, hat geschmissen to throw (*oneself*)

der Schmerz, -en pain; **vor Schmerz** from pain

die (Kopf)schmerzen (*pl.*) (head)ache

der Schmuggler, - / die Schmugglerin, -nen smuggler

schmutzig dirty

die Schnauze, -n snout

der Schnee snow

schneien to snow 9; **es schneit** it's snowing 9

schnell fast, quick(ly) 4

der Schnellzug, ⸚e express train

die Schnur, ⸚e cord, rope, string

der Schofför, -e / die Schofförin, -nen (*more commonly:* **der Chauffeur, -e**) driver

die Schokolade chocolate

der Schokoladenkuchen, - chocolate cake

schon already 3

schön beautiful(ly) 1, attractive(ly); **bitte schön** you're very welcome 1; **danke schön** thank you very much 1

die Schönheit beauty

der Schornstein, -e chimney stack

der Schrank, ⸚e freestanding closet 11

der Schraubstock, ⸚e vise

schreiben, schrieb, hat geschrieben to write 3

die Schreibmaschine, -n typewriter

der Schreibtisch, -e desk 2

die Schreibwaren (*pl.*) stationery supplies

das Schreibwarengeschäft, -e stationery store 10

schreien, schrie, hat geschrie(e)n to scream

schriftlich in writing 4

der Schriftsteller, - / die Schriftstellerin, -nen writer

das Schriftzeichen, - (*written*) character

der Schritt, -e step; **Schritt für Schritt** step by step

die Schublade, -n drawer

der Schuh, -e shoe 8

das Schuhgeschäft, -e shoe store

schulden (+ *dat.*) to owe; **was schulde ich dir?** what do I owe you? 13

schuldig: (etwas) schuldig sein to owe something

die Schule, -n school

der Schüler, - / die Schülerin, -nen student, pupil 17

die Schulferien (*pl.*) school vacation

das Schuljahr, -e school year

der Schulkamerad, -en (*wk.*) / **die Schulkameradin, -nen** classmate

das Schulkind, -er schoolchild

das Schulmädchen, - schoolgirl

der Schultag, -e schoolday

die **Schulter, -n** shoulder; **jemandem über die Schultern gucken** to look over someone's shoulder 16

schützen to protect 16

schwach weak(ly)

der **Schwager, ⸚** / die **Schwägerin, -nen** brother-in-law/sister-in-law 6

der **Schwamm, ⸚e** sponge

schwarz black 2

der **Schwarzwald** Black Forest

der **Schwede, -n** (*wk.*) / die **Schwedin, -nen** Swede (*person*)

schwedisch Swedish

schweigen, schwieg, hat geschwiegen to be silent

das **Schweigen** silence

schweigend silent(ly)

das **Schwein, -e** pig

die **Schweinestadt, ⸚e** city of pigs

die **Schweiz** Switzerland

der **Schweizer, -** / die **Schweizerin, -nen** Swiss (*person*) 3

schweizerisch (*adj.*) Swiss

schwer hard, difficult

das **Schwergewicht** heavyweight (*boxing*)

die **Schwester, -n** sister 6

die **Schwiegereltern** (*pl.*) in-laws 6

die **Schwiegermutter, ⸚** mother-in-law 6

der **Schwiegersohn, ⸚e** son-in-law 6

der **Schwiegervater, ⸚** father-in-law 6

die **Schwierigkeit, -en** difficulty

schwimmen, schwamm, ist/hat geschwommen to swim 14

das **Schwimmen** swimming

der **Schwimmer, -** / die **Schwimmerin, -nen** swimmer

schwindlig: mir ist schwindlig I'm dizzy 9

sechs six 1

sechsfach (*adj.*) sixfold, six times

sechzehn sixteen 1

sechzig sixty 4

der **Secondhandladen, ⸚** second-hand store

der **See, -n** lake 12

die **Seele, -n** soul

segeln to sail 14

der **Segen, -** blessing

sehen (sieht), sah, hat gesehen to see 4

sehr very 1; **bitte sehr** you're very welcome 1; **danke sehr** thank you very much 1

sein (ist), war, ist gewesen to be 1

sein his; its 6

seit (+ *dat.*) since (*time span*); for

(*time*) 10

seitdem (*subord. conj.*) since then

die **Seite, -n** side; page

seitenlang pages and pages

der **Sekt** champagne

selber *or* **selbst** myself, yourself, himself, herself, itself, oneself, ourselves, themselves 17

selbstgebaut self-built

selbstgemacht homemade

die **Selbstsicherheit** self-confidence

der **Selige, -n** (**ein Seliger**) / die **Selige, -n** deceased person

selten seldom, rare(ly) 4

seltsam strange(ly)

das **Semester, -** semester

der **Semesteranfang, ⸚e** start of semester

der **Semesterbeginn** beginning of semester

die **Semesterferien** (*pl.*) semester vacation, semester break

die **Semmel, -n** soft bread roll

die **Sendung, -en** (TV/radio) program

sensationell sensational(ly)

sensibel sensitive

(der) **September** September 1

servieren to serve

die **Serviette, -n** napkin

der **Sessel, -** (*easy*) chair 11

sich setzen to sit (oneself) down 17

der **Sex** sex

sicher certain(ly)

sicherlich certain(ly) 13

sichtbar visible, visibly

Sie you (*for. sg. and pl.*)

sie she; they

sieben seven 1

siebenfach (*adj.*) seven-time

siebzehn seventeen 1

siebzig seventy

der **Sieger, -** / die **Siegerin, -nen** winner

die **Siegerehrung, -en** presentation ceremony

das **Silber** silver

silbern silver

(das) **Silvester** New Year's Eve

die **Silvesterreise, -n** trip over New Year's Eve

singen, sang, hat gesungen to sing 2

der **Singular** singular

die **Sitte, -n** custom 12; **es ist Sitte** it's customary 12

die **Situation, -en** situation

sitzen, saß, hat gesessen to sit 6

der **Sitzplatz, ⸚e** seat

die **Sitzung, -en** meeting; session

(das) **Sizilien** Sicily

das **Skateboard, -s** skateboard

skeptisch skeptical(ly)

das **Skifahren,** *also:* das **Skilaufen** skiing 14

der **Skifahrer, -** / die **Skifahrerin, -nen,** *also:* der **Skiläufer, -** / die **Skiläuferin, -nen** skier

der **Skilangläufer, -** / die **Skilangläuferin, -nen** cross-country skier

das **Skilaufen** skiing 14

so so, in this *or* that way, like this *or* that

die **Socke, -n** sock 8

das **Sofa, -s** sofa 11

sofort immediately 5

die **Soforthilfe, -n** emergency aid

sogar even 8

der **Sohn, ⸚e** son 6

solange (*subord. conj.*) as long as

solcher, solche, solches, *pl.* **solche** such a, *pl.* such 7

der **Soldat, -en** (*wk.*) / die **Soldatin, -nen** soldier

sollen (soll), sollte, hat gesollt to be supposed to, should 6

der **Sommer, -** summer 1

die **Sommerferien** (*pl.*) summer vacation

die **Sommerpläne** (*pl.*) summer plans

das **Sommerquartal, -e** summer (academic) quarter

der **Sommersalat, -e** summer salad

der **Sommersport** summer sports

der **Sommerurlaub, -e** summer vacation

das **Sonderangebot, -e** special sale

sondern (*coord. conj.*) but (on the contrary) 3

der **Sonnabend** Saturday 1

die **Sonne, -n** sun

der **Sonnenschein** sunshine

sonnig sunny 9

der **Sonntag** Sunday 1

der **Sonntagmorgen, -** Sunday morning

sonntags (on) Sundays 2

der **Sonntagsbesuch, -e** Sunday visit

die **Sonntagskleidung** Sunday clothes

die **Sonntagsstraße, -n** street on Sundays

sonst otherwise 3

sonstwie anything else; whatever

die **Sorte, -n** sort, type of

soviel so much

sowie as well as

sozial social(ly)

die **Sozialdemokratische Partei Deutschlands** Social Democratic

Party of Germany

die **Sozialwissenschaften** (*pl.*) social science

die **Soziologie** sociology

die **Spaghetti** (*pl.*) spaghetti

der **Spalt, -e** crack, gap

(das) **Spanien** Spain

(das) **Spanisch** Spanish (*language*)

spannend exciting 14

die **Spannung, -en** suspense

sparen to save

die **Sparkasse, -n** savings and loan institution

Spaß: viel Spaß! have fun 4; **Spaß haben** to have fun 16; **das macht Spaß** that is fun 16

spät late; **wie spät ist es?** what time is it?, *lit.* how late is it? 5

später later 8

spazieren·gehen, ging spazieren, ist spazierengegangen to take/go for a walk 6

der **Spaziergang, ⸚e** walk, stroll 6; **einen Spaziergang machen** to take a walk 6

SPD = Sozialdemokratische Partei Deutschlands Social Democratic Party of Germany

die **Speise, -n** food, dish

die **Speisekarte, -n** menu 13

die **Spekulation, -en** speculation

das **Spendenkonto,** *pl.* **Spendenkonten** *special bank account for charitable contributions*

spezial special(ly)

das **Spezialgericht, -e** special dish

das **Spezialgeschäft, -e** specialty store

die **Spezialität, -en** specialty 13

spezifisch specific, specifically

der **Spiegel, -** mirror 11

das **Spiel, -e** game 14

die **Spielbank, -en** gambling casino

spielen to play 2; **Tennis spielen** to play tennis 2

der **Spieler, -** / die **Spielerin, -nen** player

die **Spielwaren** (*pl.*) toys

das **Spielzimmer, -** playroom (for children)

der **Spion, -e** spy; *here: mirror fastened to door or window so that one can see without being seen*

spontan spontaneous(ly)

der **Sport** sport(s) 14; **Sport treiben** to go in for sports 14

die **Sportart, -en** type of sport 14

der **Sportgegner, -** / die **Sportgegnerin, -nen** person opposing sports

die **Sportkleidung** active sportswear

der **Sportler, -** / die **Sportlerin, -nen** athlete 14

sportlich athletic

die **Sprache, -n** language 3

die **Sprachenschule, -n** (foreign) language school

die **Sprachwissenschaft, -en** philology, linguistics

sprechen (spricht), sprach, hat gesprochen to speak 4; **sprechen über** (+ *acc.*) to talk about 11

das **Sprichwort, ⸚er** proverb

springen, sprang, ist gesprungen to jump, leap

die **Spritze, -n** injection

die **Spur, -en** track, trace; mark

der **Staat, -en** state, nation

staatlich national; federal

das **Staatstheater, -** national theater

die **Stadt, ⸚e** city 3

der **Stadtmensch, -en** (*wk.*) city person

die **Stadtmusikanten** (*pl.*) town musicians

der **Stadtplan, ⸚e** city map 4

der **Stadtteil, -e** part of town

das **Stadttheater, -** municipal theater

der **Stall, ⸚e** stable

der **Stammbaum, ⸚e** family tree

stammen (aus) to stem (from), come (from) originally 13

der **Stammgast, ⸚e** regular guest (*in a restaurant*)

der **Stammtisch, -e** table reserved for regular customers 13

ständig constant(ly)

stapeln to stack

stark strong

starten to start

die **Statistik, -en** statistic

statt (+ *gen.*) instead of 12

stattdessen instead, instead of that

statt·finden, fand statt, hat stattgefunden to take place 18

der **Stau, -e** or **-s** traffic jam

der **Staudamm, ⸚e** dam

staunen to wonder

das **Steak, -s** steak 13

der **Steckbrief, -e** "wanted" poster

stecken to be stuck; to stick

stehen, stand, hat gestanden to stand 6; (+ *dat.*) to suit, look good 10

stehen·bleiben, blieb stehen, ist stehengeblieben to stop (walking, running)

der **Stehplatz, ⸚e** (*ticket for*) standing room

steif stiff(ly), rigid(ly)

steigen, stieg, ist gestiegen to climb

sich steigern to increase

der **Stein, -e** stone 16

der **Steinofen, ⸚** brick oven

die **Stelle, -n** position, place 14; **an (erster) Stelle** in (first) place 14

stellen to place (*vertically*) 11; **eine Frage stellen** to pose/ask a question

sterben (stirbt), starb, ist gestorben to die

das **Stereotyp, -e** stereotype

stereotypisch (*adj.*) stereotypically

der **Stiefbruder, ⸚** stepbrother 6

die **Stiefmutter, ⸚** stepmother 6

die **Stiefschwester, -n** stepsister 6

der **Stiefsohn, ⸚e** stepson 6

die **Stieftochter, ⸚** stepdaughter 6

der **Stiefvater, ⸚** stepfather 6

der **Stil, -e** style

still still, quiet(ly)

die **Stille** stillness, silence; **im Stillen** secretly

das **Stilleben, -** still life

stimmen to be right; **das stimmt so** that's okay; keep the change; **das stimmt nicht** that's not correct 13

die **Stimmung, -en** mood; **in Stimmung kommen** to become animated

stinken, stank, hat gestunken to stink; **(mein Beruf) stinkt mir** (*coll.*) I can't stand (*my job*)

das **Stipendium,** *pl.* die **Stipendien** scholarship

stockdunkel pitch dark

das **Stockwerk, -e** floor, story

der **Stoff, -e** substance; fabric; stuff; subject matter

stolz (auf + *acc.*) **sein** to be proud of 10

stören to bother, disturb 13

störrisch stubborn(ly)

stoßen (stößt), stieß, hat gestoßen (an + *acc.*) to bump against

stottern to stutter

strahlen to shine, radiate

der **Strand, ⸚e** beach

die **Straße, -n** street

die **Straßenbahn, -en** streetcar 12

der **Straßenumzug, ⸚e** parade

die **Strecke, -n** stretch of road; **auf halber Strecke** halfway

die **Streckenkarte, -n** road map

der **Streß** stress

streunen to stray; roam

der **Strick, -e** rope; **wenn alle Stricke reißen** if all else fails die **Stromrechnung, -en** electricity bill

der **Struwwelpeter** tousle-head, "shock-headed Peter" (*character in comics*)

der **Stubenhocker, -** homebody

das **Stück, -e** piece; (*theater*) play

der **Student, -en** (*wk.*) / die **Studentin, -nen** student 2

das **Studentencafé, -s** student café

das **Studentenheim, -e** student dormitory 11

das **Studentenleben** student life

das **Studentenzimmer, -** student's room

die **Studiengebühren** (*pl.*) tuition fees 17

studieren to study; (**Musik**) **studieren** to major (*in music*) 2

der **Studierende, -n** (*wk.*) / die **Studierende, -n** studying person, student

das **Studio, -s** studio

das **Studium,** *pl.* die **Studien** study, studying 17

der **Stuhl, ⸚e** chair 2

die **Stunde, -n** hour 3

stundenlang for hours

die **Substanz, -en** substance

suchen to look for, search for 5

südafrikanisch (*adj.*) South African

der **Sudanese, -n** (*wk.*) / die **Sudanesin, -nen** Sudanese (*person*)

der **Südbahnhof** southern train station

süddeutsch (*adj.*) Southern German

die **Südfrucht, ⸚e** (sub)tropical fruit

die **Sünde, -n** sin

der **Superlativ, -e** superlative

der **Supermarkt, ⸚e** supermarket 10

der **Superwagen, -** super car

die **Suppe, -n** soup 13

süß sweet

das **Sweatshirt, -s** sweatshirt

symbolisieren to symbolize

sympathisch congenial(ly), likable 1

das **System, -e** system 17

die **Szene, -n** scene

T

der **Tabakgeruch, ⸚e** tobacco smell

die **Tabelle, -n** table (*of items*)

das **Tablett, -s** serving tray

die **Tafel, -n** blackboard 2

der **Tag, -e** day 7; **Tag!** hi 1; **guten Tag!** good day, hello 1

das **Tagebuch, ⸚er** diary

tagein, tagaus day in, day out

die **Tageszeitung, -en** daily newspaper

täglich daily 16

der **Tagungsraum, ⸚e** meeting room

das **Talent, -e** talent

der **Tango** tango (*dance*)

die **Tankstelle, -n** gas station

die **Tante, -n** aunt 6

der **Tanz, ⸚e** dance

der **Tanzabend, -e** evening of dance

tanzen to dance 2

der **Tänzer, -** / die **Tänzerin, -nen** dancer

das **Tanzinstitut, -e** dance institute

das **Tanzmariechen** *official female dancer during Carnival*

der **Tanzoffizier** *official male dancer during Carnival*

das **Tanzpaar, -e** dancing couple

der **Tanzpartner, -** / die **Tanzpartnerin, -nen** dancing partner

die **Tasche, -n** bag; pocket 4

das **Taschengeld, -er** allowance, pocket money

die **Tasse, -n** cup 13; **eine Tasse (Kaffee)** a cup of (coffee) 2

die **Taste, -n** push-button key

die **Tat, -en** action

die **Tatsache, -n** fact

der **Taugenichts, -e** good-for-nothing (*person*)

tausend thousand

das **Taxi, -s** taxi

der **Taxifahrer, -** / die **Taxifahrerin, -nen** taxi driver

der **Taxiservice** taxi service

der **Teamfußballer, -** / die **Teamfußballerin, -nen** team soccer player

der **Teamtorhüter, -** / die **Teamtorhüterin, -nen** team goalkeeper

die **Technik, -en** mechanism; technology; technique

die **Technologie** technology

der **Teddybär, -en** teddy bear

der **Tee, -s** tea 2

der **Teenager, -s** teenager

der **Teil, -e** part

teilen to divide

teil·nehmen (nimmt teil), nahm teil, hat teilgenommen an (+ *dat.*) to participate in

der **Teilnehmer, -** / die **Teilnehmerin, -nen** participant

teils partly

das **Telefon, -e** telephone 9

das **Telefonbuch, ⸚er** telephone book

telefonieren to telephone

die **Telefonnummer, -n** telephone number

der **Teller, -** plate 13

das **Tempo, -s** pace, tempo 17

das **Tennis** tennis; **Tennis spielen** to play tennis 2

der **Tennisschuh, -e** tennis shoe

das **Tennisspiel, -e** game of tennis

der **Tennisspieler, -** / die **Tennisspielerin, -nen** tennis player

der **Tenor, ⸚e** tenor

der **Teppich, -e** rug 11

der **Termin, -e** appointment 10

der **Terrorist, -en** (*wk.*) / die **Terroristin, -nen** terrorist

teuer expensive 3

der **Text, -e** text

der **Texter, -** text/lyrics writer

das **Theater, -** theater 15

die **Theateraufführung, -en** theater performance

die **Theaterkarte, -n** theater ticket

der **Theaterraum, ⸚e** theater hall

das **Theaterstück, -e** theater play 15

die **Theke, -n** counter

das **Thema,** *pl.* **Themen** theme

die **Theologie** theology

der **Thunfisch, -e** tuna fish

das **Ticket, -s** ticket

tief deep(ly), low; down

das **Tier, -e** animal

der **Tierarzt, ⸚e** / die **Tierärztin, -nen** veterinarian 16

der **Tip, -s** tip, hint

der **Tisch, -e** table 2; **zu Tisch bitten** to ask to the table; to invite for dinner

die **Tischdecke, -n** tablecloth

die **Tischreservierung, -en** table reservation

der **Titel, -** title

der **Toast** toast

die **Tochter, ⸚** daughter 6

der **Tod** death

die **Toilette, -n** toilet 9

tolerant tolerant(ly)

toll wild(ly), crazy, crazily; **toll!** great! neat!

die **Tomate, -n** tomato 13

der **Tomatensalat, -e** tomato salad

die **Tomatensoße, -n** tomato sauce

die **Tomatensuppe** tomato soup

das **Tor, -e** gate; *sports:* goal 14

die **Torte, -n** torte, cake

der **Tourismus** tourism

der **Tourist, -en** (*wk.*) / die **Touristin, -nen** tourist 6

die **Touristik** tourism

die **Trabrennbahn, -en** trotting/harness race course

der **Trabrennverein, -e** trotting/harness race club

die **Tradition, -en** tradition

traditionell traditional(ly)

traditionsbewußt tradition conscious

tragen (trägt), trug, hat getragen to carry; to wear 8; **welche Größe tragen Sie?** what size do you wear? 8

die **Tragödie, -n** tragedy

die **Träne, -n** tear

der **Transport, -e** transportation

das **Trauerspiel, -e** tragedy

der **Traum, ⸚e** dream 7

der **Traumberuf, -e** dream profession

träumen to dream 7

das **Traumgebiet, -e** place/area of one's dreams

das **Traumland, ⸚er** land of one's dreams

die **Traumreise, -n** trip of one's dreams

die **Traumstadt, ⸚e** city of one's dreams

traurig sad(ly)

treffen (trifft), traf, hat getroffen to meet, encounter 8

treiben, trieb, hat getrieben to pursue; **Sport treiben** to go in for sports 14

das **Treppenhaus, ⸚er** stairwell

treten (tritt), trat, ist getreten to step 15

der **Triebkopf, ⸚e** drive head (*on high-speed train*)

sich **trimmen** to get in (physical) shape

trinken, trank, hat getrunken to drink 2

das **Trinkwasser** drinking water

triumphierend triumphant(ly)

trödeln to dawdle, walk slowly

die **Trompete, -n** trumpet

trotz (+ *gen.*) in spite of 12

trotzdem nevertheless 15

trotzig defiant(ly)

trübe dismal, gloomy

der **Trucker, -** truck driver

tschüß bye

die **Tuba,** *pl.* **Tuben** tuba

tüchtig efficient(ly), capable, capably 15

die **Tüchtigkeit** ability, competence 16

tun, tat, hat getan to do 6; **es tut mir leid** I'm sorry 9; **es tut mir weh** it hurts 9; **der Arm tut mir weh** my arm hurts 9; **die Zähne tun ihm nicht mehr weh** his teeth no longer hurt 9

der **Tunnel, -** tunnel

die **Tür, -en** door 11

der **Türke, -n** (*wk.*) / die **Türkin, -nen** Turk

die **Türkei** Turkey

türkisch Turkish

turnen to do gymnastics 14

die **Tüte, -n** (paper) bag

die **Tütensuppe, -n** packaged soup

der **Typ, -en** (*wk.*) type

typisch typical(ly)

U

übel: mir ist übel I feel nauseated

üben to practice

über (+ *acc./dat.*) over, above, across 11; via; **über (Mainz)** via (Mainz) 5

überall everywhere

überfahren (überfährt), überfuhr, hat überfahren to run over (*somebody*)

überfüllt overcrowded

überhaupt (nicht) (not) at all; anyway, anyhow 12

überkommen, überkam, hat überkommen to come over (*somebody*), to occur (*to somebody*); **Zweifel überkommen mich** I am beginning to doubt

(sich etwas) **überlegen** to think (*about something*)

übernachten to stay overnight 7

die **Übernachtung, -en** overnight stay

übernehmen (übernimmt), übernahm, hat übernommen to take over

überrascht surprised 16

überspannen to span, cover

die **Übertragung, -en** broadcast

überzeugen to convince 12

übrigens (as) for the rest, in other respects, otherwise; by the way, furthermore

die **Übung, -en** exercise

die **Übungsfahrt, -en** trial run

das **Ufer, -** (river) bank

die **Uhr, -en** clock 4; watch 4; time (*of day*), o'clock 5

um (+ *acc.*) around; at (*with time*) 7; **um … herum** all around; **um … zu** in order to

(sich) **um·drehen** to turn around

umfliegen, umflog, hat umflogen (+ *acc.*) to fly around (+ *d.o.*)

umgänglich sociable, easy to get along with

der **Umriß,** *pl.* **Umrisse** outline

(sich) **um·schmeißen lassen** (*coll.*) to be knocked over (*by somebody*)

umsonst in vain

umspannen (+ *acc.*) to span (+ *d.o.*)

die **Umstandsmode, -n** maternity fashion

um·steigen, stieg um, ist umgestiegen to transfer, change (*trains*) 5

der **Umtausch** exchange

der **Umweg, -e** detour

die **Umwelt** environment 12

die **Umweltforschung, -en** environmental research

um·ziehen, zog um, ist umgezogen to move, change one's residence 15

(sich) **um·ziehen, zog um, hat umgezogen** to change (one's) clothes

unangenehm unpleasant(ly) 17

unattraktiv unattractive(ly)

unbedingt absolute(ly); by all means 13

unbekannt unknown 12

unbeliebt unpopular 14

unbequem uncomfortable, uncomfortably

und (*coord. conj.*) and 2; **und dir?** (*infor. sg.*) / **und euch?** (*infor. pl.*) / **und Ihnen?** (*for.*) and you? 1

undressiert untrained (*an animal*)

der **Unfall, ⸚e** accident

unfreundlich unfriendly 1

der **Ungar, -n** (*wk.*) / die **Ungarin, -nen** Hungarian (*person*)

ungeduldig impatient(ly) 5

ungefähr approximately

ungereimt without rhyme

ungesund unhealthy 14

unglaubwürdig unbelievable, unbelievably

unglücklich unhappy, unhappily 14

unhöflich impolite(ly) 18

die **Uni** (*shortened form of* die **Universität**)

die **Uniform, -en** uniform

uninteressant uninteresting(ly) 1

die **Universität, -en** university

das **Universum** universe

unmöglich impossible

unnormal abnormal(ly)

unnütz unnecessary; unnecessarily

unpraktisch impractical(ly)

unrealistisch unrealistical(ly)

die **Unruhe, -n** unrest

unruhig restless; troublesome

unser our 6

unsichtbar invisible

der **Unsinn** nonsense

unsympathisch uncongenial(ly), unlikable 1

unten downstairs

unter (+ *acc./dat.*) under, beneath; among 11

A-25

unter·gehen, ging unter, ist untergegangen to come to an end

sich unterhalten (unterhält), unterhielt, hat unterhalten to talk, converse 17

unterhaltsam entertaining 18

die Unterkunft, ⸚e lodging

der Unterricht instruction, class(es) 16

unterrichten to teach, instruct

der Unterschied, -e difference

unterwegs on the road, traveling

unverheiratet unmarried

unvermeidlich inevitable, inevitably

unvorstellbar inconceivable, inconceivably

unwahrscheinlich improbable, unlikely; incredible; incredibly 12

unwichtig unimportant 14

unwohl unwell 17; sich unwohl fühlen to feel sick 17

unzufrieden discontent, dissatisfied 17

unzuverlässig untrustworthy 18

üppig luxurious

uralt extremely old

das Urenkelkind, -er great-grandchild

der Urlaub, -e vacation 7; auf Urlaub on vacation 7

der Urlaubsbericht, -e vacation report

das Urlaubsgepäck vacation luggage

die Urlaubsreise, -n vacation trip

die Urlaubszeit, -en vacation time

ursprünglich original(ly)

die USA (pl.) USA

usw. (und so weiter) etc. (and so forth)

V

das Varieté, -s variety show

die Vase, -n vase

der Vater, ⸚ father 6

der Vati, -s daddy

vegetarisch (adj.) vegetarian

(das) Venedig Venice

die Veränderung, -en change

die Veranstaltung, -en performance; event

verantwortlich responsible; responsibly

die Verantwortung, -en responsibility

verbieten, verbot, hat verboten to forbid 18

die Verbindung, -en connection

verboten forbidden 10

verbrauchen to use, consume

der Verbrecher, - criminal

verbringen, verbrachte, hat verbracht to spend (time) 7

verdienen to earn 6

der Verein, -e club, organization

vereinigt united

die Vereinigung, -en unification

verfaulen to rot

die Vergangenheit past 17

vergessen (vergißt), vergaß, hat vergessen to forget 4

vergleichen, verglich, hat verglichen to compare 14

das Vergnügen pleasure; zum Vergnügen for pleasure

sich verhalten (verhält), verhielt, hat verhalten to behave 18

die Verhandlung, -en negotiation

verheiratet married

verhindern to prevent

verkaufen to sell 15

der Verkäufer, - / die Verkäuferin, -nen vendor, salesperson 5

das Verkehrsmittel means of transportation

verkleben to tape shut

verkommen, verkam, ist verkommen to go to waste

der Verlag, -e publishing house

die Verlagsanstalt, -en publishing house

verlassen (verläßt), verließ, hat verlassen to leave 15

die Verlegenheit, -en embarrassment

verletzt injured

sich verlieben to fall in love

verlieren, verlor, hat verloren to lose 14

das Vermögen, - fortune 16

verpestet polluted

verrückt crazy

der Versager, - (coll.) loser, person who didn't accomplish anything

(sich) versammeln to gather

verschieden different(ly)

verschleudern to sell below cost, waste

verschreiben, verschrieb, hat verschrieben to prescribe 9

versehentlich inadvertent(ly), by mistake

sich versenken (in + acc.) to immerse oneself

die Versicherung, -en insurance

die Versorgung provision of food or care

versprechen (verspricht), versprach, hat versprochen to promise 9

das Verständnis understanding 16

sich verstecken to hide oneself 18

verstehen, verstand, hat verstanden to understand, comprehend 3; sich verstehen (mit) to get along (with) 17

versuchen to try

die Versuchung, -en temptation

verwandt related

verweichlicht pampered

verwirrt confused

verzeihen, verzieh, hat verziehen (+ dat.) to pardon, forgive 10

Verzeihung pardon me 1

verzollen: haben Sie etwas zu verzollen? do you have something to declare? 4

verzweifelt desperate

die Verzweiflung desperation

der Vetter, -n cousin (male) 6

das Video, -s video 9

der Videofilm, -e video film

die Videokassette, -n video cassette

viel much, a lot 4; zuviel too much 4; viel Glück! good luck 1; viel Spaß! have fun 4; viele many 4; wie viele how many 4

die Vielfalt variety

vielleicht maybe, perhaps 6

vier four 1

vierfarbig (adj.) in four colors

Viertel nach a quarter past 5; Viertel vor a quarter to 5

vierzehn fourteen 1

vierzig forty

die Vierzimmerwohnung, -en four-room apartment

der Vietnamese, -n (wk.) / die Vietnamesin, -nen Vietnamese (person)

die Villa, pl. Villen villa

violett purple 2

die Violinenmusik violin music

der Violinist, -en (wk.) / die Violinistin, -nen violinist

der Virtuose, -n (wk.) / die Virtuosin, -nen virtuoso

der Virus, pl. Viren virus

das Vitamin, -e vitamin

der Vogel, ⸚ bird 17

der Volkswagen, - Volkswagen, VW

voll full

voller full of 12; das Gebiet ist voller Seen the area is full of lakes 12

der Volleyball volleyball; Volleyball spielen to play volleyball

das Volleyballspiel, -e game of volleyball

völlig completely

vollständig complete(ly)

von (+ dat.) from (origin); of, about; by (person) 10; in der Nähe (von) near, in the vicinity (of); in the neighborhood (of) 10; von (10) bis (12) from (10) to (12)

vor (+ *acc./dat.*) in front of, before; ago 11; **Viertel vor** a quarter to 5; **vor allem** above all; **vor Freude** with joy

vorbei·bringen, brachte vorbei, hat vorbeigebracht to bring by

vorbei·gehen, ging vorbei, ist vorbeigegangen to pass by

vorbei·kommen, kam vorbei, ist vorbeigekommen to come by 5

vorgestern day before yesterday

(etwas) **vor·haben (hat vor), hatte vor, hat vorgehabt** to have (something) planned 9

vorher before (that), previously

vor·kommen: das kommt mir … vor that seems … to me 12

der **Vorläufer, -** / die **Vorläuferin, -nen** forerunner

die **Vorlesung, -en** lecture 17

vorletzt one before the last, next to the last

vormittags mornings

vorn in front; **nach vorn kommen** to come to the front (*e.g., of the class*)

der **Vorname, -n** (*wk.*) first name

der **Vorschlag, ⁼e** suggestion, proposal

die **Vorsicht** caution

vorsichtig careful(ly)

die **Vorspeise, -n** appetizer 13

(jemanden) **vor·stellen** to introduce (someone) 16

(sich) **vor·stellen** to introduce (oneself) 16; *with dat. reflex.*: to imagine 17

die **Vorstellung, -en** imagination; concept

das **Vorstellungsgespräch, -e** job interview 16

der **Vorteil, -e** advantage 11

die **Vorwahlnummer, -n** area code

vorwärts·gehen, ging vorwärts, ist vorwärtsgegangen to progress, get ahead

der **Vorzug, ⁼e** advantage, positive feature

W

die **Waage, -n** scales

wach awake

der **Wagen, -** railway car; automobile, car 5

wählen to choose 16; to vote

der **Wählton, ⁼e** dial tone

wahnsinnig insane(ly)

wahr true; **nicht wahr?** isn't that right?

während (+ *gen.*) during, in the course of; (*subord. conj.*) while 12

die **Wahrheit, -en** truth 18

wahrscheinlich probable; probably, likely 12

der **Wald, ⁼er** forest 15

der **Walzer, -** waltz

die **Wand, ⁼e** wall 11

wandern to hike 14

wann when 3

warm warm(ly) 9

die **Warmfront, -en** warm front (*weather*)

warnen to warn

warten to wait; **warten auf** (+ *acc.*) to wait for 11

die **Wartezeit, -en** time of waiting

warum why 3

was what 3; **was für** what kind(s) of 5; **was ist los?** what's going on? what's the matter?

waschen (wäscht), wusch, hat gewaschen to wash 11

die **Waschküche, -n** laundry room

das **Wasser, -** water

das **Wasserbett, -en** water bed

wasserfarben (*adj.*) color of water

der **Wassersport** water sports

(das) **WC** (water closet) toilet

der **Wechselkurs** exchange rate

wechseln to change 15

wecken to wake (*someone*) up

der **Wecker, -** alarm clock

weder … noch neither … nor 17

weg away; off, gone

der **Weg, -e** way

weg·bleiben, blieb weg, ist weggeblieben to stay away; **mir bleibt die Luft weg** I can't get any air

wegen (+ *gen.*) because of, on account of 12

weg·fahren (fährt weg), fuhr weg, ist weggefahren to travel away, go away (*from the speaker*) 5

weg·laufen (läuft weg), lief weg, ist weggelaufen to run away

weg·machen to remove

weg·nehmen (nimmt weg), nahm weg, hat weggenommen to take away

weg·rennen, rannte weg, ist weggerannt to run away

weh: es tut mir weh it hurts 9; **der Arm tut mir weh** my arm hurts 9; **die Zähne tun ihm nicht mehr weh** his teeth no longer hurt 9

weich soft

die **Weihnacht** (*in some areas:* das **Weihnachten**) Christmas; **fröhliche Weihnachten** Merry Christmas

weil (*subord. conj.*) because 8

der **Wein, -e** wine

weinen to cry

die **Weinkarte, -n** wine list

das **Weinland, ⁼er** wine country

weisen auf (+ *acc.*) to point to

weiß white 2

das **Weißbrot, -e** white bread

der **Weißwein, -e** white wine

weit far; **weit weg** far away; **von weitem** from a distance

weiter further 5; continuing on; **und so weiter** and so forth

weiter·erzählen to continue telling

weiter·fahren (fährt weiter), fuhr weiter, ist weitergefahren to travel further

weiter·führen: er führte sein Leben weiter wie vorher he continued to live as before

weiterhin continue (to do it); go on (doing it); from now on 18

weiter·sprechen (spricht weiter), sprach weiter, hat weitergesprochen to continue speaking

welcher, welche, welches, *pl.* **welche** which 7

die **Welt, -en** world 16

weltbekannt known all over the world

weltberühmt world famous

der **Weltkrieg, -e** world war

der **Weltmeister, -** / die **Weltmeisterin, -nen** world champion

die **Weltmeisterschaft, -en** world championship

der **Weltrekord, -e** world record

wenig (*sg.*) little; not much 12

wenige (*pl.*) few 12

weniger fewer; less 12

wenigstens at least

wenn (*subord. conj.*) if; whenever 8

wer who 3; **wen** (*acc.*) whom; **wem** (*dat.*) (to) whom; **wessen** (*gen.*) whose

werden (wird), wurde, ist geworden to become 4

werfen (wirft), warf, hat geworfen to throw

das **Werk, -e** (piece of) work 15

der **Werkarzt, ⁼e** / die **Werkärztin, -nen** company physician

die **Werkstatt, ⁼en** workshop

werktags weekdays

der **Wert, -e** worth, value

Wert legen auf (+ *acc.*) to value; to find important

das **Wesen,** - creature
wessen whose
der **Westernstiefel,** - cowboy boot
das **Wetter** weather 9
das **Wettschwimmen** swimming race
das **Wettspiel, -e** match
wichtig important(ly) 14
die **Wichtigkeit, -en** importance
das **Wichtigste** the most important thing
widersprüchlich controversial(ly); contradictory
wie how 3; **wie, bitte?** what's that? what did you say? 1; **wie geht es dir?** (*infor. sg.*) / **euch** (*infor. pl.*) / **Ihnen?** (*for.*) how are you? 1; **wie geht's?** how's it going? 1; **wie heißen Sie?** / **wie heißt euch?** (*infor. pl.*) / **wie heißt du?** (*infor. sg.*) what's your name? 1; **wie lange** how long; **wie spät ist es?** what time is it?, how late is it? 5
wieder again 5; **immer wieder** again and again
wiederholen to repeat
die **Wiederholung, -en** review
Wiederhören: auf Wiederhören goodbye (*on telephone*) 9
wieder·kommen, kam wieder, ist wiedergekommen to come (back) again 5
wieder·sehen (sieht wieder), sah wieder, hat wiedergesehen to see again 5
Wiedersehen: auf Wiedersehen goodbye 1
die **Wiedervereinigung, -en** reunification
(das) **Wien** Vienna
die **Wiese, -n** meadow 12
wieso why? how so?
wieviel? (*sg.*) how much? 4; **wieviel Uhr ist es?** what time is it? 5; **wie viele?** (*pl.*) how many? 4; **den wievielten haben wir heute?** what day (*date*) is today?
wievielmal how often, how many times
willkommen: herzlich willkommen! welcome!
der **Wimpel,** - little flag, pennant
der **Wind, -e** wind
windig windy 9
winken to wave
winkend waving
der **Winter,** - winter
die **Winterferien** (*pl.*) winter vacation
die **Winterkleider** (*pl.*) winter clothes
der **Wintermantel,** ⸚ winter coat

der **Winterurlaub, -e** winter vacation
wir we
wirken to make the impression
wirklich real(ly) 10
die **Wirklichkeit** reality 18
der **Wirt, -e / die Wirtin, -nen** innkeeper; landlord/landlady
wissen (weiß), wußte, hat gewußt to know (*something for a fact*) 8
die **Wissenschaft, -en** science; study 15
die **Witwe, -n** widow
der **Witz, -e** joke
wo where 3
woanders somewhere else
die **Woche, -n** week 7
das **Wochenblatt,** ⸚ **er** weekly newspaper
das **Wochenende, -n** weekend 7
der **Wochentag, -e** weekday
wochentags weekdays
die **Wochenzeitschrift, -en** weekly magazine
die **Wochenzeitung, -en** weekly newspaper
der **Wodka** Vodka
wodurch through/by what
wofür for what
wogegen against what
woher from where 3; **woher kommen Sie?** where are you from?
wohin to where 3; **wohin gehen Sie?** where are you going (to)?
wohl probably 12; well
sich **wohl fühlen** to feel well 17
wohnen to live (*somewhere*), reside 2; **er wohnt in Innsbruck** he lives in Innsbruck 2
das **Wohngebiet, -e** residential area
der **Wohnort, -e** place of residence
die **Wohnung, -en** apartment 11
das **Wohnzimmer,** - living room
sich **wölben** to arch
der **Wolf,** ⸚ **e** wolf
wolkig cloudy 9
wollen (will), wollte, hat gewollt to want to 6
womit with what
wonach after what
woran on/at what
worauf on/for what
woraus out of what / from what
worin in what
das **Wort,** ⸚ **er** word
das **Wörterbuch,** ⸚ **er** dictionary
der **Wortschatz** vocabulary
worüber about what
worum about/around what

worunter under what
wovon from/about what
wozu to what; what for
wunderschön beautiful
der **Wunsch,** ⸚ **e** wish
(sich) **wünschen** to wish 18; **was wünschen Sie bitte?** may I help you?
die **Wurst,** ⸚ **e** sausage 5
das **Wurstbrot, -e** sausage sandwich 5
das **Würstchen,** - hot dog
die **Wurstplatte, -n** platter of cold cuts
würzig spicy
die **Wut** rage, fury; **vor Wut** with rage
wütend furious(ly)

Z

zahlen to pay; **zahlen, bitte** the bill, please 13; **bar zahlen** to pay cash
zählen (zu + dat.) to count (as) 17
zahlreich numerous
der **Zahn,** ⸚ **e** tooth 9
der **Zahnarzt,** ⸚ **e** / die **Zahnärztin, -nen** dentist 9
die **Zahnbürste, -n** toothbrush 4
sich die **Zähne putzen** to brush one's teeth
das **Zahnrad,** ⸚ **er** cogwheel, gear
der **Zahnstein** plaque
zart delicate(ly)
die **Zauberei, -en** magic
z.B. = zum Beispiel
zehn ten 1
der **Zehnkämpfer,** - / die **Zehnkämpferin, -nen** decathlete
das **Zeichen,** - sign
zeichnen to draw, sketch 18
der **Zeichner,** - / die **Zeichnerin, -nen** draftsman/draftswoman; illustrator
der **Zeigefinger,** - index finger
zeigen to show 9
die **Zeile, -n** line
die **Zeit, -en** time 8; **an der Zeit sein** to be about time 17; **keine Zeit haben** to have no time; **mit der Zeit** as time goes by, eventually
der **Zeitpunkt, -e** moment
die **Zeitschrift, -en** magazine, periodical
die **Zeitung, -en** newspaper 2
Zeitung lesen (liest Zeitung), las Zeitung, hat Zeitung gelesen to read the newspaper 4
der **Zeitungsjunge, -n** (*wk.*) newspaper carrier
der **Zeitungsverlag, -e** newspaper publisher
der **Zeitunterschied, -e** time difference

das **Zelt**, -e tent
zentral central(ly)
die **Zentrale**, -n main office
das **Zentralgebäude**, - main building
das **Zentrum**, *pl.* **Zentren** center
zerbrechen (zerbricht), zerbrach, hat zerbrochen to break (to pieces)
zerknicken to break
sich **zerlegen** to shift
der **Zeuge**, -n (*wk.*) / die **Zeugin**, -nen witness
das **Zeughaus** arsenal, armory; *also: historic building in Berlin*
ziehen, zog, ist gezogen (in + *acc.* or nach + *dat.*) to move, change residence; to pull
das **Ziel**, -e destination
ziellos aimless(ly)
ziemlich rather
die **Zigarette**, -n cigarette
das **Zimmer**, - room 9
die **Zimmerdecke**, -n ceiling
zischen to hiss
die **Zitrone**, -n lemon
der **Zivildienst**, -e *alternative to military service*
der **Zivildienstleistende**, -n (*wk.*) *person doing alternative (noncombatant) service*
der **Zoll**, ⸚e duty, customs
der **Zollbeamte**, -n (ein **Zollbeamter**) / die **Zollbeamtin**, -nen customs official 4
zollfrei duty free
der **Zoo**, -s zoo
die **Zoologie** zoology
zu (+ *dat.*) to (*persons, things*); at; for 10; **zu Hause** (at) home 10

der **Zucker** sugar
zuerst (at) first
der **Zufall**, ⸚e coincidence; **durch Zufall** by accident 18
zufällig accidental(ly)
(un)zufrieden (dis)satisfied 17
der **Zug**, ⸚e train 5
der **Zugbeamte**, -n (*wk.*) / die **Zugbeamtin**, -nen railroad employee
die **Zugfahrt**, -en train trip
zugleich at the same time 12
die **Zugreise**, -n train trip
das **Zugrestaurant**, -s dining car
das **Zugsystem**, -e train system
zu·hören to listen 5
die **Zukunft** future 12
zukünftig future 16
zu·machen to close
zum Beispiel for instance
zumute: wie ist ihm zumute? how does he feel?
zunächst for the time being 15
das **Zungenragout**, -s tongue ragout
zurück back; **hin und zurück** back and forth; (*travel*) round trip 5
zurück·bringen, brachte zurück, hat zurückgebracht to bring back
zurück·geben (gibt zurück), gab zurück, hat zurückgegeben to give back
zurück·gehen, ging zurück, ist zurückgegangen to go back
zurück·halten (hält zurück), hielt zurück, hat zurückgehalten to hold back
zurückhaltend reserved, discreet
zurück·kommen, kam zurück, ist zurückgekommen to come back 5

zurück·lassen (läßt zurück), ließ zurück, hat zurückgelassen to leave behind
zurück·winken to wave back
zusammen together 4; **zusammen oder getrennt?** together or separate (checks)? 13; **alles zusammen** everything together
zusammen·arbeiten to work together
die **Zusammenfassung**, -en summary
der **Zuschauer**, - / die **Zuschauerin**, -nen viewer, spectator 14
der **Zuschauersport** spectator sport
der **Zuschlag**, ⸚e additional payment
zu·sehen (sieht zu), sah zu, hat zugesehen to watch
die **Zutaten** (*pl.*) ingredients
zuverlässig trustworthy 18
zuviel too much 4
zuweilen sometimes
zuwenig too little
zwanzig twenty 1
zwar of course, to be sure, indeed; as a matter of fact 13
zwei two 1
das **Zweibettzimmer**, - double room
der **Zweifel**, - doubt
der **Zweig**, -e branch; **das Grün schlägt aus den Zweigen** the trees are beginning to be green
zweimal twice
zweistündig (*adj.*) two-hour
zweitbest second-best
die **Zwiebel**, -n onion 13
die **Zwillinge** (*pl.*) twins
zwischen (+ *acc./dat.*) between 11
zwitschern to chirp
zwölf twelve 1

ENGLISH–GERMAN

The number after an entry indicates the chapter in which the word or phrase appears in the **Wortschatz**.

A

ability die Tüchtigkeit 16
to be **able to** können (kann), konnte, hat gekonnt 6
above über (+ *acc./dat.*) 11
absolute(ly) unbedingt 13
academic course der Kurs, -e 17
academic subject das Fach, ⸚er 14
accident der Unfall, ⸚e 12; **by accident** durch Zufall 18

to **accomplish** schaffen 16
according to nach (+ *dat.*) 10
account: on account of wegen (+ *gen.*) 12
acquaintance der Bekannte, -n (ein Bekannter) / die Bekannte, -n 9
acquainted: to be acquainted with kennen, kannte, hat gekannt 4; **to become acquainted** (*with somebody*) (jemanden) **kennen·lernen** 6

across über (+ *acc./dat.*) 11
action die Handlung, -en 10
actor/actress der Schauspieler, - / die Schauspielerin, -nen 15
actual(ly) eigentlich 7
admirable bewundernswert 15
advantage der Vorteil, -e 11
to **afford** sich (*dat.*) leisten 17
to be **afraid of** Angst haben vor (+ *dat.*) 11; sich fürchten vor (+ *dat.*) 17

after nach (+ *dat.*) 10; (*subord. conj.*) nachdem 8; **a quarter after** Viertel nach 5

afternoon der Nachmittag

afternoon(s) nachmittag(s) 5

again wieder 8; **once again** nochmal 8

against gegen (+ *acc.*) 7

age das Alter, - 16; **at the age of (fifteen)** mit (fünfzehn) 10

ahead: straight ahead geradeaus 5

air die Luft 14

airport der Flughafen, ¨ 4

all alle (*pl.*) 13

all best wishes alles Gute! 1

by all means unbedingt 13

all right: that's all right bitte 1

to **allow** lassen (läßt), ließ, hat gelassen 17

allowed erlaubt 10; **to be allowed to** dürfen (darf), durfte, hat gedurft 6

almost fast 3

alone allein 14

already schon 3

also auch 1

although obwohl 16

always immer 4

America (das) Amerika 3

American (*person*) der Amerikaner, - / die Amerikanerin, -nen 2

among unter (+ *dat.*) 11

amusing lustig 16

and und (*coord. conj.*) 2

angel der Engel, - 18

angry, angrily böse 1

to be **annoyed** (about) sich ärgern (über + *acc.*) 17

to **answer** (**to**) antworten (+ *dat.*) 10

anxious ängstlich 18

anyhow überhaupt 12

anything (*in neg. sentence*) nichts 16

anyway überhaupt 12

apart from außer (+ *dat.*) 10

apartment die Wohnung, -en 11; **apartment building** das Mietshaus, ¨er 11

to **appear** aus·sehen (sieht aus), sah aus, hat ausgesehen 5; erscheinen, erschien, ist erschienen 12

appetizer die Vorspeise, -n 13

apple der Apfel, ¨ 13

approximately ungefähr 16

April (der) April 1

area das Gebiet, -e 5; der Bereich, -e 16

arm der Arm, -e 8

around (*with time*) gegen (+ *acc.*); um (+ *acc.*) 7

to **arrive** an·kommen, kam an, ist angekommen 5

art die Kunst, ¨e 15

artist der Künstler, - / die Künstlerin, -nen; der Maler, - / die Malerin, -nen 15

as als (*subord. conj.*) 8

to **ask** fragen 2

at an (+ *acc./dat.*) 11; (*with time*) um 7 (+ *acc.*); zu (+ *dat.*) 10; (**not**) **at all** überhaupt nicht 12; **at the home of** bei (+ *dat.*) 10; **at that time** damals 15

at the age of (fifteen) mit (fünfzehn) 15

at first zuerst 12

at home zu Hause 10

athlete der Sportler, - / die Sportlerin, -nen 14

atmosphere die Luft, ¨e 14

attractive(ly) schön 1

August (der) August 1

aunt die Tante, -n 6

Austria (das) Österreich 3

Austrian (*person*) der Österreicher, - / die Österreicherin, -nen 3

automobile das Auto, -s 3; der Wagen, - 5

autumn (der) Herbst 1

average der Durchschnitt 17

average grade die Durchschnittsnote, -n 17

avid(ly) begeistert 14

to **avoid** meiden, mied, hat gemieden 18

away: to go away weg·fahren (fährt weg), fuhr weg, ist weggefahren 5

B

bad(ly) schlecht; böse; **not bad** nicht schlecht 1

bag die Tasche, -n 4

baggage das Gepäck 4

baked gebacken 13

baker der Bäcker, - / die Bäckerin, -nen 10

bakery die Bäckerei, -en 10

balcony der Balkon, -e 11

ball der Ball, ¨e 14

ballpoint pen der Kugelschreiber, - 2

banana die Banane, -n 13

bank die Bank, -en 10

bath(room) das Bad, ¨er 9

to **be** sein (ist), war, ist gewesen 1

beach der Strand, ¨e 12

bean die Bohne, -n 13

beautiful(ly) schön 1

because denn (*coord. conj.*) 2; weil (*subord. conj.*) 8

because of wegen (+ *gen.*) 12

to **become** werden (wird), wurde, ist geworden 4

to **become acquainted with** kennen·lernen 6

bed das Bett, -en 11

beer das Bier, -e 5

before bevor (*subord. conj.*); vor (+ *acc./dat.*) 8

to **begin** beginnen, begann, hat begonnen 15

to **behave** sich verhalten (verhält), verhielt, hat verhalten 18

behind hinter (+ *acc./dat.*) 11

to **believe** glauben (+ *dat. with persons; + acc. with things*) 10

to **belong to** gehören (+ *dat.*) 10

beneath unter (+ *acc./dat.*) 11

beside neben (+ *acc./dat.*) 11

besides außer (+ *dat.*) 10

better besser 7

between zwischen (+ *acc./dat.*) 11

beverage das Getränk, -e 12

bicycle das Fahrrad, ¨er; *also:* das Rad, ¨er 10

big groß 1

bill: the bill, please zahlen, bitte 13

bird der Vogel, ¨ 17

birthday der Geburtstag, -e 10; **for (one's) birthday** zum Geburtstag 10; **it's my birthday** ich habe Geburtstag 10; **when is your birthday?** wann haben Sie Geburtstag? 10

black schwarz 2

blackboard die Tafel, -n 2

blouse die Bluse, -n 8

blue blau 2; **into the blue** ins Blaue 7

to **board** ein·steigen, stieg ein, ist eingestiegen 5

body der Körper, - 8

to **boil** kochen 9

boiled gekocht 13

book das Buch, ¨er 2

bookshelf das Bücherregal, -e 11

border die Grenze, -n 12

boring langweilig 2

to be **born** geboren sein/werden 15

both beide 12

to **bother** stören 13

bottle die Flasche, -n 4

boy der Junge, -n (*wk.*) 6

boyfriend der Freund, -e 6

bread das Brot, -e 5

to **break** brechen (bricht), brach, hat gebrochen 16

break die Pause, -n 14

breakfast das Frühstück, -e 9; **to eat breakfast** frühstücken 9

breakfast room das Frühstückszimmer, - 9

bridge die Brücke, -n 7

to bring bringen, brachte, hat gebracht 5

brother der Bruder, ∴ 6

brother-in-law der Schwager, ∴ 6

brothers and sisters / siblings die Geschwister (*pl.*) 6

brown braun 2

to brush (one's teeth) sich (*dat.*) (die Zähne) putzen 17

to build bauen 16

building das Gebäude, - 7

bus der Bus, -se 3

business das Geschäft, -e; die Handlung, -en 10

businessperson der Geschäftsmann, (*pl.*) Geschäftsleute / die Geschäftsfrau, -en 10

busy: to keep busy sich beschäftigen (mit) 17

but aber (*coord. conj.*) 2; (**on the contrary**) sondern (*coord. conj.*) 3

butter die Butter 9

to buy kaufen 3

by (*some means of transportation*) mit (+ *dat.*) 10; **by** (*a person*) von (+ *dat.*) 10; **by all means** unbedingt 13

C

café das Café, -s 7

cafeteria: student cafeteria die Mensa, (*pl.*) Mensen 17

cake der Kuchen, - 6

to call up an·rufen, rief an, hat angerufen 8

to be called heißen, hieß, hat geheißen 2

calm(ly) ruhig 12

camera die Kamera, -s 4

can (**to be able to**) können (kann), konnte, hat gekonnt 6

capable tüchtig 15

car das Auto, -s 3; **dining car** der Speisewagen, -; **railway car** der Wagen, - 5

care: (we) don't care es ist (uns) egal 10

career: to be successful at a career Karriere machen 15

career counseling die Berufsberatung, -en 16

carrot die Möhre, -n 13

to carry tragen (trägt), trug, hat getragen 8

cash: to pay cash bar zahlen 13

castle das Schloß, *pl.* Schlösser 7

cat die Katze, -n 11

to catch a cold sich erkälten 17

cathedral der Dom, -e 7

to celebrate feiern 8

certain(ly) sicherlich 13

chair der Stuhl, ∴e 2; (**easy**) **chair** der Sessel, 11

chalk die Kreide, -n 2

to change wechseln 15

to change one's residence um·ziehen, zog um, ist umgezogen 15

to change (**trains**) um·steigen, stieg um, ist umgestiegen 5

to chat plaudern 18

cheap(ly) billig 7

to check kontrollieren 5

cheese der Käse 5

cheese sandwich das Käsebrot, -e 5

cherry die Kirsche, -n 13

chest of drawers die Kommode, -n 11

child das Kind, -er 2

Chinese (*person*) der Chinese, -n (*wk.*) / die Chinesin, -nen 6

church die Kirche, -n 7

city die Stadt, ∴e 3

city hall das Rathaus, ∴er 7

city map der Stadtplan, ∴e 4

civil servant der Beamte, -n (ein Beamter) / die Beamtin, -nen 4

clean(ly) sauber 12

to clean putzen 16

to climb (**a mountain**) besteigen, bestieg, hat bestiegen 14

clock die Uhr, -en 4

closet: freestanding closet der Schrank, ∴e 11

clothes die Kleider (*pl.*) 8

clothing: article of clothing das Kleidungsstück, -e 8

cloudy wolkig 9

coat der Mantel, ∴ 8

coffee der Kaffee 2

cola die Cola, -s 5

cold kalt 8; **to catch a cold** sich erkälten 17

cold die Erkältung, -en 9

to collect sammeln 15

color die Farbe, -n 7

comb der Kamm, ∴e 4

to comb one's hair sich kämmen 17

to come kommen, kam, ist gekommen 2

to come back zurück·kommen, kam

zurück, ist zurückgekommen 5

to come (back) again wieder·kommen, kam wieder, ist wiedergekommen 5

to come by vorbei·kommen, kam vorbei, ist vorbeigekommen 5

to come for a visit zu Besuch kommen, kam, ist gekommen 6

to come from (originally) stammen (aus) 13

to come out (*toward the speaker*) heraus·kommen, kam heraus, ist herausgekommen 5

comfortable, comfortably gemütlich 11

company (*visitor[s]*) der Besuch 6; **in the company of** mit 10

to compare vergleichen, verglich, hat verglichen 14

compartment: train compartment das Abteil, -e 5

competence die Tüchtigkeit 16

to complain (**about**) klagen (über + *acc.*) 17

to comprehend verstehen, verstand, hat verstanden 3

computer der Computer, - 2

to be concerned (**with**) sich beschäftigen (mit) 17

concert das Konzert, -e 15

to conduct, lead führen 15

conductor: train conductor der Schaffner, - / die Schaffnerin, -nen 5

congenial sympathisch 1

to consist (**of**) bestehen, bestand, hat bestanden (aus + *dat.*) 13

continue (*to do it*) weiterhin (+ *verb*) 18

contrary: on the contrary sondern 3

conversation das Gespräch, -e 12

to converse reden 7; sich unterhalten (unterhält), unterhielt, hat unterhalten 17

to cook kochen 9

cool(ly) kühl 9

corner die Ecke, -n 7

to cost kosten 4

costume das Kostüm, -e 8

counseling: career counseling die Berufsberatung, -en 16

to count (**as**) gelten (gilt), galt, hat gegolten (als); zählen (zu + *dat.*) 17

country das Land, ∴er 3

course: academic course der Kurs, -e 17

course (*in a meal*) das Gericht, -e 13

course: in the course of während (+ *gen.*) 12; **of course** natürlich 6;

zwar 13

cousin (*female*) die Kusine, -n 6;
(*male*) der Vetter, -n 6

cozy, cozily gemütlich 11

to **create** schaffen, schuf, hat
geschaffen 16

cucumber die Gurke, -n 13

cuisine die Küche, -n 11

cup die Tasse, -n 13

a **cup of** (**coffee**) eine Tasse (Kaffee) 2

curious(ly) neugierig 1

custom die Sitte, -n 12; **it's customary**
es ist Sitte 12

customer der Kunde, -n (*wk.*) / die
Kundin, -nen 8

customs official der Zollbeamte, -n
(ein Zollbeamter) / die Zollbeamtin,
-nen 4

D

daily täglich 16

to **dance** tanzen 2

dark(ly) dunkel 12

to **dash** rennen, rannte, ist/hat
gerannt 14

daughter die Tochter, ⸚ 6

day der Tag, -e 7; **good day** guten
Tag 1

December (der) Dezember 1

to **decide** sich entschließen, entschloß,
hat entschlossen 17

declare: do you have something to
declare? haben Sie etwas zu verzollen? 4

definite(ly) bestimmt 12

delicious: it's delicious es schmeckt
mir 13

dentist der Zahnarzt, ⸚e / die Zahnärztin, -nen 9

to **depart** ab·fahren (fährt ab), fuhr ab,
ist abgefahren 5; ab·reisen, reiste ab, ist
abgereist 7

department store das Kaufhaus, ⸚er 8

to **describe** beschreiben, beschrieb, hat
beschrieben 6

desk der Schreibtisch, -e 2

desk clerk (*in a hotel*) der Empfangschef, -s / die Empfangschefin,
-nen 9

dessert der Nachtisch, -e 13

difficult schwer 7

diligent(ly) fleißig 14

dim(ly) dunkel 12

dining room das Eßzimmer, - 11

dinner das Abendessen, - 13

to **direct** führen 15; **to direct** (*a play or*

film) Regie führen 15

director (*stage or film*) der Regisseur,
-e / die Regisseurin, -nen 15

disease die Krankheit, -en 18

to **disembark** aus·steigen, stieg aus, ist
ausgestiegen 5

dish (*culinary*) das Gericht, -e 13

dissatisfied unzufrieden 17

to **disturb** stören 13

dizzy: I'm dizzy mir ist schwindlig 9

to **do** machen 3; tun, tat, hat getan 6;
I'm (**not**) **doing well** es geht mir
(nicht) gut 1

doctor (*medical*) der Arzt, ⸚e / die
Ärztin, -nen 9

dog der Hund, -e 11

door die Tür, -en 11

dormitory for students das Studentenheim, -e 11

double room das Doppelzimmer, - 9

to **draw** zeichnen 18

to **dream** träumen 7

dream der Traum, ⸚e 7

to **dress** sich an·ziehen, zog an, hat
angezogen 17

dress das Kleid, -er 8

dresser die Kommode, -n 11

to **drink** trinken, trank, hat
getrunken 2

drink das Getränk, -e 12

to **drive** fahren (fährt), fuhr, ist/hat
gefahren 4

to **drive a car** Auto fahren (fährt Auto),
fuhr Auto, ist Auto gefahren 4

druggist der Drogist, -en (*wk.*) / die
Drogistin, -nen 10

drugstore die Drogerie, -n 10

during während (+ *gen.*) 12

E

each jeder, jede, jedes 7

ear das Ohr, -en 8

earlier früher 15

to **earn** verdienen 6

easy, easily leicht 17

easy chair der Sessel, - 11

to **eat** essen (ißt), aß, hat gegessen 4;
fressen (frißt), fraß, hat gefressen (*animals*) 15

to **eat breakfast** frühstücken 9

edge der Rand, ⸚er 12

education die Ausbildung, -en 16

egg das Ei, -er 9

eight acht 1

eighteen achtzehn 1

either ... or entweder ... oder 14

electronics technician der Elektroniker,
- / die Elektronikerin, -nen 16

elegant(ly) elegant 12

eleven elf 1

to **encounter** treffen (trifft), traf, hat
getroffen 8

English (*language*) (das) Englisch 3; **in
English** auf englisch 3

to **enjoy** (*doing something*) gern
(+ *verb*) 3; **Ute enjoys traveling** Ute
reist gern 3; genießen, genoß, hat
genossen 12

enjoy your meal guten Appetit! 13,
Mahlzeit! 13

enormous(ly) riesig 12

enough genug 3

entertaining(ly) unterhaltsam 18

enthusiastic(ally) begeistert 14

equal rights die Gleichberechtigung 16

especially besonders 6

essay der Aufsatz, ⸚e 14

even sogar 8

evening: good evening! guten Abend
1; **this evening** heute abend 2; (**in
the**) **evenings** abends 2

evening meal das Abendessen, - 13

every jeder, jede, jedes 7

everything: everything all right? alles
in Ordnung? 4

exam die Prüfung, -en 17

excellent(ly) ausgezeichnet 13

except außer (+ *dat.*) 10

exciting spannend 14

excursion der Ausflug, ⸚e 7

excuse me Entschuldigung! 1

to **expect** erwarten 16

expectation die Erwartung, -en 16

expensive teuer 3

to **explain** erklären 14

eye das Auge, -n 8

F

face des Gesicht, -er 8

fact: as a matter of fact zwar 13

factory die Fabrik, -en 15

fairy tale das Märchen, - 15

fall (*autumn*) der Herbst 1

family die Familie, -n 6

famous berühmt 14

fantasy die Phantasie, -n 18

farewell der Abschied, -e 16

fast schnell 4

fat dick 13

father der Vater, ⸚ 6

father-in-law der Schwiegervater, ⸚ 6

fearful ängstlich 18

February (der) Februar 1

to **feel** (*some way*) sich fühlen 17; **I feel sick** mir ist übel 9

to **feel like** (*doing something*) Lust haben 17; **I (don't) feel like doing that** ich habe (keine) Lust dazu 17

to **feel well** sich wohl fühlen 17; **I (don't) feel well** es geht mir (nicht) gut 1

feeling das Gefühl, -e 6

fees: tuition fees die Studiengebühren (*pl.*) 17

to **fetch** holen 9

few wenige (*pl.*) 12; **a few** einige (*pl.*) 12; ein paar 3

fewer weniger 12

field, area der Bereich, -e 16

fifteen fünfzehn 18

to **fill out** aus·füllen 9

film der Film, -e 4

film director der Regisseur, - / die Regisseurin, -nen 15

finally endlich 15

to **find** finden, fand, hat gefunden 5

fine gut; **I'm fine** es geht mir gut 1; **fine, thanks** gut, danke 1

first erst 16; (**at**) **first** zuerst 12; **for the first time** zum ersten Mal 15; **in (first) place** an (erster) Stelle 14

to **fish** angeln 14

fish der Fisch, -e 13

to **fit** passen (+ *dat.*) 10

five fünf 1

flight der Flug, ⸚e 16

floor der Boden, ⸚ 16

flop: to be a flop (*said of a person*) eine Flasche sein (*coll.*) 14

flower die Blume, -n 6

flu die Grippe 9

to **fly** fliegen, flog, ist/hat geflogen 16

to **follow** (**after**) folgen (+ *dat.*) 10

food das Essen, - 12; die Lebensmittel (*pl.*) 10

foot der Fuß, ⸚e 8

for denn (*coord. conj.*) 2; für (+ *acc.*) 7

for (*time*) seit (+ *dat.*) 10; zu (+ *dat.*) 10

to **forbid** verbieten, verbot, hat verboten 18

forbidden verboten 10

force die Kraft, ⸚e 16

forest der Wald, ⸚er 15

to **forget** vergessen (vergißt), vergaß, hat vergessen 4

to **forgive** verzeihen, verzieh, hat verziehen 10

fork die Gabel, -n 13

form das Formular, -e 9

former(ly) früher 15

fortune das Vermögen, - 16

forward: to look forward to sich freuen auf (+ *acc.*) 17

four vier 1

fourteen vierzehn 1

free frei 9

French (*person*) der Franzose, -n (*wk.*) / die Französin, -nen 6

frequent(ly) häufig 16

fresh(ly) frisch 12

Friday der Freitag 1; (**on**) **Fridays** freitags 2

friend der Freund, -e / die Freundin, -nen 6

friendly freundlich 1

from (*origin*) aus (+ *dat.*) 10; von (+ *dat.*) 10; **from where** woher 3; **where are you from?** woher kommen Sie? 3; **from now on** weiterhin 18

front: in front of vor (+ *acc./dat.*) 11

fruit das Obst 10; **type of fruit** die Obstsorte, -n 13

full of voller; **the area is full of lakes** das Gebiet ist voller Seen 12

fun: have fun! viel Spaß! 4; **to be fun (for me)** (mir) Spaß machen 16; **to have fun** Spaß haben 16

furniture die Möbel (*pl.*) 11

further weiter 5

future die Zukunft 12

future (*adj.*) zukünftig 16

G

game das Spiel, -e 14

garden der Garten, ⸚ 3

gate das Tor, -e 14

gear (*machine*) der Gang, ⸚e 14

gentleman der Herr, -en (*wk.*) 1

German (*language*) (das) Deutsch 3; **in German** auf deutsch 3

German (*person*) der Deutsche, -n (ein Deutscher) / die Deutsche, -n 3

Germany (das) Deutschland 3

to **get** bekommen, bekam, hat bekommen; holen 5

to **get along** (**with**) sich verstehen, verstand, hat verstanden (mit) 17

to **get in** ein·steigen, stieg ein, ist eingestiegen 5

to **get off/out** aus·steigen, stieg aus, ist ausgestiegen 5

to **get to know** kennen·lernen 6

to **get up** auf·stehen, stand auf, ist aufgestanden 16

to **get used** (**to**) sich gewöhnen (an + *acc.*) 17

gift das Geschenk, -e 9

gigantic riesig 12

girl das Mädchen, - 6; **young girl** Fräulein 1

girlfriend die Freundin, -nen 6

to **give** geben (gibt), gab, hat gegeben 9; **to give (as a present)** schenken 9

to **give up** auf·geben (gibt auf), gab auf, hat aufgegeben 17

glad froh 1

gladly gern (+ *verb*) 3

glance der Blick, -e 12

glass das Glas, ⸚er 13

to **go** fahren (fährt), fuhr, ist/hat gefahren 4; (*on foot*) gehen, ging, ist gegangen 2

goal (*soccer*) das Tor, -e 14

to **go along with** mit·machen 15

to **go away** (*from the speaker*) weg·fahren (fährt weg), fuhr weg, ist weggefahren 5

to **go for a walk** spazieren·gehen, ging spazieren, ist spazierengegangen 6; einen Spaziergang machen 6

to **go inside** (*away from the speaker*) hinein·gehen, ging hinein, ist hineinegangen 5

to **go on** (*doing it*) weiterhin (+ *verb*) 18

to **go shopping** einkaufen gehen, ging einkaufen, ist einkaufen gegangen 8

to **gobble up** fressen (frißt), fraß, hat gefressen 15

going: what's going on? was ist los? 3; **where are you going (to)?** wohin gehen Sie? 3

good brav; gut 1

good-bye auf Wiedersehen 1; (*on the telephone*) auf Wiederhören 9

good day guten Tag 1

good evening guten Abend 1

good luck viel Glück 1

good morning guten Morgen 1

good night gute Nacht 1

to **gossip** klatschen 18

grade die Note, -n 17

grandfather der Großvater, ⸚ 6

grandmother die Großmutter, ⸚ 6

grandparents die Großeltern (*pl.*) 6

gray grau 2

great! prima! 7

green grün 2

green plant die Grünpflanze, -n 11

to **greet**   grüßen 18
groceries   die Lebensmittel (*pl.*) 10
ground   der Boden, ≃ 16
guest   der Gast, ≃e 9
to do **gymnastics**   turnen 14

H

hair   das Haar, -e 8
hairbrush   die Haarbürste, -n 4
half   halb 5
hall   die Diele, -n 11
hallway   die Diele, -n 11
hand   die Hand, ≃e 8
handbag   die Handtasche, -n 4
to **hang** (**to be suspended**)   hängen, hing, hat gehangen 11
to **hang up**   hängen, hat gehängt 11
to **happen**   passieren, ist passiert 7; geschehen (geschieht), geschah, ist geschehen 12
happy; happily   glücklich 14; froh 1; **to be happy** (**about**)   sich freuen (über + *acc.*) 17
harbor   der Hafen, ≃ 7
hard   schwer 7
hardly   kaum 9
hat   der Hut, ≃e 8
to **have**   haben (hat), hatte, hat gehabt 3
have a good trip!   gute Reise! 5
to **have a look at**   besichtigen 7
have fun!   viel Spaß! 4; **to have fun**   Spaß haben 16
to **have** (*something*) **planned**   (etwas) vor·haben 9
to **have to**   müssen (muß), mußte, hat gemußt 6
he   er 1
to **head**   führen 15
head   der Kopf, ≃e 8
headache   die Kopfschmerzen (*pl.*) 9
healthy   gesund 14
to **hear**   hören 2
hello   guten Tag 1; hallo 1
to **help**   helfen (hilft), half, hat geholfen (+ *dat.*) 10
help   die Hilfe 10
her   ihr (*poss. adj.*) 6
here   hier 2
here you are   bitte 1
herself   selber, selbst 17
hi   hallo 1; Tag! 1
to **hide** (*oneself*)   (sich) verstecken 18
high(**ly**)   hoch (hoh-) 14
to **hike**   wandern, ist gewandert 14
hill   der Hügel, - 12
hilly   hügelig 12
himself   selber, selbst 17

his   sein 6
history   die Geschichte, -n 10
to **hold**   halten (hält), hielt, hat gehalten 5
holiday(**s**)   die Ferien (*pl.*) 11
home: (**at**) **home**   zu Hause 10; **at the home of**   bei (+ *dat.*) 10; (**to**) **home**   nach Hause 10
homemade   hausgemacht 13
horse   das Pferd, -e 14
horseback: to ride (**horseback**)   reiten, ritt, ist/hat geritten 14
hot(**ly**)   heiß 9
hotel   das Hotel, -s 9
hour   die Stunde, -n 3
house   das Haus, ≃er 10
how   wie 3
how are you?   wie geht es dir/Ihnen/euch? 1
however   aber 3
how late is it?   wie spät ist es? 5
how many?   wie viele? 4
how much?   wieviel? 4
how much do I owe (**you**)?   was schulde ich (dir [*infor. sg.*])? 13
how's it going?   wie geht's? 1
human being   der Mensch, -en (*wk.*) 6
hunger   der Hunger 5; **to be hungry**   Hunger haben 5
to **hurry**   sich beeilen 17; **to be in a hurry**   es eilig haben 16
to **hurt**   weh tun (+ *dat.*) 9; **it hurts** (**me**)   es tut mir weh 9; **his teeth no longer hurt**   die Zähne tun ihm nicht mehr weh 9; **my arm hurts**   der Arm tut mir weh 9
husband   der Mann, ≃er 2

I

I   ich 1
ice skating   das Schlittschuhlaufen; **to go ice skating**   Schlittschuhlaufen gehen 14
idea: (**to have**) **no idea**   keine Ahnung (haben) 16
if   ob (*subord. conj.*) 8; wenn (*subord. conj.*) 8
illness   die Krankheit, -en 18
to **imagine**   sich (+ *dat.*) vorstellen 18
immediate(**ly**)   sofort 5
impatient(**ly**)   ungeduldig 5
impolite(**ly**)   unhöflich 18
important(**ly**)   wichtig 14
impression   der Eindruck, ≃e 18
improbable   unwahrscheinlich 12
in   in(to) (+ *acc./dat.*) 11; **in the company of**   mit (+ *dat.*) 10; **in front of**

vor (+ *dat.*) 11; **in spite of**   trotz (+ *gen.*) 12; **in the vicinity of**   in der Nähe von 10
incredible, incredibly   unwahrscheinlich 12
indeed   zwar 13
industrious(**ly**)   fleißig 14
influenza   die Grippe, -n 9
inhabitant   der Einwohner, - / die Einwohnerin, -nen 12
in-laws   die Schwiegereltern (*pl.*) 6
instead of   (an)statt (+ *gen.*) 12
instruction   der Unterricht 16
instructor   der Lehrer, - / die Lehrerin, -nen 15
intelligent(**ly**)   intelligent 1
to **interest**   interessieren 7; **to be interested** (**in**)   sich interessieren (für) 17
interesting(**ly**)   interessant 1
intermission   die Pause, -n 14
interview: job interview   das Vorstellungsgespräch, -e 16
to **introduce** (*oneself*)   (sich) vor·stellen 16; **to introduce** (*someone*)   (jemanden) vor·stellen 16
to **invent**   erfinden, erfand, hat erfunden 18
to **invite**   ein·laden (lädt ein), lud ein, hat eingeladen 18
island   die Insel, -n 7
it   es 1
its   sein 6; ihr 6
itself   selber, selbst 17

J

jacket   die Jacke, -n 8
January   (der) Januar 1
jeans   die Jeans (*pl.*) 8
job   der Job, -s 16
job interview   das Vorstellungsgespräch, -e 16
to **join in**   mit·machen 15
juice   der Saft, ≃e 13
July   (der) Juli 1
June   (der) Juni 1
just   gerade 6; erst 6; gleich 15
just a moment   einen Augenblick 17
just (**now**)   eben 10

K

to **keep**   halten (hält), hielt, hat gehalten 5; **keep the change**   das stimmt so 13
to **keep busy** (**with**)   sich beschäftigen (mit) 17
key   der Schlüssel, - 4
to **kick**   treten (tritt), trat, hat getreten 15

kind: what kind(s) of was für 5
kitchen die Küche, -n 11
knife das Messer, - 13
to **knock on** klopfen an (+ *acc.*) 11
to **know** (*be acquainted with*) kennen, kannte, hat gekannt 4; **to know** (*something for a fact*) wissen (weiß), wußte, hat gewußt 8; **to get to know** kennen·lernen 6
known bekannt 12

L

lake der See, -n 12
lamp die Lampe, -n 11
land das Land, ⸚er 3
landscape die Landschaft, -en 7
language die Sprache, -n 3
large groß 1
to **last** dauern 3
late: how late is it? wie spät ist es? 5
later später 8
to **laugh** lachen 2; **to laugh about** lachen über (+*acc.*) 11
lawyer der Anwalt, ⸚e / die Anwältin, -nen 16
to **lay** legen 11
lazy faul 1
to **lead** führen 15
to **learn** lernen 2
least: at least mindestens 12
to **leave** ab·fahren (fährt ab), fuhr ab, ist abgefahren 5; lassen (läßt), ließ, hat gelassen 17; verlassen (verläßt), verließ, hat verlassen 15
to **leave alone** in Ruhe lassen 17
lecture die Vorlesung, -en 17
lecture hall der Hörsaal, (*pl.*) Hörsäle 17
left links; **to the left** nach links 5
leg das Bein, -e 8
leisure time die Freizeit 14
to **let** lassen (läßt), ließ, hat gelassen 17
letter der Brief, -e 4
library die Bibliothek, -en 17
to **lie** liegen, lag, hat gelegen 11
lie die Lüge, -n 18
light das Licht, -er 16
light(ly) sanft 12
likable sympathisch 1
to **like** mögen (mag), mochte, hat gemocht 6; **I would like to** ich möchte 6
likely wahrscheinlich 12
to **like to** gern (+ *verb*) 3; **to like something** etwas gern haben 3
to **listen** zu·hören 5

to **listen to the radio** Radio hören 2
little klein 1; wenig 12; **a little** ein bißchen 9
location die Lage, -n 18
long lang 3
how long? wie lange? 3
to **look** (*some way*) aus·sehen (sieht aus), sah aus, hat ausgesehen 5; **to have a look at** besichtigen 7
look der Blick, -e 12
to **look at** schauen auf (+ *acc.*) 11
to **look for** suchen 5
to **look forward to** sich freuen (auf + *acc.*) 17
to **look good** (*on somebody*) stehen (+ *dat.*), stand, hat gestanden 10
to **look over** (*someone's*) **shoulder** (jemandem) über die Schultern gucken 16
to **lose** verlieren, verlor, hat verloren 14
lot: a lot viel 4
to **love** lieben 6
love die Liebe 15
luck: good luck viel Glück 1
luggage das Gepäck 4
lunch das Mittagessen, - 13

M

mail die Post 9
major (*at a university*) das Hauptfach, ⸚er 17
to **make** machen 3; schaffen, schuf, hat geschaffen 16
man der Mann, ⸚er 2
to **manage** schaffen 16
many viele 4; **how many** wie viele 4
many a mancher, manche, manches 7
map: city map der Stadtplan, ⸚e 4
March (der) März 1
marketplace der Marktplatz, ⸚e 7
marriage die Ehe, -n 16
married couple das Ehepaar, -e 12
to **marry** heiraten 12
matter: what's the matter? was ist los? 3; **it doesn't matter to** (**us**) es ist (uns) egal 16
May (der) Mai 1
may (*to be allowed to*) dürfen (darf), durfte, hat gedurft 6
maybe vielleicht 6
meadow die Wiese, -n 12
meal das Essen, - 12; **enjoy your meal** guten Appetit!, Mahlzeit! 13
to **mean** bedeuten 13; meinen 7
by all means unbedingt 13
meat das Fleisch 13

medicine, medication das Medikament, -e 9
to **meet** treffen (trifft), traf, hat getroffen 8; (**very**) **nice meeting you** es freut mich (sehr) 17
member das Mitglied, -er 15
menu die Speisekarte, -n 13
merchant der Händler, - / die Händlerin, -nen 10
midday meal das Mittagessen, - 13
mirror der Spiegel, - 11
Miss Fräulein 1
mistake der Fehler, - 12
misunderstanding das Mißverständnis, -se 16
mixed gemischt 13
moment: just a moment einen Augenblick 17
Monday der Montag 1; (**on**) **Mondays** montags 2
money das Geld 4
month der Monat, -e 7
morning: tomorrow morning morgen 2; morgen früh 2; (**in the**) **mornings** morgens 2; **good morning** guten Morgen 1
most(ly) meist 12
most of all am meisten 12
mother die Mutter, ⸚ 6
mother-in-law die Schwiegermutter, ⸚ 6
motorcycle das Motorrad, ⸚er 14
mountain der Berg, -e 7
mouth der Mund, ⸚er 8
to **move** (**change residence**) um·ziehen, zog um, ist umgezogen 15
movie der Film, -e 4
movie theater das Kino, -s 11
Mr. Herr 1
Mrs. Frau 1
Ms. Frau 1
much viel 4; **how much** wieviel 4; **not much** wenig 12; **too much** zuviel 4
museum das Museum, *pl.* Museen 7
must (*to have to*) müssen (muß), mußte, hat gemußt 6
my mein 6
myself selber, selbst 17

N

to **name** nennen, nannte, hat genannt 8
name der Name, -n (*wk.*) 6; **my name is …** ich heiße … 1; **what's your name?** wie heißen Sie? 1 (*for.*); wie heißt du? (*infor. sg.*); wie heißt ihr? (*infor. pl.*) 1

namely nämlich 7

natural(ly) natürlich 6

naughty böse 1

near bei (+ *dat.*) 10; in der Nähe von 10

necessary nötig 5

to **need** brauchen 4

neighbor der Nachbar, -n (*wk.*) / die Nachbarin, -nen 6

in the **neighborhood of** in der Nähe von 10

neither ... nor weder ... noch 17

nephew der Neffe, -n (*wk.*) 6

never nie 4

nevertheless trotzdem 15

new neu 2; **what's new?** was gibt's Neues?

newspaper die Zeitung, -en 2

next nächst 14; **next to** neben (+ *acc./dat.*) 11

nice(ly) nett 1

niece die Nichte, -n 6

night die Nacht, ⸚e 1; **nights** nachts 2; **good night** gute Nacht 1

nine neun 1

nineteen neunzehn 1

no nein 3

nobody niemand 6

no one niemand 6

nor: neither ... nor weder ... noch 17

nose die Nase, -n 8

not nicht 3

not at all gar nicht 6

notebook das Heft, -e 2

nothing nichts 3; **nothing special** nichts Besonderes 7

nothing at all gar nichts 6

to **notice** bemerken 17

noticeable merkwürdig 18

November (der) November 1

now eben 10; jetzt 2; **from now on** weiterhin 18

O

to **observe** beobachten 16

to **occupy oneself (with)** sich beschäftigen (mit) 17

ocean das Meer, -e 7

o'clock: at (two) o'clock um (zwei) Uhr 4

October (der) Oktober 1

odd merkwürdig 18

of (*about*) von 10

to **offer** bieten, bot, hat geboten 13

office das Büro, -s 16

official der Beamte, -n (ein Beamter) /

die Beamtin, -nen 4

often oft 4

okay: that's okay, keep the change das stimmt so 13

old alt 1

on auf (+ *acc./dat.*) 11; **on** (*street*) in (+ *acc./dat.*) 11

once einmal 8

once again nochmal 8

one eins 1

one (*indef. pron.*) man 2; **one** (*indef. art.*) ein, eine, ein 1

one more time nochmal 8

oneself selber, selbst 17

one time einmal 8

one-way (ticket) einfach 5

onion die Zwiebel, -n 13

only einzig 16; erst 6; nur 3

onto auf (+ *acc./dat.*) 11

to **open** öffnen 4

open-face sandwich belegtes Brot 13

opera die Oper, -n 15

opinion die Meinung, -en 10; **to have an opinion** meinen 7; **in (my) opinion** (meiner) Meinung nach 10

opportunity die Gelegenheit, -en 17

or oder (*coord. conj.*) 2

orange orange 2; die Orange, -n 13

to **order** bestellen 13; **(one) order of sauerbraten** (einmal) Sauerbraten 13

other (*adj.*) andere (*pl.*) 12

otherwise sonst 3

our unser 6

ourselves selber, selbst 17

outdoors im Freien 16

outing der Ausflug, ⸚e 7

out of aus (+ *dat.*) 10

over über (+ *acc./dat.*) 11

overnight: to stay overnight übernachten 7

over there da drüben 2

to **owe** schulden (+ *dat.*); **how much do I owe you?** was schulde ich dir/euch/Ihnen? 13

own eigen 2

to **own** besitzen, besaß, hat besessen 16

P

pace das Tempo, -s 17

package das Paket, -e 9

to **paint** malen 15

painter der Maler, - / die Malerin, -nen 15

pants: (pair of) pants die Hose, -n 8

paper das Papier, -e 2

to **pardon** verzeihen, verzieh, hat

verziehen (+ *dat.*) 10; **pardon me** Verzeihung! 1

parents die Eltern (*pl.*) 6

parents-in-law die Schwiegereltern (*pl.*) 6

park der Park, -s 7

parting (*from someone*) der Abschied, -e 16

party die Party, -s 8

passport der Reisepaß, die Reisepässe 4

past: a quarter past Viertel nach 5

past die Vergangenheit 17

patience die Geduld 12

patient(ly) geduldig 5

pause die Pause, -n 14

to **pay** zahlen 13

to **pay** (*something*) bezahlen 11

to **pay cash** bar zahlen 13

peaceful(ly) friedlich 18

pen: ballpoint pen der Kugelschreiber, - 2

pencil der Bleistift, -e 2

people die Leute (*pl.*) 3; (*indef. pron.*) man 3

perhaps vielleicht 6

permitted erlaubt 10; **to be permitted to** dürfen (darf), durfte, hat gedurft 6

pharmacist der Apotheker, - / die Apothekerin, -nen 10

pharmacy die Apotheke, -n 10

to **phone** an·rufen, rief an, hat angerufen 8

photo das Foto, -s 2

to **photograph** fotografieren 7

piano das Klavier, -e 5; **to play the piano** Klavier spielen 5

picnic das Picknick, -s 12

picture das Bild, -er 11; **to take pictures** fotografieren 7

piece of work das Werk, -e 15

pink rosarot 2

pizza die Pizza, -s 13

place der Platz, ⸚e 5; der Ort, -e 18; die Stelle, -n 14; **to take place** statt·finden, fand statt, hat stattgefunden 18

place: in (first) place an (erster) Stelle 14

to **place** (*vertically*) stellen 11; (*horizontally*) legen 11

plan der Plan, ⸚e 7

planned: to have (something) planned (etwas) vor·haben 9

plane ticket der Flugschein, -e 7

plant die Pflanze, -n 11; **green plant** die Grünpflanze, -n 11

plate der Teller, - 13

to **play** spielen 2; **to play** (**tennis**) (Tennis) spielen 2

play das Theaterstück, -e 15

pleasant(ly) angenehm 17

to **please** gefallen (gefällt), gefiel, hat gefallen (+ *dat.*) 10; **to be pleased** sich freuen 17

please bitte 1

plum die Pflaume, -n 13

pocket die Tasche, -n 4

poet der Dichter, - / die Dichterin, -nen 10

polite(ly) höflich 18

poor(ly) schlecht 4

popular beliebt 14

position (*job*) die Stelle, -n 14

to **possess** besitzen, besaß, hat besessen 16

post office die Post 16

postage stamp die Briefmarke, -n 4

postcard die Postkarte, -n 7

potato die Kartoffel, -n 13

power die Kraft, ⸚e 16

to **practice a profession** einen Beruf aus·üben 16

to **praise** loben 15

prefer to lieber (+ *verb*) 3

to **prescribe** verschreiben, verschrieb, hat verschrieben 9

present: to give (**as a present**) schenken 9

present das Geschenk, -e 9; (*time*) die Gegenwart 17

price der Preis, -e 12

priced reasonably preiswert 8

probable, probably wahrscheinlich 12; wohl 12

profession der Beruf, -e 15; **to practice, pursue a profession** einen Beruf ausüben 16

professor der Professor, -en / die Professorin, -nen 2

to **promise** versprechen (verspricht), versprach, hat versprochen 9

to **protect** schützen 16

proud: to be proud of (*something or somebody*) stolz sein auf (+ *acc.*) 10

to **pull on** an·ziehen, zog an, hat angezogen 8

pullover der Pullover, - 8

pupil der Schüler, - / die Schülerin, -nen 17

purple violett 2

purse die Handtasche, -n 4

to **pursue a profession** einen Beruf

ausüben 16

to **put down** legen 11

to **put on** an·ziehen, zog an, hat angezogen 8

to **put on clothes** sich an·ziehen 17

Q

quarter: a quarter past Viertel nach 5; **a quarter to** Viertel vor 5

to **question** fragen 2

quick(ly) schnell 4

R

race das Rennen, - 14; **to run a race** rennen, rannte, ist/hat gerannt 14

radio das Radio, -s 11

railway car der Wagen, - 5

to **rain** regnen 9; **it's raining** es regnet 9

rare(ly) selten 4

rather lieber (+ *verb*) 3; **Hans likes to work, but he prefers to play** (**tennis**) Hans arbeitet gern, aber er spielt lieber (Tennis) 3

razor der Rasierapparat, -e 4

to **reach** erreichen 12

to **read** lesen (liest), las, hat gelesen 4

to **read a/the newspaper** Zeitung lesen 4

real(ly) wirklich 10

reality die Wirklichkeit 18

reasonably priced preiswert 8

to **receive** bekommen, bekam, hat bekommen 5

to **recommend** empfehlen (empfiehlt), empfahl, hat empfohlen 9

red rot 2

refreshing(ly) erfrischend 13

region das Gebiet, -e 12

to **register for** (*a class*) belegen 17

to **relate** erzählen 9

to **remain** bleiben, blieb, ist geblieben 4

to **remember** sich erinnern (an + *acc.*) 17

to **rent** mieten 7

to **reserve** reservieren 9

to **reside** wohnen 2

to **respond to** antworten auf (+ *acc.*) 11

responsibility die Verantwortung, -en 16

restaurant das Restaurant, -s 12

rich(ly) reich 11

to **ride** reiten, ritt, ist/hat geritten 14

rights: equal rights die Gleichberechtigung 16

river der Fluß, *pl.* die Flüsse 7

role die Rolle, -n 15

roll das Brötchen, - 9

rollerskating das Rollschuhlaufen 14; **to go rollerskating** Rollschuhlaufen gehen 14

romantic romantisch 1

room das Zimmer, - 9; **breakfast room** das Frühstückszimmer, - 9; **double room** das Doppelzimmer, - 9; **single room** das Einzelzimmer, - 9

round rund 13

round trip hin und zurück 5

rug der Teppich, -e 11

to **run** laufen (läuft), lief, ist/hat gelaufen 4; rennen, rannte, ist/hat gerannt 14

S

to **sail** segeln 14

salad der Salat, -e 12

salesperson der Verkäufer, - / die Verkäuferin, -nen 5

same: at the same time zugleich 12

sandwich, open-face sandwich belegtes Brot 13

satisfied zufrieden 17

Saturday der Samstag/Sonnabend 1; (**on**) **Saturdays** samstags 2

sausage die Wurst, ⸚e 5; **sausage sandwich** das Wurstbrot, -e 5

to **save** sparen 16

to **say** sagen 2

scenery die Landschaft, -en 7

science die Wissenschaft, -en 15

sea das Meer, -e 7

to **search for** suchen 5

season die Jahreszeit, -en 18

seat der Platz, ⸚e 5; **to take a seat** Platz nehmen 5; **is this seat free?** ist dieser Platz frei? 5

to **see** sehen (sieht), sah, hat gesehen 4

to **see again** wieder·sehen (sieht wieder), sah wieder, hat wiedergesehen 5

to **seem** erscheinen, erschien, ist erschienen 12; **that seems ... to me** das kommt mir ... vor 12

seldom selten 4

to **sell** verkaufen 15

to **send** schicken 7

separate: together or separate (*checks*)? zusammen oder getrennt? 13

September (der) September 1

serious(ly) ernst 14

to **serve** dienen 13

server der Kellner, - / die Kellnerin, -nen 9

seven sieben 1

seventeen siebzehn 1

several einige (*pl.*) 12

to **shave** sich rasieren 17

she sie 1

shelf das Regal, -e 11

shirt das Hemd, -en 8

shoe der Schuh, -e 8

to **shoot** schießen, schoß, hat geschossen 16

to **shop** ein·kaufen 8; **to go shopping** einkaufen gehen 8

shop das Geschäft, -e 10; die Handlung, -en 10

shopkeeper der Händler, - / die Händlerin, -nen 10

should (*to be supposed to*) sollen (soll), sollte, hat gesollt 6

shoulder die Schulter, -n; **to look over** (*someone's*) **shoulder** (jemandem) über die Schultern gucken 16

to **show** zeigen 9

to (take a) **shower** sich duschen 17

shy(ly) scheu 1

siblings die Geschwister (*pl.*) 6

sick krank 4; **I feel sick** mir ist übel 9

to **signify** bedeuten 13

since (*time span*) seit (+ *dat.*) 10

to **sing** singen, sang, hat gesungen 2

singer der Sänger, - / die Sängerin, -nen 15

single room das Einzelzimmer 9

sir der Herr, -en (*wk.*) 1

sister die Schwester, -n 6

sister-in-law die Schwägerin, -nen 6

to **sit** sitzen, saß, hat gesessen 6

to **sit** (*oneself*) **down** sich setzen 17

to be **situated** liegen, lag, hat gelegen 11

situation die Lage, -n 18

six sechs 1

sixteen sechzehn 1

size die Größe, -n 8; **what size do you wear?** welche Größe tragen Sie? 8

skating: ice skating das Schlittschuhlaufen 14; **rollerskating** das Rollschuhlaufen 14

skiing das Skifahren, *also:* das Skilaufen 14; **to go skiing** Skilaufen gehen 14

skirt der Rock, ⸚e 8

to **sleep** schlafen (schläft), schlief, hat geschlafen 4

slow(ly) langsam 12

small klein 1

to **smoke** rauchen 6

to **snow** schneien 9; **it's snowing** es schneit 9

so also 5

soccer der Fußball 11

soccer ball der Fußball, ⸚e 11

soccer goal das Tor, -e 14

society die Gesellschaft, -en 16

sock die Socke, -n 8

sofa das Sofa, -s 11

soft(ly) sanft 12

some (*pl.*) manche 7

somebody jemand 6

someone jemand 6

something etwas 3

something else etwas anderes 15

something special etwas Besonderes 7

sometimes manchmal 3

some(where) irgend(wo) 10

son der Sohn, ⸚e 6

song das Lied, -er 16

soon bald 3

sorry: I'm sorry es tut mir leid 9

sort die Sorte, -n; **kind of fruit** die Obstsorte, -n 13

soup die Suppe, -n 13

to **speak** sprechen (spricht), sprach, hat gesprochen 4

special: something/nothing special etwas/nichts Besonderes 7

specialist: (electronics) specialist der Elektroniker, - / die Elektronikerin, -nen 16

specialty die Spezialität, -en 13

spectator der Zuschauer, - / die Zuschauerin, -nen 14

to **spend** (*time*) verbringen, verbrachte, hat verbracht 7

spite: in spite of trotz (+ *gen.*) 12

splendid(ly) herrlich 13

spoon der Löffel, - 13

sport(s) der Sport 14; **type of sport** die Sportart, -en; **to go in for sports** Sport treiben, trieb, hat getrieben 14

spring der Frühling 1

stage die Bühne, -n 15

stage director der Regisseur, -e / die Regisseurin, -nen 15

stamp: postage stamp die Briefmarke, -n 4

to **stand** stehen, stand, hat gestanden 6

station: train station der Bahnhof, ⸚e 5

stationery store das Schreibwarengeschäft, -e 10

to **stay** bleiben, blieb, ist geblieben 4; **to stay overnight** übernachten 7; **to stay with it** dabei·bleiben, blieb dabei, ist dabeigeblieben 11

steak das Steak, -s 13

steamed gedünstet 13

to **stem** (**from**) stammen (aus) 13

to **step** treten (tritt), trat, ist getreten 15

stepbrother der Stiefbruder, ⸚ 6

stepdaughter die Stieftochter, ⸚ 6

stepfather der Stiefvater, ⸚ 6

stepmother die Stiefmutter, ⸚ 6

stepson der Stiefsohn, ⸚e 6

to **stop** halten (hält), hielt, hat gehalten 5

store der Laden, ⸚ 10, die Handlung, -en 10; **department store** das Kaufhaus, ⸚er 8

story die Geschichte, -n 10

straight gerade 6

straight ahead geradeaus 5

strange(ly) merkwürdig 18

strawberry die Erdbeere, -n 13

streetcar die Straßenbahn, -en 12

strength die Kraft, ⸚e 16

stroll der Spaziergang, ⸚e 6

strong stark 12

student der Schüler, - / die Schülerin, -nen 17; (**university**) **student** der Student, -en (*wk.*) / die Studentin, -nen 2

student cafeteria die Mensa, die Mensen 17

student dormitory das Studentenheim, -e 11

to **study** lernen 2; studieren 2; arbeiten 2

study die Wissenschaft, -en 15

study, studying das Studium, *pl.* Studien 17

stuffed gefüllt 13

subject area, academic subject das Fach, ⸚er 14

such (*pl.*) solche 7

such a solcher, solche, solches 7

suddenly plötzlich 17

suggestion der Rat, *pl.* Ratschläge 12

to **suit** passen (+ *dat.*) 10; **to suit** (*somebody*) stehen (+ *dat.*), stand, hat gestanden 10

suit: man's suit der Anzug, ⸚e 8; **woman's suit** das Kostüm, -e 8

suitcase der Koffer 4

summer der Sommer 1

sun die Sonne 12

Sunday der Sonntag 1; (**on**) **Sundays** sonntags 2

sunny sonnig 9

supermarket der Supermarkt, ⸚e 10

to be **supposed to** sollen (soll), sollte, hat gesollt 6

to be **sure** zwar (*adv.*) 13

surprised überrascht 16

to be **suspended** hängen, hing, hat gehangen 11

sweater der Pullover, - 8

to **swim** schwimmen, schwamm, ist/hat geschwommen 19

Swiss (*person*) der Schweizer, - / die Schweizerin, -nen 3

system das System, -e 17

T

table der Tisch, -e 2; **table reserved for regular customers** der Stammtisch, -e 13

to **take** nehmen (nimmt), nahm, hat genommen 4

to **take** (*a course*) belegen 17

to **take** (*time*) dauern 3; **the trip takes (two hours)** die Fahrt dauert (zwei Stunden) 3

to **take along** mit·nehmen (nimmt mit), nahm mit, hat mitgenommen 5

to **take a seat** Platz nehmen (nimmt), nahm, hat genommen 5

to **take a shower** (sich) duschen 17

to **take a walk** spazieren·gehen, ging spazieren, ist spazierengegangen 6; einen Spaziergang machen 6

to **take place** statt·finden, fand statt, hat stattgefunden 18

to **talk** reden 7; sich unterhalten (unterhält) unterhielt, hat unterhalten 17

to **talk about** sprechen über (+ *acc.*) 11

tall groß 15; lang 3

to **taste** schmecken (+ *dat.*); **it tastes good to me** es schmeckt mir 13

tea der Tee, -s 2

to **teach** lehren 15

teacher der Lehrer, - / die Lehrerin, -nen 15

team die Mannschaft, -en 14

technician: electronics technician der Elektroniker, - / die Elektronikerin, -nen 16

telephone das Telefon, -e 9

to **tell** erzählen 9

tempo das Tempo, -s 17

ten zehn 1

test die Prüfung, -en 17

to **thank** danken (+ *dat.*) 10

thank you, thanks danke 1; **thank you very much** danke schön, danke sehr 1

that dieser, diese, dieses 7; daß (*subord. conj.*) 8

that is … das ist / das sind … 1

that is to say nämlich 7

that's all right bitte 1

that's okay (keep the change) das stimmt so 13

theater, theater building das Theater, - 15

theater play das Theaterstück, -e 15

their ihr 6

themselves selber, selbst 17

then dann 5; **until then** bis dann 8

there da 2; dort 2; **over there** da drüben 1

there is, there are es gibt (+ *acc.*) 7

these (*pl.*) diese 7

these are … das sind … 1

they sie 1; (*indef. pron.*) man 2

thick(ly) dick 13

thing das Ding, -e 16

to **think of, about** denken an (+ *acc.*) 11

thirst der Durst 5; **to be thirsty** Durst haben 5

thirteen dreizehn 1

this dieser, diese, dieses 7

this evening heute abend 2

this is … das ist … 1

those diese (*pl.*) 7

those are … das sind … 1

though obwohl 16

three drei 1

through durch (+ *acc.*) 7

Thursday der Donnerstag 1; **(on) Thursdays** donnerstags 2

ticket die Fahrkarte, -n 5; **plane ticket** der Flugschein, -e 7

time die Zeit, -en 8; **time** (*of day*) die Uhr, -en 5; **to be about time** an der Zeit sein (ist), war, ist gewesen 17; **at the same time** zugleich 12; **one more time** nochmal 8; **for the first time** zum ersten Mal 15; **for the time being** zunächst 15; **leisure time** die Freizeit 14; **what time is it?** wie spät ist es?, wieviel Uhr ist es? 5

tired müde 5

to (*geographical place*) nach (+ *dat.*) 10; **he is traveling to (Berlin)** er reist nach (Berlin) 2; (*with time*) vor 5; **a quarter to (two)** Viertel vor (zwei) 5

to (*persons, things*) zu (+ *dat.*) 10

to where? wohin? 3

today heute 2

together zusammen 4; **together or separate** (*checks*)? zusammen oder getrennt? 13

toilet die Toilette, -n 9

tomato die Tomate, -n 13

tomorrow morgen 2; **tomorrow morning** morgen früh 2

tonight heute abend 2

too auch 1

too much zuviel 4

tooth der Zahn, ¨e 9

toothbrush die Zahnbürste, -n 4

tourist der Tourist, -n (*wk.*) / die Touristin, -nen 6

toward gegen (+ *acc.*) 7

town das Dorf, ¨er 7

train der Zug, ¨e 5

train compartment das Abteil, -e 5

train conductor der Schaffner, - / die Schaffnerin, -nen 5

train station der Bahnhof, ¨e 5

training die Ausbildung, -en 16

to **transfer** (*trains*) um·steigen, stieg um, ist umgestiegen 5

to **travel** fahren (fährt), fuhr, ist gefahren 4; reisen 2

to **travel away** (*from the speaker*) hin·fahren 5; weg·fahren 5

to **travel out** (*toward a definite destination*) hin·fahren 5

tree der Baum, ¨e 7

trip die Reise, -n 3; die Fahrt, -en 7; **have a good trip!** gute Reise! 5; **round trip** hin und zurück 5

trustworthy zuverlässig 18

truth die Wahrheit, -en 18

to **try on** an·probieren 8

Tuesday der Dienstag 1; **(on) Tuesdays** dienstags 2

tuition fees die Studiengebühren (*pl.*) 17

TV (**set**) der Fernseher, - 11

twelve zwölf 1

twenty zwanzig 1

two zwei 1

type of sport die Sportart, -en 14

U

umbrella der Schirm, -e 9

uncle der Onkel, - 6

uncongenial unsympathisch 1

under unter (+ *acc./dat.*) 11

to **understand** verstehen, verstand, hat verstanden 3

understanding das Verständnis 16

unfortunately leider 3

unfriendly unfreundlich 1

unhappy unglücklich 14

unhealthy, unhealthily ungesund 14

unification die Vereinigung 6

unimportant unwichtig 14
uninteresting(ly) uninteressant 1
unlikable unsympathisch 1
unlikely unwahrscheinlich 12
unknown unbekannt 12
unnecessary unnötig 5
unpleasant unangenehm 17
unreliable unzuverlässig 18
until bis; **until then** bis dann 8
unwell unwohl 17
upon auf (+ *acc./dat.*) 11
up to an (+ *acc./dat.*) 11
to **use** benutzen 9; **to be of use (to)** nützen (+ *dat.*) 10; **to get used (to)** sich gewöhnen (an + *acc.*) 17

V

vacant frei 9; **is this seat (still) free/vacant?** ist dieser Platz noch frei? 5
vacation die Ferien (*pl.*) 11; der Urlaub 7; **on vacation** auf Urlaub 7
vegetable das Gemüse, - 10
vendor der Verkäufer, - / die Verkäuferin, -nen 5
very sehr 1
veterinarian der Tierarzt, ⸚e / die Tierärztin, -nen 16
via über 5; **via (Mainz)** über (Mainz) 5
vicinity: in the vicinity of in der Nähe von 10
video das Video, -s 9
viewer der Zuschauer, - / die Zuschauerin, -nen 14
village das Dorf, ⸚er 7
to **visit** besuchen 3; besichtigen 7
visit der Besuch, -e 6; **to come for a visit** zu Besuch kommen 6
to **vote** wählen 16

W

to **wait (for)** warten (auf + *acc.*) 11
waiter der Kellner, - 9
waitress die Kellnerin, -nen 9
to **walk** gehen, ging, ist gegangen 2; zu Fuß gehen 2; **to take/go for a walk** spazieren·gehen 6; einen Spaziergang machen 6
walk der Spaziergang, ⸚e 6

wall die Wand, ⸚e 11
wallet die Brieftasche, -n 4
to **want** (*to do something*) Lust haben; **I (don't) want to do that** ich habe (keine) Lust dazu 17
to **want to** wollen (will), wollte, hat gewollt 6
warm(ly) warm 9
to **wash** waschen (wäscht), wusch, hat gewaschen 11
watch die Uhr, -en 4
to **watch TV** fern·sehen (sieht fern), sah fern, hat ferngesehen 8
one-**way** (*ticket*) einfach 5
we wir 1
to **wear** tragen (trägt), trug, hat getragen 8
weather das Wetter 9
Wednesday der Mittwoch 1; **(on) Wednesdays** mittwochs 2
week die Woche, -n 7
weekend das Wochenende, -n 7
welcome: you're welcome bitte 1; **you're very welcome** bitte schön, bitte sehr 1
well gut 1; also 5; **I'm not (doing) well** es geht mir nicht gut 1; **I (don't) feel well** es geht mir (nicht) gut 1
well-behaved brav 1
what was 3
what did you say? wie, bitte? 1
what kind(s) of was für 3
what's going on? what's the matter? was ist los? 3
what's that? wie, bitte? 1
what's your name? wie heißen Sie? (*for.*) 1; wie heißt du? (*infor. sg.*) 1; wie heißt ihr? (*infor. pl.*) 1
what time is it? wie spät ist es? wieviel Uhr ist es? 5
when als (*subord. conj.*) 8; wann 3
whenever wenn (*subord. conj.*) 8
where wo 3; **from where** woher 3; **where are you from?** woher kommen Sie? 3; **to where** wohin 3; **where are you going (to)?** wohin gehen Sie? 3
whether ob (*subord. conj.*) 8
which welcher, welche, welches, *pl.* welche 7
white weiß 2

who wer 3
why warum 3
why don't you come by kommen Sie doch vorbei 5
wife die Frau, -en 2
to **win** gewinnen, gewann, hat gewonnen 14
window das Fenster, - 11
windy windig 9
winter der Winter 1
to **wish** wünschen 18
wish der Wunsch, ⸚e 15: **all best wishes!** alles Gute! 1
with mit (+ *dat.*) 10; bei (+ *dat.*) 10
without ohne (+ *acc.*) 7
woman die Frau, -en 2
woman's suit das Kostüm, -e 8
wonderful(ly) herrlich 13
to **work** arbeiten 2; **to work on** arbeiten an (+ *dat.*) 11
work die Arbeit, -en 11; das Werk, -e 15
to **work out** klappen (*coll.*); **if everything works out** wenn alles klappt 16
world die Welt, -en 16
would: I would like to ich möchte 6
to **write** schreiben, schrieb, hat geschrieben 3

Y

year das Jahr, -e 5
yellow gelb 2
yes ja 3
yesterday gestern 7; **day before yesterday** vorgestern 14
you du (*infor. sg.*) 1; ihr (*infor. pl.*) 1; Sie (*for.*); (*indef. pron.*) man 2; **and you?** und dir? (*infor. sg.*); und Ihnen? (*for.*)
young jung 1
your dein (*infor. sg.*) 6; euer (*infor. pl.*) 6; Ihr (*for.*) 6
yourself, yourselves selber, selbst 17

Z

zero null 1

APPENDIX

PRINCIPAL PARTS OF STRONG AND IRREGULAR WEAK VERBS

Generally, the principal parts are given for basic verbs. To check the forms of verbs with separable or inseparable prefixes, look for the form of the verb without the prefix. The auxiliary for a prefix verb, however, may differ from that of the basic verb.

INFINITIVE	(PRESENT)	PAST	SUBJUNCTIVE II	AUXILIARY +	PAST PARTICIPLE
backen	(bäckt)	backte	backte	hat	gebacken
beginnen		begann	begönne	hat	begonnen
bieten		bot	böte	hat	geboten
bleiben		blieb	bliebe	ist	geblieben
bringen		brachte	brächte	hat	gebracht
denken		dachte	dächte	hat	gedacht
dürfen	(darf)	durfte	dürfte	hat	gedurft
empfehlen	(empfiehlt)	empfahl	empfähle	hat	empfohlen
essen	(ißt)	aß	äße	hat	gegessen
fahren	(fährt)	fuhr	führe	ist/hat	gefahren
fallen	(fällt)	fiel	fiele	ist	gefallen
fangen	(fängt)	fing	finge	hat	gefangen
finden		fand	fände	hat	gefunden
fliegen		flog	flöge	ist/hat	geflogen
gebären		gebar	gebäre	hat*	geboren
geben	(gibt)	gab	gäbe	hat	gegeben
gehen		ging	ginge	ist	gegangen
gelingen		gelang	gelänge	ist	gelungen
gelten	(gilt)	galt	gälte	hat	gegolten
gewinnen		gewann	gewönne	hat	gewonnen
gleichen		glich	gliche	hat	geglichen
haben	(hat)	hatte	hätte	hat	gehabt
halten	(hält)	hielt	hielte	hat	gehalten
hängen		hing	hinge	hat	gehangen
heißen		hieß	hieße	hat	geheißen
helfen	(hilft)	half	hülfe	hat	geholfen
kennen		kannte	kennte	hat	gekannt
kommen		kam	käme	ist	gekommen
können	(kann)	konnte	könnte	hat	gekonnt
laden	(lädt)	lud	lüde	hat	geladen
lassen	(läßt)	ließ	ließe	hat	gelassen
laufen	(läuft)	lief	liefe	ist	gelaufen
leihen		lieh	liehe	hat	geliehen
lesen	(liest)	las	läse	hat	gelesen
liegen		lag	läge	hat	gelegen
meiden		mied	miede	hat	gemieden
mögen	(mag)	mochte	möchte	hat	gemocht

---

*Remember: **gebären, gebar, hat geboren**   to give birth to
but: **geboren sein/werden**   to be born

INFINITIVE	(PRESENT)	PAST	SUBJUNCTIVE II	AUXILIARY +	PAST PARTICIPLE
müssen	(muß)	mußte	müßte	hat	gemußt
nehmen	(nimmt)	nahm	nähme	hat	genommen
nennen		nannte	nennte	hat	genannt
reiten		ritt	ritte	ist/hat	geritten
rennen		rannte	rennte	ist/hat	gerannt
rufen		rief	riefe	hat	gerufen
schlafen	(schläft)	schlief	schliefe	hat	geschlafen
schließen		schloß	schlösse	hat	geschlossen
schreiben		schrieb	schriebe	hat	geschrieben
schwimmen		schwamm	schwömme	ist/hat	geschwommen
sehen	(sieht)	sah	sähe	hat	gesehen
sein	(ist)	war	wäre	ist	gewesen
singen		sang	sänge	hat	gesungen
sitzen		saß	säße	hat	gesessen
sprechen	(spricht)	sprach	spräche	hat	gesprochen
springen		sprang	spränge	ist	gesprungen
stehen		stand	stünde	hat*	gestanden
steigen		stieg	stiege	ist	gestiegen
tragen	(trägt)	trug	trüge	hat	getragen
treffen	(trifft)	traf	träfe	hat	getroffen
treiben		trieb	triebe	hat	getrieben
treten	(tritt)	trat	träte	ist	getreten
trinken		trank	tränke	hat	getrunken
tun		tat	täte	hat	getan
verlieren		verlor	verlöre	hat	verloren
verzeihen		verzieh	verziehe	hat	verziehen
ziehen		zog	zöge	hat	gezogen
waschen	(wäscht)	wusch	wüsche	hat	gewaschen
werden	(wird)	wurde	würde	ist	geworden
wissen	(weiß)	wußte	wüßte	hat	gewußt
wollen	(will)	wollte	wollte	hat	gewollt
ziehen		zog	zöge	hat	gezogen

---

*In southern Germany, Austria, and Switzerland: **ist gestanden.**

INDEX

This index contains four sections, which are presented in the following order: Culture, Grammar, Literary Readings, and Vocabulary.

CULTURE

GRAMMAR

LITERARY READINGS

VOCABULARY

ABOUT THE AUTHORS

Jeanine Briggs has worked in the field of educational publishing since 1969 and has edited numerous foreign language projects. In addition to *Alles Gute!*, she co-authored *Deutsche Sprache und Landeskunde*, student text and tape program, and authored the workbook to accompany *Deutsch: Na klar!* She is also the originator and co-author of a new intermediate German course entitled *Alles in Allem*. Ms. Briggs has worked for many years as a volunteer for public and private schools and was a two-year participant in the Think/Write project, which paired writers from various fields of business with classroom teachers and their students.

John E. Crean, Jr., is Professor of German at the University of Hawaii, where he has taught undergraduate and graduate courses since 1971. During his teaching career at Yale, the University of Wisconsin, and the University of Hawaii, he devoted more than twenty years to foreign language teaching methodology. In addition to coordinating lower-division German instruction, Professor Crean has offered various seminars in the teaching of college-level German. The author, co-author, or editor of some twelve college-level German texts, he has also produced and directed two language laboratory learning packages, one for Spanish and the other for German. Professor Crean received his Ph.D. in 1966 from Yale University in the field of Germanic philology. He is currently researching, attending conferences, and publishing in the field of medieval German religious literature, with special concentration on feminine Benedictine scholarship.

Gerhard F. Strasser is Associate Professor of German and Comparative Literature at the Pennsylvania State University, University Park; from 1979 to 1993 he was in charge of the training and supervision of German department teaching assistants and of language instruction, and he continues to teach the course in instructional methodology. He completed his **Wissenschaftliche** and **Pädagogische Staatsexamen** in French, English, American Studies, and Foreign Language Pedagogy in Munich and Regensburg and received his Ph.D. in Comparative Literature from Brown University. Professor Strasser has published widely in the areas of sixteenth- and seventeenth-century history of ideas, historical linguistics, the history of pedagogy, and foreign language methodology. He was the editorial consultant for the second and third editions of *Alles Gute!*, for which he also coauthored the Instructor's Manual. He is also coauthor of *Assoziationen: Deutsch für die Mittelstufe.*